# 専修大学松戸中学校

## 〈収録内容〉

2024年度 ……………………… 第1回（算・理・社・国）
第2回（算・理・社・国）

2023年度 ……………………… 第1回（算・理・社・国）
第2回（算・理・社・国）

2022年度 ……………………… 第1回（算・理・社・国）

2021年度 ……………………… 第1回（算・理・社・国）

2020年度 ……………………… 第1回（算・理・社・国）

2019年度 ……………………… 第1回（算・理・社・国）



便利なDLコンテンツは右のQRコードから

解答用紙

過去年度

国語の問題は
紙面に掲載

⇒

※データのダウンロードは2025年3月末日まで。
※データへのアクセスには、右記のパスワードの入力が必要となります。 ⇒ 346569

## 〈合格基準点〉

| | 第1回 | 第2回 |
|---|---|---|
| 2024年度 | 201点 | 193点 |
| 2023年度 | 210点 | 200点 |
| 2022年度 | 203点／203点 | 189点／189点 |
| 2021年度 | 180点／180点 | 206点／206点 |
| 2020年度 | 194点／194点 | 187点／187点 |

※点数は、男子／女子

# 本書の特長

## 実戦力がつく入試過去問題集

▶ 問題 …………… 実際の入試問題を見やすく再編集。
▶ 解答用紙 …… 実戦対応仕様で収録。
▶ 解答解説 …… 詳しくわかりやすい解説には、難易度の目安がわかる「基本・重要・やや難」の分類マークつき（下記参照）。各科末尾には合格へと導く「ワンポイントアドバイス」を配置。採点に便利な配点つき。

### 入試に役立つ分類マーク

**基本** 確実な得点源！
受験生の90%以上が正解できるような基礎的、かつ平易な問題。
何度もくり返して学習し、ケアレスミスも防げるようにしておこう。

**重要** 受験生なら何としても正解したい！
入試では典型的な問題で、長年にわたり、多くの学校でよく出題される問題。
各単元の内容理解を深めるのにも役立てよう。

**やや難** これが解ければ合格に近づく！
受験生にとっては、かなり手ごたえのある問題。
合格者の正解率が低い場合もあるので、あきらめずにじっくりと取り組んでみよう。

## 合格への対策、実力錬成のための内容が充実

▶ 各科目の出題傾向の分析、合否を分けた問題の確認で、入試対策を強化！
▶ その他、学校紹介、過去問の効果的な使い方など、学習意欲を高める要素が満載！

**解答用紙ダウンロード** 解答用紙はプリントアウトしてご利用いただけます。弊社ＨＰの商品詳細ページよりダウンロードしてください。トビラのＱＲコードからアクセス可。

**UD FONT** 見やすく読みまちがえにくいユニバーサルデザインフォントを採用しています。

# 専修大学松戸中学校

生徒数　492名
〒271-8585
千葉県松戸市上本郷2-3621
☎047-362-9102
常磐線・千代田線北松戸駅　徒歩10分
新京成線松戸新田駅　徒歩15分

## 付属校でありながら進学校
## 奉仕活動や体験学習も盛ん
## 現役合格を目指す類型制システムで実力アップ

| URL | https://www.senshu-u-matsudo.ed.jp |
|---|---|

### プロフィール　地元に密着した親しみやすい校風

1959(昭和34)年、地域社会の強い要望により、故川島正次郎専修大学総長を中心に、付属高校が開校された。2000年、高校の建学精神「報恩奉仕・質実剛建・誠実力行」を基本に、一貫教育を行う中学校も開校。社会に貢献できる知性豊かな人材の育成を目指している。

### 環境　好環境の中で充実した施設

緑が多い静かな住宅街に位置する。校舎は全館冷暖房完備で、英語授業専用校舎アンビションホールや習熟度別授業のための特別教室を始め、コンピューター室、理科室、視聴覚室、コミュニティルーム、さらに多目的ホールや2つの体育館、人工芝グランドや人工芝テニスコートなど充実。

### カリキュラム　英語教育に定評「使える英語」を習得

中学からの入学生には、中・高6年間を基礎・充実・発展期の3段階に分け、段階的にステップアップできるカリキュラムを組んでいる(X類型)。

個々に対応できるよう中2年次より習熟度別授業(英語・数学)を採用。

英語教育用校舎アンビションホール

中3年次より、Ⅰ類(選抜クラス)・Ⅱ類にクラスを再編し、向学心を刺激すると共に生徒一人ひとりのレベルにしっかり対応した教育を強化する。

また放課後講座や学習合宿、長期休暇中には特別講座を実施。英語教育にも力を入れ、週2時間外国人教員との英会話の授業を実施している。

高校では2年、3年と進級に伴い、文系・理系、国公立・私立に分かれて個々の希望の実現に取り組む。授業以外にも放課後や長期休業中に多くの講座を開き、適切な進路指導を行っている。

また特別活動では、奉仕活動にも力を入れている。

### 学校生活　千葉県下でも有数の運動部の充実校

クラブ活動も活発で、多くの部は高校と合同で活動している。

入学直後のオリエンテーション合宿、年2回のスポーツデイ、芸術鑑賞会、百人一首選手権大会や合唱祭など、学校行事も豊富。田植え&稲刈り、歴史探訪などのフィールドワークで自ら考える力を学ぶ。

[運動部]　陸上競技、サッカー、バスケットボール、テニス、ソフトテニス、バレーボール、ラグビー、体操、バドミントン、剣道、卓球、チアリーディング

[文化部]　ESS(英語)、コンピュータ、合唱、理科、美術、演劇、茶華道、書道、吹奏楽、文芸、和太鼓、古典

### 進路　併設大学への優先入学制度あり

X類(中高一貫生)の主な合格先は、国公立大では東京工業大、名古屋大、千葉大、筑波大など。私立大は早稲

アメリカで生きた英語を

田大、慶應義塾大、上智大、東京理科大、GMARCHなど。一方、系列の専修大学には専大コースより4名が推薦で進学している。

### 国際化　修学旅行・語学研修はアメリカへ

国際感覚を養うため、中3年次に全員が13日間のアメリカへの修学旅行を、高校ではアメリカやニュージーランド、マレーシアへの夏期グローバル研修(希望制)や冬期はマレーシアでの研修も実施している。

**2024年度入試要項**

試験日　1/20(第1回)　1/26(第2回)
2/3(第3回)

試験科目　国・算・理・社(帰国生は面接あり)

| 2024年度 | 募集定員 | 受験者数 | 合格者数 | 競争率 |
|---|---|---|---|---|
| 第1回 | 100 | 1413 | 616 | 2.3 |
| 第2回 | 30 | 604 | 130 | 4.6 |
| 第3回 | 20 | 173 | 41 | 4.2 |

※第2回に帰国生若干名含む

# 過去問の効果的な使い方

① **はじめに**　ここでは，受験生のみなさんが，ご家庭で過去問を利用される場合の，一般的な活用法を説明していきます。もし，塾に通われていたり，家庭教師の指導のもとで学習されていたりする場合は，その先生方の指示にしたがって，過去問を活用してください。その理由は，通常，塾のカリキュラムや家庭教師の指導計画の中に過去問学習が含まれており，どの時期から，どのように過去問を活用するのか，という具体的な方法がそれぞれの場合で異なるからです。

② **目的**　言うまでもなく，志望校の入学試験に合格することが，過去問学習の第一の目的です。そのためには，それぞれの志望校の入試問題について，どのようなレベルのどのような分野の問題が何問，出題されているのかを確認し，近年の出題傾向を探り，合格点を得るための試行錯誤をして，各校の入学試験について自分なりの感触を得ることが必要になります。過去問学習は，このための重要な過程であり，合格に向けて，新たに実力を養成していく機会なのです。

③ **開始時期**　過去問との取り組みは，通常，全分野の学習が一通り終了した時期，すなわち6年生の7月から8月にかけて始まります。しかし，各分野の基本が身についていない場合や，反対に短期間で過去問学習をこなせるだけの実力がある場合は，9月以降が過去問学習の開始時期になります。

④ **活用法**　各年度の入試問題を全問マスターしよう，と思う必要はありません。完璧を目標にすると挫折しやすいものです。できるかぎり多くの問題を解けるにこしたことはありませんが，それよりも重要なのは，現実に各志望校に合格するために，どの問題が解けなければいけないか，どの問題は解けなくてもよいか，という眼力を養うことです。

## 算数

どの問題を解き，どの問題は解けなくてもよいのかを見極めるには相当の実力が必要になりますし，この段階にいきなり到達するのは容易ではないので，この前段階の一般的な過去問学習法，活用法を2つの場合に分けて説明します。

☆偏差値がほぼ55以上ある場合

掲載順の通り，新しい年度から順に年度ごとに3年度分以上，解いていきます。

ポイント1…問題集に直接書き込んで解くのではなく，各問題の計算法や解き方を，明快にわかるように意識してノートに書き記す。

ポイント2…答えの正誤を点検し，解けなかった問題に印をつける。特に，解説の 基本 重要 がついている問題で解けなかった問題をよく復習する。

ポイント3…1回目にできなかった問題を解き直す。同様に，2回目，3回目，…と解けなければいけない問題を解き直す。

ポイント4…難問を解く必要はなく，基本をおろそかにしないこと。

☆偏差値が50前後かそれ以下の場合

ポイント1～4以外に，志望校の出題内容で「計算問題・一行問題」の比重が大きい場合，これらの問題をまず優先してマスターするとか，例えば，大問2までをマスターしてしまうとよいでしょう。

## 理科

理科は1から順番に解くことにほとんど意味はありません。理科は，性格の違う4つの分野が合わさった科目です。また，同じ分野でも単なる知識問題なのか，あるいは実験や観察の考察問題なのかによってもかかる時間がずいぶんちがいます。記述，計算，描図など，出題形式もさまざまです。ですから，解く順番の上手，下手で，10点以上の差がつくこともあります。

過去問を解き始める時も，はじめに1回分の試験問題の全体を見通して，解く順番を決めましょう。得意分野から解くのもよいでしょう。短時間で解けそうな問題を見つけて手をつけるのも効果的です。くれぐれも，難問に時間を取られすぎないように，わからない問題はスキップして，早めに全体を解き終えることを意識しましょう。

## 社会

社会は1から順番に解いていってかまいません。ただし，時間のかかりそうな，「地形図の読み取り」，「統計の読み取り」，「計算が必要な問題」，「字数の多い論述問題」などは後回しにするのが賢明です。また，3分野（地理・歴史・政治）の中で極端に得意，不得意がある受験生は，得意分野から手をつけるべきです。

過去問を解くときは，試験時間を有効に活用できるよう，時間は常に意識しなければなりません。ただし，時間に追われて雑にならないようにする注意が必要です。“誤っているもの”を選ぶ設問なのに“正しいもの”を選んでしまった，“すべて選びなさい”という設問なのに一つしか選ばなかったなどが致命的なミスになってしまいます。問題文の“正しいもの”，“誤っているもの”，“一つ選び”，“すべて選び”などに下線を引いて，一つ一つ確認しながら問題を解くとよいでしょう。

過去問を解き終わったら，自己採点し，受験生自身でふり返りをしましょう。できなかった問題については，なぜできなかったのかについての分析が必要です。例えば，「知識が必要な問題」ができなかったのか，「問題文や資料から判断する問題」ができなかったのかで，これから取り組むべきことも大きく異なってくるはずです。また，正解できた問題も，「勘で解いた」，「確信が持てない」といったときはふり返りが必要です。問題集の解説を読んでも納得がいかないときは，塾の先生などに質問をして，理解するようにしましょう。

## 国語

過去問に取り組む一番の目的は，志望校の傾向をつかみ，本番でどのように入試問題と向かい合うべきか考えることです。素材文の傾向，設問の傾向，問題数の傾向など，十分に研究していきましょう。

取り組む際は，まず解答用紙を確認しましょう。漢字や語句問題の量，記述問題の種類や量などが，解答用紙を見て，わかります。次に，ページをめくり，問題用紙全体を確認しましょう。どのような問題配列になっているのか，問題の難度はどの程度か，などを確認して，どの問題から取り組むべきかを判断するとよいでしょう。

一般的に「漢字」→「語句問題」→「読解問題」という形で取り組むと，効率よく時間を使うことができます。

また，解答用紙は，必ず，実際の大きさのものを使用しましょう。字数指定のない記述問題などは，解答欄の大きさから，書く量を考えていきましょう。

# 算数 出題傾向の分析と合格への対策

## ●出題傾向と内容

出題数は，第1回，第2回とも大問が7題，小問数にして20題前後，年度によっては解答欄に答えを導いた過程も示す形式になっている場合もある。1は「四則計算」，2は「単位の換算」や「割合」，「図形」などの小問集合，3以降はさまざまな分野の応用問題という構成である。

「図形」，「割合」，「速さ」，「和と差」などを中心にして，出題分野が比較的広く，応用問題で取り上げられる分野は年度により異なっている。応用問題によっては，ある程度の直観や粘り強さも求められる。「グラフ」を読み取る力，与えられた条件をもとに論理的に考える力，「場合の数」で丁寧に数え上げる根気強さなどが問われるが，全般的に良い問題が出題されている。

### ✔学習のポイント

時間配分を考えて[1]，[2]を中心に，できそうな問題から取り組み，設問を正しく読みとり1問でも多く確実に解いていこう。

## ●2025年度の予想と対策

過去問の問題数，出題形式，レベルをふまえ，今年度までの内容を参考にして対策を立てよう。

計算問題は難しくないが，逆算や計算の工夫も含めて確実に練習しておくこと。「単位の換算」もおさえておく必要がある。

「速さ」は公式を理解したあと，比や「グラフ」をからめた問題も練習しておこう。「割合と比」は，標準的な問題を確実に解く姿勢で取り組むとよい。「図形」は，基本的な性質を学習した上で，補助線を引くなどの工夫をして面積や体積を求める問題に数多くあたっておきたい。また，「規則性」や「場合の数」，「数の性質」の問題にも慣れておくべきである。

▼年度別出題内容分類表

※　よく出ている順に☆，◎，○の３段階で示してあります。

| 出題内容 | | | 2022年 | | 2023年 | | 2024年 | |
|---|---|---|---|---|---|---|---|---|
| | | | 1回 | 2回 | 1回 | 2回 | 1回 | 2回 |
| 数と計算 | | 四則計算 | ○ | ○ | ○ | ○ | ○ | ○ |
| | | 概数・単位の換算 | ◎ | ○ | ○ | ○ | ◎ | ○ |
| | | 数の性質 | | | ○ | ☆ | ☆ | ☆ |
| | | 演算記号 | | | | | | |
| 図形 | | 平面図形 | ☆ | ☆ | ☆ | ☆ | ☆ | ☆ |
| | | 立体図形 | ◎ | ☆ | ☆ | ☆ | ◎ | ◎ |
| | | 面積 | ○ | | ○ | ○ | ☆ | ○ |
| | | 体積と容積 | ○ | ◎ | | ☆ | ○ | |
| | | 縮図と拡大図 | ☆ | ◎ | ☆ | ◎ | | |
| | | 図形や点の移動 | | ◎ | ☆ | | | |
| 速さ | | 三公式と比 | ○ | ◎ | ◎ | ◎ | ☆ | |
| | 文章題 | 旅人算 | | | | ○ | | |
| | | 流水算 | | | | | | |
| | | 通過算・時計算 | ○ | | | | ☆ | |
| 割合 | | 割合と比 | ☆ | ☆ | ☆ | ☆ | ☆ | ☆ |
| | 文章題 | 相当算・還元算 | | | | | ○ | |
| | | 倍数算 | | | | | | |
| | | 分配算 | | | | | | |
| | | 仕事算・ニュートン算 | ○ | | ◎ | | | ☆ |
| 文字と式 | | | | | | | | |
| 2量の関係(比例・反比例) | | | | | | | | |
| 統計・表とグラフ | | | ◎ | ◎ | ◎ | | | ○ |
| 場合の数・確からしさ | | | | ☆ | | ○ | ◎ | ○ |
| 数列・規則性 | | | | ○ | ○ | | ◎ | ◎ |
| 論理・推理・集合 | | | | | | | | |
| その他の文章題 | | 和差・平均算 | | | | | | ○ |
| | | つるかめ・過不足・差集め算 | | | ○ | ○ | ○ | |
| | | 消去・年令算 | ◎ | ○ | ○ | ◎ | | ○ |
| | | 植木・方陣算 | | | ○ | ○ | | |

専修大学松戸中学校

# 算数 ——グラフで見る最近３ヶ年の傾向——

最近３ヶ年に出題されたすべての問題を内容別に分類・集計し，全体に対して何パーセントくらいの割合になっているかを示しました。

……50校の平均　　……専修大学松戸中学校

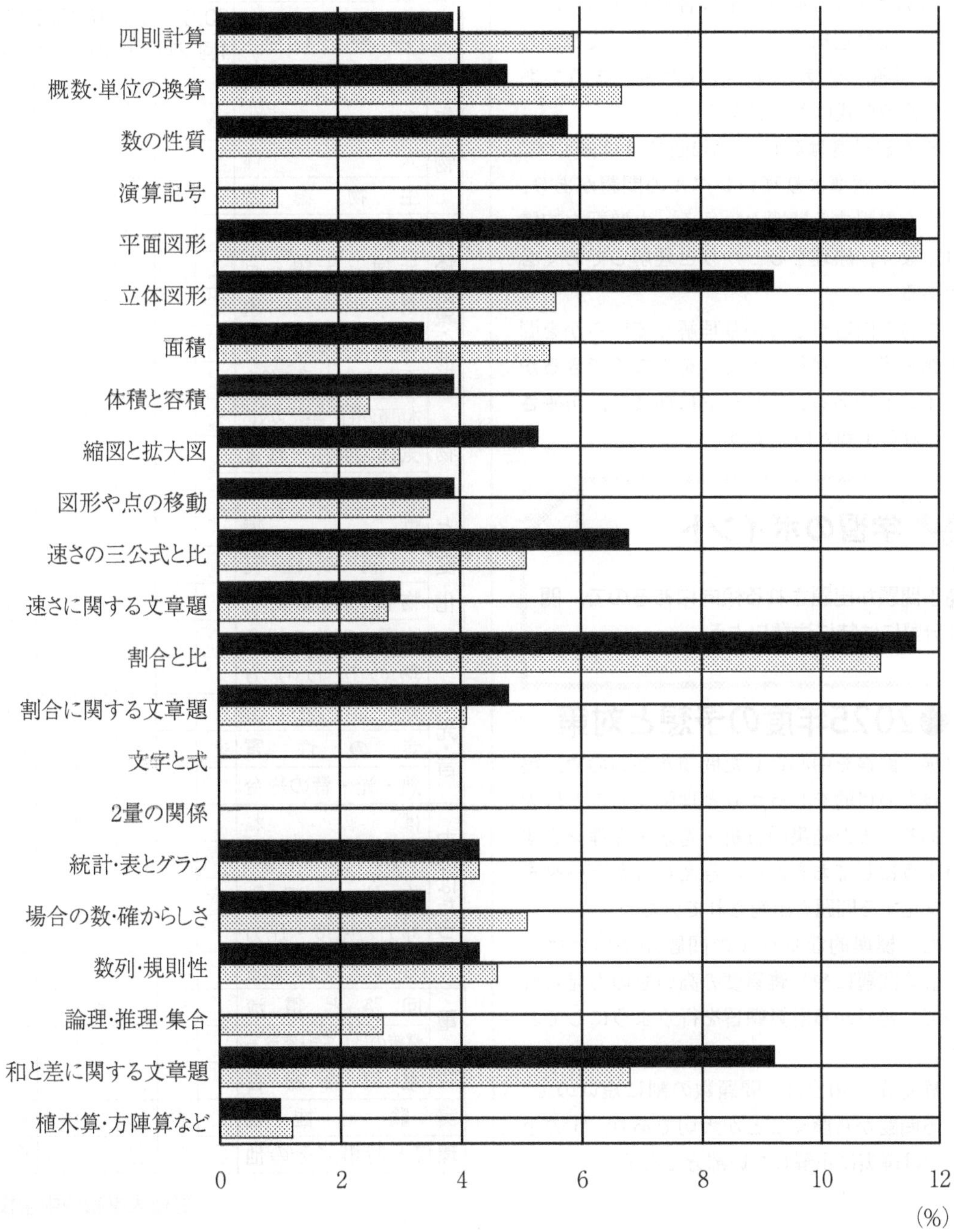

# 理科　出題傾向の分析と合格への対策

## ●出題傾向と内容

問題は大問が5題，そのうち1題は各分野からの小問集合形式であり，他は各分野からの出題である。記号選択式の割合が多いが，文章記述や計算問題，グラフの作成なども含まれており，解答の形式はさまざまである。

問題の難易度は第1回と第2回でほぼ同じで，どちらにも標準より高いレベルの問題があり，思考力を重視する問題といえる。丸暗記な知識だけでなく，原理をしっかりと理解しておく必要がある。

基本的な内容をしっかり理解しているかを問う出題も多く，どれだけミスを少なくできるかがポイントである。スピードに加えて，正確さが試される出題といえよう。

### 学習のポイント

時事問題が出題される傾向にあるので，関連分野には特に注意しよう。

## ●2025年度の予想と対策

実験・観察を中心とした問題が多いので，実験・観察の目的をしっかりと理解することは大切である。また結果の分析・考察・整理を必ず行うようにしておきたい。与えられたデータをグラフ化する問題も出題されていた。

また，標準的なレベルの問題が多いとはいえ，計算問題にやや難易度の高いものも見られるので，普段から計算練習を行うようにしておこう。

試験時間が30分と，問題数の割に短いので，解ける問題から解くことが大切であり，1の小問集合は確実に正解したい部分である。

▼年度別出題内容分類表

※　よく出ている順に☆，◎，○の３段階で示してあります。

| 出題内容 | | 2022年 | | 2023年 | | 2024年 | |
|---|---|---|---|---|---|---|---|
| | | 1回 | 2回 | 1回 | 2回 | 1回 | 2回 |
| 生物 | 植物 | | | ☆ | ○ | ○ | ☆ |
| | 動物 | ☆ | ☆ | | | | ○ |
| | 人体 | | | | ☆ | ☆ | |
| | 生物総合 | | | | | | |
| 天体・気象・地形 | 星と星座 | | | ☆ | ○ | ☆ | |
| | 地球と太陽・月 | ☆ | | | | | ☆ |
| | 気象 | ○ | | ○ | ☆ | | |
| | 流水・地層・岩石 | | ☆ | | | | ○ |
| | 天体・気象・地形の総合 | | | | | | |
| 物質と変化 | 水溶液の性質・物質との反応 | ☆ | ○ | | ○ | ○ | ☆ |
| | 気体の発生・性質 | | | | | ☆ | |
| | ものの溶け方 | | | ☆ | ☆ | | |
| | 燃焼 | | | | | | |
| | 金属の性質 | | | ○ | | | |
| | 物質の状態変化 | | | | | | ○ |
| | 物質と変化の総合 | | | | | | |
| 熱・光・音 | 熱の伝わり方 | | | | | | |
| | 光の性質 | | | | | | ☆ |
| | 音の性質 | | | ☆ | ○ | | ○ |
| | 熱・光・音の総合 | | | | | | |
| 力のはたらき | ばね | | | | | ☆ | |
| | てこ・てんびん・滑車・輪軸 | | | | | | |
| | 物体の運動 | ☆ | | | | | |
| | 浮力と密度・圧力 | | | | | | |
| | 力のはたらきの総合 | | | | | | |
| 電流 | 回路と電流 | | ☆ | | ☆ | | |
| | 電流のはたらき・電磁石 | | | | | | |
| | 電流の総合 | | | | | | |
| 実験・観察 | | ◎ | ◎ | ○ | ○ | ◎ | ◎ |
| 環境と時事／その他 | | ○ | ○ | ○ | ○ | ○ | ○ |

# 理科 ——グラフで見る最近3ヶ年の傾向——

最近3ヶ年に出題されたすべての問題を内容別に分類・集計し，全体に対して何パーセントくらいの割合になっているかを示しました。

□……50校の平均　■……専修大学松戸中学校

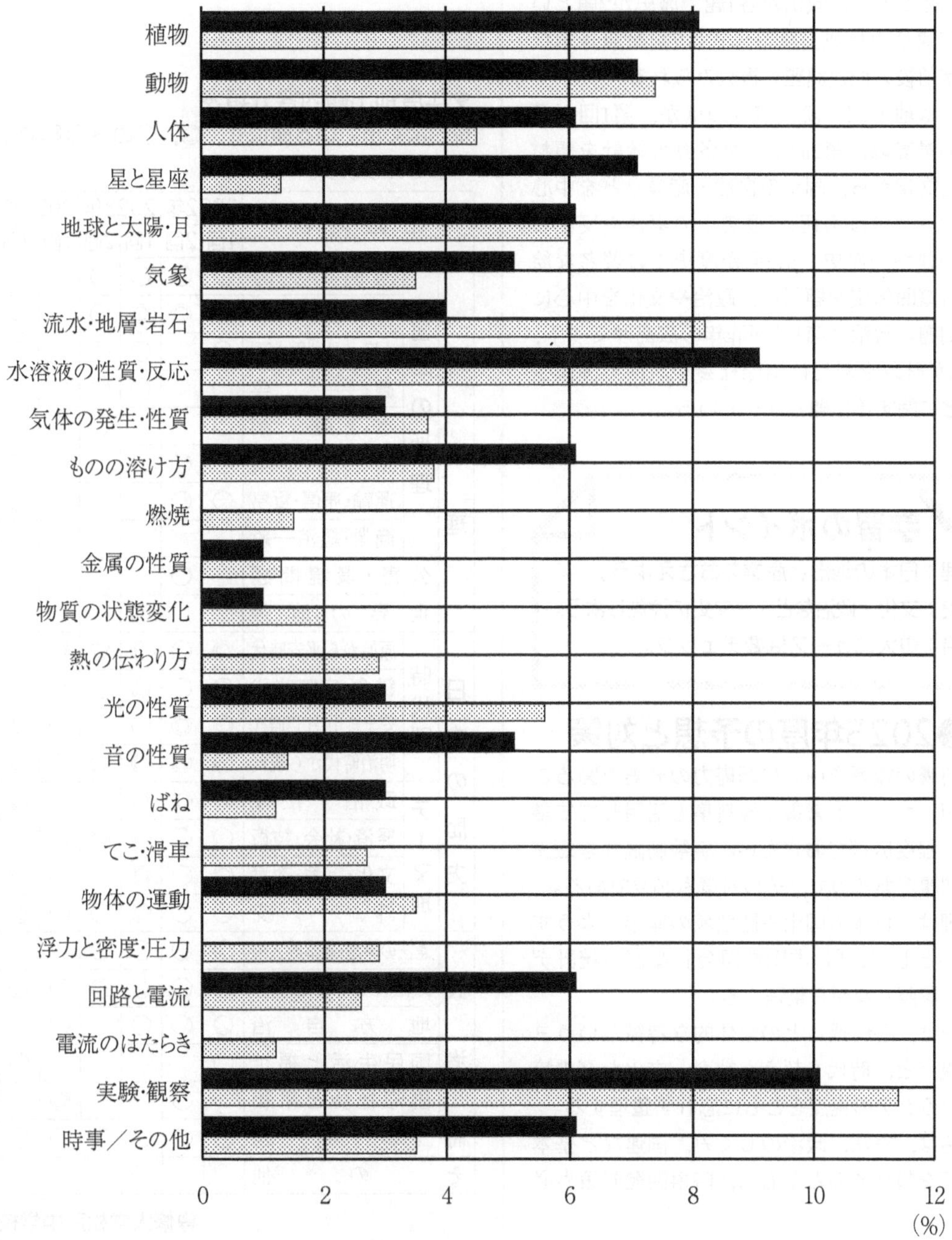

# 社会　出題傾向の分析と合格への対策

## ●出題傾向と内容

大問は5題で小問数は40問程度。分野別では総合問題と地理，政治が各1題で歴史が2題という例年通りの構成。解答形式は7割が記号選択で15字前後の記述問題も複数みられる。

地理は地形図の読み取りのほか，第1回が各地方の最高峰，第2回が近畿各県の統計を題材にした文章から，国土や自然・産業などを中心に出題。歴史は第1回が歴史上の事件や反乱と住居や建築の歴史，第2回が歴史上の著名な絵画と日露関係史を題材に，政治や文化を中心にした問題。政治は第1回が昨年の広島サミット，第2回が財政を題材に国際社会や政治，国民生活などに関する出題となっている。

### 学習のポイント

地理：日本の地形と産業をおさえよう。
歴史：文化・政治などテーマ史に注意しよう。
政治：重大ニュースは要チェック。

## ●2025年度の予想と対策

教科書の復習を中心に基礎力の充実を図ることが第一だが，参考書や資料集も活用して知識をある程度広げておきたい。字数制限つき短文記述問題があるので，その対策も必要である。

地理は，日本の国土や諸地域の産業のようすを中心として，「日本国勢図会」などの統計データも参照しながら整理する。

歴史は，各時代ごとの全体的な特徴というヨコの視点と，時代を超えた社会・文化などの流れというタテの視点をともに忘れず整理する。

政治は，憲法，政治のしくみ，国連など基本的内容を整理するとともに，時事問題対策も必要である。

▼年度別出題内容分類表

※　よく出ている順に☆，◎，○の３段階で示してあります。

| 出題内容 | | | 2022年 | | 2023年 | | 2024年 | |
|---|---|---|---|---|---|---|---|---|
| | | | 1回 | 2回 | 1回 | 2回 | 1回 | 2回 |
| 地理 | 日本の地理 | 地図の見方 | ◎ | ○ | ○ | ○ | ○ | ○ |
| | | 日本の国土と自然 | ◎ | ◎ | ◎ | ○ | ◎ | ◎ |
| | | 人口・土地利用・資源 | ○ | | ○ | ○ | | ○ |
| | | 農業 | ○ | | ○ | ○ | ○ | ○ |
| | | 水産業 | ○ | | | ○ | ○ | ○ |
| | | 工業 | ○ | ○ | ○ | ○ | ○ | ○ |
| | | 運輸・通信・貿易 | ○ | ○ | | | | ○ |
| | | 商業・経済一般 | | | | | | |
| | 公害・環境問題 | | | ○ | | | ○ | |
| | 世界の地理 | | | | ○ | | | |
| 日本の歴史 | 時代別 | 原始から平安時代 | ◎ | ○ | ◎ | ◎ | ◎ | ○ |
| | | 鎌倉・室町時代 | ◎ | ○ | ◎ | ○ | ◎ | ○ |
| | | 安土桃山・江戸時代 | ◎ | ◎ | ○ | ◎ | ○ | ◎ |
| | | 明治時代から現代 | ○ | ◎ | ◎ | ◎ | ◎ | ◎ |
| | テーマ別 | 政治・法律 | ◎ | ◎ | ◎ | ◎ | ◎ | ◎ |
| | | 経済・社会・技術 | ○ | ○ | ◎ | ◎ | ○ | ○ |
| | | 文化・宗教・教育 | ◎ | ○ | ◎ | ◎ | ◎ | ◎ |
| | | 外交 | ○ | ○ | ◎ | ○ | ○ | ◎ |
| 政治 | 憲法の原理・基本的人権 | | ○ | ○ | ○ | ○ | | |
| | 政治のしくみと働き | | ◎ | ○ | ◎ | ◎ | ○ | ◎ |
| | 地方自治 | | ○ | ○ | ○ | | ○ | ○ |
| | 国民生活と福祉 | | ○ | | | | | ○ |
| | 国際社会と平和 | | | ○ | | | ◎ | |
| 時事問題 | | | ○ | ○ | ○ | ○ | ○ | ○ |
| その他 | | | | | ○ | | | |

専修大学松戸中学校

# 社 会 ——グラフで見る最近3ヶ年の傾向——

最近3ヶ年に出題されたすべての問題を内容別に分類・集計し，全体に対して何パーセントくらいの割合になっているかを示しました。

……50校の平均　　　……専修大学松戸中学校

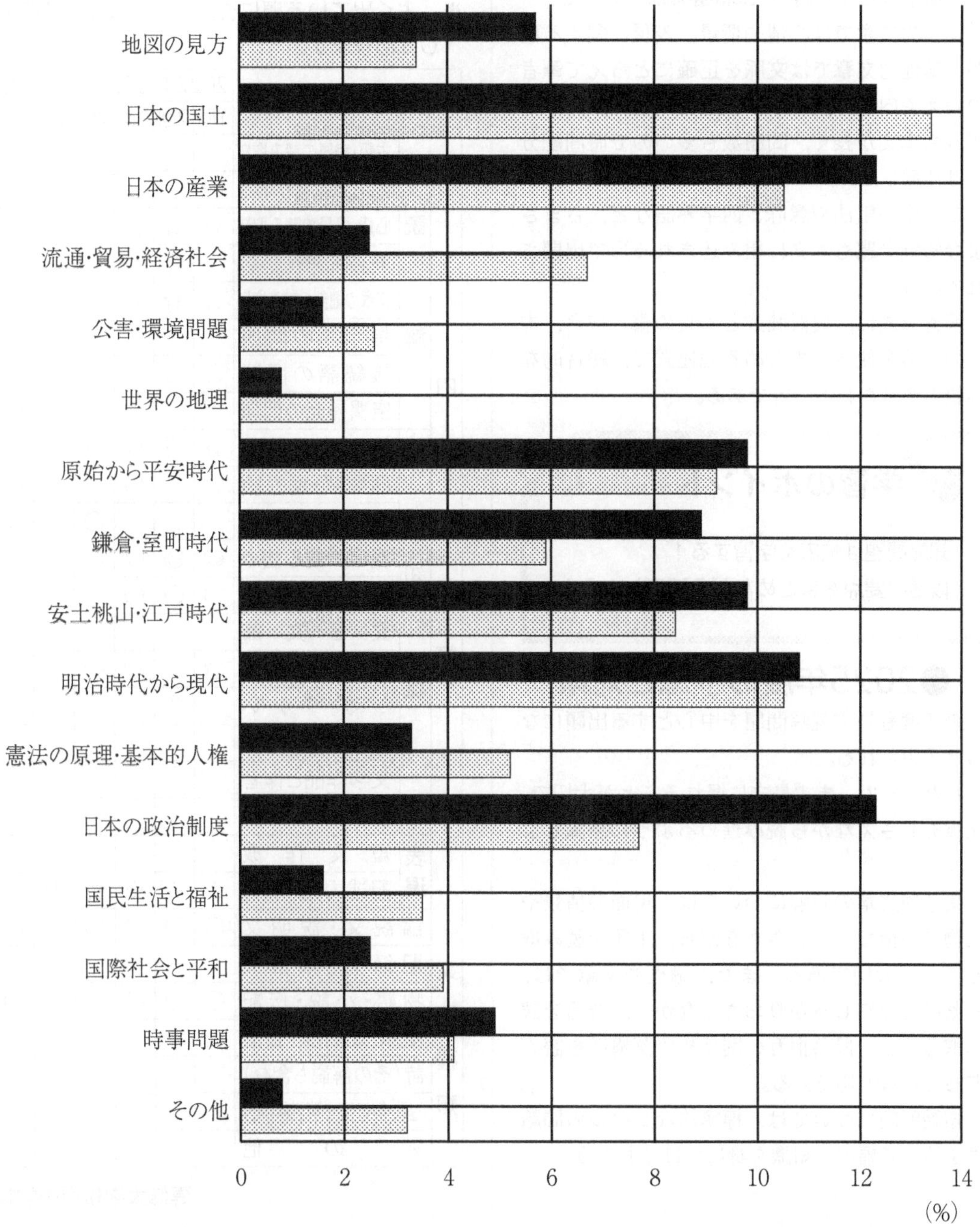

# 国語

## 出題傾向の分析と合格への対策

### ●出題傾向と内容

第1回・第2回とも，文学的文章と論理的文章，漢字の独立問題の大問3題構成であった。

文学的文章では心情や情景、表現に関する出題，論理的文章では文脈を正確にとらえて筆者の考えや内容を読み取る問題が出題された。いずれも本文が長く，問題数も多いので時間配分には注意したい。

ことばの用法や意味、四字熟語など，さまざまな知識問題も本文に組み込まれる形で出題されている。

解答形式は，選択肢式と本文の書き抜き，本文の言葉を使ってまとめる記述式で，総合的な国語力が試される内容である。

### ✔学習のポイント

・知識問題は幅広く学習する！
・段落の要点をまとめながら読書しよう！

### ●2025年度の予想と対策

来年度も長文読解問題を中心とする出題になると予想される。

したがって，まず長文に慣れることが大切で，文脈をおさえながら読み進めるように意識しよう。

文学的文章の読解については，場面の情景や人物の心情などをおさえながら，主題を読み取ることが大切である。また，論理的文章では，段落の要点をしっかりおさえながら，要旨を読み取ること。段落相互の関係や段落構成を読み取ることも大切である。

知識問題については，標準的なレベルの問題集を使って幅広い知識を身につけておこう。

▼年度別出題内容分類表

※　よく出ている順に☆，◎，○の３段階で示してあります。

| 出題内容 | | | 2022年 | | 2023年 | | 2024年 | |
|---|---|---|---|---|---|---|---|---|
| | | | 1回 | 2回 | 1回 | 2回 | 1回 | 2回 |
| 内容の分類 | 読解 | 主題・表題の読み取り | | | | | | |
| | | 要旨・大意の読み取り | ○ | | | | ○ | ○ |
| | | 心情・情景の読み取り | ☆ | ☆ | ☆ | ☆ | ◎ | ◎ |
| | | 論理展開・段落構成の読み取り | | ◎ | | | ○ | ○ |
| | | 文章の細部の読み取り | ☆ | ☆ | ☆ | ☆ | ☆ | ☆ |
| | | 指示語の問題 | | | | ○ | ○ | ○ |
| | | 接続語の問題 | ○ | ○ | ○ | ○ | ○ | ○ |
| | | 空欄補充の問題 | ☆ | ☆ | ☆ | ☆ | ◎ | ◎ |
| | 知識 | ことばの意味 | ☆ | ☆ | ☆ | ☆ | ○ | ○ |
| | | 同類語・反対語 | ○ | | ○ | | ○ | ○ |
| | | ことわざ・慣用句・四字熟語 | | | | ○ | ○ | ◎ |
| | | 漢字の読み書き | ◎ | ◎ | ◎ | ◎ | ☆ | ☆ |
| | | 筆順・画数・部首 | ○ | ○ | ○ | ○ | ○ | ○ |
| | | 文と文節 | | | | | ○ | ○ |
| | | ことばの用法・品詞 | ◎ | ◎ | ◎ | ◎ | ○ | ○ |
| | | かなづかい | | | | | | |
| | | 表現技法 | | | | | | |
| | | 文学作品と作者 | | | | | | |
| | | 敬語 | | | | | | |
| | 表現 | 短文作成 | | | | | | |
| | | 記述力・表現力 | ☆ | ☆ | ☆ | ☆ | ☆ | ☆ |
| 文の種類 | | 論説文・説明文 | ○ | ○ | ○ | ○ | ○ | ○ |
| | | 記録文・報告文 | | | | | | |
| | | 物語・小説・伝記 | ○ | ○ | ○ | ○ | ○ | ○ |
| | | 随筆・紀行文・日記 | | | | | | |
| | | 詩(その解説も含む) | | | | | | |
| | | 短歌・俳句(その解説も含む) | | | | | | |
| | | その他 | | | | | | |

専修大学松戸中学校

# 国語 ――グラフで見る最近３ヶ年の傾向――

最近３ヶ年に出題されたすべての問題を内容別に分類・集計し，全体に対して何パーセントくらいの割合になっているかを示しました。

……50校の平均　　　……専修大学松戸中学校

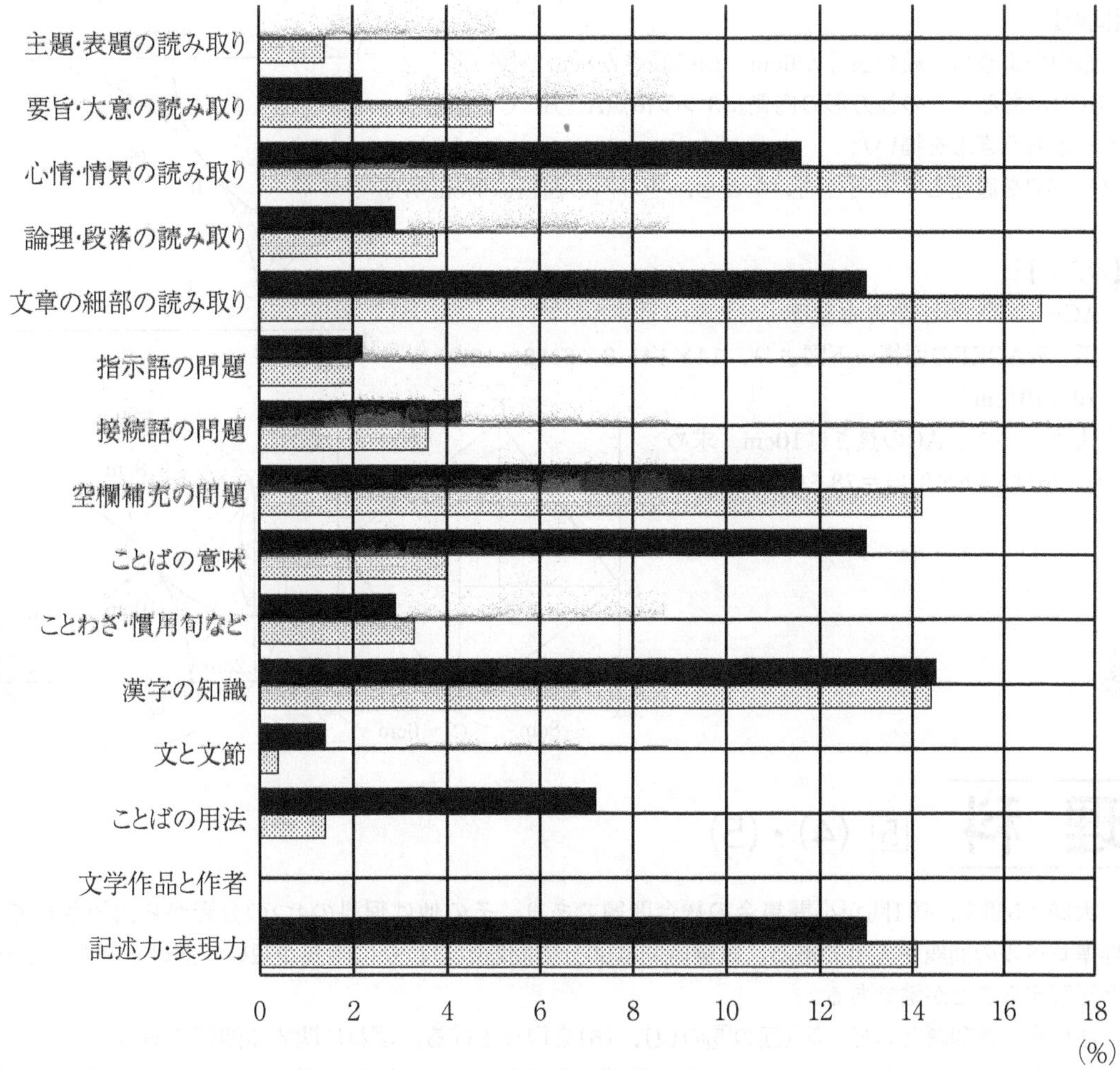


| | 論説文<br>説明文 | 物語·小説<br>伝記 | 随筆·紀行<br>文・日記 | 詩<br>(その解説) | 短歌·俳句<br>(その解説) |
|---|---|---|---|---|---|
| 専修大学松戸中学校 | 50.0% | 50.0% | 0% | 0% | 0% |
| 50校の平均 | 47.0% | 45.0% | 8.0% | 0% | 0% |

# 2024年度 合否の鍵はこの問題だ!!

## (第1回)

## 算 数 [4] (1)

「3辺の長さが5：4：3である直角三角形」についての知識があれば，どうということがない問題であるが，では，この知識がない場合はどうするか？

【問題】

右図のように，縦の長さが6cm，横の長さが8cmの長方形ABCDがある。この長方形の内側に3つの頂点A，B，Cを中心とするおうぎ形を描いた。

(1)　ACを直径とする円を描いたとき，その円の面積は何$cm^2$か。

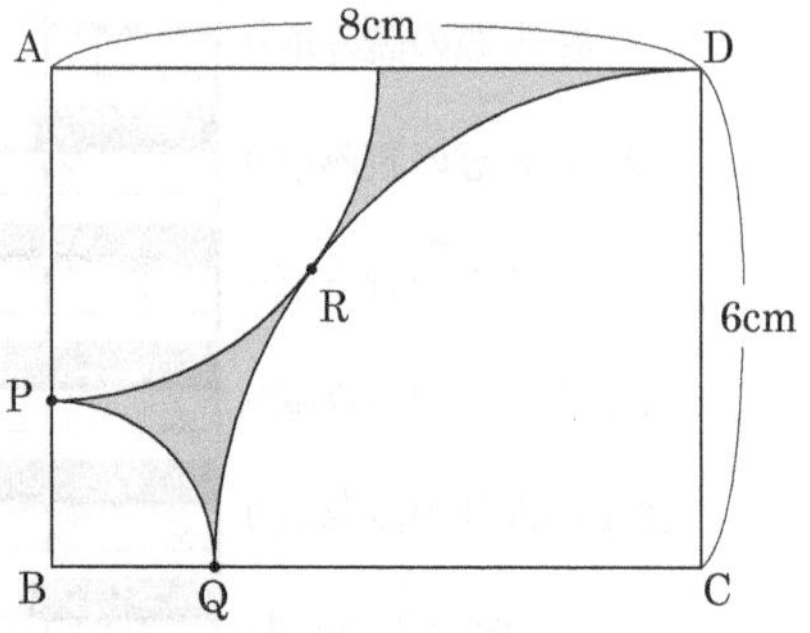


【考え方】

AC…こういう求め方もある

正方形ACEFの面積…下図より，$14\times14-8\times6\times2=100=10\times10(cm^2)$

したがって，ACの長さは10cm，求める面積は$5\times5\times3.14=78.5(cm^2)$

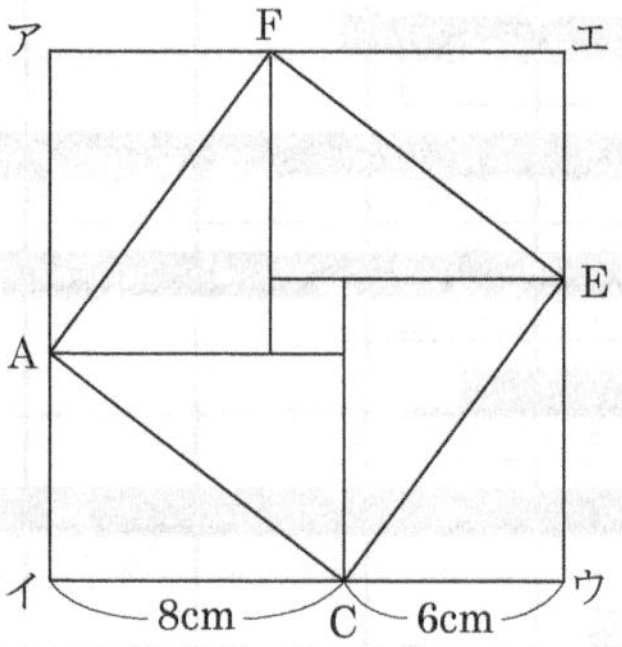


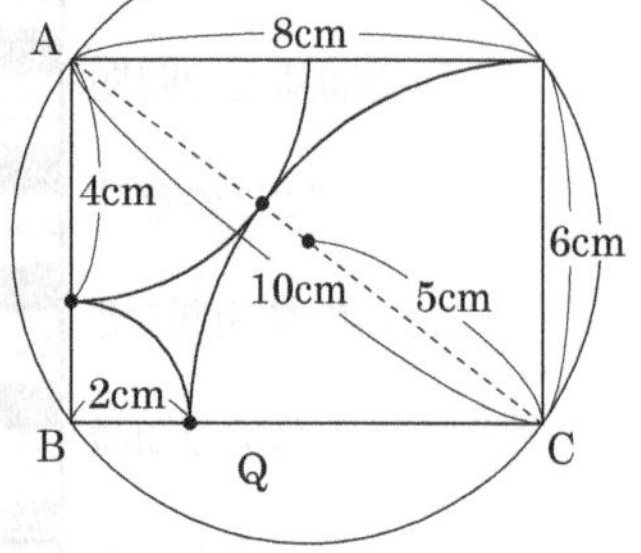


## 理 科 [5] (4)・(5)

大問が5題で，第1問が小問集合の総合問題であり，その他は理科の4つの分野から出題されていた。標準レベルの問題が大半である。試験時間は30分で問題数のわりに時間が短い。解ける問題をしっかりと正解することが鍵である。

注目すべき問題として，第1回の[5]の(4)，(5)を取り上げる。ばねに関する問題である。

(4)　ばねPは40gのおもりで10cmのび，自然の長さは20cmである，ばねBは40gのおもりで5cm伸び，自然の長さは30cmである。図1のように棒の中央におもりXをつるしばねP，Qとつなぐと，棒が水平になってつり合った。おもりXの重さを□gとすると，このときばねP，Qの長さが等しいことから，$20+\frac{10}{40}\times\square=30+\frac{5}{40}\times\square$　$\square=80$(g)とわかる。

(5)　図2のように2つのばねをつなげて両側におもりYをつるしたら，ばねの長さが合計で65cmになった。ばねの伸びの合計が$65-50=15$(cm)であった。おもりYの重さを□gとすると，それぞれのばねの伸びの合計が15cmになるので，$\frac{10}{40}\times\square+\frac{5}{40}\times\square=15$　$\square=40$(g)である。

全般的に基本レベルの問題である。二回の試験に共通するのは，化学，物理分野の問題に計算問題が多い点である。表やグラフから数値を読み取って計算する問題に慣れておくことが大切である。生物，地学分野では具体的な知識が求められる。小問集合の総合問題[1]はしっかりと得点したい所である。試験時間が30分と短く問題数が多いので，解ける問題で確実に得点することが重要である。

## 社 会 [3] (8)

設問は「高度経済済成長期の出来事として正しくないものを選択肢の中から1つ選べ」というもの。問題文にもあるように，日本の高度経済成長は1973年に起きた第4次中東戦争をきっかけとする石油危機で終わりを迎えることになった。敗戦で焦土と化した日本は隣国で起こった朝鮮戦争(1950年～53年)をきっかけに立ち直りの気配を見せ，1956年には早くも国の経済白書に「もはや戦後ではない」という文言が記されるまでになった。前年の1955年には戦後10年目にしてGDPが戦前を上回り，戦後の復興から新たな成長期へと一歩踏み出したことになる。戦争特需は終わったが，54年から始まった好景気は日本始まって以来という意味から，初代天皇とされる神武天皇の名にちなんで神武景気と呼ばれるようになった。まさにこの1956年には国際連合への加盟も認められ国際社会への華々しいデビューとなった年でもある。

さて，アは「国民所得倍増計画の発表」である。岸田首相も「令和版所得倍増」と銘打って首相の座を射止めたが，この構想を打ち出したのが岸田派である宏池会の創設者池田勇人首相である。1960年の安保闘争で退陣した岸信介首相の後を受けて首相に就任，政治で分断された国民を経済発展でまとめようとした政策である。イは「大阪万博開催」である。多くの国で経済発展とともに国家的なプロジェクトが行われることがしばしばみられる。日本でオリンピックが実施(1964年)された後大阪万博(1970年)が開かれたように，韓国でも1988年のソウルオリンピック，1993年のテジョン万博，中国でも2008年に北京オリンピック，2010年に上海万博が開催されている。ウは「日中平和友好条約の調印」である。戦後日本は台湾(中華民国)と外交関係を持っていたが，1972年の米中接近を受け同年の9月に田中首相が訪中して国交を回復，6年後の1978年には平和友好条約の調印に成功することになる。エは「日韓基本条約の調印」である。植民地であった韓国との国交正常化交渉は日本が独立を回復した1951年直後から行われてきたが，交渉は決裂を繰り返し1965年になってようやく合意，日本は韓国を朝鮮半島における唯一の合法政府と認め現在に至っている。いずれにしても本校は歴史の比重が高いうえ，時代の並び替えやその時代の出来事を選ぶといった出題が多い。ただ年号を覚えるのではなく，歴史的事象が発生した原因やその影響といった視点を常に持つことが大切である。

# 国語 三 問十四

★合否を分けるポイント

この文章で筆者が述べている内容に合うものを選ぶ選択問題である。それぞれの選択肢の説明と，本文の内容をていねいに照らし合わせているかがポイントだ。

★選択肢の説明の一つ一つの語句をていねいに照らし合わせていく

それぞれの選択肢と本文を照らし合わせていくと，「結局，……」から続く3段落で，自己肯定感を持って生きていくためには，心を変えていく必要があり，トランス・マインドのスタンスをすすめているが，アの「現在の心の持ち方を否定して，理性に基づいて行動する」とは述べていないので，合わないということになる。「そのためには，……」から続く2段落で，自己肯定感を持つ状態を維持するためには「ちょっと頑張れば越えられるハードル」「ちょうどいいハードル」を設定すること，また「以前のように……」で始まる段落で「以前のように高いハードルを……並べる必要はまったくない」と述べているので，「高い目標を常に設定し」とあるイも合わない。「コントロールする……」から続く5段落で，筆者の体験を例に，意図せず相手を困らせてしまうのは，生まれ育った環境によって形成される性質を無意識に高めようとし，マウントを取ろうとしてしまうからであることを述べているので，ウの説明は合っている。「私たちは体験を……」で始まる段落で，「自分のモノサシを，他者のそれと突き合わせることで初めて，違いが明らかにな」り「他者を理解していく」と述べているので，エの「自分のモノサシで相手を測らなければ，関係性は自然に改善されていく」は合わない。最後の段落で，「他者は変えられないが，自分が変わることで……『人間関係』という言葉の意味も変えられる」と述べているので，オの「相手も変えられる」は合わない。これらの内容からもわかるように，本文の内容と合わないと思われる選択肢は，その説明の一部だけが違っていて，他の部分は合っているということに注意する必要がある。選択肢の説明と，その説明にあたる本文の内容をていねいに照らし合わせ，どこが違うかということを明確にし，合っていると思われる選択肢も本文の要旨を正しく説明しているかをしっかり確認していくことが重要だ。

# 2024年度

★★★★★★★★★★★★★★★★★★★★★★★★

# 入　試　問　題

## 2024年度

# 専修大学松戸中学校入試問題(第1回)

**【算　数】** (50分)〈満点：100点〉

**1** 次の□にあてはまる数を求めなさい。

(1) $\left(\dfrac{5}{6}+2\dfrac{2}{9}\right)\times\dfrac{15}{22}=\square$

(2) $(3.9+1.9\times3)\div1.5=\square$

(3) $\left(\dfrac{5}{7}-\square\times\dfrac{2}{3}\right)\times\dfrac{7}{12}=\dfrac{1}{15}$

(4) $\dfrac{1}{2}+\dfrac{1}{6}+\dfrac{1}{12}+\dfrac{1}{20}+\dfrac{1}{30}+\cdots\cdots+\dfrac{1}{\square}=\dfrac{9}{10}$

**2** 次の□にあてはまる数を求めなさい。

(1) $(80\text{cm}+0.4\text{m})\div4=\square\text{cm}$

(2) 持っているお金の$\dfrac{1}{3}$より40円多いお金を使ったところ，80円残りました。はじめに持っていたお金は□円です。

(3) 3で割ると1あまり，4で割ると2あまる整数があります。このような整数のうち，最も大きい2けたの整数は□です。

(4) 100gあたり250円のぶた肉と100gあたり400円の牛肉を合わせて500g買ったところ，100gあたりの値段が316円になりました。このとき，買ったぶた肉の重さは□gです。

(5) 右の図は，正九角形の中に直線を1本引いたものです。
この図で，角アの大きさは□度です。

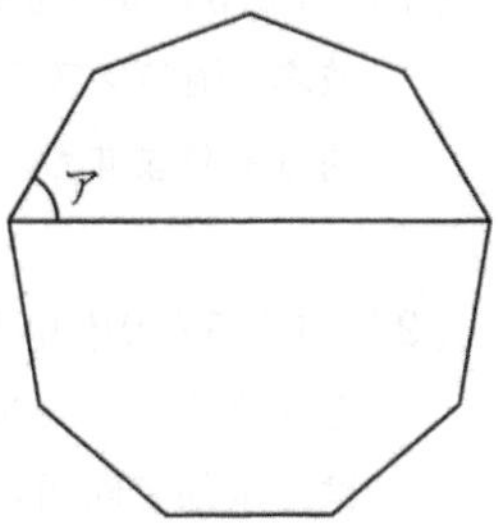


**3** 次のページの図のように，1辺の長さが12cmの立方体があります。この立方体の頂点Aから3つの点P，Q，Rが同時に出発し，点Pは毎秒1cmの速さで辺AB上を，点Qは毎秒2cmの速さで辺AD上を，点Rは毎秒3cmの速さで辺AE上を往復します。

このとき，次の各問いに答えなさい。

（1） 出発してから3秒後に，3つの点P，Q，Rを通る平面で立方体を切断します。このとき，頂点Aをふくむ方の立体の体積は何$cm^3$ですか。

（2） 出発してから6秒後に，3つの点P，Q，Rを通る平面で立方体を切断します。このとき，頂点Aをふくむ方の立体の表面積は何$cm^2$ですか。

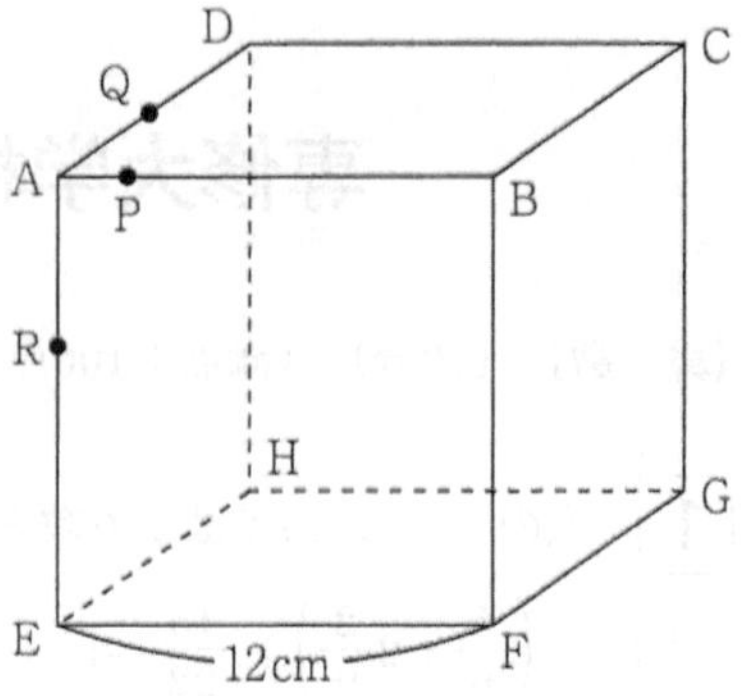


**4** 右の図のように，たての長さが6cm，横の長さが8cmの長方形ABCDがあります。この長方形の内側に，3つの頂点A，B，Cを中心とするおうぎ形をかきました。それぞれのおうぎ形は，3つの点P，Q，Rで接しています。

このとき，次の各問いに答えなさい。ただし，円周率は3.14とします。

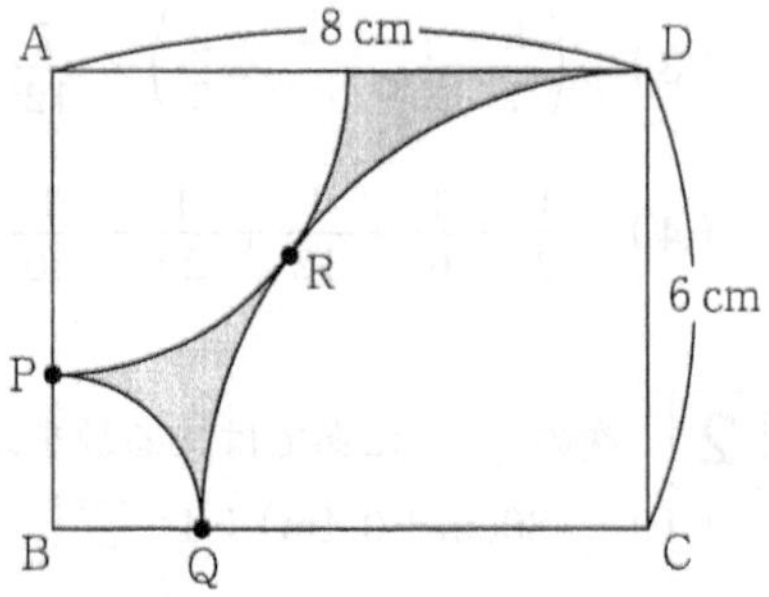


（1） ACを直径とする円をかいたとき，その円の面積は何$cm^2$ですか。

（2） かげをつけた部分の面積の合計は何$cm^2$ですか。

**5** ある条件にしたがって，1から9までの整数をすべて使って，たてと横に3個ずつ並べた9個のマスに1つずつ入れます。

このとき，次の各問いに答えなさい。

（1） 1と5と9の位置が右のように決まっているとき，たて，横，ななめに並ぶ3個のマスの和がすべて等しくなるような整数の入れ方は，全部で何通りありますか。

| | | |
|---|---|---|
| | 1 | |
| | 5 | |
| | 9 | |

（2） 1と5と9の位置が右のように決まっているとき，横に並んだ数は右の方が大きく，たてに並んだ数は下の方が大きくなるような整数の入れ方は，全部で何通りありますか。

| | | |
|---|---|---|
| 1 | | |
| | 5 | |
| | | 9 |

**6** ある電車が一定の速さで走っていて，太郎君はこの電車の先頭に乗っています。この電車が，電車の長さの14倍の長さのトンネルを通過するとき，電車がトンネルの中に完全にかくれている時間は1分5秒でした。また，太郎君は，自分の体がトンネルに入るのと同時に電車の後方に向かって一定の速さで歩き始め，それから2分25秒後に，電車の最後尾《さいこうび》に着きました。このときの電車の最後尾はトンネルの出口から1680mはなれていました。

このとき，次の各問いに答えなさい。

(1)　電車の速さは，太郎君が歩く速さの何倍ですか。

(2)　電車の速さは毎秒何mですか。

(3)　太郎君の体がトンネルから出たとき，太郎君は電車の先頭から何mのところを歩いていましたか。

**7**　右の図は，あるきまりにしたがって整数を並べ，奇数《きすう》段目の整数を○で囲んだものです。この図を見て，T先生とMさんが会話をしています。

1段目　①
2段目　2　3　4
3段目　⑤　⑥　⑦　⑧　⑨
4段目　10　11　12　13　14　15　16
5段目　⑰　⑱　⑲　⑳　㉑　㉒　㉓　㉔　㉕
⋮

T先生：Mさん，この図を見て気がつくことはありませんか？

Mさん：どの段も，最後の数は同じ数を2個かけた整数になっています。

T先生：そうですね。そのような数のことを「平方数」といいますが，「各段の和」と「平方数」の関係について，気がつくことはありませんか？
はじめは，○で囲んだ段だけに注目してください。

Mさん：1段目の和は(　　)，3段目の和は(　　)，5段目の和は(　　)です。1段目と3段目の合計は ア ，1段目と3段目と5段目の合計は イ で，どちらも平方数です。

T先生：その通りです。そのようになる理由を説明します。各段には奇数個の整数が並んでいますから，各段の和は，
(真ん中の数)×(個数)
で求めることができます。すると，1段目の和と3段目の和の合計は，右の図の太線で囲んだ正方形と長方形の面積の合計になります。この図で★の部分は合同ですから，太線で囲んだ部分の面積は，1辺の長さが6の正方形の面積と等しくなります。この6というのは，1段目と3段目の個数の合計と同じです。続いて，1辺の長さが6の正方形に，5段目の和を表す長方形を並べると，……。

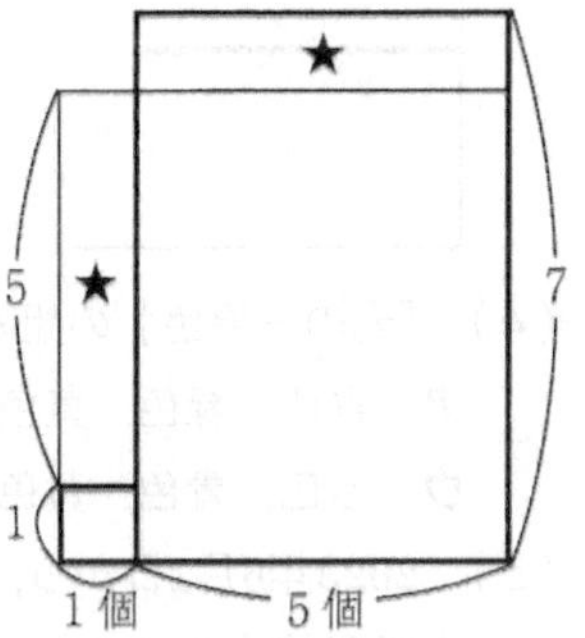


Mさん：面白そうですね。続きは自分でやってみることにします。

T先生：偶数《ぐうすう》段目についても，同じような性質がありますよ。

このとき，次の各問いに答えなさい。

(1)　ア ， イ にあてはまる数の組み合わせとして正しいものを下のA～Iの中から選び，記号で答えなさい。

| 記号 | A | B | C | D | E | F | G | H | I |
|---|---|---|---|---|---|---|---|---|---|
| ア | 1 | 1 | 1 | 9 | 9 | 9 | 36 | 36 | 36 |
| イ | 9 | 36 | 225 | 36 | 225 | 289 | 169 | 225 | 361 |

(2)　10段目まで並べたとき，**○で囲まれていない**整数をすべて加えると，和はいくつになりますか。

【理　科】 (30分) 〈満点：50点〉

**1** 次の問いに答えなさい。答えは，それぞれの**ア**～**エ**から最も適切なものを1つずつ選び，記号で答えなさい。

（1） 台風による被害《ひがい》として考えられるのはどれですか。

**ア** 液状化　　**イ** 津波《つなみ》　　**ウ** 高潮　　**エ** サンゴの白化

（2） 次のうち，アブラナの芽生えのようすを表しているのはどれですか。

**ア**　**イ**　**ウ**　**エ**

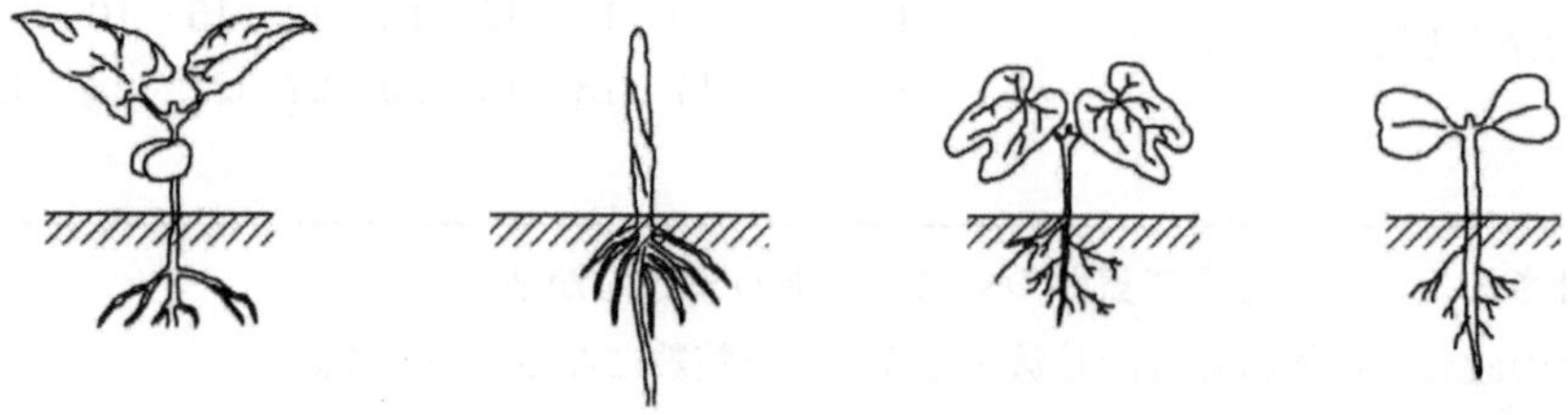

（3） ある体積の塩酸に，水酸化ナトリウム水溶液《すいようえき》を一定量ずつ加えていき，水を蒸発させて残る固体の重さをはかります。この結果を，横軸《じく》に水酸化ナトリウム水溶液の体積，たて軸に残った固体の重さをとってグラフに表すと，どのようになりますか。

**ア**　**イ**　**ウ**　**エ**

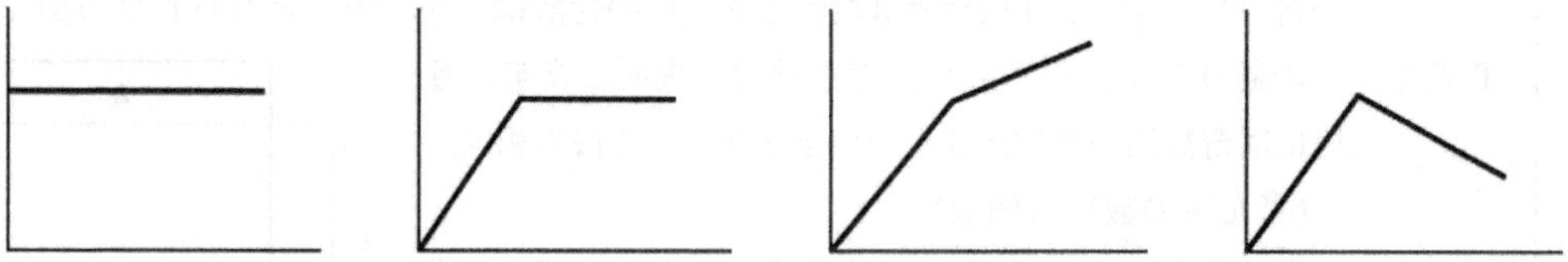

（4） 「光の三原色」の組み合わせとして，正しいのはどれですか。

**ア** 青色，緑色，黄色　　**イ** 赤色，青色，緑色

**ウ** 赤色，青色，黄色　　**エ** 赤色，白色，黄色

（5） 2023年6月1日から，ある2種の動物が「条件付特定外来生物」に指定され，野外への放出や売買が禁止されました。その動物の1つはアカミミガメ(ミドリガメ)ですが，もう1つは何ですか。

**ア** アメリカザリガニ　　**イ** ブラックバス

**ウ** ヒアリ　　**エ** セアカゴケグモ

**2** 次のページの図のような星座早見を使い，千葉県のある場所である日に，夜空に見える星や星座を観察しました。これについて，次の問いに答えなさい。

（1） 点Oは，星座早見の上盤《ばん》，下盤の回転の中心で，ある星の位置を表します。この星の名前は何といいますか。

（2） A～Dには方位が書かれています。このうち北と東を表しているのはどれですか。A～Dからそれぞれ選び，記号で答えなさい。

(3) 上盤と下盤のふちには，円周に沿って目もりが書かれています。それぞれの目もりについて正しく説明しているのはどれですか。次の**ア**～**エ**から最も適切なものを1つ選び，記号で答えなさい。

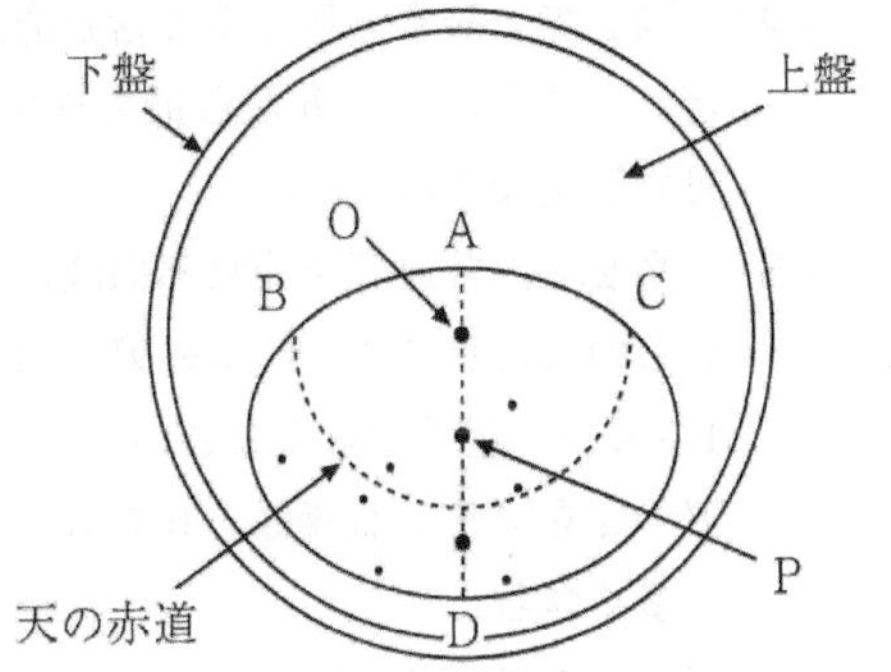

星座早見

**ア** 上盤の目もりは「月と日付け」で，時計回りの向きに書かれている。

**イ** 下盤の目もりは「月と日付け」で，反時計回りの向きに書かれている。

**ウ** 下盤の目もりは「時刻」で，時計回りの向きに書かれている。

**エ** 上盤の目もりは「時刻」で，反時計回りの向きに書かれている。

(4) 南の空の星や星座を観察するとき，星座早見をどのような向きに持って星空にかざしますか。次の**ア**～**エ**から最も適切なものを1つ選び，記号で答えなさい。

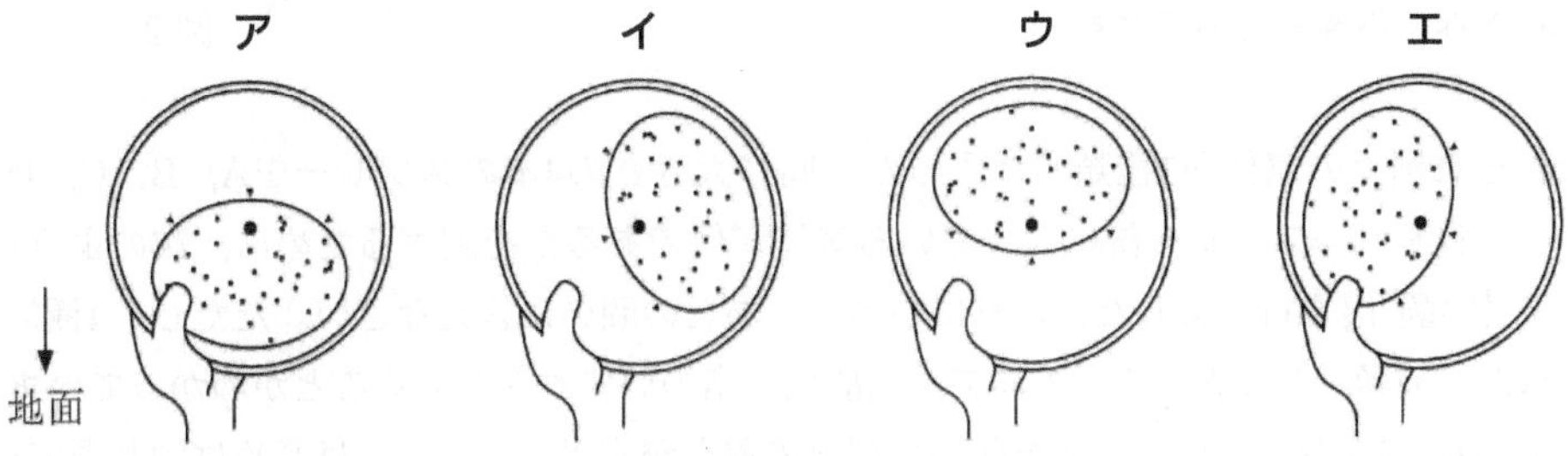


(5) 星座早見の点Pは，窓の中の中央の位置を示しています。点Pは何を表していますか。次の**ア**～**エ**から最も適切なものを1つ選び，記号で答えなさい。

**ア** 真東からのぼる星が南中する位置　　**イ** 天の北極

**ウ** 春分の日に太陽が南中する位置　　**エ** 天頂(頭の真上)

**3** 右の図１のA～Dは，正面から見たヒトの心臓の4つの部屋を表しています。また，次のページの図２のXとYは，正面から見たヒトの器官，ａ～ｈは器官につながる血管を表しています。これについて，次の問いに答えなさい。

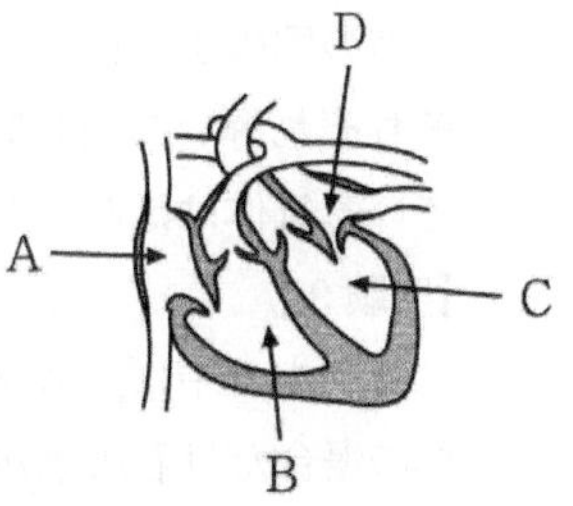

図１

(1) 図１で，全身からもどってきた血液が最初に入る部屋はどれですか。A～Dから最も適切なものを1つ選び，記号で答えなさい。

(2) 図１で，部屋の壁《かべ》の筋肉がほかの部屋よりも厚くなっているのはどこですか。A～Dから最も適切なものを1つ選び，記号で答えなさい。また，その部屋の筋肉がほかより厚くなっているのはなぜですか。その理由を簡単に説明しなさい。

(3) 図２で，X，Yの器官の名前の正しい組み合わせはどれですか。次の**ア**～**エ**から最も適切なものを1つ選び，記号で答えなさい。

**ア** X…脳　Y…胃　　**イ** X…脳　Y…かん臓

**ウ** X…肺　Y…胃　　**エ** X…肺　Y…かん臓

(4) 図2で，酸素を最も多く含《ふく》む血液が流れている血管はどれですか。a～hから最も適切なものを1つ選び，記号で答えなさい。

(5) 図2で，各血管を流れる血液について，正しく述べているのはどれですか。次の**ア**～**エ**から最も適切なものを1つ選び，記号で答えなさい。

**ア**　aを流れる血液は，bを流れる血液よりも栄養分を多く含む。

**イ**　cを流れる血液は，dを流れる血液よりも栄養分を多く含む。

**ウ**　eを流れる血液は，fを流れる血液よりも二酸化炭素以外の不要物を多く含む。

**エ**　gを流れる血液は，hを流れる血液よりも二酸化炭素以外の不要物を多く含む。

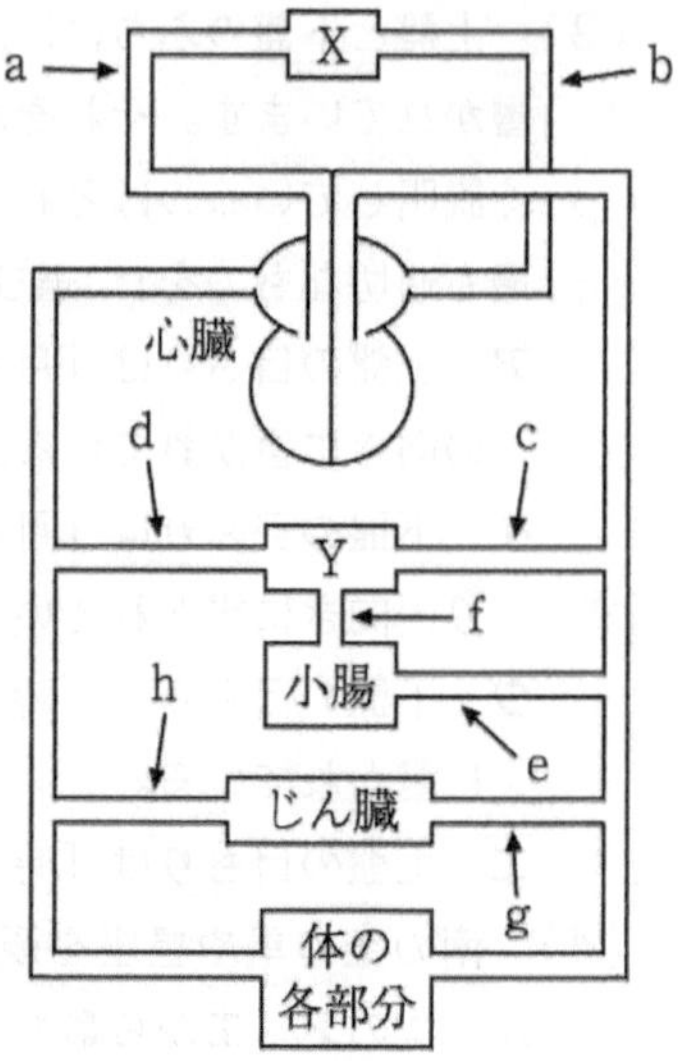


図2

**4** それぞれ別々の気体が1種類ずつ入った，同じ大きさの4本のスプレー缶《かん》A，B，C，Dがあります。それぞれのスプレー缶に入っている気体が何であるかを調べるために，次のような【実験1】～【実験4】を行いました。これについて，あとの問いに答えなさい。ただし，4種類の気体は，水素，酸素，ちっ素，アンモニア，二酸化炭素のいずれかであることがわかっています。また，A～Dのスプレー缶は，気体を除いた部分の重さがすべて同じで，はじめは同じ温度･圧力で同じ体積の気体が入っているものとします。

【実験1】

気体の入ったスプレー缶の重さをそれぞれはかった。その結果，スプレー缶Aが最も重く，スプレー缶Cが最も軽かった。

【実験2】

右の図のように，水を満たした試験管に，スプレー缶の気体をそれぞれ導いて同じ時間集めた。その結果，スプレー缶Dに入っている気体はほとんど集まらなかった。

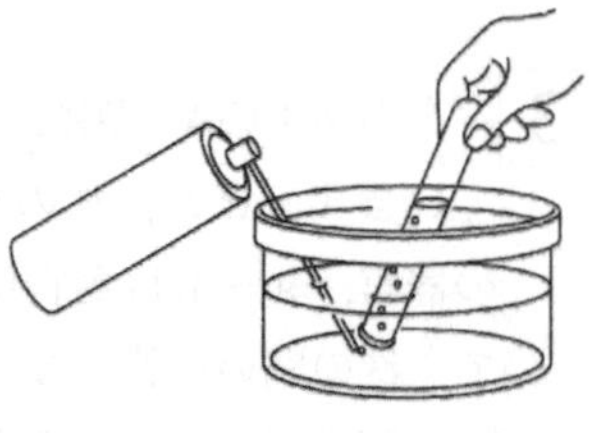

【実験3】

石灰水の中に，スプレー缶の気体をそれぞれ導いた。その結果，スプレー缶Aに入っている気体の場合だけ石灰水が白くにごった。

【実験4】

スプレー缶A～Dに入っている気体を，重さを無視できる風船につめて飛ばした。その結果，スプレー缶Aに入っている気体の風船はすぐに下に落ちた。スプレー缶CとDに入っている気体の風船はすぐに上昇《じょうしょう》した。スプレー缶Bに入っている気体の風船は，ゆっくりと下に落ちた。

(1) スプレー缶A，Cに入っている気体は何ですか。それぞれ名前を答えなさい。

(2) 【実験2】でスプレー缶Dに入っている気体が試験管にほとんど集まらなかったのはなぜですか。簡単に説明しなさい。

(3) スプレー缶Cに入っている気体と同じ気体が発生するのはどれですか。次の**ア**～**エ**から最も適切なものを1つ選び，記号で答えなさい。

**ア** 石灰石に塩酸を加える。

**イ** 二酸化マンガンに過酸化水素水を加える。

**ウ** アルミニウムに水酸化ナトリウム水溶液を加えて加熱する。

**エ** アンモニア水を加熱する。

(4) 4本のスプレー缶に入っている気体が何であるかは，【実験1】から【実験4】のうち2つだけを組み合わせてもわかります。その組み合わせはどれですか。次の**ア**～**エ**から最も適切なものを1つ選び，記号で答えなさい。

**ア** 【実験1】と【実験2】　**イ** 【実験1】と【実験3】

**ウ** 【実験2】と【実験4】　**エ** 【実験3】と【実験4】

**5** ばねPおよびばねQにいろいろな重さのおもりをつるし，ばねの長さをはかる実験を行いました。下の表は，その結果の一部をそれぞれ表したものです。これについて，あとの問いに答えなさい。ただし，ばねはのびきることなく，いつも同じ性質を保つものとします。

表

| おもりの重さ(g) | 20 | 60 | 100 | 140 |
|---|---|---|---|---|
| ばねPの長さ(cm) | 25 | 35 | 45 | 55 |
| ばねQの長さ(cm) | 32.5 | 37.5 | 42.5 | 47.5 |

(1) 横軸におもりの重さ，たて軸にばねの長さをとった解答らんのグラフに，表からばねPの値を読み取って，黒丸印(●)を4個かきなさい。なお，解答らんのグラフには，ばねQについてのグラフがかかれています。

(2) ばねPに160gのおもりをつるしたとき，のびは何cmですか。

(3) ばねQの自然の長さ(おもりをつるさないときの長さ)は，何cmですか。

(4) 下の図1のように，重さを考えなくてよい棒の両はしをばねP，ばねQでつるし，棒の中央におもりXをつるしたところ，棒が水平になってつりあいました。おもりXの重さは何gですか。

(5) 下の図2のように，ばねPとばねQをつなぎ，かっ車を通して両はしに同じ重さのおもりYをつるして，ばねを水平につりあわせたところ，PとQを合わせた長さが65cmになりました。おもりYの重さは何gですか。

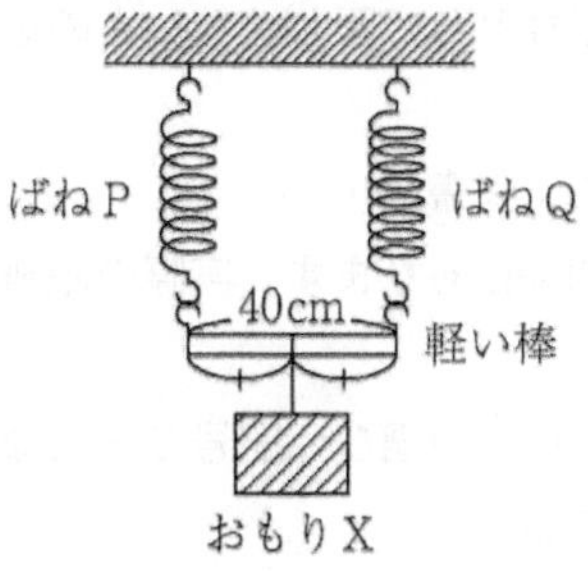


図1

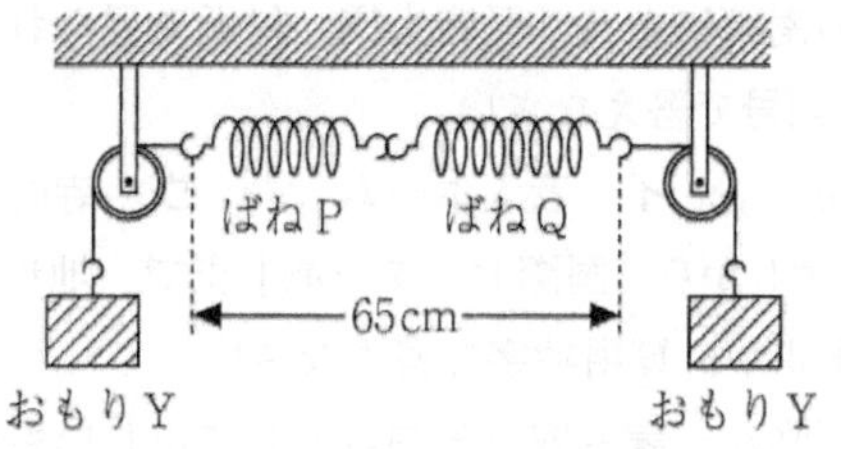


図2

【社　会】（30分）〈満点：50点〉

**1**　次の2万5千分の1の地形図を見て，あとの問いに答えなさい。

※編集の都合で93％に縮小しています。

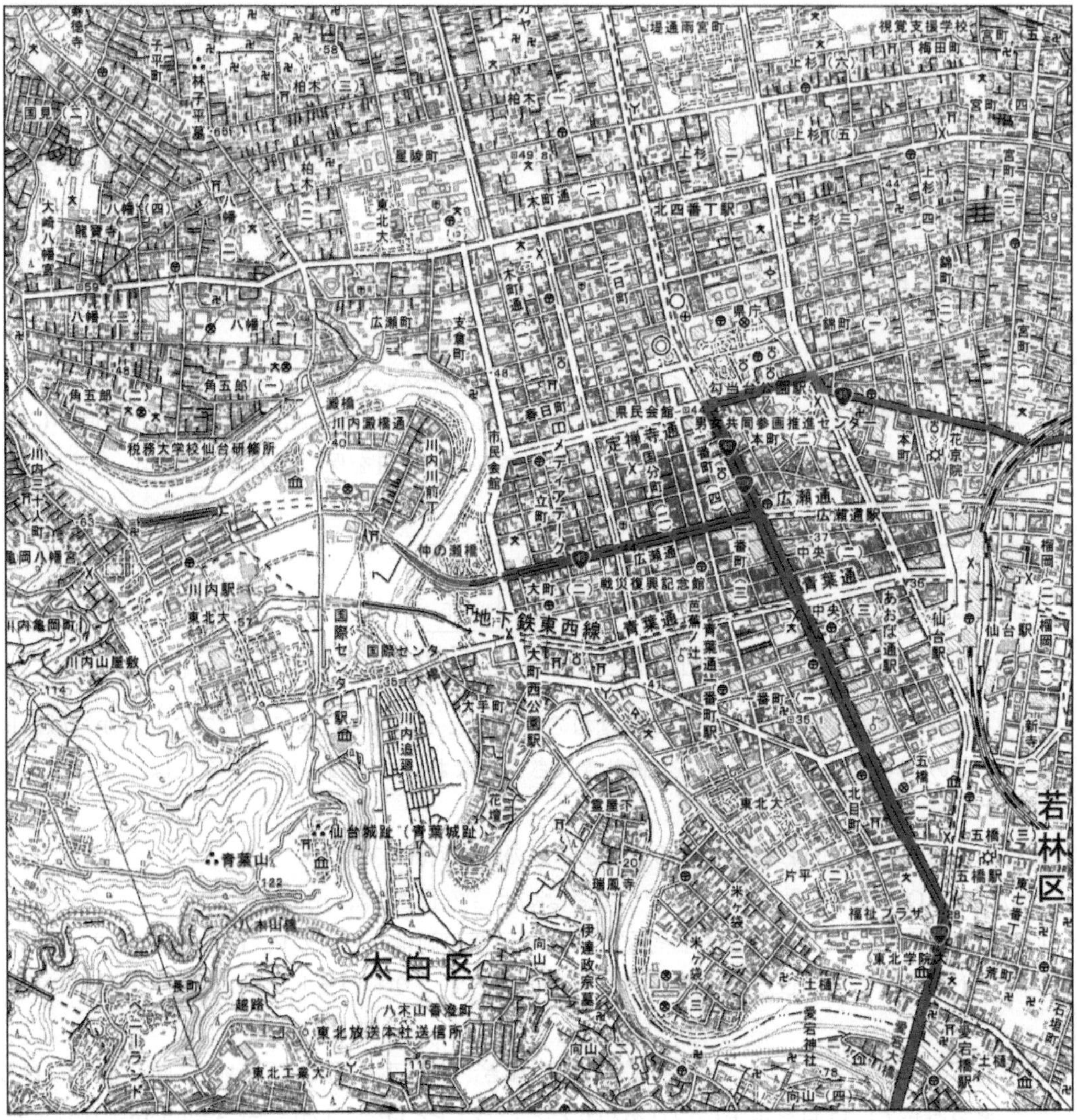


（国土地理院発行２万５千分の１地形図「仙台西北部」より作成）

（1）　地形図の南東にある「愛宕大橋《あたご》」付近に見られる地図記号として正しくないものを次から1つ選び，記号で答えなさい。

**ア**　郵便局　　**イ**　老人ホーム　　**ウ**　寺院　　**エ**　図書館

（2）「県民会館」から「国際センター駅」まで，地形図上で約5cmあります。実際の距離《きょり》は約何mになりますか。算用数字で答えなさい。

（3）　この地形図から読み取れる内容として正しいものを次から１つ選び，記号で答えなさい。

**ア**「仙台城趾《じょうし》」と「県庁」付近の標高の差は，約120mである。

**イ**「地下鉄東西線」は，河川を越えるさいに地上へ出て，橋を渡《わた》っている。

ウ　地形図中を流れる河川の沿岸部には，果樹園が多く見られる。

エ　JR「仙台駅」から「青葉通」を西に進むと，通り沿いの右側に消防署がある。

（4）　この地形図は仙台市の中心部とその周辺を示しています。仙台市について述べた文として正しくないものを次から1つ選び，記号で答えなさい。

ア　東北地方で唯一《ゆいいつ》の政令指定都市であり，人口が100万人を超《こ》える都市でもある。

イ　神社仏閣や武家屋敷《やしき》を囲む緑など，人々が長い歳月をかけて育ててきた緑豊かな街並みを称《しょう》して「杜《もり》の都」とよばれる。

ウ　古くから学都（学問の都）として知られ，現在でも「東北大学」をはじめとした多様な教育機関が集まっている。

エ　毎年8月上旬《じょうじゅん》に開催《かいさい》される「花笠まつり」は，東北四大祭りの1つである。

（5）　仙台市は宮城県中央部に広がる仙台平野の中心都市です。仙台平野は，稲作に適した気候と豊かな水資源をいかし，全国有数の米どころとして知られています。この平野を流れる河川として正しいものを次から1つ選び，記号で答えなさい。

ア　北上川　　　イ　雄物《おもの》川　　　ウ　最上《もがみ》川　　　エ　石狩川

（6）　仙台市は伊達《だて》氏を藩主とする仙台藩の城下町として発展しました。江戸時代の大名と根拠《こんきょ》地とした城下町の組み合わせとして正しいものを次から1つ選び，記号で答えなさい。

ア　上杉氏－鹿児島　　　イ　毛利氏－萩

ウ　前田氏－高知　　　エ　島津氏－金沢

（7）　仙台市の北東に隣接《りんせつ》する多賀城市には，かつて陸奥国の国府と鎮守《ちんじゅ》府が置かれていました。多賀城が設置されたのは724年とされています。その当時の都の名称を，漢字で答えなさい。

（8）　地形図中の裁判所（仐）は，高等・地方・家庭裁判所などの合同庁舎です。このうち，高等裁判所について述べた文として正しいものを次から1つ選び，記号で答えなさい。

ア　仙台市をふくめて全国に10か所置かれている。

イ　裁判員裁判における第一審が行われる。

ウ　裁判官は内閣によって任命される。

エ　裁判官は国民審査の対象となる。

（9）　地形図中の「県庁」では県知事が，市役所（◎）では市長が働いています。県知事と市長に共通することがらとして正しくないものを次から1つ選び，記号で答えなさい。

ア　住民の直接選挙によって選ばれる。

イ　住民からのリコール（解職請求）の対象とされる。

ウ　議会から不信任決議を受けた場合，議会を解散することができる。

エ　任期は4年で，被《ひ》選挙権は満30歳以上である。

**2**　次のA～Hは，日本の各地方の最高峰《ほう》（最も高い山）について述べたものです。これを読んで，あとの問いに答えなさい。

A　北海道の最高峰（標高2291m）であるこの山は，大雪山系の主峰である。大雪山は火山であるが，ここ3000年間で噴火《ふんか》活動（水蒸気噴火を除く）は起きていない。

B　東北地方の最高峰（標高2356m）であるこの山は，福島県の南西部，新潟県や群馬県との県境近くに位置する。山ろくには尾瀬《おぜ》沼や尾瀬ヶ原などがあり，付近一帯は2007年，日光国立公園から独立する形で，尾瀬国立公園となった。

C　関東地方の最高峰（標高2578m）であるこの山は，群馬県と栃木県の県境に位置している。活火山であり，過去に何度も水蒸気噴火が起こっている。

D　中部地方の最高峰（標高3776m）であり，日本の最高峰でもある。古代から霊峰《れいほう》とされ，信仰《しんこう》の対象であり，多くの芸術作品の題材ともなってきたことから，2013年に周辺の自然地形や文化財などとともに世界文化遺産に登録された。

E　近畿地方の最高峰（標高1915m）であるこの山は，周辺の山々とともに「大峰山」とよばれることもある。修験道の霊場の1つであり，2004年に登録された「□の霊場と参詣道《さんけいみち》」の構成資産の1つとなっている。

F　中国地方の最高峰（標高1729m）であるこの山は，その雄大《ゆうだい》な山容から「伯耆《ほうき》富士」ともよばれ，鳥取県のシンボルにもなっている。火山ではあるが，最後の噴火は約2万年前とされ，活火山としてはあつかわれていない。

G　四国地方の最高峰（標高1982m）であるこの山は，西日本の最高峰でもある。古くから信仰の対象とされ，山岳《さんがく》仏教や修験道の修行の場とされてきた。

H　九州地方の最高峰（標高1936m）であるこの山は，□の中央部に位置している。地殻《ちかく》変動による隆起《りゅうき》によってできた山であり，火山ではない。森林帯など豊かな自然にめぐまれ，山域は1993年，白神山地とともに日本で最初に世界自然遺産に登録された。

（1）　Aの山の西に広がる盆地で行われる農業のようすについて述べた文として正しいものを次から1つ選び，記号で答えなさい。

**ア**　火山灰地の総合開発が進められ，牧畜がさかんになった。

**イ**　水はけのよい土地にめぐまれ，全国有数の茶の産地として知られる。

**ウ**　寒さに強い稲をつくる品種改良などが行われたことで，稲作がさかんである。

**エ**　水はけのよい扇状地《せんじょうち》を中心として，果樹栽培《さいばい》がさかんである。

（2）　Bの山の山ろくを水源とする伊南《いな》川は，北に流れて只見《ただみ》川と合流し，さらに北で□川に合流し，西に向きを変えて新潟県に入り，日本海に注いでいます。かつて流域で公害病の新潟水俣《みなまた》病が発生したことでも知られる，□にあてはまる河川の名称を，漢字で答えなさい。

（3）　Cの文中の下線部について，右のグラフはある農産物の収穫量《しゅうかくりょう》の都道府県別割合を示したものです。この農産物を次から1つ選び，記号で答えなさい。

**ア**　いちご　　　**イ**　こんにゃくいも

**ウ**　らっかせい　　**エ**　キャベツ

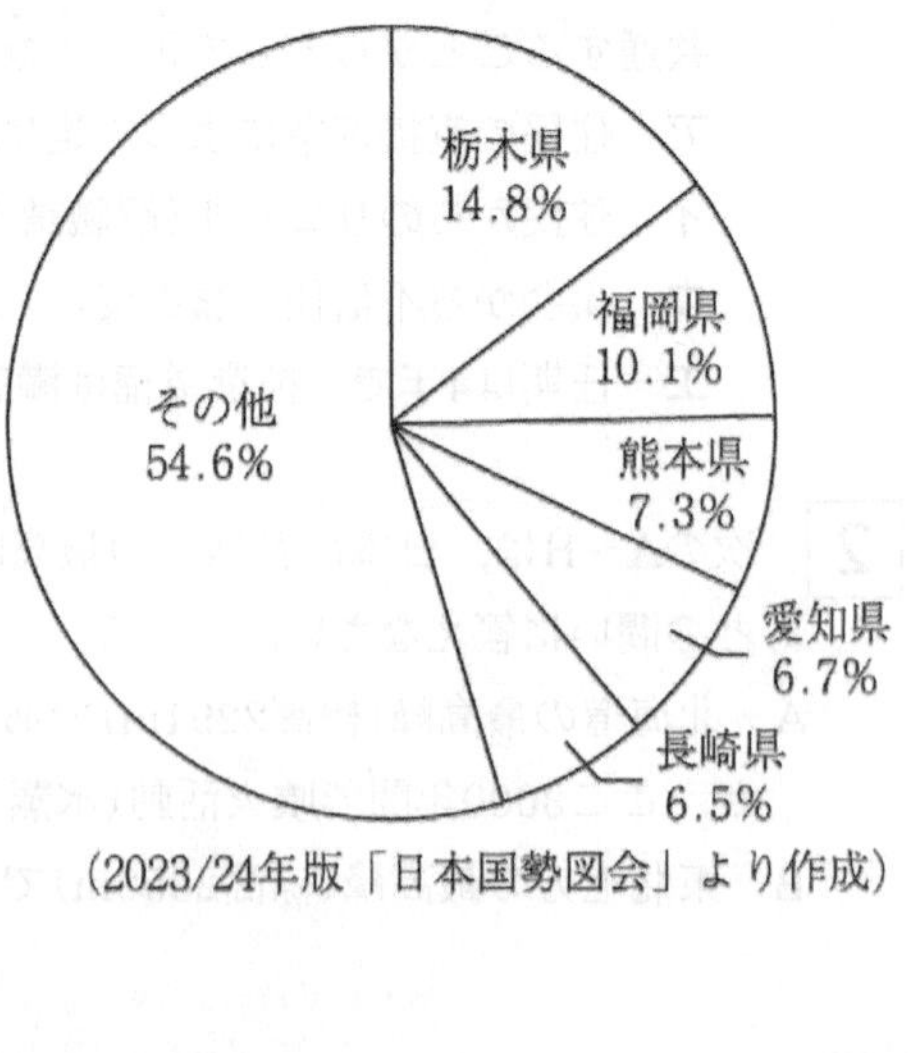


（2023/24年版「日本国勢図会」より作成）

（4）　Dの山の西側には，日本三大急流の1つとして知られる河川が流れています。この河川の河口部に位置する都市でさかんな工業を次から1つ選び，記号で答えなさい。

**ア** セメント工業　　**イ** 製紙・パルプ工業
**ウ** 精密機械工業　　**エ** 造船業

(5) Eの文中の□にあてはまる山地の名称を，漢字で答えなさい。

(6) Fの下線部について，右の雨温図は鳥取県の県庁所在地のものです。この都市で冬の降水量が多くなる理由について述べた次の文中の□にあてはまる言葉を，「中国山地」という語句を用いて20字前後で答えなさい。

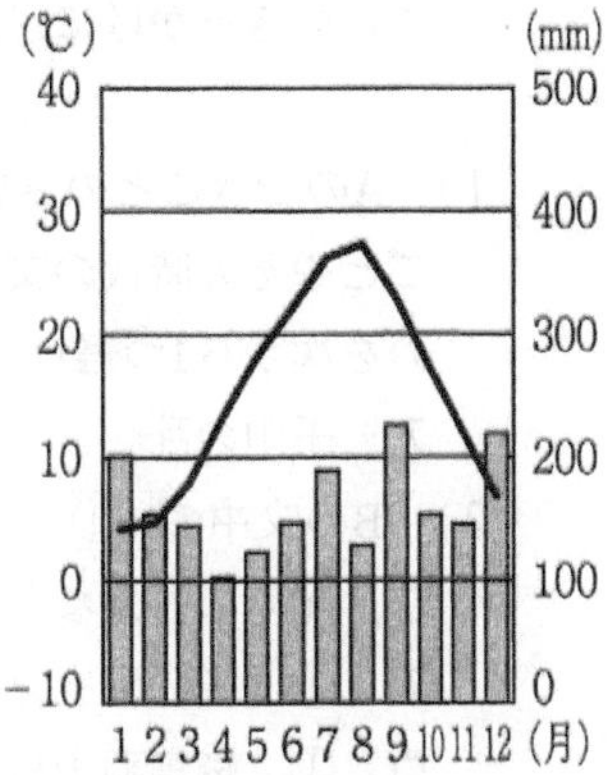


(2023年版「理科年表」より作成)

> 冬の北西の□，多くの雪を降らせるため。

(7) Gの山は愛媛県中央部に位置しています。愛媛県西部の沿岸部のようすについて述べた文として正しいものを次から1つ選び，記号で答えなさい。

**ア** 遠浅の海岸が広がり，のりの養殖《ようしょく》がさかんである。
**イ** 遠洋漁業の基地となっている漁港があり，まぐろやかつおが多く水揚《みずあ》げされる。
**ウ** 水揚げ量日本一をほこる漁港があり，いわしやさばなどを中心に水揚げされる。
**エ** リアス海岸が広がり，はまちや真珠《しんじゅ》などの養殖がさかんである。

(8) Hの文中の□にあてはまる島の名称を，漢字で答えなさい。

**3** 次のA～Hの事件や戦乱は，いずれも時代の変わり目に起きた重要なできごとです。これを読んで，あとの問いに答えなさい。

A　中大兄皇子らが蘇我氏を倒《たお》したこのできごとをきっかけとして，天皇を中心とした中央集権国家の建設が進められることとなった。

B　政治の実権を取り戻《もど》そうとした［　①　］は，執権［　②　］の打倒《だとう》を全国の武士によびかけたが，応じる者は少なく，幕府軍の前に敗れた。これをきっかけに，幕府の支配が西日本にもおよぶようになった。

C　有力な守護大名どうしの対立に将軍足利義政の跡継《あとつ》ぎをめぐる争いなどが結びつき，戦乱となった。11年におよぶ京都での戦いが終わってからも，戦乱は全国に広がり，各地で大名や武士らが領地をめぐって争う戦国時代となった。

D　徳川家康率いる東軍と，石田三成ら豊臣方の西軍の間で起きたこの戦いは，東軍の勝利に終わり，3年後，家康は征夷《せいい》大将軍となって江戸に幕府を開いた。

E　アメリカ東インド艦隊《かんたい》司令長官であったペリーは，浦賀に来航して開国を求める大統領の親書を幕府に提出。翌年，再び来航したペリーとの間で幕府は日米和親条約を結んだ。これにより，200年以上続いた鎖国が終わることとなった。

F　新政府の改革に不満を持つ鹿児島の士族たちは，西郷隆盛を指導者として反乱を起こしたが，徴兵《ちょうへい》令によって整備された政府軍の前に敗れた。これにより各地で起きていた士族の反乱は終わり，以後は言論で政府を批判する動きが広まることとなった。

G　1936年，陸軍の一部の部隊が反乱を起こし，首相官邸《かんてい》や私邸を襲《おそ》って大臣らを殺傷《さっしょう》したほか，警視庁や新聞社などを占拠《せんきょ》した。反乱は鎮圧されたが，以後，軍部の発言力がいっそう強まり，翌37年，日本は中国との全面戦争に突入《とつにゅう》することになった。

H　1973年に起きた第4次中東戦争をきっかけに，アラブの産油国が原油価格の大幅《おおはば》な引き上げを行ったことから，世界の経済が混乱に陥《おちい》った。石油危機(オイルショック)とよばれるこのできごとをきっかけに，日本の高度経済成長も終わりをむかえることとなった。

(1)　Aのできごとのさい，初めての元号として「大化」が定められました。以後，元号はできごとやその時代の文化の名称などにも用いられることになりました。元号とは関係のないものを次から1つ選び，記号で答えなさい。

**ア**　壬申の乱　　**イ**　天平文化　　**ウ**　平治の乱　　**エ**　弘安の役

(2)　Bの文中の [①]，[②] にあてはまる人物の組み合わせとして正しいものを次から1つ選び，記号で答えなさい。

**ア**　①　後白河上皇　②　北条義時　　**イ**　①　後白河上皇　②　北条泰時

**ウ**　①　後鳥羽上皇　②　北条義時　　**エ**　①　後鳥羽上皇　②　北条泰時

(3)　Cの時代に生まれた文化には，現在まで続いているものもあります。この時代の文化として正しくないものを次から1つ選び，記号で答えなさい。

**ア**　武士たちの間で能が好まれ，狂言《きょうげん》も演じられるようになった。

**イ**　雪舟により，日本風の水墨画《すいぼくが》が大成された。

**ウ**　茶の湯や生け花が生まれ，さまざまな階層の人々の間に広まっていった。

**エ**　都市では歌舞伎《かぶき》が演じられ，町人たちの間で人気を集めた。

(4)　Dの戦いが起きた場所は，現在のどの都道府県にあたりますか。その都道府県名を，漢字で答えなさい。

(5)　Eのできごとのさい，「泰平《たいへい》の　眠りをさます　上喜撰《じょうきせん》　たった四杯《しはい》で　夜も眠れず」という，幕府のうろたえぶりを風刺《ふうし》した歌が詠《よ》まれました。このような歌は何とよばれますか。正しいものを次から1つ選び，記号で答えなさい。

**ア**　連歌　　**イ**　狂歌　　**ウ**　川柳　　**エ**　俳諧《はいかい》

(6)　Fのできごとの前後に起きた次の**ア**～**エ**のできごとを年代の古い順に並べかえ，記号で答えなさい。

**ア**　内閣制度が創設された。　　**イ**　立憲改進党が結成された。

**ウ**　民撰《みんせん》議院設立建白書が出された。　　**エ**　国会開設の詔《みことのり》が出された。

(7)　Gの文中の下線部の事件の名称を答えなさい。

(8)　Hの文中の下線部の時期のできごととして正しくないものを次から1つ選び，記号で答えなさい。

**ア**　国民所得倍増計画が発表された。　　**イ**　大阪で万国博覧会が開かれた。

**ウ**　日中平和友好条約が調印された。　　**エ**　日韓基本条約が調印された。

**4**　住居や建築の歴史について述べた次の文を読んで，あとの問いに答えなさい。

日本の歴史上，最も古い住居といえるのは，(あ)縄文時代につくられるようになった竪穴《たてあな》住居である。地表を50cmほど掘《ほ》り下げ，掘立柱を立て，梁《はり》や桁《けた》を渡し，植物の枝や葉などで屋根をふいたこの建築物は，一般《いっぱん》の住居としては奈良時代ごろまで用いられたとされている。弥生時代には，地面を掘り下げない平地式の住居が登場したほか，(い)高床の建物もつくられるようになった。東南アジアに起源を持つとされるこの建築様式は，当初は身分の高い者の住居や穀物を収める倉庫などに用いられたが，湿度の高い日本の風土に合っていたことから，一般の住居にも取り入れられるようになったとされる。やがて，大型の建物もつくられるようになり，平安時代には(う)寝殿造《しんでんづくり》が生まれた。この様式で建てられた貴族の邸宅には，壁《かべ》や仕切りがほとんどなく，用途《ようと》に応じて屏風《びょうぶ》や几帳《きちょう》で部屋を仕切り，畳《たたみ》も必要な場所にだけ敷いた。(え)鎌倉時代に武士の住居として広まった武家造も，寝殿造を簡素化したものといえる。

室町時代に生まれた書院造は，(お)禅《ぜん》宗の僧の書斎《しょさい》の形式から生まれたものと考えられており，障子《しょうじ》や襖《ふすま》で部屋を仕切り，畳を敷きつめ，床の間を設けることなどを特徴としたもので，現代の和風建築のもととなった。戦国時代以降，大名たちが築いた大規模な(か)城の内部にもその様式は取り入れられた。また，江戸時代に広まった数寄屋《すきや》造り（「数寄屋」とは茶室のこと）もその流れをくむものであり，都市部につくられた「町屋」とよばれる町人の店舗《てんぽ》兼住宅にもその影響《えいきょう》は見られる。

明治時代になると，文明開化の流れにともない，レンガ造りなど(き)西洋式の建物がつくられるようになった。ただし，それらは「和洋折衷《せっちゅう》」とでもよばれるようなもので，政府高官らが建てた自宅も，客間や応接間は洋間で，生活する部屋は和室というものが多く，(く)大正時代にはそうした住宅が一般家庭でも見られるようになった。

第二次世界大戦後は，特に都市部で住宅不足を補《おぎな》うため，鉄筋コンクリート製の集合住宅が多くつくられるようになり，現在は高層マンションもさかんに建てられている。また，一般の住宅も，あらかじめ工場でつくった部材を現場で組み立てる「プレハブ式」のものが増えている。

**(1)** 下線部(あ)について，この時代の遺物として最も適切なものを次から1つ選び，記号で答えなさい。

**ア** 埴輪　**イ** 石包丁　**ウ** 銅鏡　**エ** 土偶

**(2)** 下線部(い)について，校倉《あぜくら》造でつくられた正倉院（東大寺）も，基本的にはこの様式で築かれています。この建造物に収められていた宝物《ほうもつ》として正しくないものを次から1つ選び，記号で答えなさい。

**ア**

**イ**

**ウ**

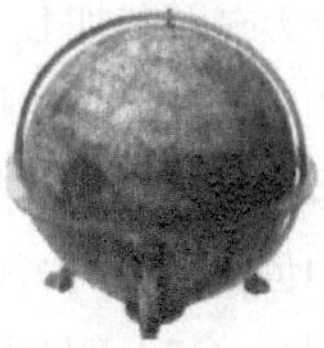

**エ**

**(3)** 下線部(う)について，この様式が取り入れられている厳島《いつくしま》神社は，平安時代末に□が一族の繁栄《はんえい》を願い，航海の守り神として厚く信仰したことでも知られています。□にあてはまる人物名を，漢字で答えなさい。

**(4)** 下線部(え)について，この時代に起きた次の**ア**～**エ**のできごとを年代の古い順に並べかえ，記号で答えなさい。

ア　御成敗式目が制定された。　　　イ　永仁の徳政令が出された。
ウ　文永の役が起きた。　　　　　　エ　源氏の将軍が3代で途絶えた。

(5)　下線部(お)について，禅宗にあてはまる宗派とその開祖の組み合わせとして正しいものを次から1つ選び，記号で答えなさい。

ア　曹洞宗－道元　　　　イ　臨済宗－法然
ウ　浄土真宗－親鸞　　　エ　浄土宗－栄西

(6)　下線部(か)について，日本には江戸時代およびそれ以前につくられ，今も残る城が12あり(これを「現存12天守」という)，そのうち5つは国宝に指定されています。右の写真は，そのうちの1つで，譜代大名の井伊氏の居城であったことで知られています。この城を次から1つ選び，記号で答えなさい。

ア　犬山城　　　　イ　松本城
ウ　彦根城　　　　エ　姫路城

(7)　下線部(き)について，この時代につくられた代表的な洋館として知られるのは，外務卿《きょう》(のちの外務大臣)の井上馨《かおる》が東京・日比谷につくらせた国際社交場です。外国の公使や大使などを招いて舞踏《ぶとう》会や音楽会が開かれたこの建物の名称を，漢字で答えなさい。

(8)　下線部(く)について，この時代のできごととして**正しくないもの**を次から1つ選び，記号で答えなさい。

ア　シベリア出兵が行われた。　　　イ　青鞜《せいとう》社が結成された。
ウ　全国水平社がつくられた。　　　エ　関東大震災《しんさい》が起きた。

**5**　次の文を読んで，あとの問いに答えなさい。

2023年5月19～21日，［　①　］市で，(あ)G7とよばれる7か国の首脳とEU(欧州連合)の代表らが出席する，第49回主要国首脳会議が開かれた。［　②　］ともよばれるこの会議は，1975年，石油危機による世界的不況の打開策について話し合うためにフランスのランブイエで6か国(G6)が参加して第1回の会議が開かれて以降，毎年開かれている(2020年はコロナ禍《か》により中止)。1976年からはカナダが参加してG7となり，1998年からはロシアが正式に参加してG8となったが，2014年にクリミア併合《へいごう》を行ったことからロシアが除外され，再びG7となった。開催国(議長国でもある)は持ち回りであり，日本でもこれまでに，東京で3回，「九州・沖縄」「洞爺《とうや》湖」「伊《い》勢《せ》・志摩《しま》」で各1回，開かれている。

今回の会議では，G7とEU代表による会合のほか，ブラジルやインド，韓国などの招待国8か国の首脳，(い)国際連合や(う)世界保健機関などの招待国際機関の代表，さらにゲスト国として招かれた(え)ウクライナのゼレンスキー大統領らも参加した拡大会議も開かれた。3日間にわたる会合では，ロシアによるウクライナ侵攻《しんこう》，台湾への圧力を強める中国の動き，(お)気候変動や食料問題など，世界が直面するさまざまな課題について話し合いが行われた。最終日には議長である(か)岸田首相により首脳宣言が発表されたが，そこでは，「法の支配に基づく自由で開かれた国際秩序《ちつじょ》を強化する」ことや「ウクライナ支援を継続する」こと，「現実的なアプローチを通して核兵器のない世界の実現に取り組む」こと，「グローバルサウスとよばれる新興国や途上国に対し，各国の事情を考慮《こうりょ》しながら支援する」ことなどが方針として打ち出された。

（1） 文中の ① にあてはまる都市名を答えなさい。

（2） 文中の ② にあてはまる語句を，カタカナで答えなさい。

（3） 下線部あについて，G7にあてはまらない国を次から1つ選び，記号で答えなさい。

**ア** アメリカ　**イ** ドイツ　**ウ** オーストラリア　**エ** イタリア

（4） 下線部いについて，今回の会合にも参加した現在の国連事務総長を次から1人選び，記号で答えなさい。

**ア** ブトロス・ガリ　**イ** コフィ・アナン

**ウ** 潘基文《パンギムン》　**エ** アントニオ・グテーレス

（5） 下線部うについて，この組織の英語の略称を次から1つ選び，記号で答えなさい。

**ア** WTO　**イ** WHO

**ウ** UNHCR　**エ** IMF

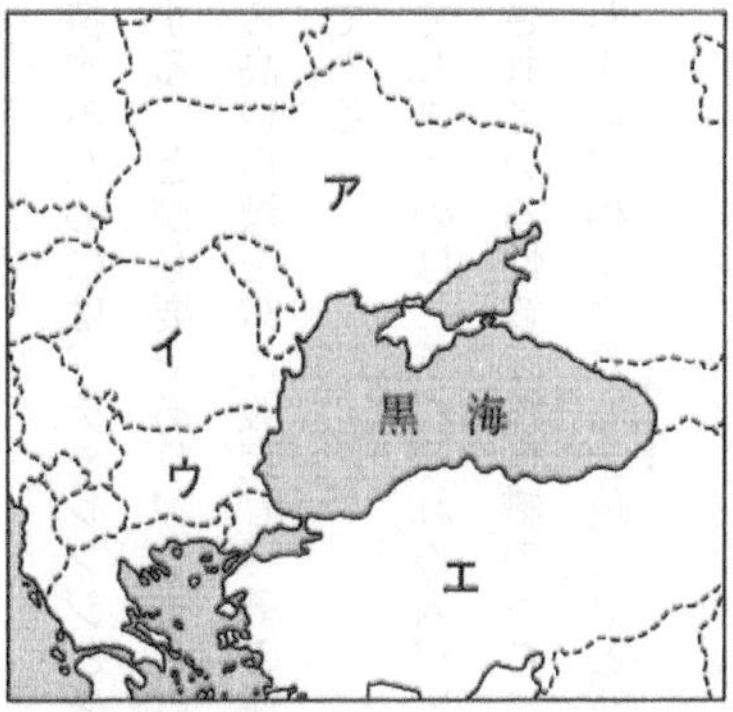


（6） 下線部えについて，この国の位置を右の地図中の**ア**～**エ**から1つ選び，記号で答えなさい。

（7） 下線部おについて，地球温暖化や気候変動に関する国際会議として，「国連気候変動枠組《わくぐみ》条約締約国会議（COP）」が1995年以降毎年開かれています。この会議について述べた次の文のうち，下線部**ア**～**エ**には正しくないものが1つふくまれています。その記号を選び，答えなさい。

> 1997年に開催されたCOP3では，先進国に温室効果ガスの削減《さくげん》を義務づけた**ア**京都議定書が採択された。その後，すべての国に排出《はいしゅつ》削減の努力を求める新たな枠組みとして，2015年に行われたCOP21で**イ**パリ協定が採択された。この協定では，**ウ**産業革命以前に比べて平均気温上昇を2℃未満に保つとともに，1.5℃未満に抑えることも努力目標とされた。また，2020年には，**エ**イギリスがこの協定から離脱したが，政権交代によって方針が変更されたことから，翌21年に復帰をはたした。

（8） 下線部かについて，内閣総理大臣の指名と任命について，次の ＿＿ にあてはまる言葉を15字前後で答えなさい。

> 内閣総理大臣は，＿＿＿＿＿＿＿＿。

**ウ**　不確実な時代にあっては、相手の意見に合わせることなく、前に進んでいく態度が求められるから。

**エ**　尖った性格が求められた時代が終わって、人々が対立することを奨励されることもなくなったから。

**オ**　人間関係を築く目的が他者を倒すことだけではなく、他者とうまくやっていくことでもあるから。

**問十三**　――⑦「一緒に、コロコロと転がっていけばいい」とありますが、「一緒に、コロコロと転がって」いくとは具体的にはどうすることですか。「柔軟」・「関係」という二つの言葉を使って、三十字以上四十字以内で説明しなさい。

**問十四**　この文章で筆者が述べている内容に合うものを次から一つ選び、記号で答えなさい。

**ア**　周囲との関係が往々にしてうまくいかないのは、人間が心を持つ存在で、形のない心が行動の主導権を握っているからであり、現在の心の持ち方を否定して、理性に基づいて行動することが関係の改善には必要である。

**イ**　自己肯定感を持つ状態を維持するためには、チャレンジとスキルのバランスを正しく設定することが必要であり、うまく自分の心をコントロールしながら高い目標を常に設定し、その達成に努力し続けることが大切である。

**ウ**　人が意図せず相手を困らせてしまうのは、それぞれの人が生まれ育った環境によって形成されている性質を無意識のうちに高めようとする言動をとってしまい、相手よりも上位に立とうとするからである。

**エ**　自分が正しいと思い込んでいる他者とつきあうときに必要なのは、相手を説得しても変わらない石のような存在として受けとめることであり、自分のモノサシで相手を測らなければ、関係性は自然に改善されていく。

**オ**　対立することが求められた時代が終わって対話の時代になり、相手に合わせて自分が変われば、相手も変えられるし、否定的な色合いを持った「人間関係」という言葉の意味も変えられるはずである。

力からの圧力で導入された新自由主義が否定され、人々が自信を持ち始めたということである。

問九 ――③「自分の飛びやすいハードル」とありますが、どのようなハードルということですか。その説明として、最も適切なものを次から一つ選び、記号で答えなさい。

ア 自分の趣味や好みに合わせ飛ぶこと自体を楽しむことができるように設定したハードル。

イ ハードルを越える喜びを実感することを目的に実力以下のレベルに設定されたハードル。

ウ 自分の技量などよりも高いものの多少努力をすれば越えることができる程度のハードル。

エ 自分の目標達成に向けてあえて自分の力量を無視して非常に高めに設定されたハードル。

オ 自分の自己肯定感を満足させる目的で何度でも飛び越えることができる程度のハードル。

問十 ――④「人間関係」とありますが、この言葉を筆者はどのように解釈していますか。文章中から二十九字で探し、初めと終わりの五字ずつを抜き出して書きなさい。

問十一 ――⑤「後ろ向きに変わるか、前向きに変わるか、である」とありますが、この内容についての説明として、最も適切なものを次から一つ選び、記号で答えなさい。

ア 「後ろ向きに変わる」とは、相手のどうしようもない部分に関しては無視することで、「前向きに変わる」とは、相手と自分の差を意識して、異なるところをはっきりさせて関係を新たに築きあげていくことである。

イ 「後ろ向きに変わる」も「前向きに変わる」も、相手も自分と同じ人間だから理解し合えるはずだという前提に立って、自分の意見を相手に合わせながら関係を築きあげていくことである。

ウ 「後ろ向きに変わる」とは、相手の意見に自分の意見をすり合わせていくことで、「前向きに変わる」とは、相手も自分と同じように変わることができるという確信を持って関係を築きあげていくことである。

エ 「後ろ向きに変わる」とは、相手のどうしようもない部分については受け入れるしかないと考えることで、「前向きに変わる」とは、相手と自分との違いに合わせて、自分が変わっていきながら関係を築いていくことである。

オ 「後ろ向きに変わる」も「前向きに変わる」も、自分を変化させようとする点では共通していて、他者との対立を避けて相手に服従することで人間関係を築いていくことである。

問十二 ――⑥「いまの時代は、そうした性格があらゆる場面において求められているような気がしてならない」とありますが、筆者がこのように述べる理由として、最も適切なものを次から一つ選び、記号で答えなさい。

ア あらかじめ前提することなどできない正しい価値観を追求すべきだという空気が、いまだにあるから。

イ 不条理なことが増え、人々が対立しがちな世の中では、他者とうまくやっていくための対話が必要だから。

書きますか。漢数字で答えなさい。

**問三** ――B「られる」と意味・用法が同じものを次から一つ選び、記号で答えなさい。

**ア** 先生が教室に来られる前に席に着いていましょう。

**イ** 午前五時半ならば自力で起きられると思います。

**ウ** そこはかとなく秋の気配が感じられるようになった。

**エ** 他人から一人前と見られるように成長したい。

**オ** 駅前に新しい商業施設《しせつ》が建てられる予定です。

**問四** ――C「とってしまうのである」の主語を、一文節で抜き出して書きなさい。

**問五** ――D「状況に合わせてコロコロと変わればいい」とありますが、このような状態を表す四字熟語を次から一つ選び、記号で答えなさい。

**ア** 臨機応変　**イ** 右往左往　**ウ** 南船北馬

**エ** 心機一転　**オ** 試行錯誤

**問六** 次の一文は文章中の【ア】～【オ】のどの部分に入るのが適切ですか。一つ選び、記号で答えなさい。

| |
|---|
| それほど、人間同士の関係というのは厄介なものだということである。 |

**問七** ――①「そんなこと」とありますが、どのようなことですか。文章中の言葉を使って、三十五字以上四十五字以内で説明しなさい。

**問八** ――②「グローバル規模での黒船がやってきたといっていいだろう」とありますが、この内容についての説明として、最も適切なものを次から一つ選び、記号で答えなさい。

**ア** グローバル規模での黒船とは、コロナ禍によって人々が退屈な自粛生活を強いられたということであり、その結果、経済活動が停滞し新自由主義的な世界が否定され、生き生きと日々を過ごせるようになったということである。

**イ** グローバル規模での黒船とは、フロー体験やトランス・ヒューマニズムのような新しい考え方が人々に浸透《しんとう》したということであり、その結果、高揚感や自己肯定感に満ちた人生を人々が希求するようになったということである。

**ウ** グローバル規模での黒船とは、コロナ禍によって人々が退屈な自粛生活を強いられたということであり、その結果、働き方や既存の世の中の仕組みを見直すことになり誰もが自分と向き合う時間を持てたということである。

**エ** グローバル規模での黒船とは、フロー体験やトランス・ヒューマニズムのような新しい考え方が人々に浸透したということであり、その結果、競争して勝つだけが人生ではないという意識を人々が持ち始めたということである。

**オ** グローバル規模での黒船とは、コロナ禍によって人々が退屈な自粛生活を強いられたということであり、その結果、アメリ

丸い性格である。

⑥いまの時代は、そうした性格があらゆる場面において求められているような気がしてならない。たとえば、２０００年代の＊ヒルズ族のように、尖《とが》った性格が求められた時代とは前提が異なっているからである。そんな尖った性格が求められた時代には、人々は対立することを奨励《しょうれい》さえされた。ディベートをするスキルが求められていたのは、その＊証左だろう。

おそらくその背景には、正しい価値観が予《あらかじ》め前提されていて、それを追求すべきだとする空気があったのだと思う。でも、いまはそうではない。正しい価値観など予め前提することはできないのだ。

この不確実な時代にあっては、むしろ相手の意見に合わせつつ、共に前に進んでいく柔軟な態度が求められるのだ。［５］、ディベートよりも対話の時代だといわれるのである。

そして対話には、尖った性格よりも丸い性格が求められる。目的は他者を倒《たお》すことではなく、他者とうまくやっていくことだからである。

⑦一緒に、コロコロと転がっていけばいい。そういえば、コロコロという語は、笑い声が響《ひび》くさまを形容するものでもある。他者は変えられないが、自分が変わることで、ネガティヴなニュアンスを帯びた「人間関係」という言葉の意味も変えられるはずだ。コロコロと笑いながら、共に進んでいく関係を意味する言葉として。

（小川仁志《おがわひとし》「不条理を乗り越える　希望の哲学」による）

＊トランス・ヒューマニズム＝科学技術などを積極的に活用して人間の身体などの生物学的限界を超《こ》えようとする考え方。

＊マインドコントロール＝自己あるいは他者の意思で感情や思考などを変化させたり抑制したりすること。

＊新自由主義＝政府などによる規制の最小化と自由競争を重んじる考え方。

＊トランス・マインド＝心の持ち方を変えること。

＊ネガティヴ＝否定的。

＊マウントを取ろう＝相手よりも自分の方が立場が上であることを見せつける言動をし、自分の優位性を示そうとすること。

＊性＝持って生まれた性質や宿命。

＊ベクトル＝ここでは、方向性。

＊日和見主義＝形勢をうかがって有利な方につこうとする態度をとること。

＊右顧左眄＝周囲の情勢や他者の意見を気にして、なかなか決断ができないこと。

＊ヒルズ族＝東京の港区にある六本木ヒルズ内のマンションに住むベンチャー企業《きぎょう》の経営者や芸能人、モデルなど。若くて裕福《ゆうふく》な人が多く、華やかな生活ぶりが注目された。

＊証左＝事実の裏づけとなる証拠《しょうこ》。

**問一** ［１］～［５］にあてはまる言葉として、最も適切なものを次から一つずつ選び、それぞれ記号で答えなさい。

**ア** たとえば　**イ** だから　**ウ** つまり

**エ** なぜなら　**オ** もし　**カ** しかも

**キ** あるいは　**ク** しかし

**問二** ――A「達成」について、次の各問いに答えなさい。

Ⅰ 「達」という漢字の総画数を漢数字で答えなさい。

Ⅱ 「成」という漢字について、次の黒く塗った部分は何画目に

けばいいかである。これには二つの態度が考えられるだろう。

一つはペシミズム（悲観主義、厭世《えんせい》観）的な態度である。[3]、あきらめるということである。ドイツの哲学《てつがく》者ショーペンハウアーがペシミズムの典型なのだが、彼は人間関係についても、細心と寛容《かんよう》を使い分けよ、と説いている。いわば、よく観察して、相手のどうしようもない部分については受け入れるしかないということである。

それが、簡単にできれば苦労しないのだが、ショーペンハウアーはトレーニングすることは可能だという。石を相手に話しかけろというのだ。たしかに石にいくら話しかけても、説得しても、態度が変わることはない。石とはそういう存在だ。ある意味で、他者とは石と同じように、変えることのできない存在だからといいたいのだろう。

たしかに、このトレーニングは役に立ちそうである。

私たちは相手も同じ人間だから、きっとわかるはずと思い込んでいる。[4]、人間は変わりうるという前提が、そもそも間違っているのである。相手は石だと思えば、見方も違ってくるはずだ。

もう一つの態度は、他者とすり合わせを行うというものである。いや、正確にいうと、他者は変わらないのだから、自分が勝手にすり合わせを行うということだ。これには、ドイツの哲学者ディルタイの生の哲学が参考になる。彼は人生における体験を重視した哲学者である。

私たちは体験を通して、自分の価値観をテストすることになる。人と意見がぶつかる、というのもその一環だ。自分のモノサシを、他者のそれと突き合わせることで初めて、違いが明らかになる。そうやって他者を理解していくわけである。

ここで気づくのは、ショーペンハウアー的態度もディルタイ的態度も、*ベクトルは違う方向を向いていても、共通している点があるということである。

前者は、あきらめという後ろ向きな態度であるように見えて、しかし自分の他者に対する見方を変えようとしている。後者は、すり合わせという前向きな態度でもって、やはり自分を変えようとしているのである。

したがって、いずれも自分を変えようとしている点では共通している。考えてみれば、これは当然のことで、他者が変わらないなら、変えられないなら、自分が変わるしかない。その方法が若干異なるだけなのである。

⑤後ろ向きに変わるか、前向きに変わるか、である。

私自身は後ろ向きでも前向きでも、どちらでもいいと思っている。というよりも、D状況に合わせてコロコロと変わればいいのだ。前後に転がってもいい。コロコロと態度を変えるというと、なんだか悪いことのように聞こえるが、そうともいえない。

もともとコロコロという表現は、丸いものが転がるさまからきている。丸いから転がるのだ。これを性格に当てはめると、とたんにいい意味になる。人間が丸くなったとか、丸い人だとか――。それは性格の面での柔軟《じゅうなん》性を指しているはずだ。

世の中に不条理なことが増え、人々がギスギスしてくると、なおさら対立しがちになる。そんななかで「人間関係」をうまく築き上げていくためには、自分が丸くなるのが最善なのである。*日和見《ひよりみ》主義といわれようと、*右顧左眄《うこさべん》といわれようと、それすら気にしないのが

さて、あなたはどのように今後の目標（ハードル）を設定するだろうか？

以前のように高いハードルを、しかも同じ数だけ並べる必要はまったくない。③自分の飛びやすいハードルを、飛び越えることが喜びにつながるようなハードルを並べればいいのだ。いま、ようやく自信を持って生きられる世界が訪れようとしている。胸を張って生きていこうではないか。あなたはそのままで十分素晴らしいのだから。【エ】

そもそも人が悩む場合、その多くは④人間関係に原因がある。というか、これは私の実感でもある。

なぜ、イライラするのか、なぜ、落ち込むのか……。それは仕事がうまくいかないとか、家族や友人ともめたとか、そういう理由からであることが多い。

私たちは無人島に住んでいるわけではないのだから、独りで物事が完結することなどほとんどない。そうすると、なにをするにしても自分以外の他者が絡《から》んでくる。その他者のせいで、自分の思った通りに物事が進まない事態が発生するのだ。それがイライラしたり、落ち込んだりする原因になる。そういう状況を「人間関係」と呼ぶのだ。人間関係がどうなのか具体的にいわなくても、この四文字で状況がわかってしまう。【オ】

そう、私たちが日ごろ、この言葉を使うときは、特別な意味を込めている。単純に人間同士の関係性のことをいっているわけではないのである。特別な意味、基本的には＊ネガティヴな意味を込めているといっていい。

コントロールすることのできない他者に、苦しめられている関係である。とはいえ、他者の方は、必ずしも相手を困らせてやろうと思っているわけではない。これもまた、私の体験に基《もと》づくのだが、ある日突然、会議における私の態度の悪さに対して出席者から苦情が寄せられたことがあった。よもや、自分が誰かを困らせているなどとは思ってもいなかった私は、思わずハッとした。会議を取りまとめていた私は、ただ単に結論を統一しようとしていたのだが、それが人の意見を軽視し、抑《おさ》えつけているととられたのである。もちろん、そんなつもりは毛頭なかったにもかかわらず……。

私たちは、自分が正しいと思うことを普通に発言し、行動しているだけで、それが誰かにとっての「人間関係」の原因になってしまっていることがあるということだ。このことをうまく説明しているのは、フランスの社会学者ブルデューによるハビトゥスという概念だろう。

彼《かれ》は、この言葉を傾向《けいこう》性という意味で使っている。簡単にいうと、人が生まれ育った環境によって形成される性質のようなものである。誰もが自分のハビトゥスを有しているので、知らず知らずのうちに、そのハビトゥスの価値を高めるような言動をCとってしまうのである、と。

[2]、私は関西で生まれ育ち、社会人になってからはずっと非関西圏《けん》で生活している。するとやはり、無意識のうちについ関西を讃《たた》えるような言動をとってしまっているのだ。

ブルデューにいわせると、それは象徴闘争《しょうちょうとうそう》という行為《こうい》であって、ある種やむを得ないものである。いま風の言葉でいうなら、＊マウントを取ろうとしてしまうのが、生き物である人間の＊性《さが》なのだろう。

問題は、自分が正しいと思い込んでいる他者と、どう付き合ってい

人間が厄介《やっかい》なのは、心を持つ存在だという部分にある。しかも、形のない心の方が主導権を握《にぎ》っている。心の持ち方を変えないことには、先に進めないケースが多々ある。

かつての私もそうだった。プライドが高く、常に高い目標を設定してしまっていた。実力がそれに見合えばいいのだが、努力の少ない割には無理な目標設定をして、さらにたちが悪いことには、そのこと自体に満足を覚えていたのだ。

ところが、①そんなことでは、いつまでたっても目標をA達成することができない。労せずして有名になろうとしたり、労せずして司法試験に合格しようとしたりしていたのだが、その結果、私が手にしたのは挫折《ざせつ》の二文字だけだった。やがて自己肯定《こうてい》感を喪失《そうしつ》し、気づけば引きこもりになっていた。

[1] あの時、ハンガリー出身の思想家チクセントミハイのフロー体験の概念《がいねん》を知っていたら、少しは違う行動をとっていただろう。フロー体験とは、自分がやっていることに没入《ぼつにゅう》することで、高揚《こうよう》感を得Bられる状態である。ある意味それは、自己肯定感を持つ状態を維持《いじ》することだといえる。【ア】

そのためには、チャレンジとスキルのバランスがとれている状態を保つ必要がある。そうすれば、日常的に没頭できるはずだ。無理なことをして挫折してばかりだと、チャレンジするのが嫌《いや》になってしまう。簡単すぎるのもよくない。ちょっと頑張れば越えられるハードルを、いかに設定できるかがカギを握る。

常に、そんなちょうどいいハードルを設定できれば、フロー体験を味わい続けることが可能になり、自己肯定感に満ちた人生を送れるというわけである。【イ】

結局、人が自己肯定感を持って生きていくためには、*トランス・ヒューマニズムのように身体ばかり変えようとしてもだめで、心を変えていく必要があるのだ。でも、だからといって*マインドコントロールを勧《すす》めているわけではない。

むしろ、うまく自分の心をコントロールできる環境《かんきょう》を整えることで、自然に自己肯定感を高めていこう、といいたいのだ。あたかも自然を見ることで、心が洗われたり、落ち着いたりするように、自分にとって快適な環境に身を置くということである。

過酷《かこく》な環境に身を置く必要はまったくない。*新自由主義的な世界では、それが求められたのかもしれないが、過剰《かじょう》な競争を肯定することによって、自己肯定感は反比例的に損《そこ》なわれていった。

したがって今後は、*トランス・マインドのスタンスで、上手に人生のハードルを設定していくべきなのだ。幸か不幸かコロナ禍《か》で経済活動は停滞《ていたい》した。やがてまた再開するのだろうが、少なくとも、働き方をはじめ既存《きそん》の世の中の仕組みを見直す機会にはなった。【ウ】

競争して勝つだけが人生ではない。それよりも生き生きと日々を過ごすことの方が大事だ。そのことに多くの人たちが気づき始めている。

誰《だれ》もが立ち止まって、自分に向き合う時間を持てたのだから、あの退屈《たいくつ》な自粛《じしゅく》生活も無駄《むだ》ではなかったといっていいだろう。ただでさえ変わるためには、アメリカからの圧力という黒船が必要なこの国に、外からの圧力のせいで重い腰《こし》を上げざるを得ないという意味においては、②グローバル規模での黒船がやってきたといっていいだろう。

てきた、パンドラの箱を開けることにした」とありますが、具体的にはどうすることにしたというのですか。次の文の［　　］にあてはまる言葉を、三十字以上四十字以内で書きなさい。

●健吾と倫太郎に対して、［　　］ことにした。

**問十一** ——⑦「二人には感謝の気持ちでいっぱいだった」とありますが、なぜですか。最も適切なものを次から一つ選び、記号で答えなさい。

**ア** 健吾と倫太郎と話をし、また、自分の希望していることを聞いてもらえたことで、未来への具体的な目標をはっきりさせることができたから。

**イ** 健吾と倫太郎が、大それた自分の理想をいっさい否定しなかったばかりか共感してくれ、三人で同じ高校を目指すようになったのが心強かったから。

**ウ** 健吾と倫太郎がそばにいてくれたことで父さんときちんと向き合うことができたうえ、二人とも自分と同じような経験をしており、より絆《きずな》が深まったから。

**エ** 健吾と倫太郎が親身になって話を聞いてくれたおかげで、自己主張をしたがっていた自分の本心に気づくことができ、目標が定まったから。

**オ** 健吾と倫太郎に自分の希望を話したことで進むべき道が見つかったのにもかかわらず、それは父さんのおかげだと優《やさ》しく気づかってくれたから。

**問十二** この文章の表現について説明したものとして、最も適切なものを次から一つ選び、記号で答えなさい。

**ア** 「サイテー」「ヤベー」「スゲー」「マジ」などのくだけた表現を多用することで、ともすると重くなりがちな「家族関係」「友人関係」という物語のテーマに明るさをもたらし、読者が最後まで読み切ることができるよう配慮《はいりょ》している。

**イ** 全体的に「……」を多く盛り込むことで、描《えが》かれていない部分を読者に想像させ、解釈《かいしゃく》の自由度を上げるとともに、親との付き合い方に悩《なや》む「海斗」「健吾」「倫太郎」の重苦しく複雑な心情も同時に表現し、文学性を高めている。

**ウ** 「今度は、黙ってあきらめたりしないからな」「本当はどうしたいのか、ちゃんと自己主張しないと、あとで後悔するということだ……」のように、「海斗」の内面を直接描くことで前向きになっていくその気持ちをわかりやすく表現している。

**エ** 前半部分は「海斗」の父さんの話、後半部分は「海斗」自身の話で展開するといったように、同じ家族でありながら、これから先の両者の行くすえについて明暗をはっきり描き分けることで、物語の輪郭《りんかく》をはっきりさせる工夫《くふう》をしている。

**オ** 文章全体を通じ、基本的には「海斗」の視点から物語が展開しているが、ところどころにさしはまれている過去を描いた場面では、「父さん」の視点から物語を進めることで、「父さん」の人物像や価値観などをとらえやすくしている。

## 三

次の文章を読んで、あとの問いに答えなさい。問いの中で字数に指定のあるときは、特に指示がないかぎり、句読点や符号もその字数に含めます。

**オ**　父さんに対して「サイテー」という言葉をぶつけてはみたが、自分も父さん同様、大切なことから逃げた立場にあると思い直し、後ろめたさもあって「大人失格」と柔《やわ》らかな表現に改めたということ。

**問七**　――③「母さんがくれた家族のままでいさせてもらえるチャンス」とありますが、何をすることで「家族のままでいさせてもらえる」というのですか。文章中の言葉を使って、四十五字以上五十五字以内で説明しなさい。

**問八**　――④「心の中で、絶対に頑張れよと繰り返しながら、両手をあげて大きく手を振る父さんの姿を、ただ見つめることしかできなかった」とありますが、このときの「海斗」の気持ちを説明したものとして、最も適切なものを次から一つ選び、記号で答えなさい。

**ア**　父さんが心の底から生き方を変えたいと思っていることを理解し、応援《おうえん》する決意は固まったものの、また一から技術や知識を学ぼうともがく父さんの姿がやはりあわれで、つらい気持ちになっている。

**イ**　父さんの真剣《しんけん》な思いは理解でき、応援したいという気持ちが生まれてきた一方、これまで尊敬していた父さんとは違い、本当の姿を見せている今の父さんとのずれを自分の中で消化しきれずにいる。

**ウ**　パン職人になりたいという父さんの決意がゆるぎないことは理解でき、好きにさせてあげたいという思いは持てたが、父さんのことを許すことはできず、反発するような気持ちを強くしている。

**エ**　父さんが自分の生き方を変えようとしていることに好感が持て、父さんの頑張りを支持したいと思ったが、健吾や倫太郎がいるので、素直に自分の気持ちを表現するのを恥ずかしく思っている。

**オ**　家族のことをかえりみず夢を追い求めようとする父さんのことが許せず、もっと責めたいと思ったものの、父さんの決意が変わらないことを実感し、どうでもいいと投げやりな気持ちになっている。

**問九**　――⑤「なんか、うちの父さんと、どっか似てる……」とありますが、「倫太郎」のどのような点が「海斗」の父さんと似ているというのですか。最も適切なものを次から一つ選び、記号で答えなさい。

**ア**　自分がどのように生きたいのかを考えあぐねていて、生き方の方向性を見失っているところ。

**イ**　周囲からの期待をうらぎってでも、自分で選択《せんたく》した道を歩いていきたいと思っているところ。

**ウ**　親や周囲から期待されて育ち、その期待に応えることができるほどには優秀であったところ。

**エ**　親の期待に対して反発することができず、自己主張をすることを禁じられてしまったところ。

**オ**　自己主張せず周囲からの評価ばかり気にしてきたために、今さら悔やむことになったところ。

**問十**　――⑥「海斗は思いきって、自分の心の奥深くで眠らせつづけ

**問一** [1] ～ [5] にあてはまる言葉として、最も適切なものを次から一つずつ選び、それぞれ記号で答えなさい。

**ア** うるさそうに　**イ** 嬉《うれ》しそうに
**ウ** 気まずそうに　**エ** いそがしそうに
**オ** 必死に　**カ** 安直に
**キ** 丁寧《ていねい》に　**ク** 密《ひそ》かに

**問二** ——A「地味」の対義語を、漢字二字で書きなさい。

**問三** ——B「当然」、C「改札」と熟語の組み立てが同じものを次から一つずつ選び、それぞれ記号で答えなさい。

**ア** 健康　**イ** 是非　**ウ** 頭痛　**エ** 点火
**オ** 対岸　**カ** 知的　**キ** 不満　**ク** 大卒

**問四** ——D「烙印を押される」、E「顔をしかめて」の意味として、最も適切なものをあとから一つずつ選び、記号で答えなさい。

D「烙印を押される」
**ア** ぬぐい去ることのできない汚名《おめい》を受ける
**イ** その人の性格や品物のよさが保証される
**ウ** 事実ではない情報を世の中に広められる
**エ** 一方的な決めつけから仲間外れにされる
**オ** ほかよりも劣《おと》っていると憐《あわ》れみを受ける

E「顔をしかめて」
**ア** 迷惑《めいわく》そうな表情で　**イ** 面白《おもしろ》そうな表情で
**ウ** 得意そうな表情で　**エ** 不快そうな表情で
**オ** 意外そうな表情で

**問五** ——①「ずっと自分が尊敬してきた父さん」とありますが、どのような存在だったのですか。次の文の [I] ・ [II] にあてはまる言葉を指定字数に合わせて、文章中から抜き出して書きなさい。

● [I(九字)] をつとめ、一家の [II(三字)] として家族を養ってきた偉大《いだい》な存在。

**問六** ——②「父さんと自分では立場が違うと思いなおして、言葉を替えてみる」とありますが、どのようなことですか。最も適切なものを次から一つ選び、記号で答えなさい。

**ア** 父さんに対して「サイテー」と言ってみたが、もう中学生である自分がこんな子どもじみた言い方をするのは恥ずかしいと思い直し、「大人失格」というきちんとした表現に改めたということ。
**イ** 父さんに対して「サイテー」と言い批判したものの、親を責めてもよい立場にある自分が言う言葉としては手ぬるいのではないかと思い直し、「大人失格」という強い言葉で突《つ》き放したということ。
**ウ** 父さんに対して「サイテー」と責めたあと、それは自分にもあてはまることに気づいたが、家族を養う大切な義務を投げ出した父さんだけを責めようと思い直し、「大人失格」という表現にしたということ。
**エ** 父さんに対して「サイテー」となじってはみたものの、投げやりなこの表現は、親に養われている立場の自分が吐いていい言葉ではないと思い直し、「大人失格」という改まった場で用いる表現に直したということ。

顧問《こもん》の先生に目をつけられててさ。あのときも先生に見つかっちゃって、手伝いさせられてたんだけど、なにが楽しくてあんなことやってるのか、オレにはまったく理解できないよ」

「オレも……今聞いても、そんなことしてなにが楽しいのか全然わかんねーわ」

　健吾もうんざりした声を出してうなずく。

「だけど……」

　倫太郎がつづけた。

「模擬国連やりたいなら、やっぱりうちの高校に行くのがベストだと思う。うちの高校のディベート部は、世界大会に出たことある先輩《せんぱい》もいるしな」

「そう、それを目指したい」

　海斗は自分で言いながら、こんなにハッキリと自分の希望を口にしたのは、いつ以来だろうと思った。

　そして、希望を口にするだけで、こんなに気持ちが弾《はず》むものなのかと驚くばかりだった。

　うまくいくか、いかないかなんて、わからない。

　それでも、やりたい！　やってみたい！　あきらめたくない！

　いろんな国の大使になりきって、国際問題を議論してみたい！

　そう心に決めると、不思議と父さんのことなんて、どうでもいいと思えた。

　だって、高校生になるまで、もう二年ないのだ。迷ってる暇《ひま》はない。今すぐ猛勉強を開始して、清開学園に入れる学力をつけなければならない。

「海斗、良かったな」

　倫太郎がしみじみと言った。

「お父さんから話を聞いたおかげで、前に進めそうじゃん」

「そうかな……」

　海斗はあいまいにうなずきながら、それは違うとはっきりと思っていた。

　父さんから話を聞いたからじゃない。

　倫太郎と健吾といっしょに来たからだ。

　こうして二人に、話を聞いてもらえたから、ずっと蓋《ふた》をしていた本心を導きだすことができたのだ。

　だけど、そんなことは恥ずかしくて、とても言えなかった。

　⑦二人には感謝の気持ちでいっぱいだったけれど、そのあとはもう、健吾が雑木林で聞こえたつもりになっている妖怪の声のことだとか、佐々木さんの服装や髪型《かみがた》の話とかを、ポツポツ話しながら、再び電車を乗り継《つ》いで、自分たちの住む街へと帰っていったのだった。

（草野《くさの》たき「マイブラザー」による）

＊総也＝海斗の弟。五歳の保育園児。

＊佐々木くん＝海斗の父親とともに、修業先のパン屋に住みこみで働いている人。

＊同窓会のとき、総也が暴れてる＝保育園の同窓会に誘《さそ》われた海斗は、あえて弟の総也を連れていき、場を混乱させることで、話を聞いたり現状を聞かれたりするのを避《さ》けていた。

＊パンドラの箱＝ギリシア神話の中に出てくる、開けると不幸や災いとなるようなことが起こるといわれている箱。

＊彩音＝海斗たちと保育園で一緒だった幼なじみ。

＊パンドラの箱を開けることにした。

「オレ、実は清開学園に入ったら、ディベート部に入りたかったんだよ」

「ディベート部……」

倫太郎がぼんやりと繰り返す。

「五年生の秋に、清開の学園祭見に行ったとき、高校生の模擬《もぎ》国連の映像が流れててさ。絶対にこの部活に入って、高校生になったら模擬国連に参加したいって、[5]決めてたんだよ」

それは、将来どんな病気でも治す薬を開発する人になりたいという夢より、はるかに強い希望だった。

あの頃、大人になってからの夢を語るのは簡単だった。その夢はまだまだ遠い未来だし、いくらでも変更《へんこう》は可能だという気楽さもあった。

だけど、清開学園のディベート部に入って、高校生になったら模擬国連に出たいという夢は、あまりに具体的で、かつ近すぎる未来で、恥《は》ずかしくて口にできなかったのだ。

「ちょっと～！」

そこに健吾が怒《おこ》ったような口調で、割り込んできた。

「オレ、全然話が見えないんですけど！　模擬国連ってなに？　＊彩《あや》音《ね》の学園祭でもその言葉聞いたぞ！」

健吾が聞き慣れないのは、当然だった。

「模擬国連っていうのはさ。ニセモノの国連会議を開催《かいさい》して、各チームでその国の大使になりきって、決まったテーマにそって議論するんだよ」

実は海斗もくわしく知っているわけではなかったけど、わかる範囲《はんい》で説明を試みた。

「例えばその会議のテーマが【子どもの貧困】で、自分のチームが【ノルウェー】だったら、ノルウェーの大使として、他の国を担当しているチームと英語で意見を闘《たたか》わせるわけ」

「はあ？　英語で？　よその国の人になりきって？　日本代表じゃダメなわけ？」

驚く健吾に、今度は倫太郎が説明をはじめた。

「だって、国連だからさ。いろんな国が集まって議論しなきゃ意味ないじゃん。うちの国ではこんな対策をとってて、でも、こんな問題もあるんですって、その国の代表として議論しなきゃならないから、担当になった国について調べあげないとその国の人として話せないし、だから準備もスゲー大変だし……海斗、マジであれやりたいの？」

倫太郎がE顔をしかめて聞く。

「うん、だから塾《じゅく》はやめても、英会話教室だけはどうしてもやめられなかったんだ」

そうなのだ。中学受験はやめても模擬国連への夢だけはどうしても捨てられなくて、それで英会話教室だけはつづけてきたのだ。

「だから彩音の学園祭で、おまえが模擬国連を手伝わされてるって聞いて、うらやましかったよ」

海斗はあのとき感じた、猛烈《もうれつ》な嫉妬《しっと》心を思いだす。

「倫太郎はディベート部ではないの？」

すると、倫太郎は首を大きく横に振って言った。

「オレは違うよ。うちの兄ちゃんがディベート部だったから、それで

のが怖《こわ》くて、あんな風に暴れて自分を通すことってなかったなあってさ」

　すると、健吾が大きくうなずいた。

「たしかにあいつは、自由だ。自由すぎる。わがままな自分が格好悪いとか、情けないとか、そういう発想がまったくない」

「そう、それだよ。どう思われるかまったく気にしてないんだよな。オレもあんな風に自己主張できてたら、今頃《ごろ》、こんな風に迷子《まいご》になってなかっただろうなあ」

「それって……」

　海斗は倫太郎の話を聞いて、ふと思った。

「⑤なんか、うちの父さんと、どっか似てる……」

「海斗のお父さんとオレが似てる？　なんで？」

　倫太郎の疑問に、海斗はさっき父さんから聞かされた話をした。おじいちゃんが納得してくれる道ばかりを選んでしまった結果、こんなことになってしまったと……。

「じゃあもし、オレが海斗のお父さんみたいに優秀なままだったら、親が死んで初めて、本当に歩きたい道は違ってたって、気づくことになったかもしれないってことか……」

　倫太郎はそう言うと、腕組《うでぐ》みをしてうつむいた。

「本当はお笑い芸人になりたかったとか、気づいちゃうのかもな」

　そんな倫太郎の肩《かた》に手を置いて、健吾が楽しげにささやく。

「だからさ」

　そこで倫太郎がむくりと顔をあげて言った。

「わがままって、言ってもいいんだよな」

　海斗は、その言葉にドキリとした。

「ちゃんと自己主張していかないと、海斗のお父さんみたいに、大人になってから、歩きたい道はここじゃなかったって気づいて、後悔《こうかい》するってことだよな……」

　それって……。

　海斗はゆっくりと、思いを巡《めぐ》らせた。

　本当はどうしたいのか、ちゃんと自己主張しないと、あとで後悔するということだ……。

　あとになって、進みたい道を歩けなかったのは、会社をやめた父さんのせいだと言い訳しても、その責任は自己主張してこなかった自分にあるということだ。

　そうだ。もう父さんのせいにするのはやめよう。

　自分はまだ中学生だ。

　エリートだとか、そうじゃないとかにとらわれずに、どんな道に進むか、なにをしたいのか、自由に選んでいいのだ。

「オレ……」

　そこで海斗の心は、大きく動いた。

「高校、おまえのとこ目指すわ。清開《せいかい》学園目指す」

「はあ？　どうしたんだよ、急に」

　倫太郎はあまりの急展開に戸惑《とまど》っているようだったけど、海斗はつづけた。

「いや、受験をあきらめたとこからやりなおさないと、オレも、「ヤベーことになるなって思ってさ」

　⑥海斗は思いきって、自分の心の奥深《おく》くで眠《ねむ》らせつづけてきた、

流れる川の景色をぼんやりと眺《なが》めながら、海斗は大きく息を吐《は》いた。

「聞きたいことは、聞けた？」

そのタイミングで、まんなかに座っている倫太郎に聞かれる。

「えっ、うん……まあな……」

畑のあぜ道を白い軽トラックが一台ゆっくりと走っていく様子を見ながら、海斗はぼんやりとうなずいた。

「いろいろ納得《なっとく》できた？」

「……うーん」

海斗は大きく首をかしげて考えた。

「納得っていうか、仕方ないって感じかな」

おじいちゃんが望んでいる道をただただ進んで、ここまで来てしまった。だから今から、やりなおす。

その事実を受け入れる代わり、自分も父さんのせいにしないで、好きな道を進ませてもらおうじゃないかと心が決まったという程度だ。

「そうだよなー」

すると、健吾がしみじみとした声で言った。

「仕方ないって、あきらめるしかないことってあるよなー」

足の故障でサッカーをあきらめた健吾に言われると、その言葉は説得力があった。

それでも、電車が空いてることをいいことに、海斗から思わず大きな声が出る。

「ああ、オレ、なんでもっとまともな親から生まれてこなかったんだろうなー」

違う家に生まれてきたら、こんなことにはならなかったのに……。

「やってらんねーわー」

声に出してみると、仕方ないという気持ちがさらに増して、気分が少し軽くなった。

すると、倫太郎も声を大きくして言った。

「そうだよなー、オレもあの家じゃなかったらって思うわー」

「なんだよ、倫太郎も親に不満かよ」

健吾が驚《おどろ》くと、倫太郎は大きくうなずいた。

「だって、父さんも兄ちゃんも優秀《ゆうしゅう》で、うちの学校からするりといい大学入ってさ。オレだけ、すでに中学でつまずいて、落ちこぼれてて……スゲー居心地《いごこち》悪いよ」

「いい中学に行ってるだけでもスゲーのになあ」

「それだけじゃ納得してもらえないからさ。家にいて、自分はこの家の住人としてふさわしくないって思いながら生活する毎日は、正直地《じ》獄《ごく》だよ」

「優等生じゃないと、許されないわけ？」

「許されないっていうか、家の中がそれが当たり前って空気だからなあ」

「それは……息苦しいな」

健吾が納得すると、倫太郎は大きくうなずいてつづけた。

「オレさ、*同窓会のとき、総也が暴《あば》れてるの見て、うらやましかったんだ」

倫太郎は窓の外をぼんやりと眺めてつづけた。

「オレ、物心ついたときから、どう評価されるかばっかり考えてたからさ。わがまま言って、こいつはダメなやつだってD烙印《らくいん》を押《お》される

そう心に決めると、もう、質問したいことはなかった。

「そろそろ、帰るわ……」

「そっか……」

父さんは[1]うなずくと、立ち上がって言った。

「じゃあ、*佐々木《ささき》くんに駅まで送ってもらうよう、お願いしてくるよ」

父さんがお店の中に戻《もど》っていく。

海斗は携帯《けいたい》で健吾に電話して、帰るから戻ってくるように伝えた。

やがて、雑木林の中から、健吾と倫太郎が現れた。

「海斗、ヤベーよ。妖怪《ようかい》いたよ、妖怪！」

健吾が、興奮ぎみで話す。

「だからあれは違うって」

倫太郎が呆《あき》れて、首を横に振る。

「だって、変な音聞こえたし」

「あれは風の音だろ」

「イヤ、あれは風じゃない。妖怪の叫《さけ》び声だね」

海斗は健吾と倫太郎のどうでもいい話を聞きながら、さっきの父さんの姿を思いだしていた。

[2]自分をわかってもらおうとするその姿は哀《あわ》れだったけれど、ごまかしたり、格好つけたりするところが一ミリもなかった。

ウソがなかった。

あれが、本当の父さんの姿なのだ。

大きな会社で研究者だったその姿は、もう過去のものなのだ。

その事実はがっかりだったけど、受け入れる覚悟《かくご》は持てた。

海斗はそれだけでも、来て良かったと思った。

「じゃあ、気をつけて帰ってね」

再び、佐々木さんが運転する車に、三人は乗り込《こ》んだ。

「たくさんお土産《みやげ》ありがとうございます」

父さんがお土産用に用意してくれたパンをそれぞれが受け取ると、倫太郎が[3]お礼を言った。

「おじさんがパン屋開いたら、オレ、一番に買いに行くからね」

健吾に言われて、父さんが[4]うなずく。

「じゃあ、行くぞ」

佐々木さんの言葉を合図に、車が出発する。

それでも海斗はそのあと、最後まで言葉を交わすどころか、その姿をまともに見ることができなかった。

絶対に頑張ってくれよ。

本当はそう言いたい気持ちがあったけど、海斗は、二人が後ろを振り向いて手を振っているのを横目に、バックミラーに映る父さんの姿を見ることしかできなかった。

④心の中で、絶対に頑張れよと繰《く》り返しながら、両手をあげて大きく手を振る父さんの姿を、ただ見つめることしかできなかった。

佐々木さんに駅まで送ってもらうと、タイミング良く電車が到着《とうちゃく》する時間だった。

C改札を抜《ぬ》けるとすぐに電車が来て、三人は急いで乗り込むと、座席に横一列に並んで座《すわ》った。

窓越《ご》しに見える遠くに連なる山々や、広々とした畑や、ゆっくりと

そう、素直に認められると、もう、攻撃《こうげき》する余地はなかった。

「だって、自分の人生なのに、ずっとおじいちゃんが喜ぶかどうかで、大事なことを決めてきてしまったからね」

おじいちゃんが死ななきゃ本当にやりたいことに気づけなかった不幸な男を、自分は父親に持ったのだ。

「父さんはずっと、おじいちゃんの言いなりの、中身がからっぽな子どもでしかなかったんだ。年齢《ねんれい》は大人なのに、子どものまま生きてきてしまったんだ」

自分の父親は、年齢は大人なのに、子どものまま生きてきてしまった哀《かな》しい男。

その事実を、受け入れるしかない。

それに……。

自分だって父さんのせいにして、中学受験から逃《に》げたようなものだし……。

「サイテーだな」

父さんを責めるように言いながら、その言葉が自分にもはねかえってくる。

「うん……サイテーだ」

「大人失格だよ」

だけど②父さんと自分では立場が違うと思いなおして、言葉を替《か》えてみる。

「うん、父さんもそう思うよ。大人失格だ。家族の大黒柱として頑張らなきゃならないのに、それを投げだしてるんだ。父親としても、夫としても失格だよ。だから、本当なら、母さんに離婚《りこん》されてB当然なんだ」

そう、当然。

「だけど母さん、ダメだって言うんだ。人生は何歳《なんさい》からでもやりなおせるってところを、私と子どもたちに見せてほしいって。それが自分で自分の人生を選んでこなかった大人としての役目だって……」

人生は何歳からでもやりなおせる、その姿を見せる……？

「父さん、今さ。生まれて初めて、生きてるって実感できてるんだ。生きてるのが、楽しいんだ。そうしたらさ。父さんの人生に、母さんやおまえたちがいてくれることのありがたみが、やっと実感できるようになったんだ」

だったら……。

「だから今は、③母さんがくれた家族のままでいさせてもらえるチャンスを、絶対に手放したくないって思ってる」

やりなおすその姿を、見せてもらおうじゃないか。

「父さんはこの通りダメなやつだし、許されないことをしてるってわかってる。だけど、いつか、家族として、父親としてもう一度、受け入れてもらえるようになりたいんだ」

パン屋のクマじーさんみたいな地味な生活で、満足する姿を見せてもらおうじゃないか。

「絶対に頑張るから、母さんにも海斗にも*総也《そうや》にも、新しい父さんを見ていてほしい」

もう、見て見ぬふりはしないからな。

そして、オレだって自分で選んだ道を、進ませてもらうからな。

今度は、黙《だま》ってあきらめたりしないからな。

【国語】（五〇分）〈満点：一〇〇点〉

一　次の――線の漢字の読みをひらがなで書き、――線のカタカナは漢字に直して書きなさい。

① 周囲の状況《じょうきょう》に注意を払う。
② 外来生物が繁殖する被害《ひがい》が拡大する。
③ 新聞の縮刷版を資料に用いる。
④ 為替の値動きに注目する。
⑤ 落ち着くために大きく息をスう。
⑥ 雨がハゲしく降り出す。
⑦ トトウを組んで行動を起こす。
⑧ 討論会でネツベンを振《ふ》るう。
⑨ フンマツの風邪《かぜ》薬を服用する。
⑩ 船で湖をユウランする。

二　次の文章を読んで、あとの問いに答えなさい。問いの中で字数に指定のあるときは、特に指示がないかぎり、句読点や符号《ふごう》もその字数に含《ふく》めます。

中学校二年生の海斗《かいと》は、パン職人になりたいと言って仕事をやめて修業を始めた父親に反発し、私立中学校の受験をやめてしまい、現在は公立の中学校に通っている。ある日、海斗は保育園が一緒《いっしょ》だった友だちの健吾《けんご》や倫太郎《りんたろう》をともない、父親が住みこみでパン職人の修業をしているパン屋を訪《たず》ねてみた。

「父さんさ、この本のクマじーさんみたいに、毎日、朝起きて、パンを焼いて、それを人に食べてもらう。そういう仕事というか、生活がしたいって気づいたんだ」

そんなA地味な毎日に、憧《あこが》れたというのか？

「毎日食べても飽《あ》きなくて、おいしくて、朝起きて、あのお店のパンを食べたら、一日頑張《がんば》れそうだって思ってもらえるようなパンをつくりたいんだ」

ああ、全然違《ちが》う。①ずっと自分が尊敬してきた父さんと違う。

まあ、いい……。

それが父さんの本心だとしてもだ。

「それって、大人としてどうなの？」

なんで、そこで家族のことを考えなかったのか。

「親のくせに、自分の夢とか追っていいわけ？　なんのために仕事してるかわかんなくなったって、家族養うためじゃないの？　それじゃダメなわけ？　普通《ふつう》に考えて、おかしいよ。非常識だよ」

どうして父親として、家族を養うことが一番大事だという発想にならなかったのか。

海斗はそれこそが、腹立たしかった。

親として、大人として、ありえないと思うのは、そこなのだ。

「父さんもそう思うよ」

すると、父さんは素直《すなお》にそれを認めた。

「大人として、親として、ダメなやつだ。父さんは普通じゃないよ。ほんと、非常識だよ」

ダメなやつだ……。

## 2024年度

# 専修大学松戸中学校入試問題(第2回)

【算　数】 (50分) 〈満点：100点〉

**1** 次の □ にあてはまる数を求めなさい。

(1) $25-\{32\div(27-19)\}\times3=\square$

(2) $\left(\frac{1}{10}+\frac{1}{15}\right)\div\left(\frac{1}{20}+\frac{1}{30}\right)=\square$

(3) $\left(1.2-\frac{3}{5}\div\square\right)\times0.8=\frac{8}{25}$

(4) $20.24\times35+520\times2.024-202.4\times3.7=\square$

**2** 次の □ にあてはまる数を求めなさい。

(1) $0.8\text{m}\times(60\text{cm}+90\text{cm})=\square\text{m}^2$

(2) 右の表は，花子さんのクラスで，家にある自転車の台数を調べた結果をまとめたものです。自転車が5台以上ある人はいませんでした。このとき，家にある自転車の台数の中央値は □ 台です。

家にある自転車の台数

| 台数(台) | 0 | 1 | 2 | 3 | 4 |
|---|---|---|---|---|---|
| 人数(人) | 3 | 12 | 8 | 5 | 2 |

(3) 整数$A$と$B$はどちらも2けたの整数です。$A$と$B$の最大公約数は15で，$A$と$B$の和は135です。このとき，$A$と$B$の最小公倍数は □ です。

(4) 海の日は7月の第3月曜日で，敬老の日は9月の第3月曜日です。ある年の海の日が7月19日のとき，同じ年の敬老の日は9月 □ 日です。

(5) 三角形ABCがあります。角Aの大きさは角Bの大きさの2倍よりも6度大きく，角Cの大きさは角Bの大きさの3倍よりも12度小さいです。このとき，角Aの大きさは □ 度です。

**3** 右の図のように，部屋のすみの部分に，同じ大きさの立方体の積み木をすき間なく重ねて並べました。

このとき，次の各問いに答えなさい。

(1) 並べた積み木の数は全部で何個ですか。

(2) 積み木の表面のうち，見えている部分を赤くぬりました。その後，積み木をばらばらにくずすと，赤くぬられていない面は全部で何面ありますか。

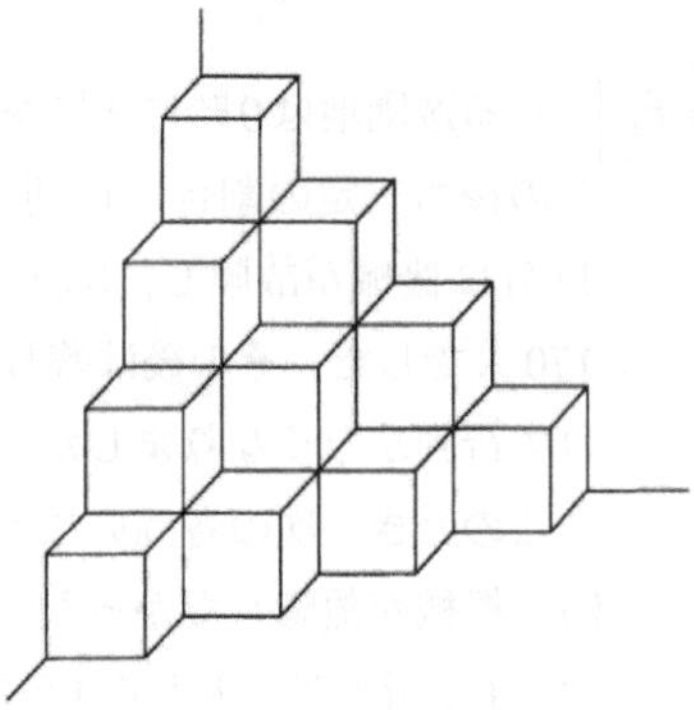

**4** 池のまわりを，A，B，Cの3人が同じ地点から同時に出発し，同じ方向に向かってそれぞれ進みました。Aは自転車で毎分240mの速さで走り，Bは毎分80mの速さ，Cは毎分60mの速さで歩きました。出発してから数分後にはじめてAがCを追いこし，その1分後にはじめてAがBを追いこしました。

このとき，次の各問いに答えなさい。

（1） AがCをはじめて追いこしたのは，出発してから何分後ですか。

（2） この速さで進み続けるとすると，BがCをはじめて追いこすのは，出発してから何分後ですか。

**5** 下の図1のように，1辺5cmの正方形の頂点Pから頂点Qまで，半径が1cm，2cm，3cm，4cmで中心角が90度のおうぎ形の弧《こ》を何個か使ってつなぎ，正方形を2つの図形に分けます。このとき，図1の実線や点線のように，全体がなめらかな曲線になるようにつなぎます。たとえば，下の図2は×の部分がなめらかにつながっていないので，条件に合いません。また，下の図3は正方形が3つ以上の図形に分かれるので，条件に合いません。

図1

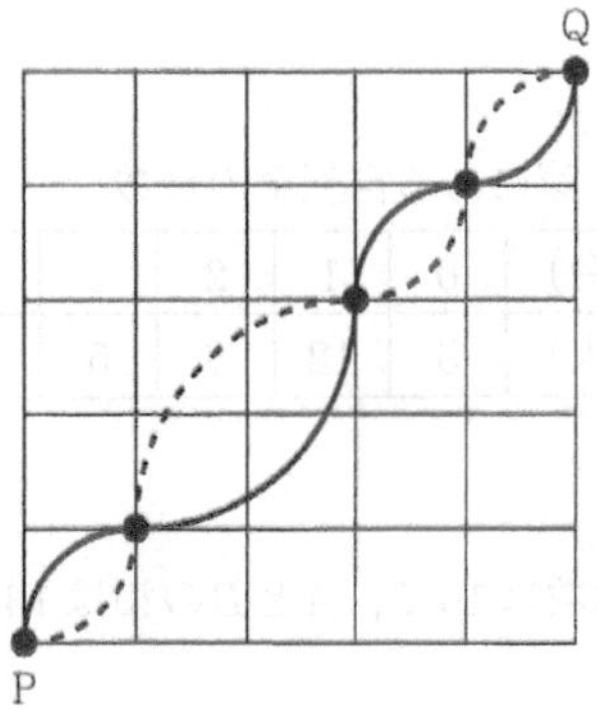


図2

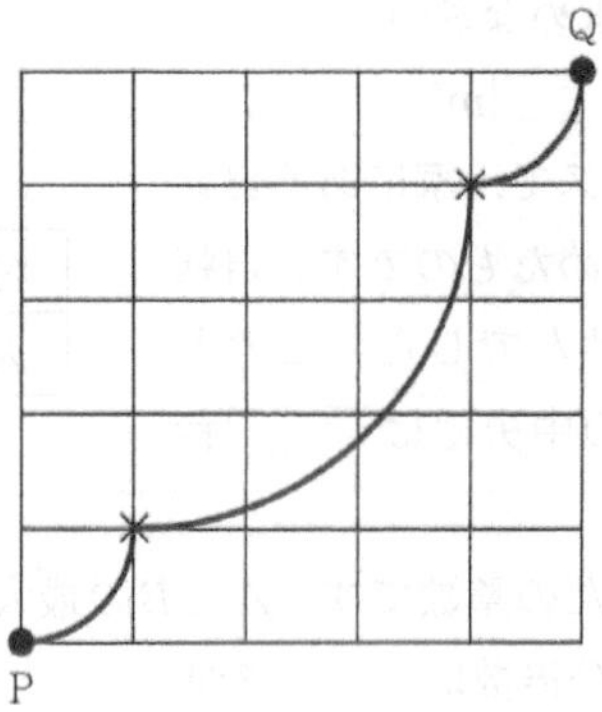


図3

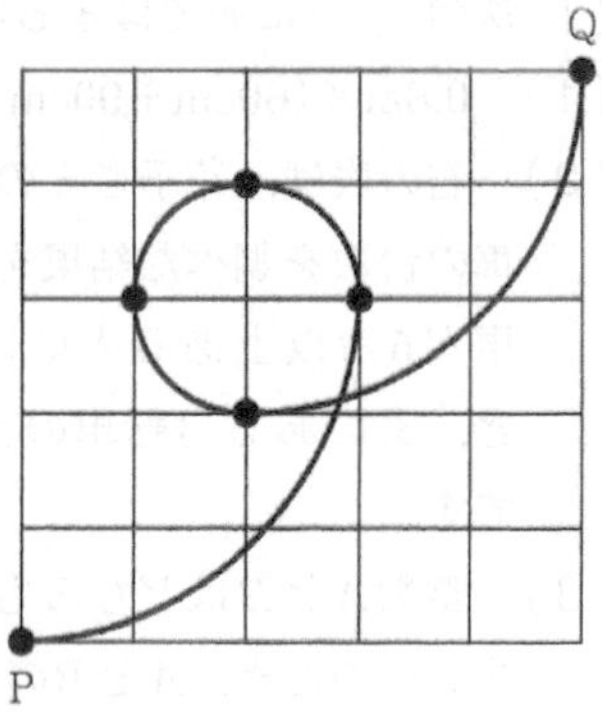


このとき，次の各問いに答えなさい。

（1） 全部で何通りのつなぎ方がありますか。ただし，図1の実線と点線のつなぎ方はそれぞれ異なるつなぎ方とします。

（2） 弧によって分かれる図形のうち，面積が最も大きい図形は何$\text{cm}^2$になりますか。ただし，円周率は3.14とします。

**6** ある遊園地は9時に入園を開始します。入園開始時刻にはすでに357人の行列ができていて，その後も一定の割合で行列に人が加わります。9時に6か所の入園ゲートを開きましたが，9時11分に機械が故障し，3か所のゲートが使えなくなりました。このときの行列の残りの人数は170人でした。その後は残りの3か所のゲートだけで入園を続けたところ，予定よりも24分おくれて行列がなくなりました。どのゲートからも1分間に入園できる人数は同じです。

このとき，次の各問いに答えなさい。

（1） 機械が故障しなかったとすると，何時何分に行列がなくなる予定でしたか。

（2） 1か所のゲートから1分間に入園できる人数は何人ですか。

（3） もし，9時28分に6か所のゲートがすべて使えるようになっていれば，何時何分に行列がなくなりましたか。

**7** T先生とMさんが，『7の倍数の見分け方』について会話をしています。

T先生：Mさん，7の倍数の見分け方を知っていますか。

Mさん：3の倍数や4の倍数なら学習しましたが，7の倍数の見分け方は知りません。

T先生：次の(i)，(ii)のような方法がありますよ。ただし，ここでは3けたの整数にかぎって考えることにしますね。

(i)　(a)　百の位の数字を2倍した数を，下2けたの数にたす。

　　(b)　(a)で求めた値が7の倍数ならば，もとの整数は7の倍数。

(ii)　(c)　上2けたの数から，一の位の数字を2倍した数をひく。

　　(d)　(c)で求めた値が7の倍数ならば，もとの整数は7の倍数。

Mさん：たとえば，539という整数を例にすると，

(i)　$5\times2+39=49\rightarrow49$ は7の倍数だから，539は7の倍数

(ii)　$53-9\times2=35\rightarrow35$ は7の倍数だから，539は7の倍数

ということですね。

T先生：その通りです。

Mさん：でも，どうしてそのようになるのですか？

T先生：では，(i)の方法について説明します。

百の位の数字を$A$，十の位の数字を$B$，一の位の数字を$C$とすると，3けたの整数は，$100\times A+10\times B+C$と表すことができます。この式で，100を［ア］と［イ］に分けると，

$100\times A+10\times B+C=($［ア］$+$［イ］$)\times A+10\times B+C$

$=\underline{［ア］\times A}+$［イ］$\times A+10\times B+C$（［イ］$\times A+10\times B+C$ に点線）

と表すことができます。この式で，……部分は(a)で求めた値と一致します。また，＿＿部分は必ず7の倍数ですから，……部分が7の倍数であれば，3けたの整数も7の倍数と言えます。

Mさん：なるほど。よくわかりました。

T先生：(ii)の方法は，Mさんが考えてください。

Mさん：3けたの整数を，$100\times A+10\times B+C$ …①　とすると，

(c)で求めた値は，$10\times A+B-2\times C$　…②　となります。

②の式を［ウ］倍すると，

［　　　　　　］…③　となります。

①の式の値と③の式の値の差は，［エ］$\times C$となり，これは必ず7の倍数です。よって，③の式の値が7の倍数であれば，①の式の値も7の倍数と言えます。③の式の値が7の倍数であれば，もちろん②の式の値も7の倍数です。

T先生：さすがMさんです。よくできました。

このとき，次の各問いに答えなさい。

（1）［ア］と［イ］にあてはまる数の差を求めなさい。

（2）［ウ］と［エ］にあてはまる数の積を求めなさい。

**【理　科】**（30分）〈満点：50点〉

**1**　次の問いに答えなさい。答えは，それぞれの**ア**～**エ**から最も適切なものを1つずつ選び，記号で答えなさい。

（1）　ねばりけの弱いマグマが地表に流出して冷えてできる黒っぽい岩石はどれですか。

**ア**　アンザン岩　　　**イ**　カコウ岩

**ウ**　ゲンブ岩　　　**エ**　リュウモン岩

（2）　近年は，関東でもクマゼミの鳴き声が聞かれるようになりました。クマゼミの鳴き声は次のうちどれですか。

**ア**　ミーンミーン　　　**イ**　シャワシャワ（ジャワジャワ）

**ウ**　カナカナカナ　　　**エ**　ジージージー

（3）　冬の寒い日に，道路などが凍結《とうけつ》するのを防ぐために食塩などをまくことがありますが，なぜ食塩などをまくことで凍結を防ぐことができるのですか。

**ア**　食塩は水分と反応すると熱を出すから。

**イ**　食塩がとけた水は，こおる温度が下がるから。

**ウ**　食塩がとけた水は，こおる温度が上がるから。

**エ**　食塩は水分と反応すると熱を吸収するから。

（4）　ジェット機の音のする方を見たところ，ジェット機は見た位置とは少しずれた前の方を飛んでいました。この現象と同じ理由で起こることはどれですか。

**ア**　花火が上がってから，少し遅《おく》れてドーンという音が聞こえた。

**イ**　塀《へい》にかくれて見えないが，自動車が近づくのが音でわかった。

**ウ**　トンネルでは，声がかなり遠くまでとどく。

**エ**　冬の夜には，遠くの電車の音がよく聞こえることがある。

（5）　2023年5月，太陽系のある惑星《わくせい》の衛星が相次いで発見され，この惑星の衛星の個数は146個になりました。これは今まで発見されていた別の惑星の衛星の数（95個）を抜《ぬ》き，太陽系の惑星では最も多くなりました。この惑星の名前は何ですか。

**ア**　地球　　**イ**　火星　　**ウ**　木星　　**エ**　土星

**2**　次のページの図１のような装置を使って，ある1株の植物がいろいろな光の強さのもとで行った光合成の量を，二酸化炭素の吸収量や放出量によって調べました。次のページの図２はそのときの結果を示しています。図２のA～Eはそれぞれ異なる強さの光を当てたときのグラフで，その中には光をまったく当てなかった場合も含《ふく》んでいます。これについて，あとの問いに答えなさい。ただし，呼吸で放出される二酸化炭素の量は，光の強さの影響《えいきょう》を受けないものとし，部屋の温度はつねに適温に保たれていたものとします。

（1）　光をまったく当てなかったときのグラフは，図２のA～Eのどれですか。記号で答えなさい。

（2）　この1株の植物が呼吸で放出する二酸化炭素の体積は，1時間あたり何$cm^3$になりますか。整数で答えなさい。

（3）　図２のDの光の強さのとき，この植物が行っているはたらきについて，正しく述べているのはどれですか。次の**ア**～**エ**から最も適切なものを1つ選び，記号で答えなさい。

**ア**　光合成も呼吸も行っていない。

**イ**　呼吸は行っているが，光合成は行っていない。

**ウ**　光合成は行っているが，呼吸は行っていない。

**エ**　光合成も呼吸も行っている。

(4)　植物が実際に行った正味の光合成の量を「真の光合成量」といいます。真の光合成量が光の強さに比例するとした場合，図２のCの光の強さはBの光の強さの何倍ですか。小数第1位までの数で答えなさい。

(5)　図１のように，この実験ではガラス製の水そうに水を満たし，その水そうの水を通して植物に光を当てました。このような工夫をしたのはなぜですか。おもな理由を「温度」という語句を使って簡単に説明しなさい。

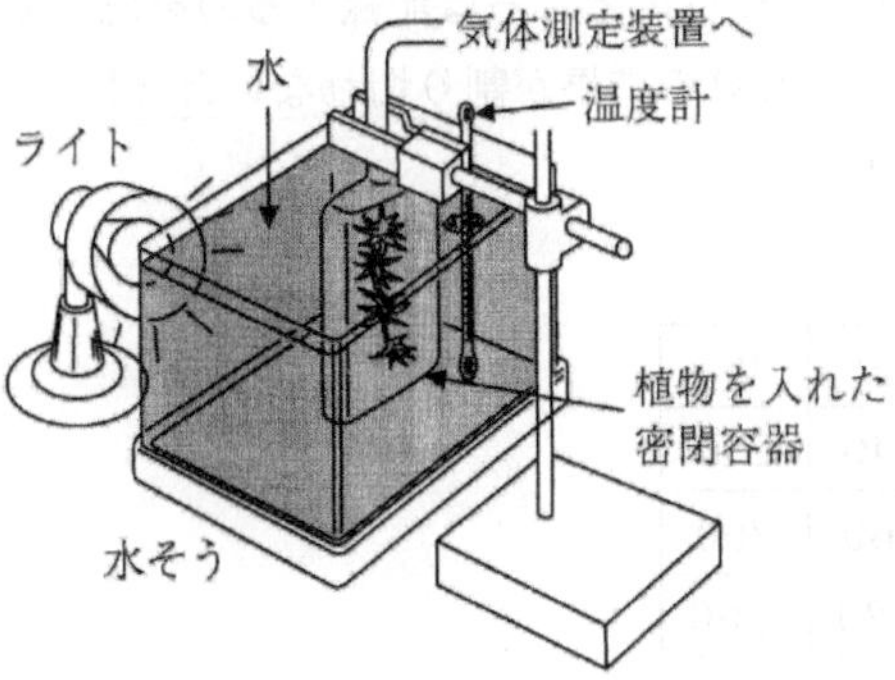


図１

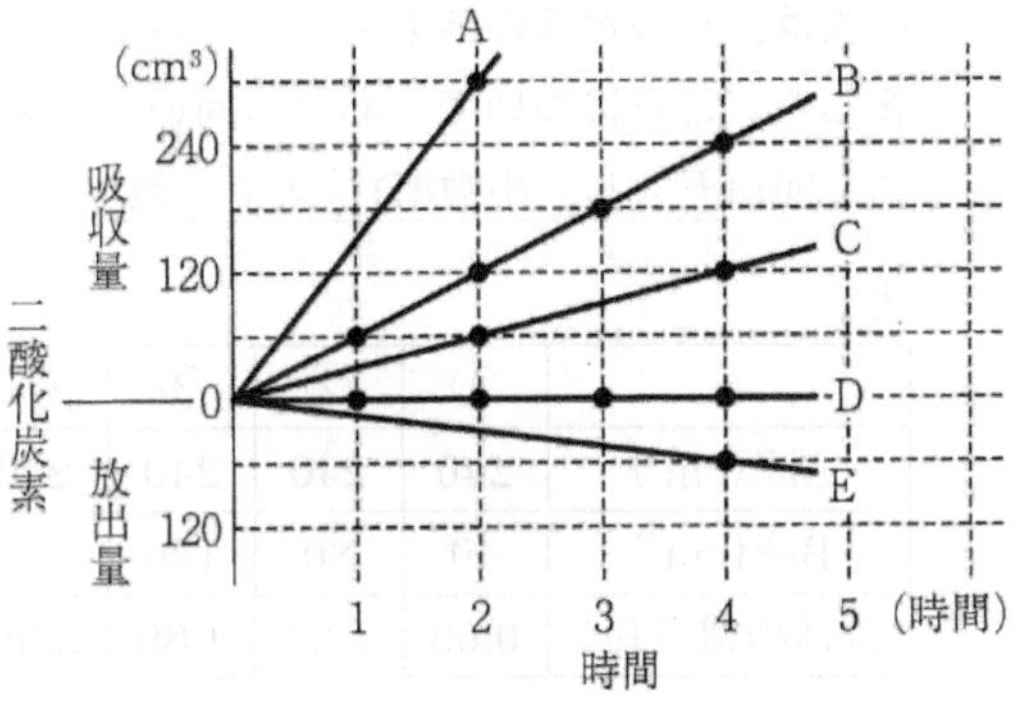


図２

**3**　右の図は，太陽のまわりを公転する地球のようすを模式的に表していて，A～Dはそれぞれ夏至，冬至，春分，秋分の日のいずれかの地球の位置にあたります。これについて，次の問いに答えなさい。ただし，観測はすべて日本で行ったものとします。

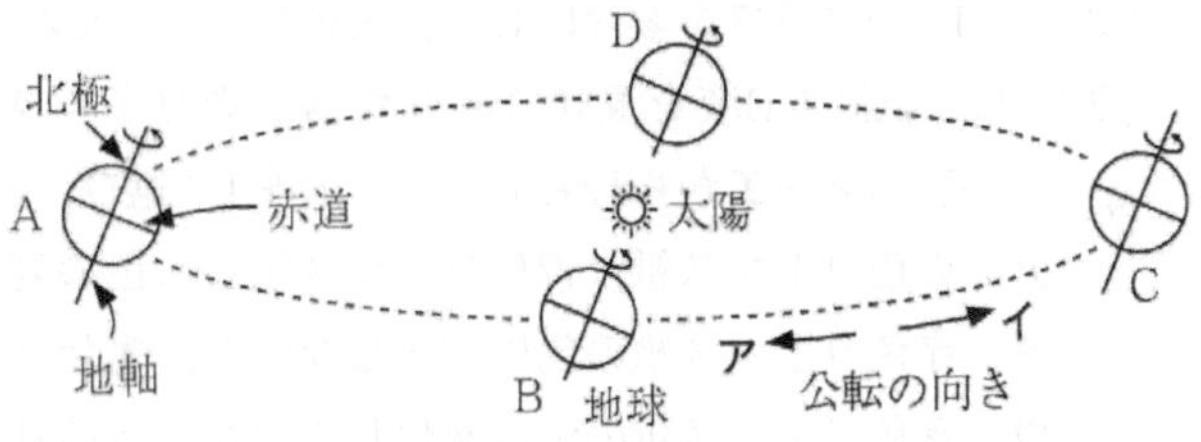


(1)　地球の公転の向きは，図の**ア**，**イ**のどちらですか。記号で答えなさい。

(2)　地球が図のAの位置にあるのは，どの時期ですか。次の**ア**～**エ**から最も適切なものを1つ選び，記号で答えなさい。

**ア**　夏至　　**イ**　冬至　　**ウ**　春分　　**エ**　秋分

(3)　地球が図のAの位置にあるときに起こる現象はどれですか。次の**ア**～**エ**から最も適切なものを1つ選び，記号で答えなさい。

**ア**　一日の最高気温が一年のうちで最も高くなる。

**イ**　太陽の南中高度が一年のうちで最も高くなる。

**ウ**　昼の長さ(太陽が地平線上に出ている時間)が最も短くなる。

**エ**　真夜中におおいぬ座が南中する。

（4） 満月の南中高度が最も高くなるのは，地球が図のA～Dのどの位置にあるときですか。A～Dの記号で答えなさい。

（5） 地球がA～Dのどの位置にあるときでも，千葉県内の地点で見られる現象はどれですか。次の**ア**～**エ**から最も適切なものを1つ選び，記号で答えなさい。

**ア** 太陽が真東からのぼり，真西にしずむ。

**イ** ヒガンバナが花をつける。

**ウ** 太陽が正午ごろに南の空に見える。

**エ** オリオン座の三つ星がほぼ真東からのぼるのが見える。

**4** ある濃度《のうど》の塩酸（A液とする）240cm$^3$に，水酸化ナトリウム水溶液《すいようえき》（B液とする）を体積を変えて加え，よくかき混ぜたあと，おだやかに水を蒸発させて，残った固体の重さをはかりました。下の表は，そのときの結果を表しています。ただし，表のXのところは記録するのを忘れてしまいました。これについて，あとの問いに答えなさい。計算の結果が割り切れないときは，小数第2位を四捨五入し，小数第1位までの値で答えなさい。

表

| | ① | ② | ③ | ④ | ⑤ | ⑥ |
|---|---|---|---|---|---|---|
| A液（cm$^3$） | 240 | 240 | 240 | 240 | 240 | 240 |
| B液（cm$^3$） | 40 | 80 | 120 | $X$ | 160 | 200 |
| 固体の重さ（g） | 0.60 | 1.20 | 1.80 | 2.00 | 2.20 | 2.60 |

（1） 横軸《じく》に加えたB液の体積，たて軸に残った固体の重さをとった解答らんのグラフに，表から値を読み取って，黒丸印（●）を5個かきなさい。

（2） （1）のグラフを参考にして，表の$X$の値を求めなさい。

（3） ③でA液とB液を混ぜ合わせた溶液をリトマス紙につけると，どのような結果になりますか。次の**ア**～**エ**から最も適切なものを1つ選び，記号で答えなさい。

**ア** 赤色リトマス紙，青色リトマス紙とも色の変化は見られない。

**イ** 赤色リトマス紙の色は変化しないが，青色リトマス紙は赤色に変化する。

**ウ** 青色リトマス紙の色は変化しないが，赤色リトマス紙は青色に変化する。

**エ** 赤色リトマス紙は青色に，青色リトマス紙は赤色に変化する。

（4） B液の濃度を求めなさい。ただし，B液の1 cm$^3$あたりの重さは1gとします。

（5） A液の2倍の濃度の塩酸100cm$^3$に，B液を60cm$^3$加えてよくかき混ぜ，水を蒸発させると，あとに残る固体の重さは何gになりますか。

**5** 光や絵の具の色について，あとの問いに答えなさい。ただし，色を重ねる場合，光の強さや絵の具の量はすべて同じにするものとします。

わたしたちが見る光にはさまざまな色がありますが，そのもとになっているのは，赤色，緑色，青色の３色です。これを「光の三原色」といいます。次のページの図は，光の三原色とそれらを重ねたときに見られる色の一部を表しています。

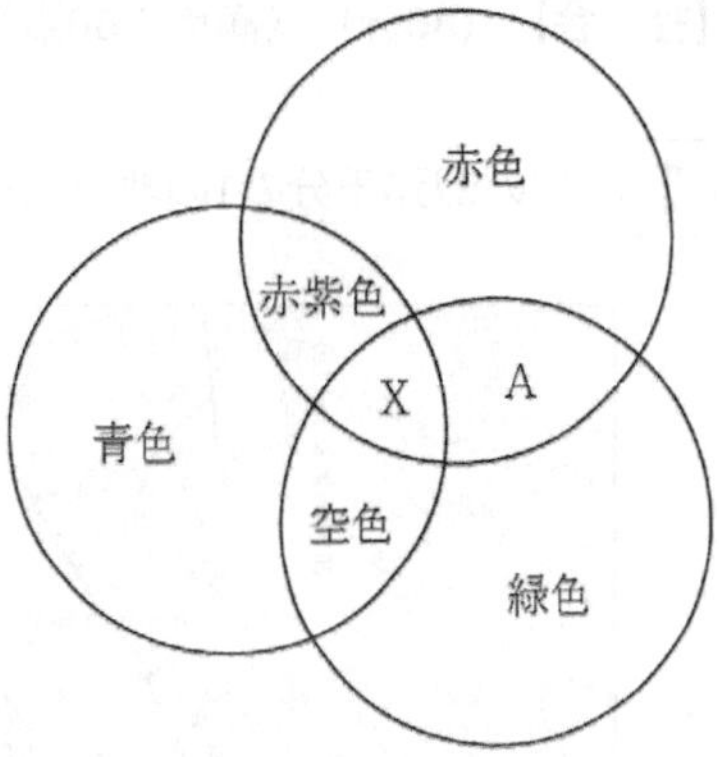


(1) 「光の三原色」のうち，赤色と緑色の光を重ねるとAの色になります。この色は絵の具の三原色の1つと同じ色です。Aの色は何色ですか。次の**ア**～**エ**から最も適切なものを1つ選び，記号で答えなさい。

**ア**　だいだい色　　**イ**　白色

**ウ**　黒色　　**エ**　黄色

(2) 「光の三原色」である赤色，緑色，青色のすべての光を重ねたXの色は何色ですか。次の**ア**～**エ**から最も適切なものを1つ選び，記号で答えなさい。

**ア**　だいだい色　　**イ**　白色

**ウ**　黒色　　**エ**　黄色

絵の具やカラーインクなどの色材にも「色の三原色」とよばれる色があり，赤紫《むらさき》色(マゼンタ)，空色(シアン)，[Aの色]の3色です。絵の具の色は，絵の具に当たった光の一部が吸収され，残りが反射したり透《とう》過《か》したりして見える色です。したがって，赤色と青色の絵の具を混ぜても，赤紫色にはなりません。

(3) 赤紫色の絵の具は，緑色の光を吸収して，赤色と青色の光だけを反射しているので赤紫色に見えます。空色の絵の具は，何色の光を反射していますか。次の**ア**～**エ**から最も適切なものを1つ選び，記号で答えなさい。

**ア**　赤色と緑色　　**イ**　赤色とXの色

**ウ**　青色と緑色　　**エ**　青色とXの色

(4) 「色の三原色」にある色の絵の具のうち2色を混ぜて，赤色をつくりたいと思います。何色と何色の絵の具を混ぜるとよいですか。次の**ア**～**ウ**から最も適切なものを1つ選び，記号で答えなさい。

**ア**　赤紫色と空色　　**イ**　赤紫色とAの色　　**ウ**　Aの色と空色

(5) 「色の三原色」の絵の具をすべて混ぜると，何色になりますか。次の**ア**～**エ**から最も適切なものを1つ選び，記号で答えなさい。

**ア**　だいだい色　　**イ**　白色　　**ウ**　黒色　　**エ**　黄色

【社　会】（30分）〈満点：50点〉

**1**　次の2万5千分の1の地形図を見て，あとの問いに答えなさい。

※編集の都合で93％に縮小しています。

（国土地理院発行２万５千分の１地形図「中津」より作成）

（１）　JRの線路より北側には見られない地図記号を次から1つ選び，記号で答えなさい。

**ア**　警察署　　**イ**　図書館　　**ウ**　裁判所　　**エ**　高等学校

（２）　この地形図から読み取れる内容として正しくないものを次から1つ選び，記号で答えなさい。

**ア**　「角木」地区など沿岸部には，水田が多く見られる。

**イ**　JR「中津駅」の北側には寺院が多く見られる地区がある。

**ウ**　「山国橋」や「山国大橋」は，県境をまたぐ形でかけられている。

**エ**　国道212号線や213号線沿いには，病院や博物館などが見られる。

（３）「小祝」地区周辺に見られるような，河川によって運ばれた土砂《どしゃ》が河口付近に積もることでできる平らな地形の名称《めいしょう》を，漢字で答えなさい。

(4)　中津市南部は，耶馬渓《やばけい》とよばれる景勝地があることで知られています。耶馬渓は山国川が溶岩台地を深く侵食してつくりだした奇岩の渓谷《けいこく》で，北海道の大沼，静岡県の三保の松原とともに日本新三景に選ばれました。日本の景勝地とその景勝地が位置する都道府県の組み合わせとして正しくないものを次から1つ選び，記号で答えなさい。

**ア**　松島－宮城県　　**イ**　天橋立－兵庫県

**ウ**　宮島－広島県　　**エ**　東尋坊《とうじんぼう》－福井県

(5)　地形図中に旧居があることからもわかるように，福沢諭吉は中津藩の出身です。この人物について述べた文として正しくないものを次から1つ選び，記号で答えなさい。

**ア**　大阪で緒方洪庵《こうあん》の適塾《てきじゅく》(適々斎塾《てきてきさいじゅく》)に入り，蘭学《らんがく》などを学んだ。

**イ**　江戸幕府の使節団に従者として加わり，咸臨丸《かんりんまる》でアメリカに渡《わた》った。

**ウ**　『学問のすゝめ』や『西洋事情』などを著し，人々に大きな影響《えいきょう》をあたえた。

**エ**　晩年には貴族院議員を務めるなど，日本の政治の発展に貢献《こうけん》した。

(6)　前野良沢《りょうたく》は中津藩の藩医でした。18世紀に前野良沢が杉田玄白らとともにオランダ語の医学書を翻訳《ほんやく》して出版した本の書名を，漢字4字で答えなさい。

(7)　JR「中津駅」の南側に市役所があり，市役所では市長のもとで多くの公務員が働いており，市議会も置かれています。これに関して，次の問いに答えなさい。

①　市議会は3分の2以上の議員が出席し，その4分の3以上の議員が賛成した場合，市長の不信任決議を出すことができますが，その場合，市長は10日以内に□ことができます。□にあてはまる言葉を，10字以内で答えなさい。

②　市民には，一定数の署名を集めることで市長や市議会議員に対する解職請求を行う権利があります。2023年3月時点における中津市の人口は約82000人で，有権者の数は約69000人です。中津市民が市長や議員に対する解職請求をするために必要な署名数として最も近いものを次から1つ選び，記号で答えなさい。

**ア**　1380人以上　　**イ**　1640人以上

**ウ**　23000人以上　　**エ**　27340人以上

## 2

近畿地方の各府県について示した次の統計表を見て，あとの問いに答えなさい。

| | 面積 ($km^2$) 2022年 | 人口 (千人) 2022年 | 製造品出荷額等 (億円) 2020年 | 農業産出額 (億円) 2021年 | 海面漁業漁獲量 (千t) 2021年 |
|---|---|---|---|---|---|
| A | 8401 | 5402 | 153303 | 1501 | 48 |
| B | 4612 | 2550 | 53048 | 663 | 8 |
| C | 4017 | 1409 | 76155 | 585 | — |
| D | 1905 | 8782 | 171202 | 296 | 18 |
| E | 4725 | 903 | 24021 | 1135 | 17 |
| F | 3691 | 1306 | 17367 | 391 | — |
| G | 5774 | 1742 | 105138 | 1067 | 107 |

(2023/24年版「日本国勢図会」より作成)

(1) 表中のAの府県の府県庁所在地には国内有数の貿易港があります。この貿易港のおもな輸出品目の金額別割合を示したものを，次から1つ選び，記号で答えなさい。

ア

| 輸出品目 | 百万円 | % |
|---|---|---|
| 半導体等製造装置 | 1170975 | 9.1 |
| 科学光学機器 | 738629 | 5.8 |
| 金(非貨幣用) | 714850 | 5.6 |
| 集積回路 | 502542 | 3.9 |
| 電気計測機器 | 492635 | 3.8 |

イ

| 輸出品目 | 百万円 | % |
|---|---|---|
| 自動車 | 2881380 | 23.1 |
| 自動車部品 | 2100565 | 16.8 |
| 内燃機関 | 517217 | 4.1 |
| 電気計測機器 | 429213 | 3.4 |
| 金属加工機械 | 414544 | 3.3 |

ウ

| 輸出品目 | 百万円 | % |
|---|---|---|
| 自動車 | 1212187 | 16.8 |
| 自動車部品 | 377976 | 5.2 |
| プラスチック | 326026 | 4.5 |
| 内燃機関 | 321335 | 4.4 |
| 金属加工機械 | 198097 | 2.7 |

エ

| 輸出品目 | 百万円 | % |
|---|---|---|
| プラスチック | 424457 | 7.2 |
| 建設・鉱山用機械 | 381491 | 6.5 |
| 織物類 | 259179 | 4.4 |
| 無機化合物 | 229906 | 3.9 |
| 有機化合物 | 195789 | 3.3 |

(2023/24年版「日本国勢図会」より作成)

(2) 表中のCの府県でつくられている伝統的工芸品を次から1つ選び，記号で答えなさい。

ア 信楽《しがらき》焼　イ 備前《びぜん》焼　ウ 越前《えちぜん》和紙　エ 丹後《たんご》ちりめん

(3) 表中のDの府県の府県庁所在地の南に隣接《りんせつ》する都市について述べた文として正しくないものを次から1つ選び，記号で答えなさい。

ア モノづくりがさかんで，刃物《はもの》や自転車の生産額は全国有数である。

イ 人口が100万人以上の都市である。

ウ かつては港町として栄え，鉄砲の産地でもあった。

エ 世界文化遺産に登録された百舌鳥《もず》古墳群がある。

(4) 右のグラフは，あるくだものの収穫量《しゅうかくりょう》の都道府県別割合を示したもので，グラフ中のEとFは，表中のEとFと同じ府県です。このくだものを次から1つ選び，記号で答えなさい。

ア みかん　イ もも

ウ かき　エ びわ

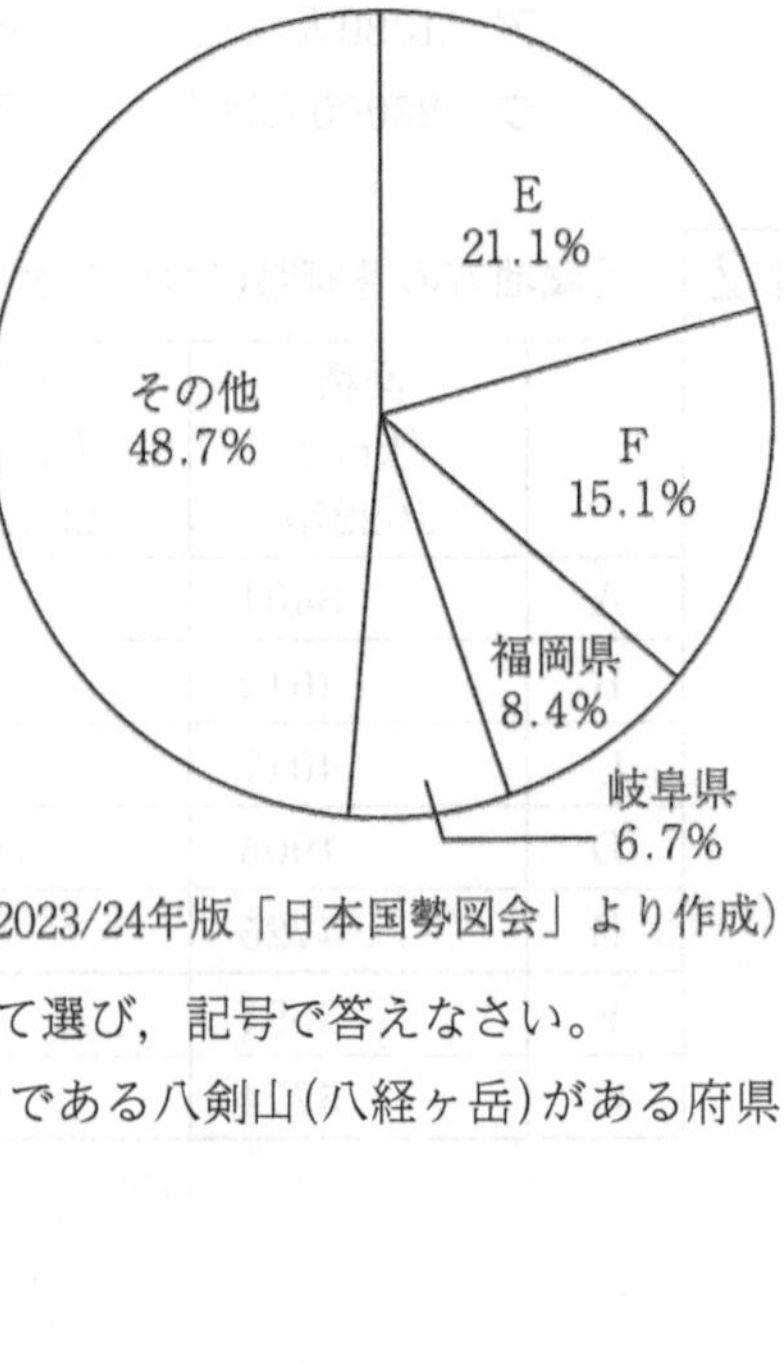


(2023/24年版「日本国勢図会」より作成)

(5) 表中のGの府県にある□半島は，リアス海岸が発達し，真珠《しんじゅ》の養殖《ようしょく》がさかんなことで知られています。また，付近では2016年に伊勢・□サミット(第42回主要国首脳会議)が開かれました。□に共通してあてはまる地名を，漢字で答えなさい。

(6) 表中のA～Gのうち，政令指定都市がある府県をすべて選び，記号で答えなさい。

(7) 表中のA～Gのうち，近畿地方の最高峰《さいこうほう》(標高1915m)である八剣山(八経ヶ岳)がある府県を選び，記号で答えなさい。

(8) 琵琶湖から流れ出ている川は，河口までの間に瀬田川，宇治川，淀川とよび名が変わります。表中のA～Gのうち，この川が通る府県をすべて選び，記号で答えなさい。

**3** 次のA～Hの絵画を見て，あとの問いに答えなさい。

A

B

C

D

E

F

G

H

(1) Aは平治の乱のようすを描《えが》いた「平治物語絵巻」の中の一場面です。平治の乱の内容について述べた文として正しいものを次から1つ選び，記号で答えなさい。

**ア** 崇徳《すとく》上皇と後白河天皇がたがいに多くの武士を従え争ったが，源義朝《よしとも》や平清盛らを味方につけた天皇方が勝利した。

**イ** 源義朝と平清盛が争い，勝利した清盛が政治の実権をにぎった。

**ウ** 京都に攻《せ》めあがった源義仲の軍勢が，平氏を西国に追いやった。

**エ** 京都に攻めあがった北条泰時ら幕府の軍勢が朝廷軍を破り，後鳥羽上皇は隠岐《おき》に流された。

(2) Bは一遍の生涯《しょうがい》を描いた「一遍聖《ひじり》絵(一遍上人《しょうにん》絵伝)」の中の一場面で，備前国福岡の定期市のようすです。一遍について述べた文として正しいものを次から1つ選び，記号で答えなさい。

**ア** 「南無阿弥陀仏《なむあみだぶつ》」と念仏を唱《とな》えれば誰でも救われると説き，浄土宗を開いた。

**イ** 阿弥陀仏を信じる心を持てば誰でも救われると説き，浄土真宗を開いた。

**ウ** 弟子たちとともに踊《おどり》念仏をして諸国をまわり，時宗を開いた。

**エ** 宋に渡って禅《ぜん》宗を学び，帰国後に臨済宗を伝えた。

(3) Cは「石山寺縁起絵巻」の中の一場面で，馬借とよばれる輸送業者が描かれています。馬借が活躍《かつやく》した時代の農村のようすについて述べた文として正しいものを次から1つ選び，記号で答えなさい。

**ア** 直播《じかま》きに代わり，田植えが広く行われるようになった。

**イ** 西日本で行われていた米と麦の二毛作が，東日本にも広まった。

**ウ** 綿，藍《あい》，紅花といった商品作物の栽培《さいばい》が各地で行われるようになった。

**エ** 備中ぐわや千歯こきのような新しい農具が広く使われるようになった。

(4) Dは雪舟が描いた「秋冬山水図」とよばれる水墨画《すいぼくが》の一部です。この絵が描かれた時代には，襖《ふすま》や障子で部屋を仕切り畳《たたみ》を敷《し》きつめた，現代の和風建築のもととなっている□という建築様式が生まれました。□にあてはまる様式の名称を，漢字3字で答えなさい。

(5) Eは狩野永徳が描いた障壁《しょうへき》画「唐獅子《からじし》図屏風《びょうぶ》」です。狩野永徳は，織田信長や豊臣秀吉に仕え，安土城や大阪城の障壁画を描きました。織田信長と豊臣秀吉に関する次の**ア**～**エ**のできごとを年代の古い順に並べかえ，記号で答えなさい。

**ア** 二度にわたって朝鮮出兵を行う。

**イ** 太閤《たいこう》検地を開始する。

**ウ** 足利義昭を追放し，室町幕府を滅《ほろ》ぼす。

**エ** 城下に楽市令を出す。

(6) Fは大井川の渡しのようすを描いたものです。この絵が描かれた時代には，防衛面から大井川に橋をかけることや船で渡ることが禁じられたため，人々は川越人足《かわごしにんそく》にかつがれて川を渡りました。五街道のうち，この川を通る街道を，漢字で答えなさい。

(7) Gは東洲斎《とうしゅうさい》写楽が描いた浮世絵「三世(三代目)大谷鬼次の奴江戸兵衛」です。この作品は，役者絵の中でも上半身を大きく描いた大首絵とよばれる手法を用いたもので，人気を集めました。役者絵に描かれた伝統芸能として正しいものを次から1つ選び，記号で答えなさい。

**ア** 歌舞伎　　**イ** 能　　**ウ** 相撲　　**エ** 落語

(8) Hは黒田清輝が描いた「湖畔《こはん》」という作品です。この作品が描かれた時代に西洋音楽を学び,「荒城の月」や「花」,「箱根八里」などの作品を残した人物を次から1人選び,記号で答えなさい。

ア 高村光雲　イ 山田耕筰《こうさく》　ウ 島崎藤村　エ 滝廉太郎《れんたろう》

**4** 日本とロシア及《およ》びソ連との関係を中心とした歴史を示した右の年表を見て,次の問いに答えなさい。

| <年代> | <できごと> |
|---|---|
| 1792年… | (あ)ラクスマンが根室に来航する |
| 1854年… | (い)日露和親条約が結ばれる |
| 1875年… | 樺太千島交換《こうかん》条約が結ばれる |
| 1895年… | (う)三国干渉が行われる |
| 1905年… | (え)ポーツマス条約が結ばれる |
| 1917年… | ロシア革命が起きる |
| 1918年… | (お)シベリア出兵が行われる |
| 1941年… | (か)日ソ中立条約が結ばれる |
| 1945年… | ソ連軍が満州などに侵攻《しんこう》する |
| 1956年… | (き)日ソ共同宣言が出される |
| 1991年… | ソビエト連邦が解体される |
| 2023年… | (く)G7広島サミットが開かれる |

(1) 下線部(あ)について,このとき日本では寛政の改革が行われていました。この改革の内容として正しいものを次から1つ選び,記号で答えなさい。

ア 銅や海産物の輸出を奨励《しょうれい》する。

イ 上米の制が行われる。

ウ ききんに備えて米を蓄えさせる。

エ 株仲間を解散させる。

(2) 下線部(い)について,このとき定められた国境について述べた文として正しいものを次から1つ選び,記号で答えなさい。

ア 千島列島と樺太(サハリン)は,ともにロシア領とする。

イ 千島列島は日本領とし,樺太(サハリン)はロシア領とする。

ウ 択捉《えとろふ》島以南を日本領,ウルップ島以北をロシア領とする。

エ 千島列島は日露両国民雑居の地とする。

(3) 下線部(う)について,このときロシアがフランスやドイツとともに日本に勧告《かんこく》してきた内容を,15字前後で述べなさい。

(4) 下線部(え)について,この条約に調印した日本の外務大臣の名を,漢字で答えなさい。

(5) 下線部(お)について,シベリア出兵が実施されたときの日本の内閣総理大臣を次から1人選び,記号で答えなさい。

ア 寺内正毅　イ 犬養毅　ウ 山県有朋　エ 加藤高明

(6) 下線部(か)について,この条約が結ばれたころに起きた次の**ア**～**エ**のできごとを年代の古い順に並べかえ,記号で答えなさい。

ア 日中戦争が始まった。　イ 日本軍が真珠湾攻撃を行った。

ウ 日独伊三国同盟が結ばれた。　エ 国家総動員法が制定された。

(7) 下線部(き)について,この宣言が大きな影響をあたえたとされるできごととして正しいものを次から1つ選び,記号で答えなさい。

ア 朝鮮戦争が始まった。

イ サンフランシスコ平和条約が結ばれた。

ウ 日米安全保障条約が結ばれた。

エ 日本が国際連合に加盟した。

（8） 下線部（く）について，この会議では，前年に始まったロシアによるウクライナ侵攻に対する対応が主要な議題の1つになりました。この会議に特別ゲストとして招待されたウクライナの大統領の名を，カタカナで答えなさい。

**5** 次の文を読んで，あとの問いに答えなさい。

政府（国や地方公共団体）は，国民から集めた税金などをもとにして，社会資本（道路，港湾などの公共施設）の整備，（あ）社会保障などの仕事を行っている。政府が行うこうした経済活動は財政とよばれ，毎年つくられる（い）予算にもとづいて進められる。予算とは1年間の収入と支出（これを歳入・歳出という）の見積もりのことであり，（う）内閣が作成し，（え）国会による審議と議決を経て成立する。政府はまた，予算の調整やさまざまな政策を通して（お）景気の調整も行っている。主権者であり，納税者でもある私たち国民は，政府のこうしたはたらきがどのように行われているか，しっかり見守っていかなければならない。

（1） 下線部（あ）について，日本の社会保障制度のうち，特に大きな役割をはたしているのは社会保険である。社会保険のうち，2000年に始められた，40歳以上の国民を被《ひ》保険者とし，認定を受けた場合に訪問看護や特別養護老人ホームへの入所などのサービスを受けられる制度の名称を答えなさい。

（2） 下線部（い）に関して，次の問いに答えなさい。

① 右のグラフⅠは，2023年度の一般《いっぱん》会計予算の歳入の内訳を示しています。このうち，「消費税」の税率（2023年9月現在）について正しく述べたものを次から1つ選び，記号で答えなさい。

**ア** 一律で8%とされている。

**イ** 一律で10%とされている。

**ウ** 8%を原則とし，酒類・外食を除く飲食料品などは5%とされている。

**エ** 10%を原則とし，酒類・外食を除く飲食料品などは8%とされている。

② グラフⅠ中の □ には，企業の所得に課せられる税があてはまります。この税の名称を，漢字で答えなさい。

③ 右のグラフⅡは，2023年度の一般会計予算の歳出の内訳を示しています。この中にある「国債《こくさい》費」と「地方交付税交付金」について説明している次のA～Dの文のうち，内容の正しいものの組み合わせをあとの**ア**～**エ**から1つ選び，記号で答えなさい。

<グラフⅠ>

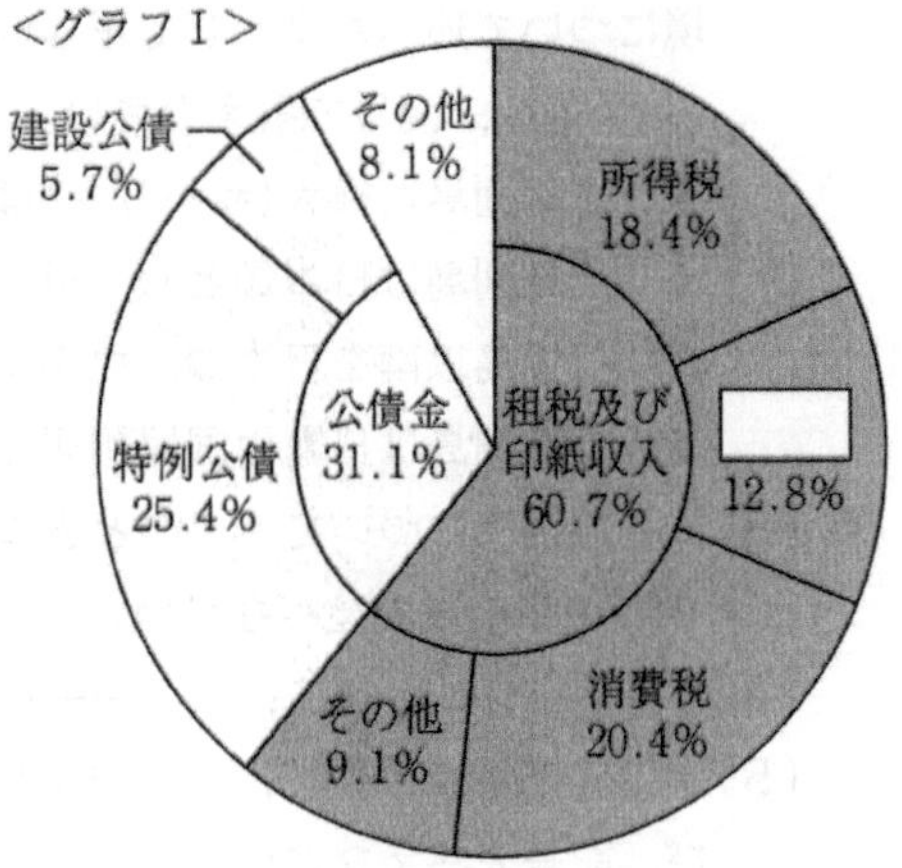


<グラフⅡ>

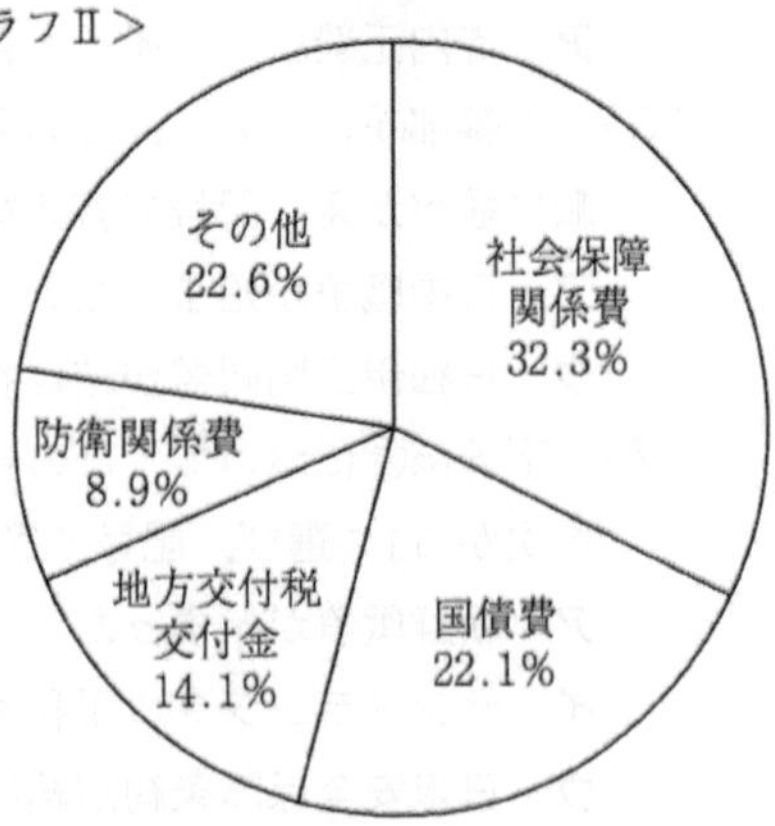


（2023/24年版「日本国勢図会」より作成）

A 「国債費」とは，税金だけでは収入が不足する場合に国が債権を発行することで得る収入のことであり，すべて社会保障関係費にあてられる。

B 「国債費」とは，政府が過去に発行した国債に対する利子の支払《しはら》いや，期限の来た国債の返済のための費用である。

C 「地方交付税交付金」とは，収入が不足している地方自治体に国が交付する補助金であり，使い道は自治体が決められる。

D 「地方交付税交付金」とは，国が地方自治体に委託《いたく》している事業についての費用であるので，使い道はあらかじめ決められている。

**ア** AとC　　**イ** AとD　　**ウ** BとC　　**エ** BとD

（**3**） 下線部㋒について，内閣は内閣総理大臣と国務大臣で構成されています。国務大臣は内閣総理大臣が任命しますが，その過半数は□でなければなりません。文中の□にあてはまる語句を，漢字で答えなさい。

（**4**） 下線部㋓に関して，次の問いに答えなさい。

① 予算について，衆議院と参議院で議決が異なった場合の取り扱《あつか》いについて述べた次の文の□にあてはまる言葉を，20字以内で答えなさい。

| |
|---|
| 両院協議会を開いても意見が一致《いっち》しない場合には，□。 |

② 毎年1月中に召集《しょうしゅう》され，おもに予算の審議を行う国会の種類を次から1つ選び，記号で答えなさい。

**ア** 通常国会　　**イ** 臨時国会　　**ウ** 特別国会　　**エ** 緊急集会

（**5**） 下線部㋔について，一般に不景気のときには物価の下落が続き，貨幣《かへい》価値が上昇《じょうしょう》する□という現象が見られます。□にあてはまる語句を，カタカナで答えなさい。

問十二　――⑥「完璧を求めず、『不完全』を受け入れる勇気を持つ」とありますが、具体的に「一般市民」に求められるのはどうすることですか。「緊急地震速報」という言葉を使って、五十字以上六十字以内で説明しなさい。

問十三　この文章の筆者の考えに合うものを次から一つ選び、記号で答えなさい。

ア　直下型地震などの巨大災害について、その最新の発生確率に多くの人々が関心を持ち、喜んだり悲しんだりしているが、巨大災害は必ず来るという前提で減災の準備をすることが重要であって、数値にばかりとらわれてはいけない。

イ　減災活動は、専門家が発信する有益な情報にもとづいて、自分で災害の規模《きぼ》を想定することが大事で、その想定に合わせて、防災グッズを買い揃えたり、非常食の交換をしたりして必要最小限の準備を定例化していくことが必要である。

ウ　阪神・淡路大震災や東日本大震災で自主的に避難活動をして命が助かった人の多くは、「自分たちでできること」を専門家の発言など信頼せずに自分で試行錯誤しながら考え、身につけた人たちであるということを、忘れてはいけない。

エ　さまざまな災害について、それが発生したときに自分がどのように行動するかをシミュレーションすることは大事であるが、往々にして想像以上のことが起こるので、周囲の人々と同じような統制の取れた行動をすることが肝要である。

オ　気象庁は、東日本大震災以降、大きな揺れが始まる数十秒前に警告を発する緊急地震速報を出すことを始めたが、これには「不適切」な発信も多いために市民からの信頼が薄く、専門家はより精度の高い情報発信を目指すべきである。

選び、記号で答えなさい。

ア　災害や減災についての正しい知識を教えれば教えるほど、災害に直面したときに人々が自主的な減災活動をしなくなり被害が拡大するという問題。

イ　災害や減災についての情報を伝達すること以上に、人々が自主的に避難行動をとれるように避難訓練をどのように実施すればよいかという問題。

ウ　災害や減災についての知識を伝えるだけではなく、人々が自分から減災活動を実行・継続するようになってもらうための教育的プログラムが必要だという問題。

エ　災害や減災についての知識を専門家が人々に教える前に、自主的に情報を伝達し共有するような教育を人々にしていかなければならないという問題。

オ　災害や減災についての情報を人々に伝えると同時に、災害が発生したときは専門家や政府の指示に従うことを徹底《てってい》しなければいけないという問題。

**問九**　――③「このような経験」とありますが、筆者がこの「経験」から学んだのはどのようなことですか。五十字以上六十字以内で説明しなさい。

**問十**　――④「心理学用語で『正常性バイアス』と呼ばれる心のあり方」とありますが、どのような心のあり方ですか。その説明として、最も適切なものを次から一つ選び、記号で答えなさい。

ア　災害などに直面したときに、自分は大丈夫だろうと何の根拠もなく思ってしまう心理であり、周囲の環境や事態の変化に対応することができないまま、周囲の人とは異なる行動をとってしまうことから生じる心のあり方。

イ　津波や地震などの非常事態が発生しているにもかかわらず、その状況を異常と感知できない心理であり、地震や津波など災害に対する正しい知識を習得していないために、自分だけは安全だと思い込んでしまう心のあり方。

ウ　非常事態が起こっているにもかかわらず自分だけは助かるという誤った判断をしてしまう心理であり、災害に対するさまざまなシミュレーションをおこなっていないことで、災害時に良くない働きをしてしまう心のあり方。

エ　周りの環境や事態を正常だと思ったり他者の行動を正しい行動だと判断したりして、異常事態を正常だと判断してしまう心理であり、災害時においても過敏な状態に陥らないようにしようとするのに有効な心のあり方。

オ　平常時においては、過剰な心配を抑制し心身の安定を図るために必要な心理であり、一方、災害時にこの心理に陥ると、危険に対して明確な根拠もないまま自分は安全だと判断し、自らの命を危機にさらしてしまう心のあり方。

**問十一**　――⑤「普段からさまざまな災害へのシミュレーションを試みておくことも大切です」とありますが、なぜこのように言えるのですか。次の文の［Ⅰ］・［Ⅱ］にあてはまる言葉を指定字数に合わせて、文章中から抜き出して書きなさい。

●緊急事態が発生すると、人は「凍りつき症候群」に陥って［Ⅰ（五字）］してしまい、［Ⅱ（五字）］ができなくなるから。

らないようにしてほしいと思います。

自然に対しては、⑥完璧を求めず、「不完全」を受け入れる勇気を持つことが肝要《かんよう》だと考えています。

（鎌《かま》田《た》浩毅《ひろき》「揺れる大地を賢《かしこ》く生きる」による）

＊3・11＝東日本大震災が発生した2011年3月11日のこと。
＊シミュレーション＝現実を想定したうえで行う模擬《もぎ》実験。
＊汲々＝小さなものごとにとらわれて気持ちがせかせかすること。
＊先述した通り＝筆者は同書のこれより前の部分で、東日本大震災で津波襲来の前に高台に避難しなかったために大勢の方が亡くなったことについてふれている。
＊認知メカニズム＝ものごとを正しく理解したり判断したりして適切に実行するための機能。
＊オオカミ少年＝イソップ物語の登場人物。何度もオオカミが来たとうそをついたために本当にオオカミが来たときには誰も信じなかったという話。
＊脆弱＝もろくて弱いこと。

**問一**　［1］～［5］にあてはまる言葉として、最も適切なものを次から一つずつ選び、それぞれ記号で答えなさい。

**ア**　したがって　**イ**　しかし　**ウ**　なぜなら
**エ**　たとえば　**オ**　あるいは　**カ**　ところで
**キ**　つまり　**ク**　ただし

**問二**　——A「受身」と反対の意味で用いられている言葉を、文章中より漢字三字で抜き出して書きなさい。

**問三**　——B「ながら」と意味・用法が同じものを次から一つ選び、記号で答えなさい。

**ア**　地方に残された昔ながらの街道を歩いてたどってみる。
**イ**　大学生でありながら読書をしようとしないのは問題だ。
**ウ**　スマートフォンを操作しながら歩くのはとても危険だ。
**エ**　家はせまいながらも家族そろって楽しく暮らしている。
**オ**　子どもたちは三人ながら全員が野球部に所属している。

**問四**　——C「質問」について、次の各問いに答えなさい。

Ⅰ　「質」という漢字の総画数を漢数字で答えなさい。
Ⅱ　「問」という漢字の部首名をひらがなで書きなさい。

**問五**　——D「評価します」の主語を、一文節で抜き出して書きなさい。

**問六**　次の一文は文章中の**【ア】**～**【オ】**のどの部分に入るのが適切ですか。一つ選び、記号で答えなさい。

| |
|---|
| 防災上たいへん有効で、自分の身を自分で守るために活用することができます。 |

**問七**　［①］にあてはまる言葉として、最も適切なものを次から一つ選び、記号で答えなさい。

**ア**　あつものにこりてなますを吹《ふ》く
**イ**　のど元過ぎれば熱さを忘れる
**ウ**　案ずるより産むがやすし
**エ**　おぼれる者はわらをもつかむ
**オ**　捕らぬたぬきの皮算用

**問八**　——②「教育にかかわる根本的な問題」とありますが、どのようなことですか。その説明として、最も適切なものを次から一つ

[4] 人混みのなかにいたら、どのルートで逃げるのか。歩道を歩いているときにビルからガラスや看板が落ちてきたらどうやって身を守るか。地下鉄に乗っていたらどうするか、などの場面ごとにシナリオを作っておきましょう。

多くの人は、緊急事態が発生すると茫然《ぼうぜん》自失して、判断を停止してしまいます。「凍《こお》りつき症候群《しょうこうぐん》」と呼ばれる状態ですが、その結果、動けない時間が長くなればなるほど逃げ遅れてしまいます。

2001年にアメリカで起きた同時多発テロ事件（いわゆる「9・11」）の際、1機目のジェット機が激突したビルよりも、2機目に激突されたビル内にいた人たちのほうが、迅速《じんそく》な避難ができました。最初のビルにいた人たちが、突然の事態に立ち往生してしまったのに対し、次のビルにいた人たちは少し前に起きた様子を見ていて、何が起きたのか理解できたからです。

04年12月に発生したスマトラ島沖地震で巨大津波が押し寄せたときも、波が目前に迫《せま》ってきているにもかかわらず走り出すことすらできなかった人が大勢いました。

緊急時には、1分1秒の判断の遅れが命取りになります。「人は凍りつき症候群に陥りやすい」という知識を持ったうえで、複数パターンをシミュレートしておくことが有効になります。

地震の場合、大きな揺れが生じる前に、携帯《けいたい》電話やテレビ、ラジオなどが、緊急地震速報のメッセージを発してくれます。もっとも早い場合は揺れが始まる数十秒前に、地震の発生を知らせる機能です。

【 オ 】

「3・11」以降、この緊急地震速報が出る回数が非常に増えました。

気象庁は、緊急地震速報を受け取った地域すべてで震度3以上が観測された場合は「適切」とみなし、1か所でも震度2以下を観測した場合は「不適切」とD評価します。この「不適切」評価が、「3・11」以降に増えました。

これは、マグニチュード9・0という巨大地震が起こったことで余震が多発し、離《はな》れた地点でほぼ同時に余震が起きたことが原因です。現在のシステムでは、複数の観測データの分離《ぶんり》がうまくできず、緊急地震速報の「空振り」がゼロにはなりません。

こうした状況《じょうきょう》が続くと、*オオカミ少年状態、[5]その情報を誰も受け付けなくなるようになり、地震への危機感や警戒《けいかい》心が薄《うす》れてしまい本当の巨大地震が起きた際に、役に立たない恐れがあります。

皆さんには、緊急地震速報は一刻も早く予測を出すためのシステムであり、空振りを生じさせないことより「見逃し」がないことを重視しているということをお伝えしたいと思います。

地震の専門家が、もし「正しい情報を出すのは自分たちだけだ」という思いを強く持っていると、オオカミ少年状態を怖《おそ》れ、萎縮《いしゅく》するようになります。また、一般市民が「専門家が出す情報はいつも正確で、市民は情報の受け手だ」と考えていると、「専門家が何でもやってくれる」という思考停止になってしまいます。

現在のように新型の自然災害がいつ発生してもおかしくない状況で、こうした専門家と市民の依存関係が作られると、自然災害に対してきわめて*脆弱《ぜいじゃく》な社会になってしまいます。専門家サイドは不必要な完璧《かんぺき》主義を脱し、一般市民のほうも過剰に専門家に頼《たよ》る状況をつく

いのだということを忘れないでほしいと思います。【 ウ 】

どうしたら人は、自発的な行動を起こせるようになるでしょうか。「頑張《がんば》る」「努力する」といった精神論を持ち出しても、本質的な解決にはなりません。自発的な行動を成功させるためには、まず自然災害に際して人間がどのような行動を取りやすいかについて、知っておく必要があります。

心理学や社会学の面では、災害時の行動に関する数多くの研究があります。馴染《なじ》みのない現象が突発《とっぱつ》的に起きたときに人々が陥《おちい》りやすい行動を分析《ぶんせき》すると、④心理学用語で「正常性バイアス」と呼ばれる心のあり方が影響《えいきょう》していることがわかります。

正常性バイアスとは、非常事態が起こっているにもかかわらず、「自分だけは大丈夫《だいじょうぶ》」あるいは「まさか自分に被害が及《およ》ぶはずはない」と思うことです。[2]、自分が暮らす地域に津波警報が出されても、「ここまでは来ないだろう」と根拠《こんきょ》なく思う心理です。結果、逃げ遅《おく》れて溺死《できし》する可能性が生じます。

ただ正常性バイアスは、過剰《かじょう》な心配を平常の感覚に戻《もど》すための＊認知メカニズムの働きであり、人間にとって正常な知覚でもあります。散歩をするたびに、横の道路を走る自動車がガードレールを飛び越えてぶつかってくるのではないか、などといつも心配していたら、日常生活は送れません。過敏な状態に陥らないために、正常性バイアスは必要です。

しかし災害時は、この正常性バイアスが良くない働きをしてしまうことがあります。災害時に正常性バイアスに陥らないためにも、大地震や津波、噴火《ふんか》についての正しい知識を持ち、諸々《もろもろ》のシミュレーションをおこなっておくことが大切です。

たとえば、都会の地下街を歩いているときに大地震が発生すれば、一刻も早く地上に出なくてはなりませんが、地下は揺《ゆ》れが地上よりも少なく、安全だという思い込みがある方もいるかもしれません。

確かに揺れに関しては構造的にも安全性は高いでしょう。

[3]、実は東京や大阪などの低地に津波が押し寄せると、水が怒濤《どとう》のように地下街に流れ込み、人は階段ものぼれなくなり、溺《おぼ》れ死んでしまう可能性があります。「津波は何度も来る」「後に来る波のほうが大きいこともある」といった知識も重要です。

そのようなときに、異常事態に気づかなかったり（「同化性バイアス」が働く）、周囲の人たちが動かないので自分も同じように振《ふ》る舞《ま》ったり（「同調性バイアス」が働く）したら、命取りになります。

同化性バイアスも同調性バイアスも、ともに正常性バイアスを支える要素です。同化性バイアスとは、周りの環境《かんきょう》や事態にみずから同化することで異常事態や心的危機を回避する働きで、日常世界においては心身の安定を図るために必要です。【 エ 】

同調性バイアスは、周囲の人の価値観や感覚に行動や思考を同調させる働きで、「空気を読む」能力でもあるので、集団生活のなかではある程度求められます。ところが有事の際に、こうした心の働きに左右されてしまえば、文字通り、命が危機にさらされるのです。

⑤普段《ふだん》からさまざまな災害へのシミュレーションを試みておくことも大切です。知識だけがあっても、長いあいだ意識することがなければ、せっかくの知識を役立てられないからです。

たとえば、直下型地震が発生したとき高層階で仕事中だったら、

関心を持つ多くの人々は、最新の数値を知ることに*汲々《きゅうきゅう》としているようにも感じられます。【ア】

大切なことは、数字に一喜《いっき》一憂《いちゆう》することではなく、自分の行動を変えることができるかどうか、です。直下型地震など巨大災害はいつ起きても不思議ではありません。［1］、地震が必ず来るという前提で、身の回りに対する準備を始めてほしいのです。

減災を成功させるために必要なことは、「たったいま、自分ができることから始める」です。誰《だれ》かの指示を待って、それに従って行動すればよい、というA受身の考え方ではいけません。非常時になってから行動を起こせばよい、という姿勢も違います。

専門家は綿密なシミュレーションや過去の事例に基づいて、有益な情報を多く発信しています。それらの情報を十分に参考にしBながら、自分たちが日常できることから開始してください。

ここで私はよくC質問を受けます。

「やる必要があるのは重々承知しているのですが、いそがしい日々の中でいつも後回しになってしまうので、どうしたらいいでしょうか」

私の回答はこうです。

「自分の誕生日とか、防災の日の9月1日とか、まず日を決めて始めることです」

何をきっかけにしても良いので、その日に防災グッズを揃《そろ》えるとか、賞味期限の近い非常食を交換《こうかん》するとかします。これに関してはネット検索《けんさく》すると、たくさんの人が面白いアイデアを提供しています。

大災害が過ぎた後にも、災害に向けた準備をおこたりなく続けることは、難しいことです。「［①］」の喩《たと》えがある通り、長年にわたって地震や津波《つなみ》に対して自発的に準備しつづけることは、不可能に近いかもしれません。

ここには、②教育にかかわる根本的な問題が横たわっています。すなわち、「教えること」だけではなく、「実行させること」や「自発的に続けさせること」のためには、情報の伝達とは次元の違うプログラムを、専門家の側で用意する必要があります。

後者を可能にするようなシステムを前もって作っておかないと、本当の減災にはつながりません。このような本質的な問題を、私自身も「3・11」以降に、明確に意識するようになりました。

いかに正しい知識でも、それをそのまま伝えるだけでは人がなかなか行動してくれないのは、阪神《はんしん》・淡路《あわじ》大震災でも、東日本大震災でもまったく同様でした。「3・11」では、海で巨大地震が発生しているのに、津波襲来《しゅうらい》の前に高台へ逃げなかった方が大勢いたのは*先述した通りです。人々に避難《ひなん》行動を起こしてもらうことは、想像を超《こ》えて難しいのです。

③このような経験を重ねたことで、私は市民一人ひとりの「自発的な行動喚起《かんき》」をより重視する立場へと移っていきました。市民同士による自発的な減災活動が継続するために何をすれば良いかを、いっそう考えるようになったのです。【イ】

「3・11」でも、専門家に頼らずに行動して救命に成功した例はいくつもあります。こうした人たちは、まず「自分たちでできること」から始めていました。そういう行動が、結果として大切な命を守ることにつながったのです。お上《かみ》の指示を待っているだけでは、命は守れな

**ウ** 将来も早緑と仲良くしたいのであれば、自分の気持ちや思いを大切にする一方、余裕《よゆう》があれば早緑の思いを汲《く》み取り、希望をかなえてあげなければならないということ。

**エ** 今後、自分がひとりぼっちにならないためには、周りにいる人のようすや気持ちに敏感《びんかん》になり、自分から手をさしのべるなど、打算的な部分も必要だということ。

**オ** この先、早緑といっしょに成長をとげていくためには、自分が努力するだけではなく、早緑の努力する姿勢もしっかりと見ておかなければいけないということ。

**問十二** この文章の表現について説明したものとして、最も適切なものを次から一つ選び、記号で答えなさい。

**ア** 「去年の二学期。十月の半ばのことだ」や「春なんて、とっくに通りすぎていた」などのように時系列にそってできごとが描《びょう》写《しゃ》されることで、「私」と「早緑」の心の成長の過程がとらえやすくなっている。

**イ** 「あの子」や「ウサギ王子」、「幽霊部員」といった形で登場人物をあいまいに表現することで、「私」や「早緑」、「黒野」などの主要な登場人物に対する読者の想像力をかきたてるよう工夫《くふう》している。

**ウ** 短文かつ「!」「?」「……」などの記号を多用することで話に抑揚《よくよう》をつけていることにくわえ、たたみかけるような展開もあいまって、読者を物語の世界に引きつけることに成功している。

**エ** 場面によって「私」「早緑」「黒野」それぞれの視点から物語を展開し、各人の思いや行動の意図が明らかになることで、物語の謎《なぞ》が少しずつ解き明かされていくといった、巧妙《こうみょう》なしかけが盛り込《こ》まれている。

**オ** 「いつのまにか、公園から子どもたちはいなくなっていた」や「季節はかがやくばかりの初夏だ」などのような印象的な情景描写を多く用いることで、そのときどきの「私」の心情を暗示的に表現している。

## 三

次の文章を読んで、あとの問いに答えなさい。問いの中で字数に指定のあるときは、特に指示がないかぎり、句読点や符号もその字数に含めます。

自然が引き起こす巨大《きょだい》な災害を、人間が完全に防ぐことはできません。つまり、よく考えれば「防災」には限界があるのです。これはいわずもがなですが、ともすれば防災という言葉が一人歩きし、災害を１００％克服《こくふく》しなければならないと考えがちです。しかし、科学的にも予算的にも、災害を完全に防止することは不可能です。

現実には、災害をできる限り減らすこと、すなわち減災しかできません。このことをぜひ念頭に置いてほしいと思います。

このような減災重視の考え方は、とくに「*3・11」の後に一般《いっぱん》の人々にも広まりました。自然の営為《えいい》に人間はどこまで対応できるのかについて、現実的に考えるようになりました。

いま、さまざまなメディアで地震《じしん》発生確率が話題になっています。そこで登場する個々の数字は、科学的な*シミュレーションに基づいて計算された数値です。ところが私が見ている限り、その発生確率に

自分との間に心のへだたりがあることを感じながらも、仲たがいの原因を冷静に一つひとつ確認《かくにん》し合いながら、「私」との不仲を解消しようとの思いを強くしている。

エ　取ってつけたような「私」の言葉にこたえるのももどかしく、けんかしたときのことも含めて、そのころにあったことや、自分が感じていた正直な気持ちをありのまま「私」に伝えたいとの思いを強くしている。

オ　相手の機嫌《きげん》を取ろうとする「私」の言葉にこたえる気はなく、「私」の心ない言葉によって自分が傷つけられ、結果的に陸上への情熱が完全に失われてしまったことへの憤《いきどお》りを伝えたいという気持ちを強くしている。

問八　――④「六花には言えなかった。そんなこと、ぜったい言えなかった」とありますが、なぜですか。「そんなこと」の内容を明確にしながら、四十五字以上五十五字以内で書きなさい。

問九　――⑤「そんなことを言う資格、ひとつもないのに」とありますが、「私」がこのように考えたのはなぜですか。その理由の説明として、最も適切なものを次から一つ選び、記号で答えなさい。

ア　自分だけが早緑に傷つけられたと思っていたのに、早緑もまた自分と同じように傷ついていたことを思いがけず知らされたから。

イ　意図しなかったこととはいえ自分が早緑を傷つけていたくせに、早緑の気持ちも考えず一方的に早緑のことを非難していたから。

ウ　知らなかったとはいえ早緑のことを傷つけてしまったのなら謝罪したいと思っているのに、先に早緑に謝罪されてしまったから。

エ　早緑が自分のことを傷つけてしまったことを懸命に謝罪してくれているのに、ただ自分が恥《は》ずかしくて泣き出してしまったから。

オ　自分が早緑のことを傷つけたのではないかとうすうす感じながら、その気持ちを心の底におしやって早緑を悪者にしていたから。

問十　――⑥「一年の三学期に、決めたの」とありますが、「早緑」は具体的にはどのようなことを決めたのですか。次の文の□にあてはまる言葉を、三十字以上四十字以内で書きなさい。

●六花に会いに行き、ちゃんと話をするのは、自分が□ということを決めた。

問十一　――⑦「だれかといっしょにいる未来を描くために、大事なことだって、おなじ」とありますが、どのような意味ですか。その説明として、最も適切なものを次から一つ選び、記号で答えなさい。

ア　このままずっと早緑とよい関係を続けていくためには、自分の気持ちや思いはひとまず抑《おさ》え、早緑のことだけをしっかり見ていかなければいけないということ。

イ　これから先も早緑と親友でいたいのであれば、早緑の気持ちやそのときどきの早緑のようすを気にかけ、理解してあげようとしなければいけないということ。

C「予防線を張る」

ア　相手を刺激《しげき》しないように、遠回しに欠点を指摘《してき》すること。

イ　事実が正しく伝わるように、詳《くわ》しく説明をくり返すこと。

ウ　足元を見られないように、毅然《きぜん》とした態度でのぞむこと。

エ　後で非難されないように、あらかじめ対策を講じること。

オ　相手が反論できないように、念をおしつつ話し出すこと。

D「癪に障る」

ア　おかしくて口元が緩《ゆる》む　　イ　気に入らず腹が立つ

ウ　うれしくて胸が弾《はず》む　　エ　恐《おそ》ろしくて浮《う》き足立つ

オ　意外で頭が混乱する

**問四**　――E「一心不乱」と同じ意味を表す四字熟語を次から一つ選び、記号で答えなさい。

ア　理路整然　　イ　悪戦苦闘《くとう》　　ウ　無我夢中

エ　七転八倒《ばっとう》　　オ　終始一貫《いっかん》

**問五**　――①「ほんとうの気持ち」とありますが、どのような気持ちのことですか。最も適切なものを次から一つ選び、記号で答えなさい。

ア　美術部の他の部員が自分のせいでやる気を失っていることを悩《なや》ましく思う気持ち。

イ　美術部の他の部員が絵を描くことに喜びを感じていないのを不思議に思う気持ち。

ウ　美術部の他の部員が自分に対しよそよそしく接してくることを悲しく思う気持ち。

エ　美術部の他の部員に対しろくに指導をしない上枝先生をいまいましく思う気持ち。

オ　美術部の他の部員が真剣に絵を描くことに取り組まないことを不満に思う気持ち。

**問六**　――②「そのとき、私はようやく、自分の気持ちに気づいた」とありますが、どのようなことに気づいたというのですか。次の文の[Ⅰ]・[Ⅱ]にあてはまる言葉を指定字数に合わせて、文章中から抜《ぬ》き出して書きなさい。

●「私」が絵を描くことに[Ⅰ（二字）]を感じるようになったのは、出会ったばかりの早緑に[Ⅱ（十三字）]をかけてもらい、描いていたシロクマの絵を純粋《じゅんすい》にほめられ、ひとりぼっちだった自分を見てくれる人がいたとわかってうれしかったからだということ。

**問七**　――③「毒にも薬にもならないような私の言葉を無視して、早緑は言った」とありますが、このときの「早緑」の気持ちとして、最も適切なものを次から一つ選び、記号で答えなさい。

ア　その場にそぐわない「私」の言葉にとまどいながらも、けんかをしてしまったあの日、勝手に勘違《かんちが》いをして「私」に不快な思いをさせてしまった自分に全面的に否があることを認め、心から謝罪をしようとの思いを強くしている。

イ　他人行儀《ぎょうぎ》な「私」の言葉に少々不可解さを覚えながらも、今回仲直りをしておかなければこれから先、二度とチャンスが訪《おとず》れないであろうことにあせり、どうにか「私」の気持ちをつなぎとめたいとの思いを強くしている。

ウ　しらじらしい言葉でその場をとりつくろおうとする「私」と

私はうなずく。「今は、じゃあ、楽しい？」

「うん。すっごく。胸を張って、そう言えるよ。だからさ」

なかなおりしよう。

照れたように、でもまっすぐにそう言った早緑の瞳の色に、私は思いだす。

あの日、早緑が話しかけてきてくれたときのことを。

そして、ついさっき、ようやく気づいたほんとうの気持ち——私の心をとらえていたシロクマの正体を。

——早緑の「ガハクじゃん！」って言葉がなければ、きっと今の私もないよ。

(中略)

私はスケッチブックを開く。それから、早緑の目をまっすぐ見た。

あの日からずっと、私の心は寒々とした冬の中にあって、だけど、それは私だけじゃなかった。自分の痛みにとらわれて、ひとりぼっちでかなしみに酔《よ》っていた私には、だれよりも大切な人の気持ちが見えずにいた。

ずっとあなたに気づいてほしかった。ほんとうは、私が気づくべきだったのに。

ずっとあなたのことを考えていた。そのくせ、なにもわかっていなかった。

もうやめよう、そういうの。

絵を描くのに大事なのは、よく見ること。

きっと、⑦だれかといっしょにいる未来を描《えが》くために、大事なことだって、おなじ。

「見せたかった絵が、たくさんあるの」

私はそう言って笑う。早緑の肩ごしに、夕日を浴びた山の木々が見えた。

春なんて、とっくに通りすぎていた。

雪解けも、若葉の芽吹《めぶ》きも、すっかり過ぎて、季節はかがやくばかりの初夏だ。

（村上雅郁《むらかみまさふみ》「シロクマを描いて」による）

＊上枝先生＝美術部の顧問《こもん》の先生。

＊澱＝液体の底に沈《しず》んでたまっているカス。

**問一** [1]～[5]にあてはまる言葉として、最も適切なものを次から一つずつ選び、それぞれ記号で答えなさい。

**ア** あわあわと　**イ** ばさっと　**ウ** めそめそ

**エ** ざわざわ　**オ** すたすたと　**カ** ぎゅっと

**キ** くどくど　**ク** とげとげ

**問二** ＝＝A「才能」、B「公園」と熟語の組み立てが同じものを次から一つずつ選び、それぞれ記号で答えなさい。

**ア** 加減　**イ** 暗黒　**ウ** 私営　**エ** 決心

**オ** 豊漁　**カ** 緑化　**キ** 未知　**ク** 入試

**問三** ＝＝C「予防線を張る」、D「癪に障る」の意味として、最も適切なものをあとから一つずつ選び、記号で答えなさい。

だけど、自分の声が、どこか[ 5 ]してる気がして、いやになった。そしたら、黒野のやつ、こんなことを言ったの。

「好きだから努力できるのか、努力できるから好きなのか……鶏《にわとり》が先か卵が先か、みたいな話だよな」

あたし、よくわからなくって。どういうことって、たずねたの。

黒野、笑って言った。

「ほら、好きだから続けられる。だからうまくなるっていうのはたしかにあるけどさ、そもそも、ある程度うまくないと、好きにはなれないじゃん？　自分でへたくそだなあって思って、人から向いてないって言われて、それでも絵を描くのが好きとかさ。ちょっとむずかしいよな。苦手なことに立ち向かうのは、それだけでストレスだろ」

そんなふうに。

その言葉が、すごく響いた。なんだろ、いくら走っても、みんなに追いつけない自分のことを言われているみたいに、思えた。

あたし、なんで走ってるのかな。

急に、そんなことを考えた。走ることが得意だと思ったから？　たぶんそう。人よりはちょっぴり、得意だと思ったから。

ほんとはそれほど、好きじゃなかったのに。

「好きなものがない人は、得意なものがない人は、どうしたらいいんだろう……」

言ってから、なんか、情けないなって、自分でも思った。

だけど、黒野は肩をすくめて、こう言ったの。

「べつになくてもいいと思うけど」って。

なにそれ、と思って、あたし、食いさがったの。

「あたしは、ほしいよ。好きなもの。得意なもの」

「じゃあ、そうしたら？」

「え？」

「好きなものがほしい。得意なものがほしい。じゃあ、そのために努力すればいいだろ。ちゃんと、それは努力の理由になるよ」

「だけど、努力すれば……なんとかなるのかな」

そしたら黒野はさ、まぶしそうに六花のほうを見たんだ。

「白岡六花がコンクールで賞をとったのだって、ああやって努力を続けているからだろ」

「だからさ、あたしは思ったの」

公園のすみっこ。並んですわったベンチ。

夕日の光を浴びて、早緑は言った。

「やっぱり、がんばらなきゃだめだ、って。今、ここで逃げたくない。あたしには、まだ六花に話しかける資格がないや、って。そのときの自分は、六花に誇《ほこ》れるような自分じゃなかったから。だから、がんばろう、って。次に六花と話すときは、胸を張れるような自分でいたかったから。そうなりたいと思えたから」

早緑は笑った。きらきらと、かがやくような顔で、笑った。

「それから、すこしずつ、あたし、陸上が好きになった。走ることが、っていうか、走ることに打ちこむ自分のことが、好きになっていた。だから」

涙《なみだ》ですっかり塩っ辛《から》い顔になった私に、早緑は言った。

「だから、今のあたしがあるのは、六花のおかげ」

がら、くり返す。

「ごめん。ごめんね、早緑。ほんとうにごめんなさい……ごめんなさい……」

「ううん、いいから。もういいんだよ。あたしこそ、ごめん……あ、まずったな。泣かれると思わなかった。っていうか、六花も泣くんだね。はじめて見たよ」

あはは、と軽《かろ》やかに笑う早緑。

なんだろう、私が取り乱したせいで、さっきまで緊張《きんちょう》していた早緑のほうは、かえって落ちついたみたいだった。それがちょっとだけD癪《しゃく》に障《さわ》る。

私はハンカチを顔に押《お》しつけてくる早緑の手をぎゅっとにぎった。

「……もっと、もっとはやく言ってよ」

うらみがましく、私はつぶやく。⑤そんなことを言う資格、ひとつもないのに。

私のせいなのに。

「何度も言おうと思ったよ。だけど、うん……やっぱりさ、こういうのって、しかるべきときってもんがあるじゃん？」

「なに、それ」

ちいさくはなをすする私に、早緑はうなずいた。

「⑥一年の三学期に、決めたの。その日、六花に会いに行こうと思った。ちゃんと、話をしなきゃって。だけど、美術部に行ってもいなくてさ。小畑《おばた》先輩が、体育館に行ったよ、って教えてくれて。で、行ったんだけど、やっぱり話しかけられなかった」

早緑は思いだすような目をした。

「体育館で、剣道部が練習してて。ほら、ウサギ王子とかといっしょに、エビユや本多《ほんだ》くんが大声出しながら竹刀《しない》でばしばしやってて。で、すみっこで、それを見ながらさ、E一心不乱って感じで、六花は絵を描いてた。もうさあ、眼鏡のおくで、目がぎらぎらしてて。あたし、思いだしたんだ」

「なにを？」

早緑は照れたように笑った。

「はじめて、六花に話しかけたときのこと。シロクマの絵がじょうずだねって、ほめたこと。六花の顔がパッと明るくなって、それがびっくりするほどかわいらしくて。友だちになりたいって、思ったこと」

それから私をまっすぐに見て、言った。

「体育館のすみで、そんなことを考えてたら――ほら、おなじクラスのさ、黒野《くろの》っているじゃん？　剣道部の。幽霊《ゆうれい》部員。前髪の長い、ちょっとひねくれた感じのやつ」

黒野くん……私の中で、見えていなかったなにかがつながっていく。

なにも言えないでいる私に、早緑はうなずいた。

「あいつがふらっと歩いてきて、あたしに言ったんだ」

「えらいよな、白岡六花。美術部、ゆるい部活なのに、ひとりだけ毎日スケッチして、先生に意見聞いて。ほかの部員たちに煙《けむ》たがられても、負けないでまじめにやってる」

あたしはうなずいて、ちいさな声で言った。

「……六花は、絵を描くのが、ほんとうに好きだから」

泣いてた？

「……私とけんかしてから、ってこと？」

早緑は首を横にふった。

「ううん、ちがうちがう。そうじゃなくて、そのまえから」

「そっか……うん」

ちょっぴり期待して、それからがっかりした自分が、ひどくはずかしい。

って……え？

「私とけんかする、まえ？」

早緑はうなずく。

「陸上部の練習が、いやでいやで。みんな、あたしよりずっと足が速くてさ。練習もきつくて、ぜんぜんついていけなかった。先輩《せんぱい》こわいし。しょっちゅうおこられてたし。ほんと、毎日毎日、つらくてしょうがなくて。家で[3]泣いてたの」

私はとなりを見た。なつかしい、早緑の横顔。遠くを見つめる黒い瞳《ひとみ》。

「でも、④六花には言えなかった。そんなこと、ぜったい言えなかった。はずかしかったから。一生懸命《けんめい》、絵を描いて、努力を楽しむことができる六花に、そんなこと、言えなかった。まぶしかったよ。あたしは六花のことが、ずっとまぶしかった……だからさ、あの日。あたし、責められてるような、そんな気がしちゃったんだよ」

——ばかみたい。まじめにやらないなら、やめたらいいのに。

あの日、自分が放った言葉が、どこか遠くで響いた。

早緑はちいさく笑った。ぽつぽつ、抱《かか》えていた気持ちをこぼすように、言葉をつむぐ。

「あたしもさ、意地になっちゃって。あたしのことじゃないのに。六花がきずついていたの、わかっていたのに。でも、あたしもさ、あのとき、ほんとにつらかった。大好きだった友だちに、自分のことを否定されているような、気持ちがしてさ。だから、あんなこと言っちゃった。六花に、ひどい言い方、しちゃった。ほんとうに……」

そう言って、おずおずとこちらを見た早緑の顔が、固まる。

「六花？」

「……ごめん」

「え、いや、ごめんごめん。あの、なに？　泣かないで。ちょっと……あ、ハンカチ」

[4]ポケットをさぐる早緑。私はふるえていた。

景色がにじんで、ぼろぼろとこぼれて、息をするのもつらかった。

なにが、「わかりあえない」だ。

わかろうとしなかったのは、私のほうだった。

自分のことでいっぱいいっぱいで、早緑の気持ち、考えたこともなかった。

さんざん被害《ひがい》者のような顔をしてたくせに、ほんとうに悪いのは私だった。

私、早緑のこと、きずつけてたんだ。

「ほら、ちょっと眼鏡外して。あ、鼻もたれてるよ、もう……」

そう言って、私の顔をハンカチでぬぐう早緑。私はしゃくりあげな

そう言いながら、すべり台の下をのぞきこむポニーテール。

思わず、声がもれた。

「早緑……？」

結《ゆ》わえた髪《かみ》がなびく。ふり返った早緑の目が、びっくりしたように大きくなる。

「六花」

沈黙《ちんもく》があった。

早緑は気まずそうだった。そうだろうな、と私は思う。私だって気まずい。だけど、いつまでもだまっているわけにはいかない。おずおずと、こんなことをたずねた。

「……『見っけ』って、なんのこと？」

「え？　あ、うん。そうね。あのー、野良《のら》ネコがね、公園にいるって聞いてさ」

ごまかすように笑う早緑。私はうなずいた。

正直ちょっとおもしろかった。でも、どんな顔をしていいかわからない。

「だれに聞いたの？」

「くろ……いや、いいじゃん。そのことは」

早緑、照れているみたい。私はくすんと笑った。

「六花は、どうしたの？　またスケッチしてたの？」

「……しようと思ったけど、気分が乗らなくて」

私の言葉に、早緑は眉間《みけん》にきゅっとしわをよせる。それから、［1］歩いてきて、となりにすわった。カバンをベンチに置いて、足をぱたぱたさせる。

「なんか、ひさしぶりだね」

③毒にも薬にもならないような私の言葉を無視して、早緑は言った。

「六花、やっぱりまだ、部室で絵を描かないんだね」

私はだまっていた。なんて言ったらいいのか、ひとつも思いつかなかった。

しばらくして、早緑は口を開いた。

「あのね、六花。あたしさ、ずっと言いたかったことがあって」

その真剣《しんけん》な声に、覚悟《かくご》を決めたような表情に、さっと心が冷えるのを感じた。無意識に体が［2］縮こまって、ようするに私はこわがっているらしい。

わかったからだ。早緑が、あの日の続きを話そうとしているって。

逃《に》げだそうかと、一瞬《いっしゅん》思った。

このまま立ちあがって、ふり返らずに立ち去ってしまおうか、と。

だけど……。

――じゃ、なかなおりのチャンスが来たら、逃《のが》すんじゃないぞ。

「……なに？」

しぼりだした声はかすれていた。早緑はうなずく。

「あの、こんなこと今言ってもしょうがないのかもしれない。六花のこと、こまらせたらごめん。でも、言わなきゃって、ずっとずっと、そう思ってた」

何重にもＣ予防線を張るように前置きをしてから、早緑はためらいがちに言った。

「あたしさ……ほんとのこと言うと、毎日泣いてたんだ。あのころ」

そう言って、早緑は美術部の子たちの肩《かた》を持った。私の味方じゃなくて、あの子たちの味方をした。あの子たちがまじめにやっていないのは、私のせいみたいな、そんな言い方をして、私のことを責めた。

ショックだった。それから、怒《いか》りがわいてきた。

でも、何度説明しても、早緑はわかってくれなくて。

それどころか、どんどんふきげんになっていって。

「いいよね、白岡画伯《がはく》は」

最後に、早緑は言った。

「好きなことがちゃんとあって。得意なことがちゃんとあって。幸せじゃん、それ」

早緑のその言葉で、そのときの表情で。

私にはわかった。わかりたくなかったけれど。

私たちは、おたがいにわかりあえないんだってことが、わかってしまった。

帰り道のとちゅう、私はコンビニの向かいにあるB公園に立ちよった。

通学路にあるこの公園には、小学校のころからよく来る。まえは、あの子もいっしょに。いっしょじゃなくなった今でも、ときどき。すみっこにあるベンチに腰《こし》かけて、遊んでいる子たちをぼんやり見て、気が向けばスケッチもする。

すべり台で遊んでいるちいさな子。そのむこうの広場で、キャッチボールをしている小学生たち。

スケッチブックを広げて、でも、鉛筆《えんぴつ》をにぎる手に力が入らなかった。

「……好きで、絵を描いているだけ」

ひとり、ちいさくつぶやく。

それだけなのに、どうして責められないといけないのだろう。

私は絵を描くのが好きで、得意で、それは才能とか、努力とか、いろいろな言葉で表されるかもしれないけど、少なくともなにかしらの価値があるもので、あの子が言うように、幸せなことにはちがいない。

だけど、絵を描くのがいくら幸せだって、いつも楽しいわけじゃない。苦しいときだってある。さびしいときだってある。

そんな気持ちを分かちあいたいと思うのは、欲張りなのかな。好きなことがあるっていうだけで、満足しないといけないのかな。

それ以上のことを望んではいけなかったのかな……。

いつのまにか、公園から子どもたちはいなくなっていた。

私はベンチの上でひざを抱《だ》いた。目をつぶって、ちいさく息を吐く。

そもそも、どうして絵を描くのが幸せだって、思ったんだっけ。

私はどうして、絵を描いているんだっけ……。

――え、なんでこんなじょうずに描けるの？　ガハクじゃん！

脳裏に響《ひび》くあの日の声。そっと、眼鏡《めがね》のつるに手をふれる。

②そのとき、私はようやく、自分の気持ちに気づいた。

「見っけ！　って、あれ……？」

そんな声がして、私は顔をあげた。心臓が止まるかと思った。

「おかしいなあ。いたと思ったんだけど」

【国語】（五〇分）〈満点：一〇〇点〉

一 次の――線の漢字の読みをひらがなで書き、――線のカタカナは漢字に直して書きなさい。

① 思いがけぬ結果に天を仰ぐ。
② 事件の発端についてたずねる。
③ 進物用のお菓子《かし》を買いに出かける。
④ 乙女が主人公の物語を読む。
⑤ 今までの記録をヤブって優勝する。
⑥ 委員長の的をイた意見に全員が納得《なっとく》する。
⑦ 二つの役職をケンムする。
⑧ 休みを利用してトウジに出かける。
⑨ 傷《いた》んだ外壁《がいへき》をホシュウする。
⑩ 正規の運賃とのサガクを支払《しはら》う。

二 次の文章を読んで、あとの問いに答えなさい。問いの中で字数に指定のあるときは、特に指示がないかぎり、句読点や符号《ふごう》もその字数に含《ふく》めます。

新船《あらふね》中学の二年生である「私（白岡六花《しらおかりっか》）」は、クラスになじめず絵を描《か》いてばかりいた小学五年生のころ、自分に声をかけてきてくれた春山早緑《はるやまさみどり》と親しくなって以来ずっと仲良くしていたが、ある日、ちょっとしたすれちがいが原因で仲たがいすることになる。

去年の二学期。十月の半ばのことだ。

それまで、私と早緑は、まだいっしょにいた。クラスはちがったけれど、私は早緑の部活が終わるのを待って、いっしょに帰った。

きっかけは、部活のぐち――ほんとうに、ささいなこと。

いやなことがあって。それを友だちに聞いてもらって。そうして、なんとなくすっきりする。そんなの、だれだってしていること。とくにめずらしくもない、ふつうのこと。

なにも特別じゃない。日常のひとコマ。

*上枝《かみえだ》先生には言えなかった①ほんとうの気持ち。ずっとがまんして、のみこんで、黒々とした*澱《おり》のようにたまっていた感情。私はそれを、早緑に聞いてほしかった。

あの子なら、いっしょにおこってくれると、そう思ったから。

「……どうしてみんな、ちゃんと絵を描かないんだろう」

私は美術部でのことを話して、最後にこう言った。

「ばかみたい。まじめにやらないなら、やめたらいいのに」

それ、ほんとひどい――そう言ってくれると思った。

六花は悪くないって。なにもまちがってないって。

なぐさめてくれるって、励《はげ》ましてくれるって、信じていた。

だけど、そうじゃなかった。早緑はいやそうな顔で、吐《は》きすてるみたいに言った。

そんなの、しょうがないよって。

「だって、六花みたいに、A才能がある子ばっかりじゃないでしょ？」

「だれだってさあ、どうしても勝てない人を見たら、やる気もなくなっちゃうよ」

MEMO

大切なことはメモしておこうネ！

T.G

第1回

# 2024年度

# 解　答　と　解　説

《2024年度の配点は解答欄に掲載してあります。》

## ＜算数解答＞《学校からの正答の発表はありません。》

1　(1)　$2\frac{1}{12}$　(2)　6.4　(3)　0.9　(4)　90

2　(1)　30　(2)　180　(3)　94　(4)　280　(5)　60

3　(1)　$27cm^3$　(2)　$144cm^2$　4　(1)　$78.5cm^2$　(2)　$4.04cm^2$

5　(1)　2通り　(2)　18通り　6　(1)　29倍　(2)　毎秒24m　(3)　60m

7　(1)　H　(2)　3025

○推定配点○

各5点×20　計100点

## ＜算数解説＞

1　(四則計算)

(1)　$\frac{55}{18}\times\frac{15}{22}=\frac{25}{12}$

(2)　$9.6\div1.5=6.4$

(3)　$\square=\left(\frac{5}{7}-\frac{4}{35}\right)\times\frac{3}{2}=0.9$

(4)　$1-\frac{1}{2}+\frac{1}{2}-\frac{1}{3}+\cdots-\frac{1}{9}+\frac{1}{9}-\frac{1}{10}=1-\frac{1}{10}=\frac{9}{10}$　したがって，$\square=9\times10=90$

2　(単位の換算，割合と比，相当算，数の性質，鶴亀算，平面図形)

基本　(1)　$(80+40)\div4=30$(cm)

重要　(2)　$\frac{2}{3}$…$40+80=120$(円)　したがって，初めのお金は$120\div\frac{2}{3}=180$(円)

(3)　3，4の公倍数のうち，2ケタの最大の数…$12\times8=96$　したがって，求める整数は$96-2=94$

(4)　ぶた肉1g…$250\div100=2.5$(円)　牛肉1g…$400\div100=4$(円)　100gのうちのぶた肉の重さ…$(4\times100-316)\div(4-2.5)=56$(g)　したがって，ぶた肉は$56\times(500\div100)=280$(g)

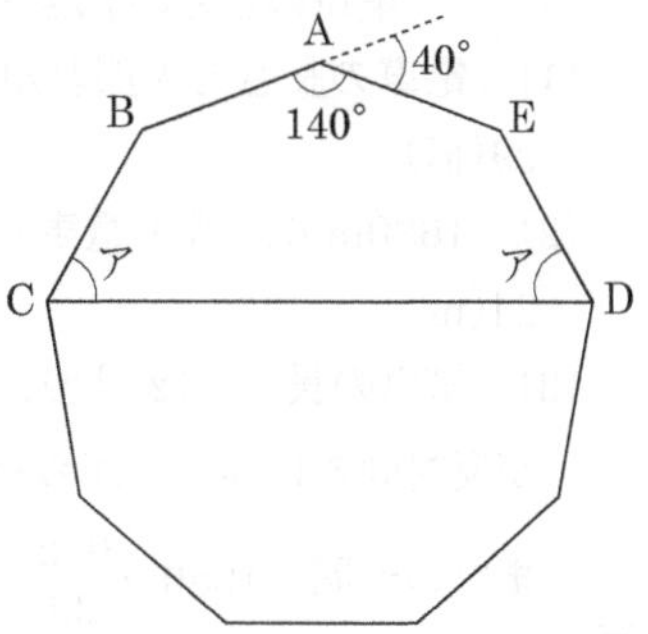


(5)　5角形ABCDEの内角の和…$180\times(5-2)=540$(度)
右図の正9角形の1つの内角…$180-360\div9=140$(度)
したがって，角アは$(540-140\times3)\div2=60$(度)

重要　3　(平面図形，図形や点の移動，立体図形，速さの三公式と比)

(1)　次ページの図1…$6\times3\div2\times9\div3=27(cm^3)$

(2)　次ページの図2…$12\times12=144(cm^3)$

図1

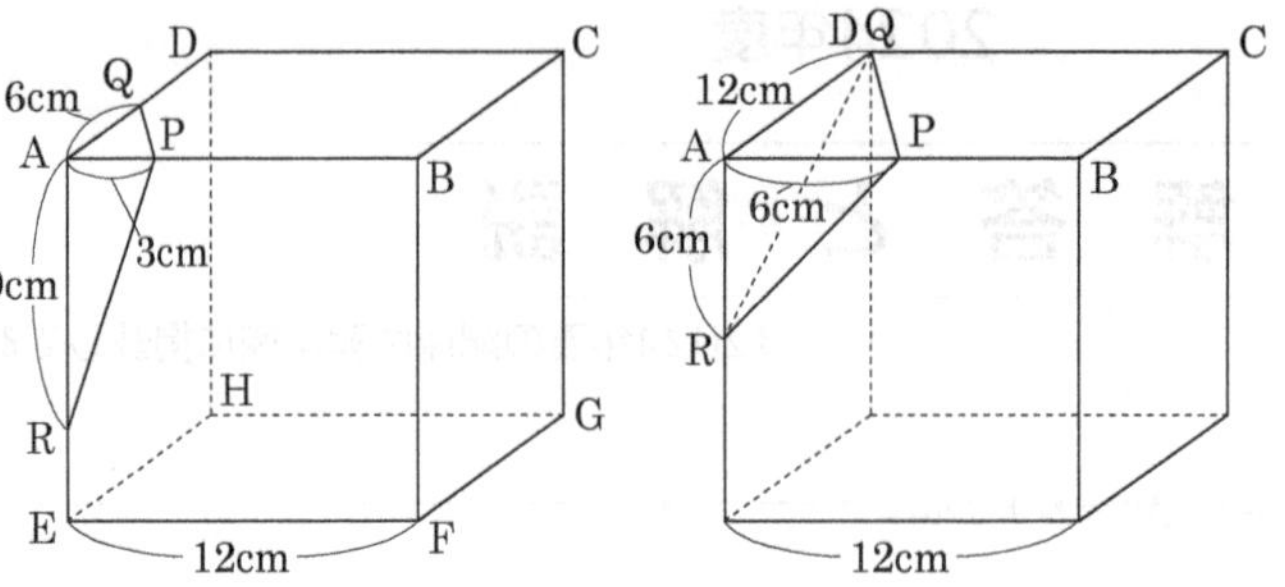


図2

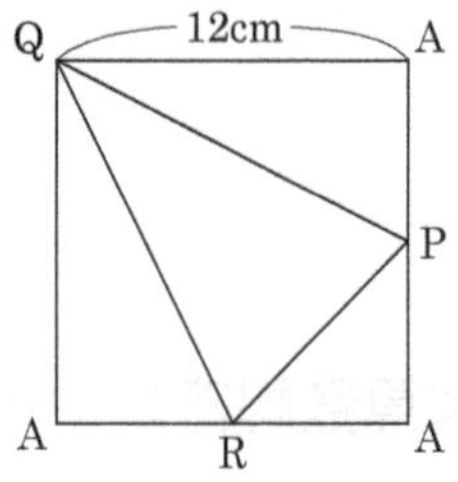


重要 4 (平面図形)

(1)　直角三角形ACD…3辺の長さが5：4：3

AC…10cm　　したがって，円の面積は5×5×3.14＝78.5(cm²)

(2)　6×8－(6×6＋4×4＋2×2)×3.14÷4＝48－14×3.14＝4.04(cm²)

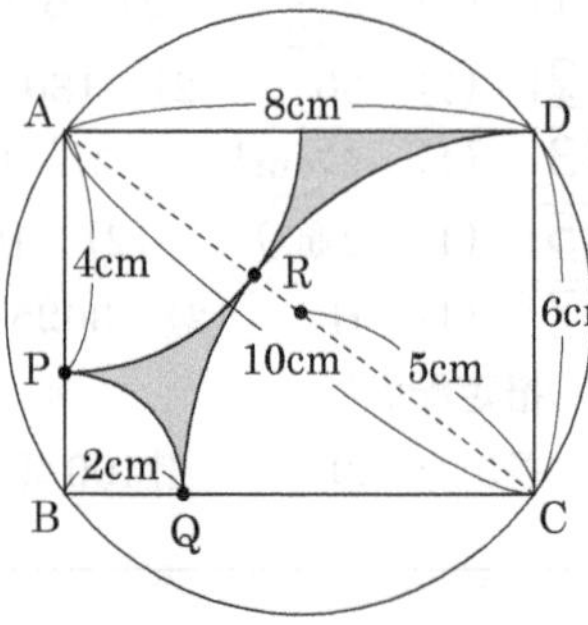


5 (平面図形，場合の数)

基本 (1)　中央が5…2と8，3と7，4と6を対称の位置に配置すると，右表の2通りの場合がある

| | | |
|---|---|---|
| 6 | 1 | 8 |
| 7 | 5 | 3 |
| 2 | 9 | 4 |

| | | |
|---|---|---|
| 8 | 1 | 6 |
| 3 | 5 | 7 |
| 4 | 9 | 2 |

やや難 (2)　アの場合…3通り　　イの場合…6通り

ウの場合…9通り(右表参照)　　したがって，全部で18通り

ア

| | | |
|---|---|---|
| 1 | | 7 |
| | 5 | 8 |
| | 6 | 9 |

イ

| | | |
|---|---|---|
| 1 | | |
| | 5 | 8 |
| | 7 | 9 |

ウ

| | | |
|---|---|---|
| 1 | | |
| | 5 | |
| | 8 | 9 |

やや難 6 (速さの三公式と比，通過算，割合と比，単位の換算)

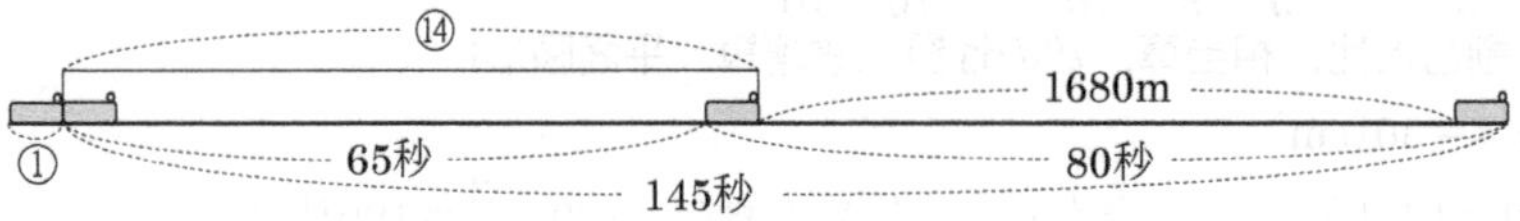


電車の長さの13倍の距離を電車が走る時間…65秒　　電車の長さを電車が走る時間…65÷13＝5(秒)　　電車の長さの15倍＋1680mの距離を電車が走る時間…145秒

(1)　電車の長さを太郎君が反対向きに歩く時間…145秒　　したがって，求める割合は145÷5＝29(倍)

(2)　1680mの距離を電車が走る時間…145－(65＋5×2)＝70(秒)　　電車の秒速…1680÷70＝24(m)

(3)　電車の長さ…(2)より，24×5＝120(m)　　トンネルの長さ…120×14＝1680(m)　　太郎君が反対向きに歩きながら電車とともに進む距離…$24-\frac{24}{29}=\frac{672}{29}$(m)　　太郎君がトンネルを出るまでの時間…$1680\div\frac{672}{29}=72.5$(秒)　　したがって，求める長さは$\frac{24}{29}\times72.5=60$(m)

重要 7 (数列，数の性質)

(1)　1段目と3段目の個数の和…1＋5＝6(個)

ア…6×6＝36　　1段目，3段目，5段目の個数の和…6＋9＝15(個)　　イ…15×15＝225　　したがって，組み合わせはH

1段目 ①
2段目 2 3 4
3段目 ⑤ ⑥ ⑦ ⑧ ⑨
4段目 10 11 12 13 14 15 16
5段目 ⑰ ⑱ ⑲ ⑳ ㉑ ㉒ ㉓ ㉔ ㉕

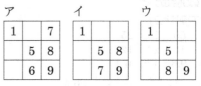

(2) 2段目の個数…3個　10段目の個数…2×10－1＝19(個)　2段目，4段目，～，10段目の個数の和…(3＋19)×(10÷2)÷2＝55　したがって，求める和は55×55＝3025

**★ワンポイントアドバイス★**

3(2)「三角錐の表面積」はよく出題される問題であり，差がつきやすい。5(2)「1，5，9が斜めに配置された場合」は簡単そうでミスしやすく，6「電車」の問題は，問題文の読み取りもふくめて難しい。7は，それほど難しくはない。

## ＜理科解答＞《学校からの正答の発表はありません。》

1 (1) ウ　(2) エ　(3) ウ　(4) イ　(5) ア

2 (1) 北極星　(2) 北 A　東 B　(3) エ　(4) ア　(5) エ

3 (1) A　(2) (記号) C

(理由) 全身に血液を送り出すため，大きな圧力がかかるから　(3) エ

(4) b　(5) エ

4 (1) A 二酸化炭素　C 水素

(2) 水に溶けてしまったから

(3) ウ　(4) ウ

5 (1) 右図　(2) 40cm

(3) 30cm　(4) 80g　(5) 40g

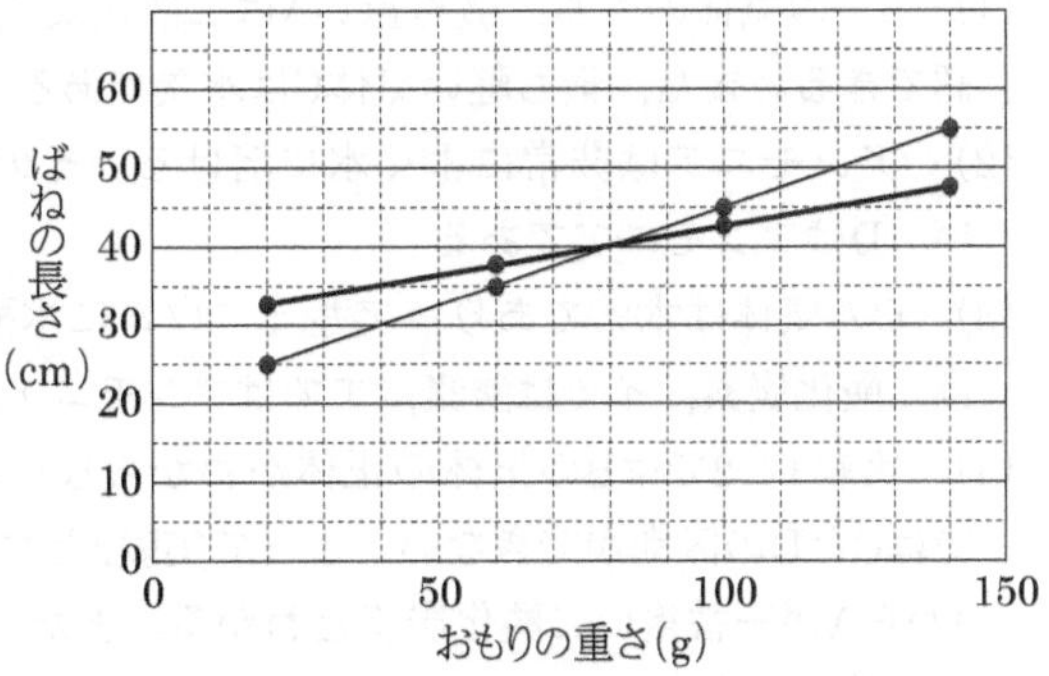


○推定配点○

1 各2点×5　2 (2) 各1点×2　他 各2点×4　3 各2点×5((2)完答)

4 各2点×5　5 各2点×5　計50点

## ＜理科解説＞

基本 1 **(総合問題―小問集合)**

(1) 台風の被害は高潮である。液状化や津波は地震による被害であり，サンゴの白化は温暖化による海水温の上昇が主な原因である。

(2) アブラナの芽生えはエのようになる。アブラナ科の植物は同様の双葉を出す。

(3) 塩酸と水酸化ナトリウムが反応しているときは塩化ナトリウムという物質ができる。ちょうど中和反応した後は，水酸化ナトリウムが反応せずに残る。そのため中和が終わった後も重さは増加する。

(4) 「光の三原色」は赤色，青色，緑色である。

(5) 「条件付特定外来生物」に指定されたのは，アメリカザリガニとアカミミガメである。

2 **(星と星座―星座早見盤)**

基本 (1) 星座早見盤の中心は北極星の位置を示す。

基本 (2) 中心に北極星があり，Aの方角が北になる。南の空を観察するとき，Dを下にして南を向く。このとき左手側つまりBが東になる。

(3)　星座早見盤の上盤には反時計回りに時刻が記され，下盤には時計回りで月と日付が記されている。

(4)　南の方角を観察するときは，Dを下側に持ち南の方角を向いて観察する。

(5)　Pは観察者の真上の方角であり，天頂である。

基本 3　(人体―血液の循環)

(1)　全身をめぐってきた血液が戻ってくる最初の部屋は，Aの右心房である。

(2)　心臓の部屋の中で，最も筋肉が厚いのは左心室である。Cの部分で，全身に血液を送り出すため大きな圧力がかかるので，それに耐えられる厚みになっている。

(3)　Xは肺，Yはかん臓を表している。

(4)　最も酸素を多く含む血管は，肺から心臓に向かう肺静脈でbである。

(5)　最も栄養分に富む血液が流れるのは，小腸で栄養分を吸収した後かん臓に向かう血管である。fがその血管でかん門脈と呼ばれる。じん臓は血液中の不要物をこしとる働きをする。そのためgには多くの不要物が含まれるが，hはそれらが除去されている。

4　(気体の発生・性質―気体の判別)

重要　(1)　5つの気体のうち，最も重いAは二酸化炭素である。実験3で石灰水がにごったことからも確認できる。また，最も軽い気体Cは水素である。

重要　(2)　アンモニアは非常によく水に溶ける。そのため水上置換法では気体を集めることができない。Dはアンモニアである。

基本　(3)　Cの気体は水素であり，アルミニウムに水酸化ナトリウム水溶液を加えると発生する。アでは二酸化炭素，イでは酸素，エではアンモニアが発生する。

(4)　実験1と2ではBの気体の正体がわからない。実験1と3では，BとDがわからない。実験3と4ではCとDの区別ができない。よって実験2と4である。実験2からDがアンモニアとわかり，実験4からAが一番重い二酸化炭素とわかる。また，Cが水素であることもわかる。Bは空気より重いので酸素と推定できる。

基本 5　(ばね―ばねの伸び)

(1)　4つの点をグラフに取ると直線状に並ぶ。

(2)　ばねPは40gで10cm伸びるので，160gでは40：10＝160：□　　□＝40(cm)伸びる。

(3)　ばねQは40gで5cm伸びるので，20gでは2.5cm伸びる。20gのおもりをつるしたときばねQの長さが32.5cmなので，おもりをつるしていないときの長さは32.5－2.5＝30(cm)である。また，グラフを伸ばしておもりの重さが0の時のばねの長さを求めてもよい。

重要　(4)　ばねPの自然の長さは20cmである。おもりXは棒の中心につり下げるので，両方のばねに同じ重さがかかる。おもりXが□gとすると，2つのばねの長さが等しくなるので，$20+\frac{10}{40}\times\square=30+\frac{5}{40}\times\square$　　$\frac{5}{40}\times\square=10$　　□＝80(g)である。

(5)　おもりYの重さを□gとすると，2つのばねの伸びの合計が65－50＝15(cm)より，$\frac{10}{40}\times\square+\frac{5}{40}\times\square=15$　　$\frac{15}{40}\times\square=15$　　□＝40(g)である。

★ワンポイントアドバイス★

標準レベルの問題が主で，基礎的な知識がしっかりと身についているかが問われている。計算問題も演習しておきたい。

## ＜社会解答＞《学校からの正答の発表はありません。》

1　（1）エ　（2）1250m　（3）イ　（4）エ　（5）ア　（6）イ　（7）平城京
（8）ウ　（9）エ

2　（1）ウ　（2）阿賀野川　（3）ア　（4）イ　（5）紀伊山地　（6）湿った季節風が中国山地にさえぎられ　（7）エ　（8）屋久島

3　（1）ア　（2）ウ　（3）エ　（4）岐阜（県）　（5）イ　（6）ウ→エ→イ→ア
（7）2.26事件　（8）ウ

4　（1）エ　（2）ウ　（3）平清盛　（4）エ→ア→ウ→イ　（5）ア　（6）ウ
（7）鹿鳴館　（8）イ

5　（1）広島市　（2）サミット　（3）ウ　（4）エ　（5）イ　（6）ア
（7）エ　（8）国会の指名に基づいて天皇が任命する。

○推定配点○

1　（7）2点　他　各1点×8　2　（6）3点　他　各1点×7
3　（4）・（6）各2点×2　他　各1点×6　4　（3）・（7）各2点×2　他　各1点×6
5　（8）3点　他　各1点×7　計50点

## ＜社会解説＞

### 1　（総合─地形図・国土と自然・古代の政治・政治のしくみなど）

重要　（1）郵便局の地図記号は〶，老人ホームは⌂，寺院は卍，図書館は📖。

（2）5（cm）×25000＝125000（cm）＝1250（m）。

（3）地下鉄東西線は広瀬川を橋梁《きょうりょう》で通過している。仙台城址は約110m，県庁は約40m，河川の沿岸部は広葉樹林（Q）や荒地（ılı），消防署（Y）は青葉通りの左側。

（4）東北四大祭りは青森ねぶた，秋田竿灯《かんとう》，仙台七夕，山形花笠。

（5）奥羽山脈と北上高地の間を南流，かつては東北地方の大動脈として知られた東北最大の河川。雄物川は秋田，最上川は山形，石狩川は北海道。

（6）日本海に面した毛利氏の城下町。市内には維新にゆかりの史跡が多く，世界文化遺産にも指定されている。上杉氏は米沢，前田氏は金沢，島津氏は鹿児島。

（7）奈良時代，古代東北の政治・軍事の拠点として築かれた城柵。9世紀初め，坂上田村麻呂により鎮守府は北方の胆沢城に移され国府のみが残された。

（8）下級裁判所の裁判官は最高裁判所の名簿に基づき内閣が任命する。高等裁判所は全国8か所，裁判員制度は刑事裁判の第一審，国民審査の対象は最高裁判所。

基本　（9）被選挙権は参議院と知事の30歳に対し，市長を含め他はすべて25歳。

### 2　（日本の地理─国土と自然・産業・公害など）

（1）旭川を中心とする上川盆地は冬の寒さは厳しいが夏は高温になり稲作がさかんな地域。

（2）会津盆地から新潟に流れ，包蔵水力が大きく電源開発がさかんな河川。高度経済成長期，流域にある化学工場の廃液による有機水銀中毒が発生した。

（3）栃木のとちおとめ，福岡のあまおうなど。コンニャクは群馬，落花生は千葉，キャベツは群馬。

（4）三大急流は最上川・富士川・球磨川。静岡県は製紙・パルプの生産では日本一である。

やや難　（5）熊野三山や高野山など太古より人々の信仰を集めた和歌山・奈良・三重の3県にまたがる地。

(6)　冬の冷たく乾燥した季節風は，暖かい日本海から大量の水蒸気を供給され日本列島に激突する。

(7)　四国と九州に挟まれた豊後水道は日本でも有数のリアス海岸として知られる。波の静かな入り江では養殖がさかんで，真珠や真鯛の養殖は愛媛が日本一である。

(8)　樹齢7200年ともいわれる縄文杉など豊かで多様な自然環境で知られる島。

**3　(日本の歴史―古代～現代の政治・文化など)**

(1)　壬申は十干十二支《じっかんじゅうにし》の組み合わせ。元号は大宝(701年)から令和まで継続している。

重要　(2)　3代将軍・源実朝が暗殺されたのち幕府は混乱，その間隙《かんげき》をついで後鳥羽上皇は義時追討の院宣を発し挙兵したが失敗，隠岐に配流された。

(3)　歌舞伎は江戸時代初期，出雲の阿国によってはじめられ元禄期に完成したといわれる。

(4)　古代，都を守るために設けられた三つの関の一つである不破の関があった東山道の要地。

(5)　政治や世相を皮肉った短歌。蒸気船と茶の上喜撰，四隻と四杯をかけたもの。

やや難　(6)　民撰議院(1874年)→国会開設の詔(1881年)→立憲改進党(1882年)→内閣制度(1885年)の順。

(7)　陸軍の青年将校らが起こしたクーデター。これ以降軍部の発言力はさらに強まっていった。

(8)　高度経済成長は1950年代の後半から1970年代前半。1972年に日中共同声明で国交を回復，1978年に日中平和友好条約が結ばれた。アは1960年，イは1970年，エは1965年。

**4　(日本の歴史―古代～近代の政治・文化など)**

(1)　安産や収穫を祈った土製品。アは古墳，イは弥生，ウは弥生～古墳の遺物。

(2)　アは漆胡瓶《しっこへい》，イは五弦の琵琶，エは瑠璃《るり》の坏《つき》。ウは地球儀。

重要　(3)　平治の乱で源義朝を破り太政大臣に昇進，初の武家政権を樹立した。

(4)　実朝暗殺(1219年)→御成敗式目(1232年)→文永の役(1274年)→永仁の徳政令(1297年)。

(5)　比叡山で天台宗を修めたのち入宋《にっそう》，ただひたすら座禅を組むことで悟りに至ると説いた。臨済宗は栄西，浄土宗は法然，浄土真宗は阿弥陀仏にすがる絶対他力を主張。

(6)　徳川四天王の1人に挙げられた譜代大名中最大の家柄で，5人の大老を輩出した。

(7)　国会議事堂などを設計したお雇い外国人・コンドルの設計。戦争中の空襲で焼失した。

やや難　(8)　1911年，平塚雷鳥らによって結成された女性の解放を目指す文学団体。

**5　(政治・時事問題―政治のしくみ・国際社会など)**

(1)　2016年の伊勢・志摩以来7度目の日本開催となったサミット。

(2)　頂上という意味から転じて各国の首脳会合を表す言葉として定着。

(3)　第1回は米・英・仏・西独・伊・日の6か国，第2回からカナダ，第3回からEU代表も加わって現在に至る。原加盟国とカナダを含めた7か国をグループ7(G7)と呼んでいる。

(4)　ポルトガルの元首相で第9代事務総長。アは6代，イは7代，ウは8代の事務総長。

(5)　アは世界貿易機関，ウは国連難民高等弁務官事務所，エは国際通貨基金。

(6)　イはルーマニア，ウはブルガリア，エはトルコ。

(7)　2017年トランプ大統領が離脱を表明，2021年就任のバイデン大統領により復帰。

重要　(8)　天皇は国会の指名に基づいて内閣総理大臣を任命する(日本国憲法6条1項)。

**★ワンポイントアドバイス★**

時事問題は現代史や国際社会と絡めて学習することが大切である。日ごろから世の中の動きに注目し，自分で調べる習慣をつけよう。

## ＜国語解答＞《学校からの正答の発表はありません。》

一　① はら(う)　② はんしょく　③ しゅくさつ　④ かわせ　⑤ 吸(う)
⑥ 激(しく)　⑦ 徒党　⑧ 熱弁　⑨ 粉末　⑩ 遊覧

二　問一　1 ウ　2 オ　3 キ　4 イ　5 ク　問二　派手　問三　B カ
C エ　問四　D ア　E エ　問五　Ⅰ 大きな会社で研究者　Ⅱ 大黒柱
問六　ウ　問七　(例) 自分で自分の人生を選んでこなかった大人の役目として，人生は何歳からでもやりなおせるところを，家族にみせること。　問八　イ　問九　オ
問十　(例) 高校は清開学園を目指し，ディベート部に入って模擬国連に出たいということを話す　問十一　ア　問十二　ウ

三　問一　1 オ　2 ア　3 ウ　4 ク　5 イ　問二　Ⅰ 十二(画)
Ⅱ 一(画目)　問三　イ　問四　誰もが　問五　ア　問六　オ
問七　(例) 実力と努力に見合わない無理な目標を設定して，そのこと自体に満足を覚えていたこと。　問八　ウ　問九　ウ　問十　コントロー～ている関係　問十一　エ
問十二　イ　問十三　(例) 状況に合わせて柔軟に自分を変え，他者と共に進んでいく関係をつくるということ。　問十四　ウ

○推定配点○
一　各1点×10　二　問一～問四　各1点×10　問七・問十　各7点×2　他　各3点×7
三　問一～問五　各1点×10　問七・問十三　各7点×2　他　各3点×7　計100点

## ＜国語解説＞

一　(漢字の読み書き)

①は心を向けたり注いだりすること。②は新しく生まれて増えていくこと。③は最初の版より縮めて印刷すること。④は現金の代わりに小切手や手形などで決済を行う方法。熟字訓であることに注意。⑤の音読みは「キュウ」。熟語は「吸収」など。⑥の音読みは「ゲキ」。熟語は「激動」など。⑦はある目的のために仲間や一味などを組むこと。⑧は情熱のこもった口調で話すこと。⑨は非常に小さなつぶ状の物質。⑩は見物してまわること。

二　(小説－心情・情景・細部の読み取り，空欄補充，ことばの意味，反対語，記述力)

問一　1は話すことがなくなった状況なので，互いの気持ちがしっくりと合わないという意味のウ，2は真剣に懸命にするさまを表すオ，3は礼儀正しいさまを表すキ，4は健吾に言われたことに対する父さんの様子なのでイ，5は人に知られないようにするさまを表すクがそれぞれあてはまる。

基本　問二　はなやかさがなく，ひかえ目なことという意味の「地味」の対義語は，はなやかで人目をひくことという意味の「派手(はで)」。

問三　══Bとカは，下に意味を強めたりそえたりする接尾語がつく組み立て。Cとエは，下の漢字が上の漢字の目的語や補語になっている組み立て。アは意味が似ている漢字の組み立て。イは反対や対の意味を持つ漢字の組み立て。ウは上の漢字が主語，下の漢字が述語の組み立て。オは上の漢字が下の漢字を修飾している組み立て。キは上に下の漢字を打ち消す漢字がつく組み立て。クは長い熟語を略した組み立て。

問四　══Dの「烙印」は，昔，刑罰として罪人の額などに押した焼き印を意味することからアが適切。Eは，不快な感情をあらわした表情のことなのでエが適切。

問五　――①はパン職人になる前の父さんのことなので，Ⅰには「ウソがなかった。」から始まる場面で描かれている，海斗の心情の「大きな会社で研究者(9字)」，Ⅱには「『うん，父さんも……』」で始まる父さんのセリフから「大黒柱(3字)」がそれぞれあてはまる。

問六　――②は，父さんを責める「『サイテーだな』」という言葉は，中学受験から逃げた自分にもはねかえってきたが，大人である父さんと子どもの自分では立場が違うと思いなおして，言葉を「『大人失格だよ』」と替えてみた，ということなのでウが適切。②前の海斗の心情と「立場が違う」の意味をふまえていない他の選択肢は不適切。

重要　問七　――③の具体的な内容として「『だけど母さん……』」で始まるセリフで，「『人生は何歳からでもやりなおせるってところを，私と子どもたちに見せてほしいって。それが自分で自分の人生を選んでこなかった大人の役目だって……』」と母さんが言ったことを父さんが話しているので，これらの内容を指定字数以内でまとめる。

重要　問八　――④前で，「あれが，本当の父さんの姿なのだ。大きな会社で研究者だったその姿は，もう過去のものなのだ。その事実はがっかりだったけど，受け入れる覚悟は持てた」ものの，「絶対に頑張ってくれよ」と「言いたい気持ちがあったけど……海斗は……バックミラーに映る父さんの姿を見ることしかできなかった」という海斗の心情と様子が描かれているのでイが適切。過去の父さんと，今の父さんとの違いに対する気持ちがうまく消化できていないことを説明していない他の選択肢は不適切。

問九　――⑤は，⑤前の倫太郎の「『オレ……どう評価されるかばっかり考えてた……』『あんな風に自己主張できてたら，今頃，こんな風に迷子になってなかっただろうなあ』」という話と，海斗の父さんが「おじいちゃんが納得してくれる道ばかりを選んでしまった結果，こんなことになってしまった」ことが「似ている」ということなのでオが適切。⑤前の倫太郎のセリフと⑤後の海斗の心情をふまえていない他の選択肢は不適切。

やや難　問十　――⑥前後で「『高校，……清開学園目指す』『オレ，実は清開学園に入ったら，ディベート部に入りたかったんだよ』『……絶対にこの部活に入って，高校生になったら模擬国連に参加したいって……決めてた』」と海斗が話していることをふまえ，□にあてはまる言葉を指定字数以内でまとめる。

問十一　――⑦前で，清開学園で模擬国連を「『目指したい』」と「自分の希望を口にし」たことで，「こうして二人に，話を聞いてもらえたから，ずっと蓋をしていた本心を導きだすことができたのだ」という海斗の心情が描かれているのでアが適切。これらの描写をふまえていない他の選択肢は不適切。

やや難　問十二　本文は，物語の展開とともに海斗の心情もそのつど描かれ，健吾と倫太郎とのやりとりを通して自分の本心に気づき，気持ちが前向きになっていく様子も描かれているのでウが適切。「くだけた表現」は「多用」されていないのでアは不適切。「……」は迷いやはっきりしない気持ちを表しているので，「解釈の自由度を上げる」「文学性を高める」とあるイも不適切。海斗も海斗の父さんも，自己主張して後悔のない人生を送ろうとしていることが描かれているので，「明暗をはっきり描き分ける」とあるエも不適切。「『父さん』の視点」で描かれた場面はないのでオも不適切。

**三　(論説文－要旨・論理展開・細部の読み取り，指示語，接続語，空欄補充，四字熟語，筆順・画数，文と文節，ことばの用法，記述力)**

基本　問一　1は後に「たら」が続いているので仮定を表すオ，2は直前の内容の具体例が続いているのでア，3は直前の内容を言いかえた内容が続いているのでウ，4は直前の内容とは反する内容が続いているのでク，5は直前の内容を理由とした内容が続いているのでイがそれぞれあてはまる。

問二　Ⅰ「達」の部首の「?(しんにょう)」は三画であることに注意。　Ⅱ「成」の部首は「戈(ほこづくり)」。

問三　═══Bとイは可能の意味。他の意味は，アは尊敬，ウは自発，エ・オは受け身。

問四　═══Cの動作をしているのが主語になるので，「誰もが」を抜き出す。

基本　問五　═══Dを表すのは，状況に応じた行動をとるという意味のア。イは混乱して，うろたえること。ウはあちらこちらといそがしく旅をつづけること。エはあることをきっかけに気持ちがよい方向に変わること。オは試みと失敗を重ねて，問題を解決していくこと。

問六　一文の「人間同士の関係」は，「そもそも……」から続く3段落で述べている「人間関係」のことで，他者のせいで，自分の思った通りに物事が進まない事態が発生する状況を「人間関係」と呼ぶ→一文→「人間関係」は単純に人間同士の関係性のことではない，という展開になるのでオが適切。

問七　——①は直前の「常に高い目標を設定してしまって……努力の少ない割には無理な目標設定をして……そのこと自体に満足を覚えていた」ことを指しているので，これらの内容を指定字数以内でまとめる。

重要　問八　——②は，「アメリカからの圧力という黒船」によって「この国」が変わったように，「コロナ禍」の「退屈な自粛生活」によって「既存の世の中の仕組みを見直す機会にな」り，「誰もが立ち止まって，自分に向き合う時間を持てた」ということなのでウが適切。「したがって……」から続く3段落内容をふまえていない他の選択肢は不適切。

問九　——③の「ハードル」について「そのためには，……」から続く2段落で，「簡単すぎるのもよくない。ちょっと頑張れば越えられるハードルを……設定できれば……自己肯定感に満ちた人生を送れる」と述べているのでウが適切。この段落内容をふまえていない他の選択肢は不適切。

問十　——④のことを「コントロールする……」で始まる段落で，「コントロールすることのできない他者に，苦しめられている関係(29字)」であることを述べている。

問十一　——⑤について「一つはペシミズム……」から続く8段落で，「後ろ向きに変わる」とは「相手のどうしようもない部分については受け入れるしかない」と「見方を変え」ること，「前向きに変わる」とは「自分のモノサシを他者のそれと突き合わせ」て違いを明らかにし，自分を変えながら「他者を理解していく」ことであることを述べているのでエが適切。これらの内容をふまえていない他の選択肢は不適切。

重要　問十二　——⑥の「そうした性格」は「丸い性格」のことで，⑥直前の段落で「世の中に不条理なことが増え……ると，なおさら対立しがちになる。そんななかで『人間関係』をうまく築き上げていくためには，自分が丸くなるのが最善」であること，「この不確実な……」から続く2段落で「この不確実な時代」は「対話の時代だといわれ」，「対話には……丸い性格が求められ……目的は……他者とうまくやっていくことだからである」と述べているのでイが適切。これらの内容をふまえ，「対話」が必要であることを説明していない他の選択肢は不適切。

やや難　問十三　——⑦のある段落で⑦のようにすることで「『人間関係』という言葉の意味も……共に進んでいく関係を意味する言葉」に変えられること，「この不確実な……」で始まる段落で「この不確実な時代にあっては……共に前に進んでいく柔軟な態度が求められる」と述べていることをふまえ，設問の指示にしたがって，⑦を具体的に説明する。

やや難　問十四　ウは「コントロールする……」から続く5段落で述べている。アの「理性に基づいて行動すること」は述べていない。イの「高い目標を設定し」は「そのためには……」から続く2段落，「以前のように……」で始まる段落内容と合わない。エの「自分のモノサシ」の説明は「私たちは体験を……」で始まる段落内容と合わない。オの「相手も変えられる」は最後の段落内容と合わない。

**★ワンポイントアドバイス★**

小説では，登場人物それぞれの心情を人物に寄りそいながら的確に読み取っていこう。

第2回

# 2024年度

# 解答と解説

《2024年度の配点は解答欄に掲載してあります。》

## ＜算数解答＞《学校からの正答の発表はありません。》

1 (1) 13　(2) 2　(3) $\frac{3}{4}$　(4) 1012

2 (1) 1.2　(2) 1.5　(3) 300　(4) 20　(5) 68

3 (1) 20個　(2) 90面　4 (1) 8分後　(2) 72分後

5 (1) 30通り　(2) 16.775$cm^2$　6 (1) 9時21分　(2) 4人　(3) 9時33分

7 (1) 96　(2) 210

○推定配点○

各5点×20　計100点

## ＜算数解説＞

1 (四則計算)

(1) 25－12＝13　(2) $\frac{1}{6}\div\frac{1}{12}=2$　(3) □＝0.6÷(1.2－0.32÷0.8)＝0.6÷0.8＝$\frac{3}{4}$

(4) 20.24×(35＋52－37)＝20.24×50＝1012

2 (単位の換算，平面図形，統計と表，平均算，数の性質，規則性，割合と比，倍数算)

基本 (1) 0.8×1.5＝1.2($m^2$)

重要 (2) クラスの人数…3＋12＋8＋5＋2＝30(人)　台数が少ないほうから15番目と16番目の台数…1台と2台　したがって，中央値は1.5(台)

(3) A，B…最大公約数が15の2ケタの整数　A＋B＝135…135÷15＝9＝4＋5　したがって，これらの2数の最小公倍数は15×4×5＝300

(4) 7月19日…月曜日　7月の最終月曜日…19＋7＝26(日)　8月の最初の月曜日…2日　8月の最終月曜日…2＋28＝30(日)　9月の最初の月曜日…6(日)　したがって，第3月曜日は6＋14＝20(日)

(5) 角A…角B×2＋6　角C…角B×3－12　3つの内角の和…角B×(1＋2＋3)＋6－12＝180より，角B×6＝186　角B＝186÷6＝31

したがって，角Aは31×2＋6＝68(度)

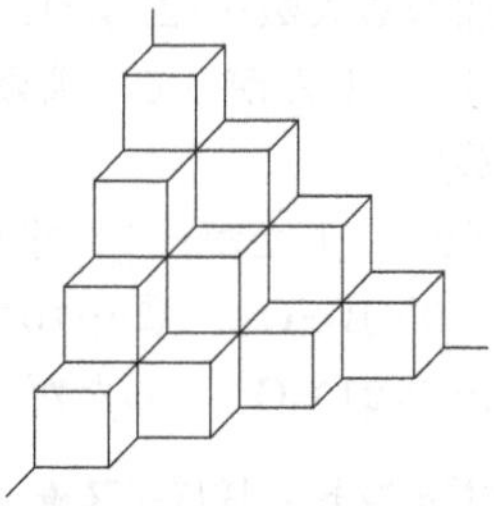

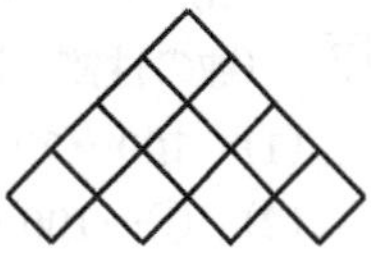

重要 3 (平面図形，立体図形，規則性)

(1) 1＋3＋6＋10＝20(個)

(2) 表面の赤い面…(1)より，10×3＝30(面)

したがって，求める面の数は20×6－30＝90(面)

重要 4 (速さの三公式と比，旅人算)

A・B・C…池の周りを同地点から同時に，それぞれ秒速240m，80m，60mで進む

AがBを追い越した時刻…AがCを追い越した時刻の1分後

(1) AがCを追い越したときのBC間の距離…240－80＝160(m)　AがCを追い越したときの時刻…160÷(80－60)＝8(分後)

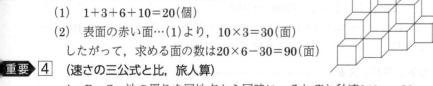

(2)　池の周り…(1)より，(240−60)×8＝1440(m)　　したがって，求める時刻は1440÷(80−60)＝72(分後)

**5　(平面図形，割合と比，場合の数)**

(1)　場合の数…異なる種類の弧の順序と向きによって区別する
ア…2×2＝4(通り)　　イ…4通り　　ウ…3×2＝6(通り)　　エ…6通り
オ…4×2＝8(通り)　　カ…2通り　　合計…(4＋6)×2＋8＋2＝30(通り)

(2)　図ア…4×4×3.14÷4＋1×5−1×1×3.14÷4＝5＋(4−0.25)×3.14＝16.775(cm$^2$)

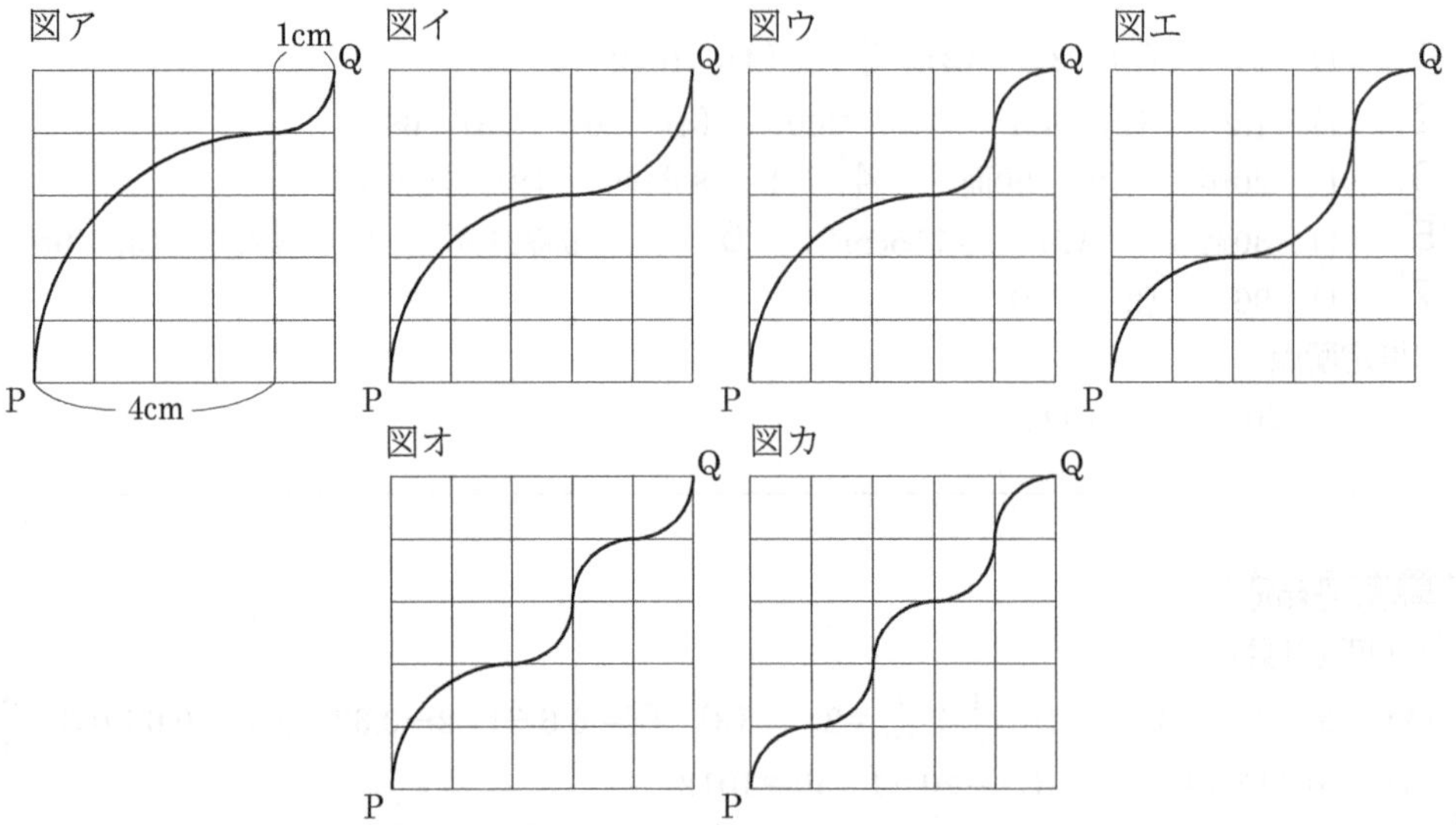


**重要 6　(割合と比，ニュートン算)**

9時…入園開始時に357人の行列があり，6か所のゲートを開いた
9時11分…3か所のゲートが故障し，170人の行列があった
行列がなくなった時刻…予定の24分遅れ
ゲート6か所の場合，1分で減る行列の人数…(357−170)÷11＝17(人)

(1)　357÷17＝21(分)　　したがって，予定の時刻は9時21分

(2)　実際に行列がなくなった時刻…(1)より，9時21分＋24分＝9時45分　　ゲート3か所の場合，1分で減る行列の人数…170÷(45−11)＝5(人)　　したがって，ゲート1か所，1分で入園できるは(17−5)÷(6−3)＝4(人)

(3)　1分で行列に加わる人数…(2)より，4×3−5＝7(人)　　9時28分の行列の人数…170−5×(28−11)＝85(人)　　したがって，求める時刻は9時28分から85÷17＝5(分後)の9時33分

**重要 7　(数の性質，消去算)**

(1)　100…ア98＋イ2　　したがって，求める差は98−2＝96

(2)　①…100×A＋10×B＋C　　②…10×A＋B−2×C　　②×ウ10　　③…100×A＋10×B−20×C　　①−③…エ21×C　　したがって，求める積は10×21＝210

**★ワンポイントアドバイス★**

5「弧のつなぎ方」は，弧の順序と向きによってそれぞれの場合を計算する必要があり，注意しないとミスしやすい。全体を通じて時間配分に注意し，各問題を選択すること，1，2の9題で確実に得点することがポイントである。

## ＜理科解答＞《学校からの正答の発表はありません。》

1 (1) ウ (2) イ (3) イ (4) ア (5) エ

2 (1) E (2) $15cm^3$ (3) エ (4) 0.6倍
(5) 光合成は温度の影響を受けるので，温度を一定に保つため。

3 (1) イ (2) ア (3) イ (4) C
(5) ウ

4 (1) 右図 (2) 140 (3) ア
(4) 1.0% (5) 0.9g

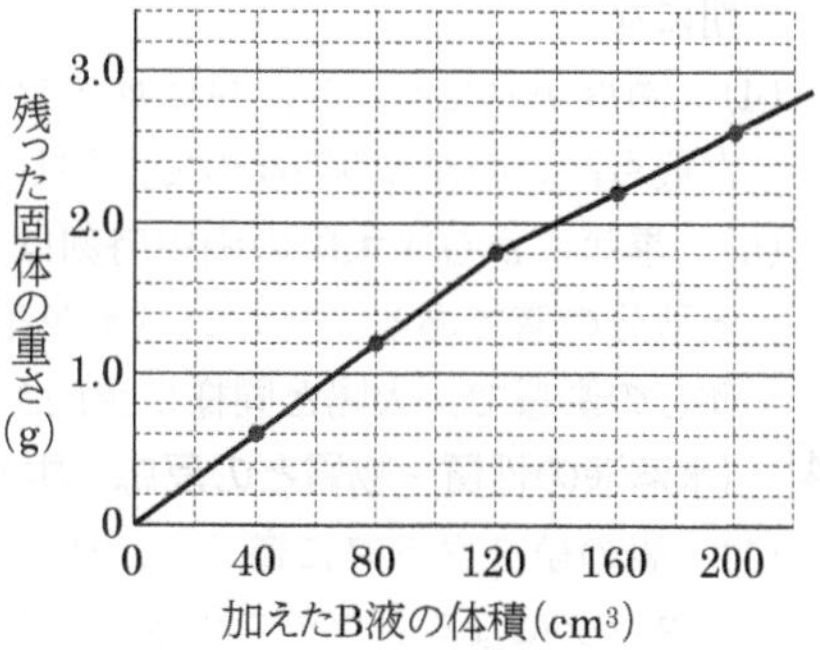


5 (1) エ (2) イ (3) ウ (4) イ
(5) ウ

○推定配点○
各2点×25 計50点

## ＜理科解説＞

基本 1 (総合問題―小問集合)

(1) マグマが急激に冷やされてできる岩石を火山岩という。その中で二酸化ケイ素が少なく，黒っぽい色をしたものが玄武岩である。

(2) クマゼミの鳴き声は「シャワシャワ」と聞こえる。

(3) 食塩や塩化カルシウムなどの凍結防止剤は，水が凍る温度を下げる効果がある。

(4) 光の速度に比べて音の速度は遅いので，ジェット機が見える場所と音のした方向がずれる。音が伝わるまでに，ジェット機が進んでいるからである。花火の場合も光が届く速度より音が届く速度が遅いので，音が遅れて聞こえる。

(5) この惑星は土星で，2023年時点で95個の衛星を持つ木星を衛星の数で上回った。

2 (植物―光合成と呼吸)

基本 (1) 植物も酸素を取り入れて二酸化炭素を放出する呼吸を行っている。光が当たらないと光合成ができないので呼吸だけがおこなわれ，二酸化炭素の放出だけが起こる。

基本 (2) Eのグラフより，4時間で二酸化炭素が$60cm^3$放出されるので，1時間当たり$60 \div 4 = 15(cm^3)$である。

重要 (3) 二酸化炭素の放出量も吸収量も0なのは，呼吸で放出する量と光合成で吸収する量が等しいからである。

(4) 2時間経過後の量で比較すると，Bでは二酸化炭素の吸収量が$120cm^3$，Cでは$60cm^3$である。このときどちらも呼吸により二酸化炭素を$30cm^3$放出している。真の光合成量は呼吸で放出した量と二酸化炭素の吸収量の和になるので，Bでは$120 + 30 = 150(cm^3)$，Cでは$60 + 30 = 90(cm^3)$である。よってCの光の強さはBの光の強さの$90 \div 150 = 0.6$(倍)である。

(5) 光合成は温度の影響を受けるので，温度の影響を同じにするために水そうの水を通して光を当てる。水は温まりにくく冷めにくいので，光の照射による植物表面の温度変化を抑えることができる。

3 (地球と太陽・月―地球の公転)

基本 (1) 地球の公転の向きは，北極の上空から見て反時計回りである。

基本 (2) 地球がAの位置にあるとき，北半球に太陽の光が多く注ぐ。つまりAが夏至の時期である。

基本 (3) 北半球では，夏至の時期に太陽の南中高度が1年で最も高くなる。このとき最も長い時間太陽の光が当たるが，海水温が高くなるのに時間がかかるため最高気温になるのはもう少し後の時期になる。

(4) 満月が見えるとき，月は地球をはさんで太陽と反対側にある。地球から太陽を見て南中高度が最も高いのがAの時なので，同じ位置関係に月が来るのは地球がCの位置にあるときである。

(5) 季節によらず太陽の南中時刻は正午頃である。太陽が真東からのぼり，真西に沈むのは春分と秋分の時である。ヒガンバナが花をつけるのは，9月の後半から10月にかけてである。地軸の傾きの影響で，太陽と同様に星座が出てくる方角も季節によって異なる。

## 4 (水溶液の性質・物質との反応―中和反応)

基本 (1) 表の値をグラフに書くと，傾きの異なる2本の直線が横軸の目盛りが120$cm^3$のところで交わるグラフになる。グラフの傾きが変わったのは，交点までは加えた水酸化ナトリウム水溶液が全て反応し，その後は未反応の水酸化ナトリウムが残ったからである。

重要 (2) 反応後の固体の重さが2.00gになるのは，グラフからB液が140$cm^3$の時とわかる。

(3) ③のとき，塩酸と水酸化ナトリウム水溶液がちょうど中和する。このとき水溶液は中性で，赤色，青色どちらのリトマス紙も色の変化はない。

重要 (4) ⑤から⑥までの間にB液を40$cm^3$加えると，固体の重さが0.40g増加する。これは未反応の水酸化ナトリウムの重さである。B液1$cm^3$は1gなので，Bの濃度は$(0.40\div40)\times100=1.0(\%)$である。

重要 (5) A液の濃度を2倍にすると，A液120$cm^3$とB液120$cm^3$がちょうど中和する。2倍の濃度のA液100$cm^3$にB液60$cm^3$を加えると，60$cm^3$の塩酸が反応し，残りの40$cm^3$は未反応で残る。このとき発生する塩化ナトリウムは，60$cm^3$のB液がすべて反応するので0.90gである。塩酸は水を蒸発させても固体が残らないので，後に残るのは0.90gの塩化ナトリウムのみである。

## 5 (光の性質―光と色の三原色)

基本 (1) 赤色と緑色の光を重ねると，黄色になる。色の三原色は，空色，赤紫色，黄色である。

重要 (2) 光の三原色を重ねると白色になる。太陽光線が白色なのも，いろいろな光が混ざり合っているからである。

(3) 空色の絵の具は，青色と緑色を反射している。

(4) 色の三原色のうち，赤紫色＋黄色＝赤色，赤紫色＋空色＝青色，黄色＋空色＝緑色になる。

(5) 色の三原色を混ぜ合わせると黒色になる。いろいろな絵の具を混ぜ合わせると黒くなることは，経験していることと思う。

**★ワンポイントアドバイス★**

グラフを書かせたり，表を読み取ったりする問題が多い。実験を題材にした類題を問題集で演習しておきたい。

## <社会解答>《学校からの正答の発表はありません。》

1 (1) ア (2) エ (3) 三角州 (4) イ (5) エ (6) 解体新書
(7) ① 議会を解散させる ② ウ

2 (1) エ (2) ア (3) イ (4) ウ (5) 志摩 (6) A・B・D (7) F
(8) B・C・D

3 (1) イ (2) ウ (3) イ (4) 書院造 (5) ウ→エ→イ→ア
(6) 東海道 (7) ア (8) エ

4 (1) ウ (2) ウ (3) リャオトン半島を清に返還すること。 (4) 小村寿太郎
(5) ア (6) ア→エ→ウ→イ (7) エ (8) ゼレンスキー

5 (1) 介護保険制度 (2) ① エ ② 法人税 ③ ウ (3) 国会議員
(4) ① 衆議院の議決が国会の議決となる。 ② ア (5) デフレーション[デフレ]

○推定配点○

1 (6)・(7)① 各2点×2 他 各1点×6
2 (6)・(8) 各2点×2(各完答) 他 各1点×6
3 (4)・(5) 各2点×2 他 各1点×6 4 (3)・(6) 各2点×2 他 各1点×6
5 (4)①・(5) 各2点×2 他 各1点×6 計50点

## <社会解説>

### 1 (総合―地形図・近世～近代の政治・文化・地方自治など)

(1) 警察署の地図記号は⊗，図書館は🕮，裁判所は⍋，高等学校は⊗。Xは交番。

(2) 沿線に病院(⛨)は見られるが博物館は(🏛)は見られない。

重要 (3) 河川が海や湖に注ぐ地点で，運搬された土砂が河口付近に堆積してできる低く平らな地形。

(4) 天橋立は京都府の宮津湾に突き出た砂州で，長さ約3km，幅40～100mの松林が続く景勝地。

(5) 日本の政治思想に大きな影響を与えたが，政治家としては短期間東京府議会議員を務めたのみ。

(6) 囚人の解剖に立ち会った杉田玄白らは，「ターヘルアナトミア」の正確さに驚嘆し翻訳を決意。

重要 (7) ① 首長と議会の関係は議院内閣制と同様に，議会の不信任決議に対し解散で対抗するなど相互に均衡と抑制の関係に立っている。 ② 有権者40万人以下の場合は有権者の3分の1の署名で選挙管理委員会に請求，住民投票で過半数の同意があれば解職される。

### 2 (日本の地理―国土と自然・産業など)

やや難 (1) A(兵庫)の有力な貿易港は神戸。アは成田，イは名古屋，ウは横浜。

(2) C(滋賀)の伝統的工芸品はタヌキの置物で知られる信楽焼。イは岡山，ウは福井，エは京都。

(3) D(大阪)に隣接する都市は堺。政令指定都市で大阪市に次ぐが人口は81万人程度。

(4) Eは和歌山，Fは奈良。ミカンは和歌山・静岡，モモは山梨・福島，ビワは長崎・千葉の順。

重要 (5) G(三重)の志摩半島南部の英虞湾《あごわん》では1890年代に御木本幸吉が初めて真珠養殖に成功した。

(6) 政令指定都市とは都道府県並みの権限を認められた都市で人口70万人程度をめどに指定，現在全国で20都市が指定されている。A(神戸)，B(京都)，D(大阪・堺)。

(7) 奈良南部，吉野と熊野を結ぶ大峯山を縦走する修行の道(大峯奥駈道《おくがけみち》)に位置する。

(8) 瀬田川は滋賀から京都に入って宇治川，大阪で淀川と名称を変えて大阪湾に注ぐ。

### 3 (日本の歴史―古代～近代の政治・社会・文化など)

(1) 保元の乱で勝利した平清盛と源義朝が対決。アは保元の乱，ウは源平の戦い，エは承久の乱。

(2) 生涯寺を持たず全国を踊念仏で行脚しながら布教。アは法然，イは親鸞，エは栄西。

やや難 (3) 室町時代になると二毛作や牛馬耕なども普及し農業生産力は大きく伸びていった。田植えは奈良以降，綿や紅花は江戸，備中ぐわや千歯こきなどの農具も江戸。

(4) 足利義政が建てた銀閣の初層や東求堂は書院造の代表といわれる。

(5) 足利義昭追放(1573年)→安土への楽市(1577年)→太閤検地(1582年)→朝鮮出兵(1592～98年)。

基本 (6) 江戸～京都間53の宿があった江戸時代で最も重要な交通路。

(7) 元禄期に歌舞伎が隆盛，それに伴い美人画から独立して役者絵と呼ばれるようになった。

(8) 明治を代表する作曲家。アは彫刻家，イは大正～昭和の作曲家，ウは小説家。

## 4 (日本の歴史―近世～現代の政治・外交など)

(1) 天明の飢饉に対し農村の復興を重視，農民の出稼ぎを禁止し社倉・義倉・囲米(食糧を蓄えた蔵や制度)を整えた。アは田沼意次，イは徳川吉宗，エは水野忠邦の政策。

(2) 択捉とウルップ島の間を国境とし，樺太は両国民雑居とした。その後，樺太・千島交換条約で樺太を放棄し千島全島を日本領に，ポーツマス条約では南樺太を譲渡させた。

重要 (3) 満州進出を狙うロシアはドイツ・フランスを誘ってリャオトン半島の返還を迫った。

(4) 日英同盟，韓国併合など積極的な大陸政策を進めた外務大臣。

やや難 (5) 大戦景気や出兵に伴うコメの買い占めで米価が高騰，米騒動が全国に広がり寺内内閣は総辞職。

(6) 日中戦争の開始(1937年)→国家総動員法の制定(1938年)→日独伊三国同盟の締結(1940年)→真珠湾攻撃で太平洋戦争開戦(1941年12月8日)の順。

(7) ソ連はサンフランシスコ平和条約への調印を拒否し日本の国連加盟には拒否権を発した。

(8) 人気コメディアンから2019年に大統領に就任。

## 5 (政治―政治のしくみ・国民生活など)

(1) 高齢化・少子化・核家族化が急速に進む中，介護を社会全体で支えていくための制度。

(2) ① 2019年10月，8%から10%に税率をアップ，低所得者の負担を減らすため一部商品に8%の軽減税率を採用した。 ② 企業の利益にかかる税金で資本金などにより税率が変わる。 ③ 国債発行が増えているので国債費は高止まりしている。地方交付税は自治体間の財政格差を是正するためのもので，財政が豊かな自治体には交付されない。

(3) 国務大臣の任免権は首相にあり，首相も含め文民(職業軍人でない人)でなければならない。

(4) ① 衆議院は参議院に優越するが，首相の指名・予算の議決・条約の承認に関しては必ず両院協議会の開催が必要となる。 ② 会期150日であるが1回に限り延長できる。

重要 (5) 生産活動が低下するため賃金は下がり失業も増える。政府は減税や財政支出の増加，日本銀行は金利を下げるなど市中の通貨量を増やす政策を取る。

★ワンポイントアドバイス★

地理分野に限らず常に地図帳を傍らに置いて学習に臨むことである。日常生活でもわからない地名や国などが出てきたら，必ず調べる習慣をつけよう。

## ＜国語解答＞《学校からの正答の発表はありません。》

一　①　あお(ぐ)　②　ほったん　③　しんもつ　④　おとめ　⑤　破(って)
⑥　射(た)　⑦　兼務　⑧　湯治　⑨　補修　⑩　差額

二　問一　1　オ　2　カ　3　ウ　4　ア　5　ク　問二　A　イ　B　オ
問三　C　エ　D　イ　問四　ウ　問五　オ　問六　Ⅰ　幸せ　Ⅱ「ガハクじゃん！」って言葉　問七　エ　問八　(例)　努力を楽しむことができる六花に，陸上部の練習がいやで，泣くほどつらいということを言うのははずかしかったから。
問九　ア　問十　(例)　陸上で走ることに打ちこむことが楽しいと，胸を張って六花に言えるようになってから　問十一　オ　問十二　オ

三　問一　1　ア　2　エ　3　イ　4　オ　5　キ　問二　自発的　問三　ウ
問四　Ⅰ　十五(画)　Ⅱ　くち　問五　気象庁は　問六　オ　問七　イ
問八　ウ　問九　(例)　お上の指示や専門家に頼らずに「自分たちでできること」から行動することが，結果として大切な命を守ることにつながること。　問十　オ
問十一　Ⅰ　判断を停止　Ⅱ　迅速な避難　問十二　(例)　緊急地震速報は「空振り」より「見逃し」がないことを重視していることを理解し，過剰に専門家に頼る状況をつくらないこと。　問十三　ア

○推定配点○
一　各1点×10　二　問一～問四　各1点×10　問八・問十　各7点×2　他　各3点×7
三　問一～問五　各1点×10　問九・問十二　各7点×2　他　各3点×7　計100点

## ＜国語解説＞

### 一　(漢字の読み書き)

①は顔を上に向けること。②は物事の始まり。③は人に差し上げる品物。④は年の若い，または未婚の女性のこと。⑤の音読みは「ハ」。熟語は「打破」など。⑥の「的を射た(る)」は的確に要点をとらえるという意味。⑦は二つ以上の職務を兼ねること。⑧は温泉に入って病気などを治療すること。⑨の「補」の部首は「ネ(ころもへん)」であることに注意。⑩はある金額から他のある金額を差し引いた残りの金額。

### 二　(小説－心情・情景・細部の読み取り，空欄補充，ことばの意味，四字熟語，記述力)

問一　1は急ぎ足で歩くさまを表すオ，2は強く力が入るさまを表すカ，3は声を立てないで静かに泣くさまを表すウ，4はあわてているさまを表すア，5は意地の悪さや冷たさなどがあるさまを表すクがそれぞれあてはまる。

問二　══Aとイは，意味が似ている漢字の組み立て。Bとオは，上の漢字が下の漢字を修飾している組み立て。アは反対や対の意味を持つ漢字の組み立て。ウは上の漢字が主語，下の漢字が述語の組み立て。エは下の漢字が上の漢字の目的語や補語になっている組み立て。カは下に意味を強めたりそえたりする接尾語がつく組み立て。キは上に下の漢字を打ち消す漢字がつく組み立て。クは長い熟語を略した組み立て。

問三　══Cは，敵の攻撃や侵入に備えてあらかじめ対策をとる区域を設けることから転じて，エの意味に用いられる。Dの「癪」は腹や胸の痛みのことで，腹が立った時に腹や胸が痛むことから。

基本　問四　══Eとウは，一つのことに心を集中して，他のものに注意をそらさないさまを表す。アは

きちんと筋道の立った話し方や文章の組み立てのこと。イは困難に打ち勝とうと努力すること。エはひどく苦しんで転げまわること。オは最初から最後までずっと変わらないこと。

問五　──①は，美術部の部員に対し「『……どうしてみんな，ちゃんと絵を描かないんだろう』『ばかみたい。まじめにやらないなら，やめたらいいのに』」と思っていることなのでオが適切。①直後の六花のセリフをふまえていない他の選択肢は不適切。

問六　──②前の描写から，Ⅰには「幸せ(2字)」，Ⅱには「ガハクじゃん！」と同様のこととして，(中略)直前の「『ガハクじゃん！』って言葉(13字)」がそれぞれあてはまる。

問七　──③の「毒にも薬にもならない」は，じゃまにもならないが，役にも立たないという意味で，③後で，けんかのことを謝りたかったことや，けんかする前からの自分のことを正直な気持ちで話している早緑の様子が描かれているのでエが適切。「毒にも薬にもならない」の意味と，③後の早緑の様子をふまえていない他の選択肢は不適切。

重要　問八　──④前後で，「『陸上部の練習が，いやでいやで。……毎日毎日，つらくてしょうがなくて……泣いてたの』『はずかしかったから。……努力を楽しむことができる六花に，そんなこと，言えなかった』」と早緑が話していることをふまえ，④の理由を指定字数以内で説明する。

問九　──⑤前で描かれているように，「さんざん被害者のような顔をしてたくせに，ほんとうに悪いのは私だった。私，早緑のこと，きずつけてたんだ」ということに気づいて，六花は⑤のように考えたのでアが適切。自分だけが早緑に傷つけられたと思っていたことと，早緑も傷ついていたことを説明していない他の選択肢は不適切。

やや難　問十　「『だからさ，あたしは……』」のセリフから始まる場面で，「『あたしには，まだ六花に話しかける資格がないや，って……だから……次に六花と話すときは，胸を張れるような自分でいたかったから』『それから……陸上が好きになった……っていうか，走ることに打ちこむ自分のことが，好きになっていた』『(今は楽しいと)胸を張って，そう言えるよ』」と早緑が話していることをふまえ，──⑥のように決めた具体的な内容を，設問の指示にしたがって指定字数以内でまとめる。

重要　問十一　──⑦は，「だれよりも大切な人の気持ちが見えずにいた」が，「絵を描くのに大事なのは，よく見ること」であり，それは「だれかといっしょにいる未来を描くために，大事なこと」と「おなじ」である，ということなのでオが適切。アの「自分の気持ちや思いはひとまず抑え」とは描かれていないので不適切。「よく見ること」をふまえていない他の選択肢も不適切。

やや難　問十二　「いつのまにか……いなくなっていた」では不安や孤独な心情，「季節は……初夏だ」では明るい未来を暗示しているのでオは適切。「『えらいよな……』」から始まる場面は，早緑が黒野とのやりとりを思い出している場面なので，アの「時系列にそって」は不適切。「あの子」は六花以外の美術部員，「ウサギ王子」は剣道部員のことなので，イの説明も不適切。ウの「記号を多用」「たたみかけるような展開」も不適切。「黒野」の視点では描かれていないので，エも不適切。

**三　(論説文－要旨・論理展開・細部の読み取り，指示語，接続語，空欄補充，反対語，ことわざ，筆順・画数，文と文節，ことばの用法，記述力)**

基本　問一　1は直前の内容を理由とした内容が続いているのでア，2は直前の内容の具体例が続いているのでエ，3は直前の内容とは反する内容が続いているのでイ，4は同類の内容を前後で示しているのでオ，5は直前の内容を言いかえた内容が続いているのでキがそれぞれあてはまる。

問二　他から働きかけられるだけで，自分からは行動を起こさない態度や様子という意味の「受身」の反対の意味の言葉は，「ここには……」で始まる段落などで用いている，自分から進んで物事を行うさまという意味の「自発的(3字)」である。

問三　══Bとウは，動作を並行して行うことを表す。ア・オは名詞につく接尾語でいろいろな意味を表す。イ・エは逆接の意味を表す。

問四　Ⅰ「質」の部首は「貝(かい)」で，七画であることに注意。　Ⅱ「問」の部首は「口(くち)」で，「門(もんがまえ)」ではないことに注意。

基本　問五　══Dの動作をしているのが主語になるので，「気象庁は」を抜き出す。

問六　一文は，「地震の場合……」で始まる段落の「緊急地震速報」に対する説明なので，オが適切。

問七　①には，困難に苦しんだことでも，過ぎ去ってしまえば忘れてしまうという意味のイが適切。アは一度の失敗にこりて必要以上に用心をするたとえ。ウは心配していても，実行してみれば意外に簡単なこと。エは困難な状況におちいったときは頼りにならないものでも頼りにすることのたとえ。オはまだ手に入れていないものを当てにして，様々な計画を立てることのたとえ。

重要　問八　——②の説明として②のある段落と次段落で，「『教えること』だけではなく，『実行させること』や『自発的に続けさせること』のためには，情報の伝達とは次元の違うプログラムを……用意する必要があ」り，そうした「システムを……作っておかないと，本当の減災にはつながりません」と述べているのでウが適切。これらの内容をふまえていない他の選択肢は不適切。

問九　——③は，「阪神・淡路大震災」や「東日本大震災」で「人々に避難行動を起こしてもらうことは，想像を超えて難しい」という「経験」で，③直後の段落で「専門家に頼らずに行動して救命に成功した例はいくつもあり」，「『自分たちでできること』から始め」た「行動が，結果として大切な命を守ることにつなが」り「お上の指示を待っているだけでは，命は守れないのだということ」を述べているので，これらの内容を③から学んだこととして指定字数以内でまとめる。

重要　問十　——④の説明として④直後から続く3段落で，「正常性バイアスとは，非常事態が起こっているにもかかわらず，『自分だけは大丈夫』……と思うことで……津波警報が出されても，『ここまでは来ないだろう』と根拠なく思う心理で……結果，逃げ遅れて溺死する可能性が生じ」ること，ただ「正常性バイアスは，過剰な心配を平常の感覚に戻すための……働きであり，人間にとって正常な知覚」だが，「災害時は……良くない働きをしてしまうことがあ」ると述べているのでオが適切。「正常性バイアス」の「平常時」と「災害時」の働きを説明をしていない他の選択肢は不適切。

問十一　「多くの人は，……」から続く2段落内容から，Ⅰには「判断を停止(5字)」，Ⅱには「迅速な避難(5字)」がそれぞれあてはまる。

やや難　問十二　「『3・11』以降……」から——⑥直前までで，「『3・11』以降，この緊急地震速報が出る回数が非常に増え」たが，「現在のシステムでは，……緊急地震速報の『空振り』がゼロにはな」らず，「緊急地震速報は……空振り……より「見逃し」がないことを重視している」こと，「一般市民のほうも過剰に専門家に頼る状況をつくらないようにしてほしい」ことを述べているので，これらの内容を⑥で「一般市民」に求められることとして，設問の指示にしたがって指定字数以内でまとめる。

やや難　問十三　アは「いま，さまざまな……」から続く3段落で述べている。イの「自分で災害の規模を想定することが大事」，ウの「自分で試行錯誤しながら考え，身につけた」とは述べていないので合わない。エの「周囲の人々と同じような統制の取れた行動をすることが肝要である」は「そのようなときに，……」で始まる段落内容と合わない。オの「専門家はより精度の高い情報発信を目指すべき」は「地震の専門家が，……」で始まる段落内容と合わない。

★ワンポイントアドバイス★

論説文では，専門用語の意味を確認しながら読み進めいこう。

# 2023年度

★★★★★★★★★★★★★★★★★★★★★★★

# 入　試　問　題

## 2023年度

# 専修大学松戸中学校入試問題（第１回）

**【算　数】**（50分）　＜満点：100点＞

**1**　次の □ にあてはまる数を求めなさい。

(1)　$\left(\frac{1}{12}-\frac{1}{16}\right)\div\left(\frac{1}{14}-\frac{1}{21}\right)=$ □

(2)　$1.75\times\frac{5}{21}+3\frac{1}{3}\div 0.625=$ □

(3)　$\frac{5}{6}-\left(\square\div\frac{8}{9}-\frac{1}{8}\div 2.5\right)=\frac{2}{15}$

(4)　$2.89\times 2.56+2.89\times 1.21+7.11\times 3.77=$ □

**2**　次の □ にあてはまる数を求めなさい。

(1)　$1.2\text{km}^2\div 800=$ □ $\text{m}^2$

(2)　下のように，あるきまりにしたがって全部で50個の数字を並べました。

2，0，2，3，2，0，2，3，2，0，……

このとき，並べた数字をすべて加えると，和は □ になります。

(3)　家から学校まで行くのに，毎分60mの速さで歩いて行くと15分かかります。同じ道のりを毎分150mの速さで走って行くときにかかる時間は □ 分です。

(4)　１本の長さが15cmの赤いテープと１本の長さが12cmの青いテープが合わせて15本あります。これらのテープを，のりしろの長さをすべて１cmにしてまっすぐにつないだところ，全体の長さが181cmになりました。赤いテープの本数は □ 本です。

(5)　下の図のような，高さが４cmの円柱があります。この円柱の体積が$314\text{cm}^3$のとき，底面の円の半径は □ cmです。ただし，円周率は3.14とします。

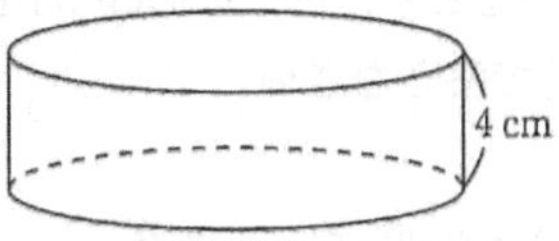


**3**　ある仕事をするのに，A君が１人でするとちょうど12日で終わらせることができます。また，同じ仕事をB君が１人ですると，16日目の途《と》中《ちゅう》で終わらせることができます。ただし，A君とB君は，毎日それぞれ一定の割合で仕事をするものとします。

このとき，次の各問いに答えなさい。

(1)　この仕事をA君とB君がいっしょにすると，何日目に終わらせることができますか。

(2)　この仕事を，はじめにA君が１人で３日間したあと，残りの仕事をB君が１人でしました。仕事が終わるのは，B君が始めてから何日目ですか。

**4**　犬の年令を人間の年令に換算《かんさん》する方法はいろいろありますが，その中のひとつに次のような方法があります。

◇小型犬・中型犬の場合
　最初の２年で24才になり，３年目からは１年に４才ずつ年をとる。
◇大型犬の場合
　最初の１年で12才になり，２年目からは１年に７才ずつ年をとる。

たとえば，犬の年令で３才になった時点での小型犬の年令を人間の年令に換算すると28才になり，犬の年令で３才になった時点での大型犬の年令を人間の年令に換算すると26才になります。

このとき，次の各問いに答えなさい。

⑴　ある中型犬の年令は，人間の年令に換算すると60才になります。この中型犬は，犬の年令では何才ですか。

⑵　同じ日に生まれた小型犬と大型犬がいます。この小型犬と大型犬の年令を人間の年令に換算したとき，差が16才になるのは，犬の年令で何才のときですか。

**5**　図１の三角形ABCは直角二等辺三角形で，三角形DBAと三角形EACはどちらも正三角形です。図２は，三角形DBAと三角形EACを辺BAと辺ACが一直線になるように並べたものです。また，DEとBCを延長した直線が交わる点がＦです。

図１

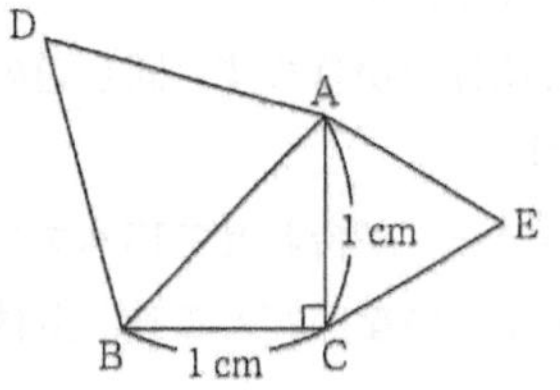


図２

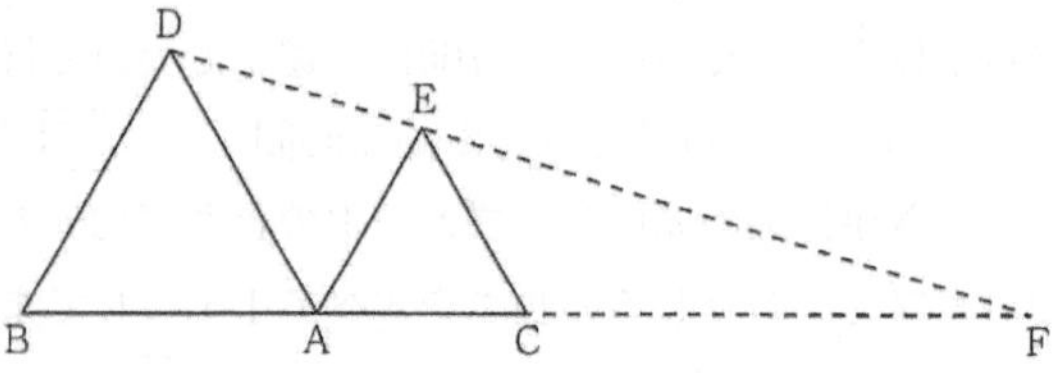


このとき，次の各問いに答えなさい。

⑴　三角形DBAと三角形EACの面積の比を，最も簡単な整数の比で答えなさい。

⑵　図２のEF上に点G，CF上に点Hをとり，正三角形GCHをつくります。このとき，GHとABの長さの比を，最も簡単な整数の比で答えなさい。

**6**　右の図のように角ＡＯＢの大きさが30度になるように，坂道の模型をつくりました。この模型の点Ｏの位置に，ＯＢと垂直になるように長さ30㎝の棒が立っています。また，棒の先端《せんたん》から，電球Ｐを点灯させたまま，毎秒１㎝の速さで点Ｏに向かって棒の上を動かします。さらに，長さ10㎝の棒ＸＹを，ＯＢと垂直な状態を保ちながら，点Ｏから一定の速さでＯＡ上を動かします。電球Ｐと棒ＸＹを同時に動かし始めたところ，動かし始めてから５秒後にＯＡ上にできた棒ＸＹの影《かげ》の長さが10㎝になりました。

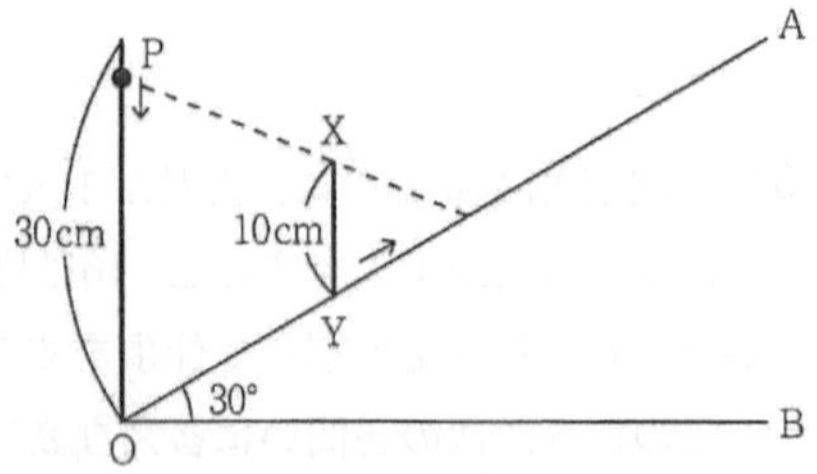


ＯＡの長さは十分に長いものとして，あとの各問いに答えなさい。

(1)　棒XYがOA上を動く速さは毎秒何cmですか。

(2)　動かし始めてから10秒後に，OA上にできた棒XYの影の長さは何cmですか。

(3)　OA上にできた棒XYの影の長さが20cmになるのは，動かし始めてから何秒後ですか。

**7**　次のような**問題**を見て，Mさんが T 先生に質問をしています。

**問題**　図１のような，２つの直方体を組み合わせた形の容器があります。この容器に，はじめは毎分300$cm^3$，途中からは毎分200$cm^3$の割合で水を入れたところ，水を入れ始めてからの時間と容器に入った水の深さの関係を表すグラフが，図２のような直線になりました。容器がいっぱいになったのは，水を入れ始めてから何分後ですか。

図１

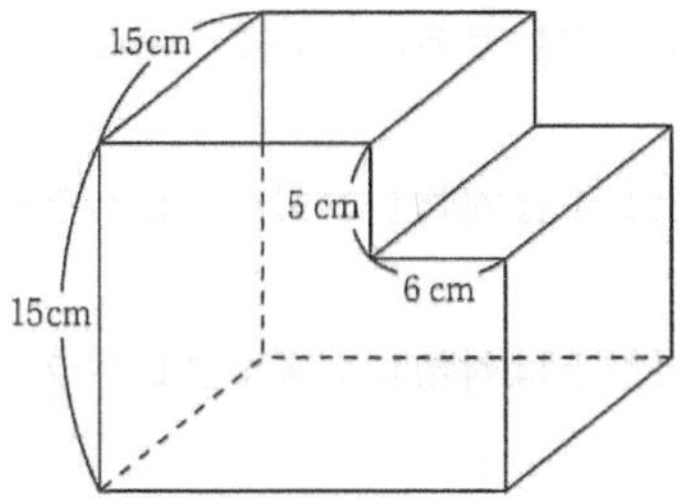


図２

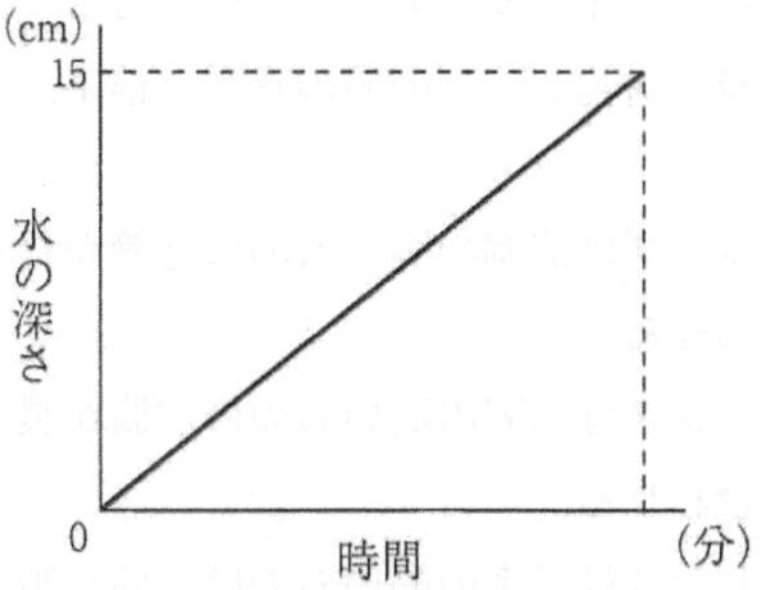


Mさん：T 先生，この問題は少し変だと思います。

T 先生：どこが変だと思いますか？

Mさん：容器の底面積が途中で変化するし，水を入れる割合も途中で変化するので，グラフは折れ線になるはずです。

T 先生：たしかに，容器の形によってはそうなるときもありますよね。でも，今回の場合はグラフが一直線になっています。なぜだかわかりますか？

Mさん：わかりました！
底面積が変化するときと水を入れる割合が変化するときが同じであれば，グラフが一直線になることもありえますね。

T 先生：その通りです。あとは自分の力で解いてみてください。

このとき，次の各問いに答えなさい。

(1)　容器の下の段の底面積は何$cm^2$ですか。

(2)　**問題**の答えは何分後ですか。

【理　科】（30分）　＜満点：50点＞

1　次の問いに答えなさい。答えは，それぞれの**ア**～**エ**から最も適切なものを１つずつ選び，記号で答えなさい。

(1)　次のうち，翌日の天気が晴れになると予想される気象現象はどれですか。

**ア**　夕方，西の空に夕焼けが見える。

**イ**　明け方，西の空に虹《にじ》が見える。

**ウ**　飛行機雲ができやすくなる。

**エ**　太陽にかさがかかる。

(2)　ドングリの実をつけない樹木はどれですか。

**ア**　クヌギ　　**イ**　シラカシ　　**ウ**　カエデ　　**エ**　コナラ

(3)　けんび鏡の対物レンズの筒《つつ》の長さと倍率，ピントの合わせ方について，正しく述べたものはどれですか。

**ア**　対物レンズは倍率の高いものほど筒が長く，ピントは対物レンズをプレパラートに近づけながら合わせる。

**イ**　対物レンズは倍率の高いものほど筒が長く，ピントは対物レンズをプレパラートから遠ざけながら合わせる。

**ウ**　対物レンズは倍率の高いものほど筒が短く，ピントは対物レンズをプレパラートに近づけながら合わせる。

**エ**　対物レンズは倍率の高いものほど筒が短く，ピントは対物レンズをプレパラートから遠ざけながら合わせる。

(4)　電車のレールとレールのつなぎ目には，少しすき間があけてあります。それはなぜですか。

**ア**　限りある資源である鉄を節約するため。

**イ**　列車のスピードを自動で計測するため。

**ウ**　１本のレールを長くし過ぎると，レールを運ぶのが難しくなるため。

**エ**　夏にレールの温度が上がってのび，ぶつかって曲がるのを防ぐため。

(5)　近年は局地的な大雨になることが多く，気象庁は2022年７月15日に全国で初めて山口県と九州地方に，□を発表しました。□にあてはまるのはどれですか。

**ア**　大雨特別警報

**イ**　洪水《こうずい》注意報

**ウ**　線状降水帯予測情報

**エ**　氾濫《はんらん》危険情報

2　星座をつくっているような恒星《こうせい》の明るさは，地球から見た場合の見かけの明るさとして，１等星，２等星，…などと表されます。これに対し，星を地球から同じ一定の距離《きょり》に置いたとしたときの明るさを，絶対等級といいます。絶対等級は数字が小さくなるほど，明るさが明るくなることを示しています。次のページの図は，たて軸《じく》に絶対等級，横軸に星の色をとり，絶対等級と星の色についていろいろな恒星をならべた図（HR図という）です。この図について，あとの問いに答えなさい。

⑴ 星の色は，その表面温度と深い関係があります。HR図の中の①，②に「高い」または「低い」を入れなさい。

⑵ HR図の中の③，④に，適切な色の名前（漢字で１文字）を入れなさい。

⑶ HR図のＡはある星座にふくまれる１等星です。Ａの名前として，最も適切なものはどれですか。次の**ア**～**エ**から１つ選び，記号で答えなさい。

**ア** ベテルギウス
**イ** シリウス
**ウ** アンタレス
**エ** カペラ

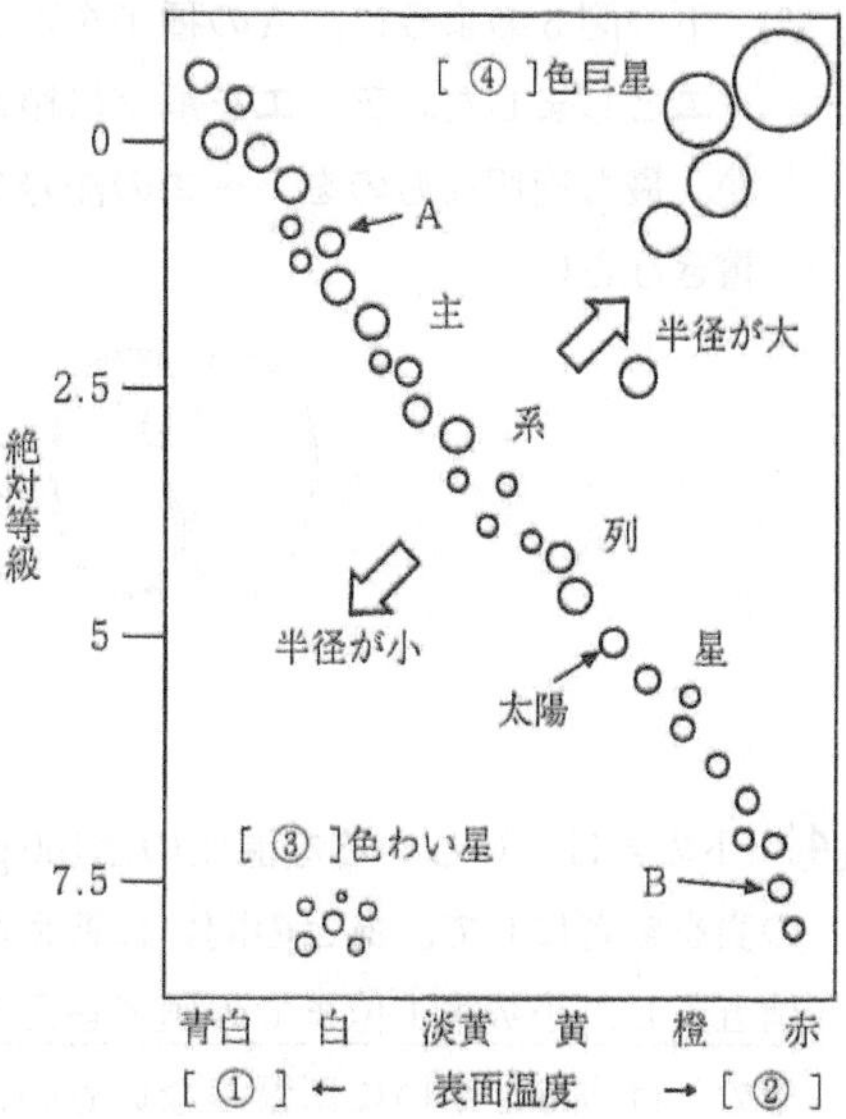


⑷ HR図から判断して，Ｂの星について正しく述べているのはどれですか。次の**ア**～**エ**から最も適切なものを１つ選び，記号で答えなさい。

**ア** Ｂを地球から太陽と同じ距離の位置に置くと，太陽より明るい。
**イ** Ｂの表面温度は太陽より高いが，大きさは太陽より小さい。
**ウ** Ｂの大きさは太陽と同じくらいだが，重さは太陽よりも重い。
**エ** Ｂの見かけの明るさが何等星かはわからないが，表面温度は太陽よりも低い。

**3** 下の図１のＡ～Ｃは，カキ（カキノキ），トウモロコシ，インゲンマメの種子の断面を表しています（ただし，この順にならんでいるとは限りません）。これについて，あとの問いに答えなさい。

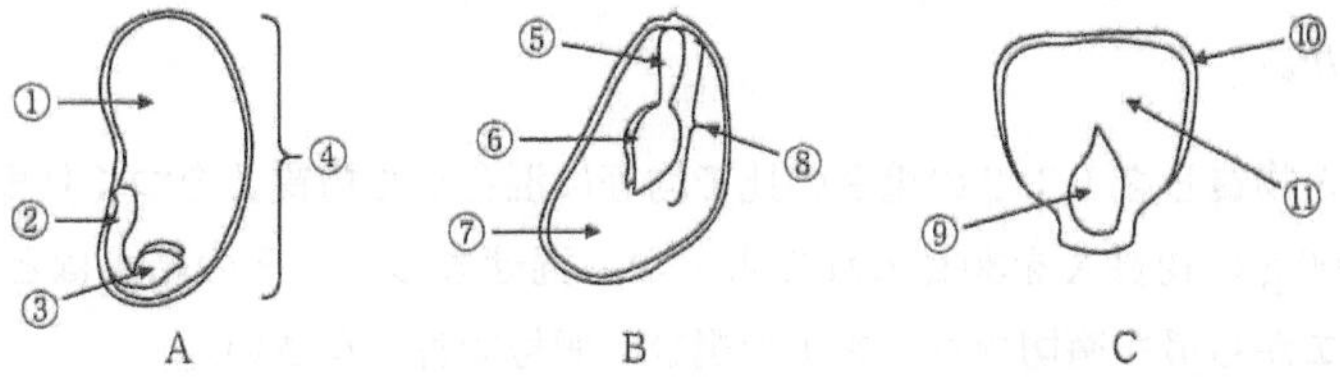


図１

⑴ カキの種子はどれですか。Ａ～Ｃから最も適切なものを１つ選び，記号で答えなさい。

⑵ Ｂの種子の⑦の部分と同じ名前の部分を，Ａの種子の①～④から，Ｃの種子の⑨～⑪からそれぞれ１つずつ選び，番号で答えなさい。あてはまる部分がないときは解答らんに×を書きなさい。

⑶ Ｃの種子の断面にヨウ素液をつけると，青紫《むらさき》色によくそまりました。この部分には何という物質がありましたか。

⑷ 右の図２は「白米」とよばれる日本人がよく食べているお米です。これは「玄《げん》米」とよばれるものから，図１のＢの⑧のような「はい」とよばれる将来植物のからだになるものなどが取り除かれたものです。「玄米」のときには「はい」はどこにありましたか。解答らんの図に「はい」をかき足しなさい。

図２

(5)　下の図３のように，Ａの種子をたてに２つに割り，さらにそれをそれぞれ横に２つに分けて**ア**～**エ**としました。**ア**～**エ**を別々に植え，発芽の条件を満たしたとき，芽が出てくるのはどれですか。最も適切なものを**ア**～**エ**の記号で答えなさい。どれも芽が出てこないときは解答らんに×を書きなさい。

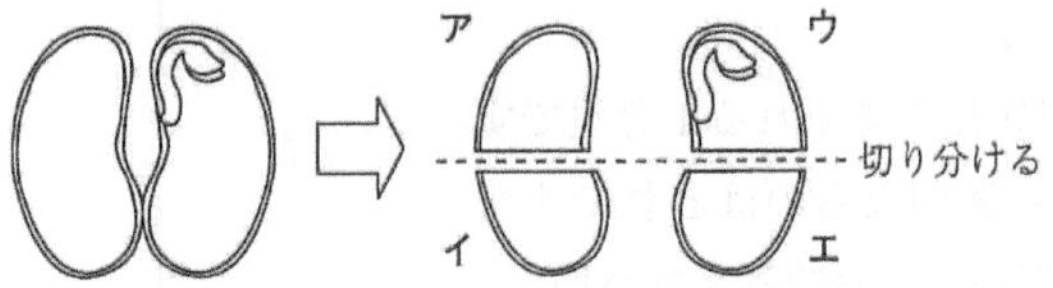


図３

**4**　下の表は，いろいろな温度の水100ｇにとける物質Ａと物質Ｂの限度の重さを表しています。この表を参考にして，あとの問いに答えなさい。計算の結果が割り切れないときは，小数第２位を四捨五入し，小数第１位までの値で答えなさい。ただし，物質Ａと物質Ｂを同時に水にとかすとき，そのとけ方はたがいに影響《えいきょう》しないものとします。

表

| 水の温度（℃） | 0 | 20 | 40 | 60 | 80 |
|---|---|---|---|---|---|
| 物質Ａの重さ（ｇ） | 3 | 5 | 9 | 15 | 24 |
| 物質Ｂの重さ（ｇ） | 35 | 36 | 37 | 38 | 39 |

(1)　20℃の物質Ａの飽和《ほうわ》水溶液《すいようえき》（物質Ａをとけるだけとかした水溶液）のこさは何％ですか。

(2)　80℃の水50ｇに物質Ａを40ｇ入れてよくかき混ぜました。とけないで残る物質Ａの重さは何ｇですか。

(3)　60℃の物質Ａの飽和水溶液100ｇを20℃に冷やしたとき，とけきれずに結晶《けっしょう》として出てくる物質Ａは何ｇですか。

次に，物質Ａと物質Ｂを１：２の重さの比で均等に混合した物質Ｘをつくりました。

(4)　20℃ の水100ｇに物質Ｘを30ｇ入れてよくかき混ぜました。その結果はどのようになりますか。次の**ア**～**エ**から最も適切なものを１つ選び，記号で答えなさい。

**ア**　すべてとけてとけ残りはない。　　**イ**　物質Ａだけがとけ残る。

**ウ**　物質Ｂだけがとけ残る。　　**エ**　物質Ａも物質Ｂもとけ残る。

(5)　物質Ｘを60℃ の水100ｇにとけ残りが出ないようにとかすとき，物質Ｘは何ｇまでとかすことができますか。

**5**　音は，音を出している物体（弦《げん》などの音源）の振動《しんどう》が空気を伝わって耳にとどき，音として聞こえます。音に関して，次の問いに答えなさい。

(1)　次の文の［　　］にあてはまる適切な語句を，ひらがな４字で答えなさい。

<文>

音には，音色，音の高さ，音の［　　］という３つの要素があり，これを音の３要素という。音は，この音の３要素によって識別される。

⑵ 下の図のようなモノコードで，弦の長さ（AB間の長さ）を短くすると，弦をはじいて出る音の高さは高くなります。これ以外に，弦の音を高くする方法を２つ，次の言葉に続けてそれぞれ５字以内で簡単に説明しなさい。

① 弦の太さを［　　　］。

② 弦を張る強さを［　　　］。

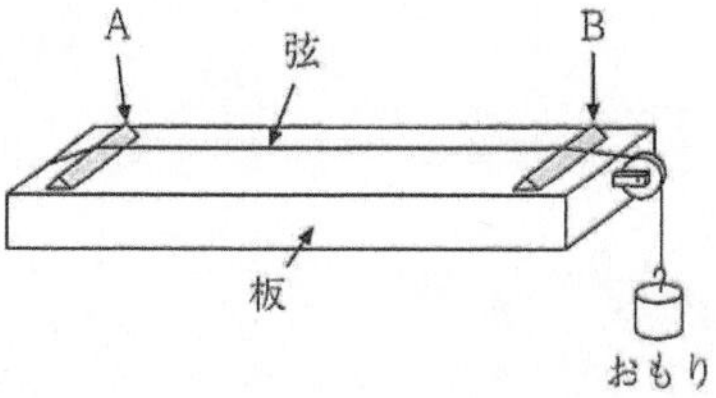


次に，音階について考えます。１秒あたりに振動する回数を振動数といい，振動数の単位はヘルツ（Hz）を用います。音階と振動数の関係が下の表のようになっているとき，あとの問いに答えなさい。なお，振動数と弦の長さには反比例の関係があることがわかっています。

表

| 音階 | ド | レ | ミ | ファ | ソ | ラ | シ | 高いド |
|---|---|---|---|---|---|---|---|---|
| 振動数(Hz) | 264 | 297 | 330 | 352 | 396 | 440 | 495 | 528 |

⑶ 長さが96cmの弦をはじいたところ，表の「ド」（264Hz）の音が出ました。

① 同じ弦を用いて，表の「ソ」の音が出る弦の長さは何cmですか。整数で答えなさい。ただし弦を張る強さは「ド」を出したときと同じとします。

② 同じ弦を用いて，「高いファ」（表の「ファ」の次に高い「ファ」）の音が出る弦の長さは何cmですか。表を参考にして，整数で答えなさい。ただし，弦を張る強さは「ド」を出したときと同じとします。

**【社　会】**（30分）　＜満点：50点＞

1　次の２万５千分の１の地形図を見て，あとの問いに答えなさい。

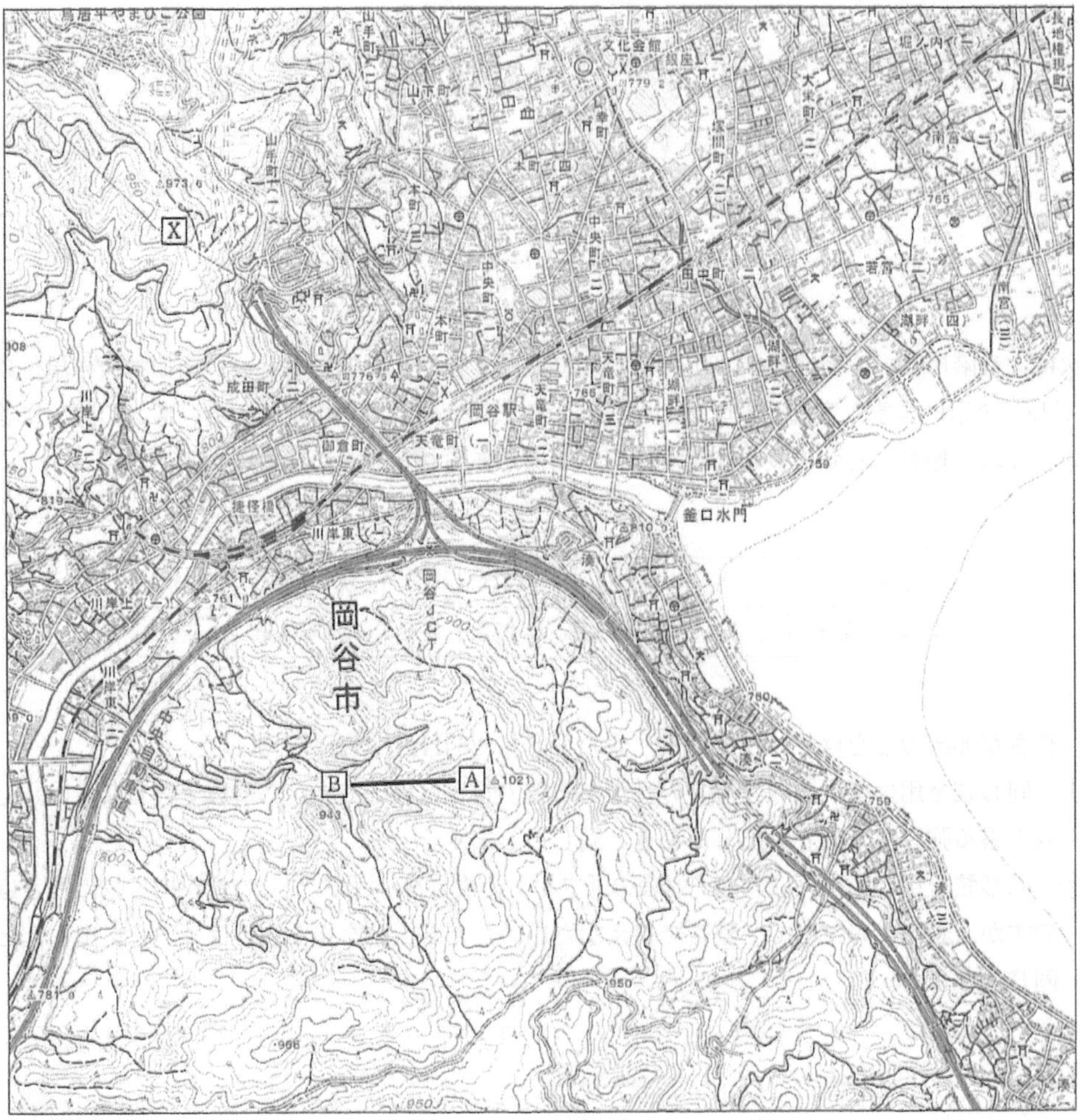


（国土地理院発行２万５千分の１地形図「諏訪」より作成）

(1)　地形図中に見られる大きな川は天竜川，湖は諏訪《すわ》湖です。諏訪湖と天竜川を境にして，それよりも南に見られる施設《しせつ》として正しくないものを次から１つ選び，記号で答えなさい。

**ア**　寺院　　**イ**　高等学校　　**ウ**　電波塔《とう》　　**エ**　郵便局

(2)　この地形図から読み取れる内容として正しいものを次から１つ選び，記号で答えなさい。

**ア**　X地点と「岡谷駅」の標高の差は，300m以上ある。

**イ**　A地点からB地点までの斜面は，谷になっている。

**ウ**　地形図中に水田は見られるが，畑は見られない。

**エ**　「中央自動車道」は，JR線と交差するとき，線路の上を通る。

(3)　地形図中に見られる地域には，地質学的に日本を東西に分ける［　　］の西の端《はし》にあたる，糸《い》魚《とい》川一静岡構造線が通っています。［　　］にあてはまる語句を，カタカナで答えなさい。

(4)　岡谷市のある長野県は，全国の都道府県で最も多い８つの県と接しています。８つの県とは，山梨県，愛知県，岐阜県，富山県，新潟県，静岡県，群馬県，［　　］です。［　　］にあてはまる県名を漢字で答えなさい。

(5)　岡谷市のある諏訪盆地一帯は，第二次世界大戦以前には［ a ］が発達していましたが，戦後は［ b ］がさかんになりました。文中の［ a ］，［ b ］にあてはまる工業の組み合わせとして正しいものを次から１つ選び，記号で答えなさい。

ア　a　製糸業　b　精密機械工業
イ　a　製糸業　b　自動車工業
ウ　a　紡績業　b　精密機械工業
エ　a　紡績業　b　自動車工業

(6)　諏訪湖のある長野県は，戦国時代に２人の有力な戦国大名が領有をめぐって争い，長野市には何度も戦いがくり広げられた古戦場があります。この２人の戦国大名の組み合わせとして正しいものを次から１つ選び，記号で答えなさい。

ア　上杉謙信─伊達政宗
イ　毛利元就─伊達政宗
ウ　上杉謙信─武田信玄
エ　毛利元就─武田信玄

(7)　諏訪湖の北には野尻《のじり》湖があり，湖底からナウマンゾウの化石が出土しました。ナウマンゾウが日本列島に生息していた時代について述べた文として正しいものを次から１つ選び，記号で答えなさい。

ア　人々は狩猟《しゅりょう》や採集によって食料を得ており，狩猟には弓矢を用いていた。
イ　狩猟は難しかったため，えものがとれるように土偶を使って祈《いの》った。
ウ　人々は，水の得やすい低地に竪穴住居を建てて暮らしていた。
エ　石を打ち欠いてつくった石器を使い，動物の肉や皮を切って利用していた。

(8)　「岡谷駅」の北西にある裁判所は，簡易裁判所です。裁判と裁判所について，次の問いに答えなさい。

①　簡易裁判所を第一審とする民事裁判の第二審が行われる裁判所を次から１つ選び，記号で答えなさい。

ア　家庭裁判所
イ　地方裁判所
ウ　高等裁判所
エ　最高裁判所

②　2009年から，日本では裁判員裁判の制度が導入されました。その目的としくみについて述べた次の文中の［　　］にあてはまる言葉を，15字以内で答えなさい。

| |
|---|
| 裁判員裁判は，［　　　　　　］ことを目的として導入され，有権者の中から抽選《ちゅうせん》で選ばれた人が，重大な刑事事件の第一審に参加する。 |

**2** 東北地方の各県について示した次の統計表を見て，あとの問いに答えなさい。

| | 面積($km^2$)<br>2021年 | 人口(千人)<br>2020年 | 製造品出荷額等(億円)<br>2019年 | 農業産出額(億円)<br>2020年 |
|---|---|---|---|---|
| A | 15275 | 1211 | 26435 | 2741 |
| B | 9646 | 1238 | 17504 | 3262 |
| C | 7282 | 2302 | 45590 | 1902 |
| D | 13784 | 1833 | 51232 | 2116 |
| E | 11638 | 960 | 12998 | 1898 |
| F | 9323 | 1068 | 28679 | 2508 |

（2022/23年版「日本国勢図会」より作成）

⑴　この表から読み取れる内容として正しいものを次から１つ選び，記号で答えなさい。

**ア**　人口の上位３県と，製造品出荷額等の上位３県は同じである。

**イ**　農業産出額の上位３県には，製造品出荷額等の上位３県はふくまれない。

**ウ**　人口密度はＣの県が最も高く，Ｆの県が第２位となっている。

**エ**　Ｅの県は，面積をのぞく３つの項目ですべて最下位となっている。

⑵　表中のＡの県の工業について述べた次の文中の ① ， ② にあてはまる語句の組み合わせとして正しいものを下から１つ選び，記号で答えなさい。

> Ａの県では，製造品出荷額等のうち食料品工業が約15％を占《し》めており，これは約 ① 円にあたる。Ａの県は，北海道・栃木県・熊本県についで ② の飼養頭数が多く，これによって得られる製品を加工する工業がさかんなことが，食料品工業がさかんなことの一因と考えられる。

**ア**　①　4000億　　②　乳用牛　　**イ**　①　400億　　②　肉用牛

**ウ**　①　4000億　　②　肉用牛　　**エ**　①　400億　　②　乳用牛

⑶　2021年，北海道と東北３県にまたがる地域の縄文時代の遺跡《いせき》が「北海道・北東北の縄文遺跡群」としてユネスコの世界文化遺産に登録されました。17あるその構成資産のうち，表中のＢの県にある縄文時代の大規模集落の跡《あと》として知られる遺跡の名称《めいしょう》を，漢字で答えなさい。

⑷　表中のＣとＤの県にまたがって流れ，太平洋に注ぐ河川を次から１つ選び，記号で答えなさい。

**ア**　岩木川　　**イ**　雄物《おもの》川　　**ウ**　阿武隈《あぶくま》川　　**エ**　北上川

⑸　表中のＥの県の県庁所在地では，例年８月に東北三大祭りの１つとされる「竿燈《かんとう》まつり」が開《かい》催《さい》されます。この祭りのようすを次から１つ選び，記号で答えなさい。

**ア**

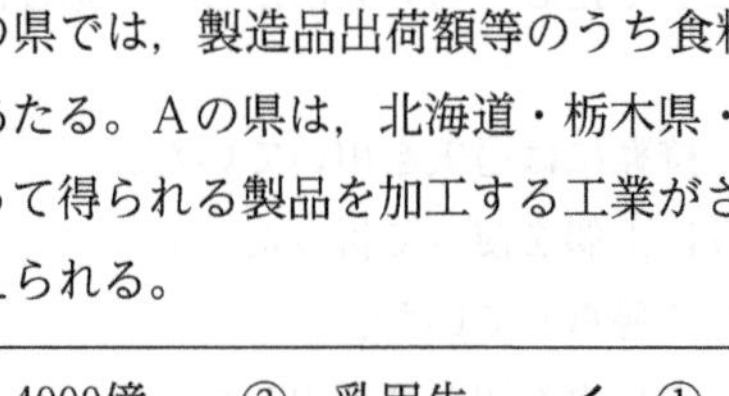

**イ**

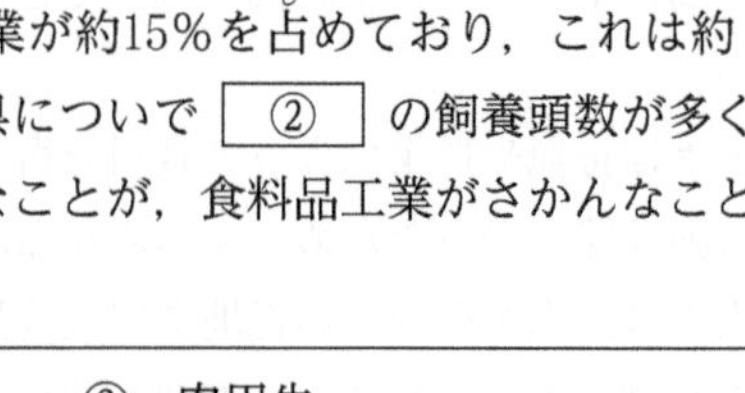

ウ

エ

⑹　次のグラフはぶどう・もも・りんごの収穫《しゅうかく》量の都道府県別割合（2020年）を示しており，グラフ中のA～Fは表中のA～Fと同じ県です。Fの県名を漢字で答えなさい。

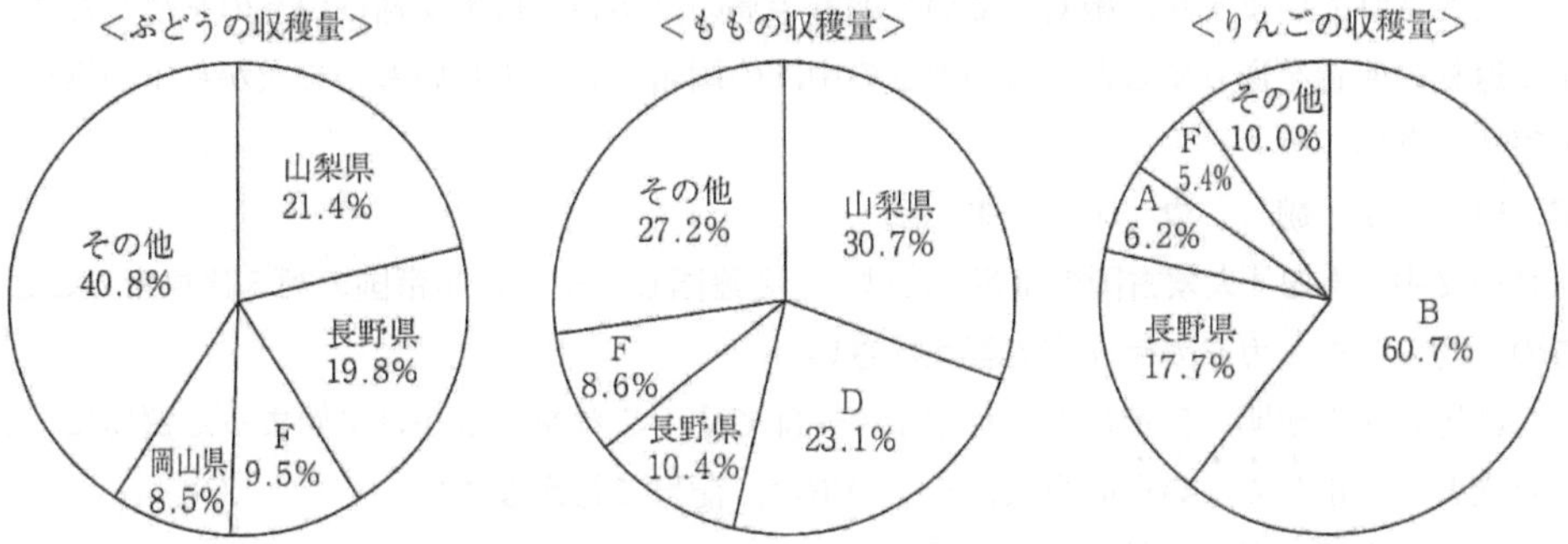


（2022/23年版「日本国勢図会」より作成）

⑺　平野や盆地の名称とそれが位置する県の組み合わせとして正しいものを次から1つ選び，記号で答えなさい。

**ア**　庄内平野・C　　**イ**　郡山盆地・D

**ウ**　津軽平野・E　　**エ**　横手盆地・F

⑻　表中のA～Fの県のうち，北緯40度の緯線が通過する県を2つ選び，記号で答えなさい。

**3**　次のA～Hは，各時代の外国との交流にかかわる史料や条約の一部をわかりやすく書きかえたものです。これを読んで，あとの問いに答えなさい。

A　日が出《い》づるところの天子が，日が没《ぼっ》するところの天子に手紙を差し上げます。ごきげんいかがですか。

B　大蒙古《だいもうこ》国の皇帝が，書を日本国王に奉《たてまつ》る。…日本は開国以来，たびたび中国と通じてきたが，私の代になってから1人の使者も送ってこない。願わくは，これからは互《たが》いに使者を遣《つか》わし，好《よしみ》を結ぼうではないか。

C　日本の准三后《じゅんさんごう》である私が，手紙を明の皇帝陛下《へいか》に差し上げます。…私は国政をつかさどり，国内の平和を保っています。そこで，昔からのしきたりにならい，使いの僧《そう》に商人を同行させ，友好関係を築くために貢物《みつぎもの》を献上《けんじょう》致します。

D　一．外国へ日本の船を遣わすことは，固く禁止する。

　　一．日本人を外国へ遣わしてはならない。もし隠《かく》れて渡《わた》る者がいれば，死罪とする。

Ｅ　第三条　下田と函館のほか，神奈川，長崎，新潟，兵庫を開港する。下田は神奈川開港後に閉《へい》鎖《さ》する。

第六条　日本人に対して罪を犯したアメリカ人は，アメリカの法律にもとづき領事が裁判する。

Ｆ　第六条　ロシアは南満州鉄道の権利を日本に譲《ゆず》る。

第九条　ロシアは南樺太を日本に譲る。

Ｇ　第二条　日本は朝鮮の独立を認め，台湾・千島列島・南樺太などを放棄《ほうき》する。

第三条　日本は，沖縄・奄美《あまみ》・小笠原《おがさわら》諸島をアメリカが統治することに同意する。

Ｈ　第一条　両締約国は，主権及《およ》び領土保全の相互《そうご》尊重，相互不可侵《ふかしん》，内政に対する相互不干渉《かんしょう》，平等及び互恵並びに平和共存の諸原則の基礎《きそ》の上に，両国間の恒久《こうきゅう》的な平和友好関係を発展させるものとする。

⑴　Ａは聖徳太子が中国の皇帝にあてた手紙の一部です。皇帝はこの手紙を読んで，無礼であると怒ったとされていますが，敵対していた朝鮮半島の高句麗と日本が結びつくのを恐れたため，日本に返礼の使者を送りました。このときの中国の国名として正しいものを次から１つ選び，記号で答えなさい。

**ア**　唐　**イ**　魏　**ウ**　宋　**エ**　隋

⑵　Ｂの文中にある「大蒙古国の皇帝」とは，元を建国したモンゴル帝国の第５代皇帝のことです。この人物の名を，カタカナ４字で答えなさい。

⑶　Ｃは足利義満が明の皇帝にあてた手紙の一部です。これをきっかけに始まった貿易について述べた文として正しくないものを次から１つ選び，記号で答えなさい。

**ア**　日本が中国に貢物を献上する朝貢貿易であった。

**イ**　正式な貿易船であることを証明するため，勘合《かんごう》という合い札が用いられた。

**ウ**　日本からは絹織物や生糸，陶磁器《とうじき》などが輸出された。

**エ**　中国から多くの銅銭が輸入され，国内で流通するようになった。

⑷　Ｄの法令が出されたころに起きた次の**ア**～**エ**のできごとを年代順に並べ加え，記号で答えなさい。

**ア**　島原・天草一揆《いっき》が起きた。　**イ**　平戸のオランダ商館を長崎の出島に移した。

**ウ**　スペイン船の来航を禁止した。　**エ**　ポルトガル船の来航を禁止した。

⑸　Ｅの条約の第六条は，領事裁判権（治外法権）とよばれるものです。1894年にイギリスとの間で新しい条約を結び，この権利の撤廃《てっぱい》に成功した外務大臣を次から１人選び，記号で答えなさい。

**ア**　陸奥宗光　**イ**　小村寿太郎　**ウ**　大隈重信　**エ**　伊藤博文

⑹　Ｆの条約の内容に反発した人々により，日比谷焼き打ち事件などが引き起こされました。多くの国民がこの条約に不満をいだいたのはなぜですか。20字以内で説明しなさい。

⑺　Ｇはサンフランシスコ平和条約とよばれるもので，日本がこの条約に調印したことで連合国軍による占領《せんりょう》が終わり，日本は独立を回復しました。この条約の調印と同じ年のできごとを次から１つ選び，記号で答えなさい。

**ア**　日本国憲法が施行された。　**イ**　日米安全保障条約が結ばれた。

**ウ**　日ソ共同宣言が調印された。　**エ**　日本の国際連合への加盟が認められた。

⑻　Ｈは1978年に結ばれた日中平和友好条約です。この条約に調印したときの日本の内閣総理大臣を次から１人選び，記号で答えなさい。

**ア**　佐藤栄作　**イ**　田中角栄　**ウ**　福田赳夫　**エ**　中曽根康弘

**4** 次のＡ～Ｇの仏像や彫像《ちょうぞう》，建造物や絵画を見て，あとの問いに答えなさい。

A

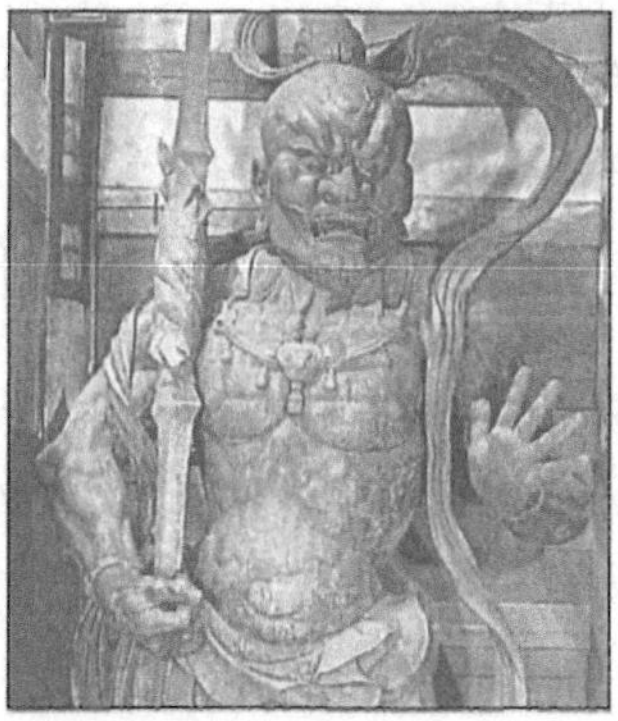

B

C

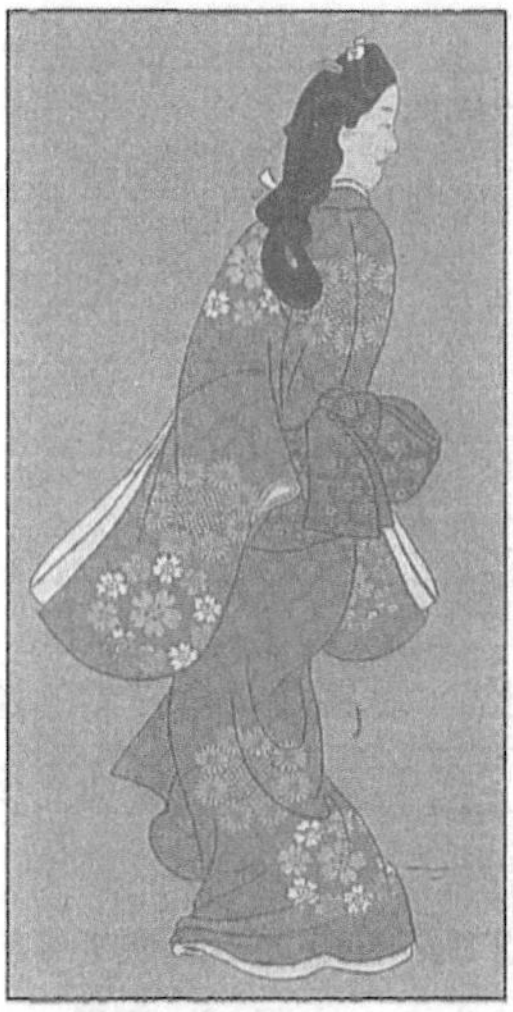

D

F

E

G

(1)　Ａは東大寺南大門に収められている「金剛《こんごう》力士像（阿形《あぎょう》）」です。この彫像がつくられたころには，後鳥羽上皇が政権を取りもどそうとして戦いを起こしました。この戦いの名称を，解答らんに合うように漢字で答えなさい。

⑵　Ｂは雪舟《せっしゅう》が描《えが》いた水墨《すいぼく》画「秋冬山水図（冬景図）」です。この作品がつくられたころの農村のようすとして正しいものを次から１つ選び，記号で答えなさい。

**ア**　口分田を支給された農民には，租《そ》・庸《よう》・調などの税が課せられた。

**イ**　草や木を焼いた灰が肥料に使われるようになり，米と麦の二毛作が始まった。

**ウ**　惣《そう》とよばれる村の自治のしくみが発達し，力をつけた農民たちは領主に対抗《たいこう》してしばしば土一揆を起こした。

**エ**　五人組のしくみが設けられ，年貢の納入や犯罪の防止に共同責任が負わされた。

⑶　Ｃは菱川師宣《ひしかわもろのぶ》が描いた浮世絵《うきよえ》「見返り美人図」です。この作品がつくられたころの文化の動きとして正しいものを次から１つ選び，記号で答えなさい。

**ア**　観阿弥《かんあみ》・世阿弥《ぜあみ》父子により，能が大成された。

**イ**　近松門左衛門《もんざえもん》が歌舞伎《かぶき》や人形浄瑠璃《じょうるり》の脚本を著した。

**ウ**　千利休により，茶の湯が茶道として大成された。

**エ**　十返舎一九が著した滑稽《こっけい》本『東海道中膝栗毛《ひざくりげ》』が人気を集めた。

⑷　Ｄは法隆寺に収められている「釈迦三尊像《しゃかさんぞんぞう》」です。法隆寺について述べた文として正しいものを次から１つ選び，記号で答えなさい。

**ア**　聖武天皇ゆかりの寺院として知られる。

**イ**　世界文化遺産の「古都京都の文化財」の構成資産の１つである。

**ウ**　正倉院はもともとこの寺院の倉として建立されたものである。

**エ**　現存する世界最古の木造建築物である。

⑸　Ｅは世界文化遺産「□ ― 仏国土（浄土《じょうど》）を表す建築・庭園及び考古学的遺跡群」の構成資産として知られる中尊寺金色堂の内部のようすです。□にあてはまる地名を，漢字で答えなさい。

⑹　Ｆは遣唐使船で来日し，日本の仏教の発展に尽《つ》くした高僧である鑑真の影像です。遣唐使船で日本から唐に渡ったことがある人物として正しくないものを次から１人選び，記号で答えなさい。

**ア**　菅原道真《みちざね》　**イ**　吉備真備《きびのまきび》　**ウ**　阿倍仲麻呂《あべのなかまろ》　**エ**　山上憶良《おくら》

⑺　Ｇは葛飾北斎《かつしかほくさい》が描いた「富嶽《ふがく》三十六景（神奈川沖浪裏《なみうら》）」です。この作品がつくられたころの政治や社会の動きとして正しいものを次から１つ選び，記号で答えなさい。

**ア**　松平定信は物価の引き下げをはかるため，株仲間を解散させた。

**イ**　水野忠邦は幕府の学校で朱子学以外の講義を行うことを禁じた。

**ウ**　ききんで苦しむ民衆を救おうとして，大塩平八郎が京都で乱を起こした。

**エ**　鎖国体制を守るため，外国船（異国船）打払《うちはらい》令が出された。

⑻　Ａ～Ｇの作品をつくられた年代の古い順に並べかえたとき，５番目になるのはどれですか。記号で答えなさい。

**5**　次の文を読んで，あとの問いに答えなさい。

(あ)第26回参議院議員通常選挙は，2022年７月10日に(い)投票が行われた。今回の選挙では，ロシアによる□侵攻が世界に及ぼす影響《えいきょう》が広がる中，物価の高騰《こうとう》などに対する経済面での対策，中国や北朝鮮との関係もふくめた安全保障政策の見直し，さらに，2020年から続く新型コロナウイルス感染症《かんせんしょう》への対応などに，(う)与野党の間で論争がくり広げられ，選挙運動が進められた。結果は，自民党と公明党からなる連立与党が改選議席の過半数を大きく上回る76議席を獲得し，非改選議席の70議席と合わせて議席数を146にまで伸ばした。

その後，８月３日に㋓臨時国会が召集《しょうしゅう》され，８月10日には㋔内閣改造が行われて，第二次岸田改造内閣が発足した。現在，経済対策や安全保障の問題，感染症対策のほか，社会保障などの福祉《ふくし》政策，㋕環境《かんきょう》・エネルギー問題など課題が山積しており，政府の対応が注目された。

なお，今回の参議院議員通常選挙では，選挙区間で最大3.03倍の「一票の格差」があったことから，投票の翌日には全国各地の弁護士グループが，選挙の無効とやり直しを求めて14の高等裁判所と高等裁判所の支部に一斉《いっせい》㋖提訴《ていそ》した。

⑴　文中の □ にあてはまる国名を，カタカナで答えなさい。

⑵　下線部㋐について，今回の選挙はどのような理由で行われましたか。正しいものを次から１つ選び，記号で答えなさい。

**ア**　内閣不信任案が可決されたことを受け，首相が参議院を解散したため。

**イ**　内閣の権限として，首相が参議院の解散を決定したため。

**ウ**　現職議員の３年の任期が満了したため。

**エ**　現職議員の６年の任期が満了したため。

⑶　下線部㋑について，選挙で投票する選挙権や，選挙に立候補する権利である被選挙権は □ 権の中心となる権利です。なお，憲法改正を承認するかどうかを決めるさいに行われる国民投票に参加することや，最高裁判所裁判官が適任かどうかを問う国民審査に参加する権利なども，広い意味で □ 権に属すると考えられます。文中の □ に共通してあてはまる語句を，漢字２字で答えなさい。

⑷　下線部㋒について，与党と野党について述べた文として正しくないものを次から１つ選び，記号で答えなさい。

**ア**　国会では，与党と一定規模以上の野党の党首が議論する党首討論が行われる。

**イ**　選挙のさいには，野党だけがマニフェストとよばれる政権公約をかかげる。

**ウ**　国会では，野党が与党の政策に賛成することもある。

**エ**　選挙のさいには，野党どうしが協力し合うこともある。

⑸　下線部㋓について，この国会は「内閣が必要と認めたとき，またはどちらかの議院の総議員の □ 以上の要求があったとき」に召集されます。□ にあてはまる語句を，解答らんに合うように算用数字で答えなさい。

⑹　下線部㋔について，内閣の仕事として正しくないものを次から１つ選び，記号で答えなさい。

**ア**　弾劾《だんがい》裁判所の設置　　**イ**　条約の調印

**ウ**　政令の制定　　**エ**　予算の作成

⑺　下線部㋕について，近年，環境に大きな影響をあたえるものとして問題になっているものに，マイクロプラスチックがあります。この問題の解決は，次にあげたSDGs（持続可能な開発目標）のうち，どの目標と特に関係が深いといえますか。最も適切な組み合わせを下から１つ選び，記号で答えなさい。

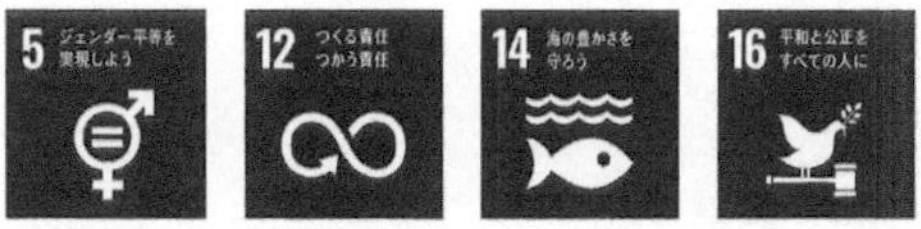


**ア**　５と12　　**イ**　５と14　　**ウ**　12と14　　**エ**　14と16

(8) 下線部㋖について，提訴後の裁判のしくみを述べた次の文中の ① ， ② にあてはまる語句の組み合わせとして正しいものを下から１つ選び，記号で答えなさい。

> 選挙の無効を求めるような裁判では，高等裁判所で第一審が行われることが法律で決められている。日本では通常の裁判において三審制を導入しており，第一審の判決に不服がある場合はより上級の裁判所に ① して，第二審を求めることができる。また，第二審の判決に不服がある場合は，さらに上級の裁判所に ② して第三審を求めることができる。

ア ① 控訴《こうそ》 ② 論告　　イ ① 控訴 ② 上告

ウ ① 上告 ② 控訴　　エ ① 上告 ② 論告

いたりすればすぐに所有権が他の者に移るが、時間にはもともと所有権がないので、「私の時間」も私の意志とは無関係に過ぎていく、ということ。

ウ　ブランコや玩具のように誰もが使うことのできる物は一人が長い時間占有することはできないが、「私の時間」は私が占有しているので、私の意志しだいでは何もせずに時間をやり過ごすことができる、ということ。

エ　空間にある物は使わずにいれば他の誰かが借りに来たり奪ったりするが、「私の時間」は、私が何もせず何にも使わずにいても誰も借りたり奪ったりしない代わりに勝手に過ぎていって取り戻せない、ということ。

オ　空間にある物はそれを使う人の使い方しだいでくり返し長く使うことができるが、時間は誰の意志によっても止めたりくり返し使ったりすることができず、一度過ぎたらもう取り返すことはできない、ということ。

問八　――④「幼児の時間体験を観察してみると、なかなかおもしろいことが認められる」とありますが、「なかなかおもしろいこと」とは、どのようなことですか。「異なる」という言葉を使って、二十五字以上三十五字以内で書きなさい。

問九　――⑤「何とも納得のいきかねる表情をしている」とありますが、その理由を説明した次の文の Ⅰ ・ Ⅱ にあてはまる言葉を指定字数に合わせて、文章中から抜き出して書きなさい。

●幼児は、ひとつのことに Ⅰ（二字） していて、同じ長さの時間でも Ⅱ（二字） 感じているから。

問十　――⑥「充実感よりも空虚な感じを味わう」とありますが、その理由を、三十字以上四十字以内で書きなさい。

問十一　――⑦「テレビの主体的な見方」に必要なことは何ですか。文章中から十一字で抜き出して書きなさい。

問十二　この文章で筆者が述べている内容に合うものを次から一つ選び、記号で答えなさい。

ア　時間そのものには厚みはないにもかかわらず私たちが時間に厚みを感じるのは、時間を効率よく使うために時間と対決することが主体性を持って行われる経験だからである。

イ　子どもたちは、空間の端はどこにあるか、時間はどこから始まるか、などと大人にたずねても答えられないことを知ってしまうと、このような疑問は口に出さなくなる。

ウ　大人たちが時間を時計で区切って正確に測ることにとらわれ、「能率」ということを重視しすぎると、子どもたちの主体的な時間体験を奪ってしまうことになりかねない。

エ　子どもには主体的にテレビを見させるべきであり、そのためには、親の希望や家のおきてと対立することがあっても、ある程度放任して子どもの判断にまかせる必要がある。

オ　おたまじゃくしを夢中になって見ている子どもにとっての一時間はわずかな長さでしかないが、大人にとっての一時間はどのような場合でも正確に一時間で変わらない。

ここに充実した時間体験の問題点が生じてくる。つまり、子どもに充実した時間を与えてやろうと思いすぎるあまり、一時間のうちに「このこともやらせよう」「あのことも教えてやろう」と思って、親や教師が熱心になればなるほど、子どもの主体性を奪《うば》ってしまうことになって、子どもはいろいろなことをしていながら、それは厚みのない時間体験になりさがってしまう。

私たちが、時計で測る「時間」にとらわれ、「能率」ということにこだわり始めると、「能率的教育法」という美名のもとに、子どもたちの主体的な時間を奪ってしまう危険性が生じてくるのである。

（河合隼雄《かわいはやお》「子どもの『時間』体験」による）

＊指標＝目印。

＊無為＝何もせずにぶらぶらしていること。

＊交錯＝入りまじること。

**問一** ［1］～［5］にあてはまる言葉として、最も適切なものを次から一つずつ選び、それぞれ記号で答えなさい。

**ア** ところが　**イ** だから　**ウ** あるいは　**エ** なぜなら
**オ** しかも　**カ** たとえば　**キ** つまり　**ク** ところで

**問二** ===A「感情」、D「危険」の対義語を、それぞれ漢字二字で書きなさい。

**問三** ===B「わかっているのである」の主語を、一文節で抜き出して書きなさい。

**問四** ===C「関係」について、次の各問いに答えなさい。

Ⅰ「関」という漢字の部首名をひらがなで書きなさい。

Ⅱ「係」という漢字の総画数を漢数字で答えなさい。

**問五** ——①「時間も空間も何とつかみどころのないものだろう」とありますが、「つかみどころのない」時間をとらえやすくするために人間が始めたことを、文章中から八字で抜き出して書きなさい。

**問六** ——②「時間の所有に関しては、先ほどの小学生のように、不公平さを嘆かずにすませられそうである」とありますが、このようにいえる理由として、最も適切なものを次から一つ選び、記号で答えなさい。

**ア** 空間にある具体的な物は誰かの所有物として存在するが、時間は抽象的《ちゅうしょう》で所有することができないから。

**イ** 空間は誰かが使うと他の者は使えなくなるのに対し、時間は誰もが同時に所有することができるから。

**ウ** 空間にある個々の物は常に所有権争いの対象になるが、時間は誰も所有権を主張しようとしないから。

**エ** 空間やそこにある物は誰が所有するか明らかであるが、時間は皆にあって誰のものかわからないから。

**オ** 空間にある物は特定の者にしか所有権が与えられないが、時間は誰にも平等に与えられているから。

**問七** ——③「『私の時間』は勝手にどんどん逃げ出してしまう」とありますが、このことの説明として、最も適切なものを次から一つ選び、記号で答えなさい。

**ア** ブランコや玩具などは多くの人が交代で使って何度でも使うことができるが、「私の時間」は私だけのものであり、私が何もせずに無駄《むだ》にしていても、誰も気にとめないままどんどん過ぎ去っていく、ということ。

**イ** 空間にある遊具や玩具は一人が使い続けたり持ったまま使わずに

ときがくるのに、嫌な先生の説教は少しの間でも随分《ずいぶん》長く感じられる。時計の上では一時間であっても、経験するものにとっては、その一時間の厚みが異なるように感じられるのである。もちろん、時間そのものには厚みなどがあるはずがないから、あくまで、それを経験するものの主観として、厚みが生じてくるのだ。

何かひとつのことに熱中していると、時間が早くたっていくことは誰もが知っていることである。といっても、何かひとつのことをしていると、必ず充実《じゅうじつ》した時間を過ごしたことになるとは限らない。たとえば、テレビのドラマなどを見るともなく見ていると、ついひきこまれて終わりまで見てしまう。終わってみるといつの間にか一時間たってしまっている。しかし、このあとでは⑥充実感よりも空虚《くうきょ》な感じを味わうことだってある。時間は早くたったと感じられたが、その厚みの方はうすく感じられるのである。

あるいは、ひとつのことをしていても時間が長く感じられるときもある。その一番典型的な場合は、「待っている」時間である。誰かが来るのを待っているとき、われわれはなかなか他のことができない。そわそわしながら待つ、しかもその間は随分と長く感じられるのである。「待つ」ということだけをしているのだが、時間を長く感じてしまう。

これらのことを考えると、自分のしていることに、その主体性がどのようにC関係しているかにしたがって、時間の厚みが異なってくるらしいと思われる。「待つ」ことは、受動的なことである。その人がいつ来るかは、その人の行動にまかされているわけで、待っている方としては、ただそれにしたがって待つより仕方がないのである。これはテレビの場合でも同様である。テレビを見終わって充実感のない場合は、私たちがテレビを見たのではなく、テレビが私たちをひきこんでしまったのである。私たちは受動的に見ていたのだ。

子どもがテレビを見すぎることはよく問題になる。たしかにテレビを見すぎることは、子どもが「与えられた映像」を受動的に楽しむことによって、主体的な時間をもたなくなる点にD危険性が存在している。しかし、⑦テレビの主体的な見方だってあるはずである。怪獣《かいじゅう》にしろ、チャンバラにしろ、子どもにとっては必ず経験しなければならない世界なのである。［４］、それを見たいときには「主体的」に十分に見させることがいいのではないか。主体的に十分体験したものは、常に早く「卒業」する。

［５］、いろいろと親の介入《かいにゅう》があって主体的にテレビを見ていない子どもは、なかなか卒業できない。いつも受動的にテレビを見て過ごしてしまう、時間は過ぎ去っていく、テレビはうっている。主体はテレビや時間の方にあって、子どもは受身の立場に立ってしまっているのだ。ついでにつけ加えておくと、主体的にテレビを見させるということは、子どもの「見たいままに放任する」ことではない。放任の中から主体性は出てこない。

テレビは見たいが勉強はどうするのか、父親は野球が見たいが子どもは漫画が見たい、これをどう解決するか。食事中にテレビを見ないのはわが家のおきてである。ところが、食事時間にどうしても見たい番組ができた。これをどうするか。

これらの葛藤《かっとう》と対決していくことによってこそ主体性が得られる。対決を通じて獲得《かくとく》した時間、それは主体性の関与《かんよ》するものとして、「厚み」をもった時間の体験となる。

の深部にまでかかわりをもつものであったろう。

④幼児の時間体験を観察してみると、なかなかおもしろいことが認められる。幼稚園にいる子どもたちは、どのように「時間を区切って」いるのだろう。幼稚園の庭の片すみで、かたつむりをみつけて、それが殻《から》からからだを出し、目を出して動きはじめるのを、いっしょうけんめいに見つめている子、この子はどんな時間を経験しているのだろう。かたつむりを見つめている間の「時間の区切り」は、いったいどうなっているのだろうか。

幼稚園が九時に始まるという場合、大人が考えるのと同じように、「九時に間に合うように」登園してくる園児が何人いるだろう。おおかたの子どもは、お母さんが行きなさいというままに、[3]兄姉や友人たちにさそわれるままに、登園して来るのではないだろうか。だからといって、彼らは「時間の観念がない」とか、幼稚園はいつ行ってもかまわないと思っているというのでもない。彼らは彼らなりに、「おくれてはいけない」ことも知っているのである。

文明人は時計によって時間を測る。それによって、一日は二十四時間に正確に区切られ、共通の時間が設定される。これは多くの人間が社会をつくっていくためには、非常に大切なことである。これによって、われわれは友人と待ち合わせもできるし、学校も会社も、同一時刻に一斉《いっせい》に始めることもできる。映画の始まる時間、バスの時間、テレビの人気番組の始まる時間、これらすべてが決められており、われわれは共通の時間をきざむ時計を頼《たよ》りにして生活している。時計の発明によって、人類はどれほど時間が節約できるようになったかわからない、本当に便利なことだ。

ところで幼児たちは、さきにのべたように大人のもつ時計によって区切られた時間とは異なる時間を生きているようだ。「きのう」とか「あした」とかの意味も、はっきりとしていない子もある。「また、あしたにしようね」などと言っている子も、それは厳密にあしたということをさすのではなく、「近い将来」を意味していることも多い。

あるいは、何かに熱中していたが、何かで中断しなければならなくなったとき、「また、あしたにしよう」と言うのは、このことを言うことによって、中断することを自らに納得《なっとく》させようとする意味あいで言っている子もある。この場合の「あした」は、二十四時間の経過後に存在する時期などではなく、断念しなければならないという気持と、何か希望を残しておきたいような気持の＊交錯《こうさく》した現在の状況をのべている表現なのである。

道くさをしたために叱《しか》られる幼児たちが、悪かったという気持をあらわしながら、⑤何とも納得のいきかねる表情をしていることがよくある。彼らも叱られながら、「おくれてしまった」「おそくなって悪かった」ということはよくBわかっているのである。しかし、なぜおそくなったのだろう。「ぼくは何もしてなかったのに」、「ちょっとだけ、おたまじゃくしを見てただけなのに」と思っているのである。たしかに子どもたちは「ちょっとだけ」何かをしていたのである。しかし、残念なことに、それは大人のもっている時計では、「一時間」も道くさを食っていたことになるのだ。

おたまじゃくしを見ていた子どもが、一時間を「ちょっとの間」と思ったように、われわれ大人でも、同じ一時間を、長く感じたり短く感じたりする。恋人《こいびと》と話し合っていると、すぐに時間がたってしまって別れの

　さて、このような大切なものであるが、ひるがえって考えてみると、①時間も空間も何とつかみどころのないものだろう。いったい、この空間の「端《はし》」はどこなのだろう、時間の一番始めの「はじまり」はどこからなのだろう、考えだすと大変なことだが、私たち大人は、あまりこんなことを考えずに暮らしている。

　ところが、子どもたちは案外こんなことを考えているらしい、「あの山の向こうに何があるのだろう」とか「空のもっともっと上には何があるのだろう」とか。そして、彼らは奇妙《きみょう》にも、こんなことを大人に聞いても仕方のないことも、何となく感じているらしく、なかなか大人には、言ってくれないものである。ある時小学生たちと遠足したとき、どの山にも森にも持ち主があることがわかってくると、そのうちの一人が疑問を提出した。人類が現われるまでは、どの山も森も誰のものでもなかったのに、どうして、今全部持ち主がきまっているのか、「そんなのは不公平だ」と言うのである。たしかに、言われてみるともっともなような気がする。本来は誰のものでもなかった土地を、勝手に区切ってしまって、それを個人の所有にしてしまう。そして、他人はその空間を自由に使用することができない。

　この小学生の疑問がおもしろかったので、私は時間の方についても、同じようなことがいえるか考えてみた。[2]、一九七一年四月二十九日の二十四時間というものをとって考えると、こちらの方は空間の場合と違って所有権争いをしなくてもよさそうである。これはニクソン大統領のものでもあったろうが、私のものでもあったし、あなたのものでもあったし、隣《となり》の犬のゼットのものでもあったわけである。

　②時間の所有に関しては、先ほどの小学生のように、不公平さを嘆《なげ》かずにすませられそうである。これはなかなかおもしろいことである。幼稚園にあるブランコにしろ、誰かが占領《せんりょう》すれば、他の子どもはそれがあくまで待っていなければならない。玩具《がんぐ》にしても、誰かが使うと他の者は使えない。ところが、時間だけは、誰もが「自分のもの」であると主張しても、他人と取り合いをしなくてもよいものなのである。

　しかし、困ったことに③「私の時間」は勝手にどんどん逃《に》げ出してしまうのである。きょうという日を、私がいかに*無為に過ごしても、時間の方ではおかまいなしにどんどんと過ぎてしまって、きょうという日はもう二度と帰ってこない。ブランコに乗った子は、ブランコをゆすらずにぼんやりしていると、次の子にゆずることを強《し》いられる。玩具を持ってぼんやりしていると、「あいてたら貸してね」と誰かに言われるだろう。ところが、私がいかに無為に過ごしていても、その時間を他人が借りにはこないものだ。こうして、私を油断させておいて、時間は何食わぬ顔で過ぎ去ってゆく。

　このように、つかみどころのない時間、すぐに逃げ去ってゆく時間を、もう少しはっきりとしたものにするために、人間は時間を区切ることを始めた。

　無限に流れる時間を区切ることを人間が考えはじめるためには、自然現象としての夜と昼、夏と冬などの体験がその基礎《きそ》となっていることだろう。特に太陽や月の運行は、時を測るための大切な指標であったことと思われる。日の出と共に起きて働き、日暮れには家に帰って休む。このような生活にとって、時間の流れや、時間の区切りは自然のリズムと密接に関連するものであったろう。このような状態のときに、人間の経験する「時間」は、彼の体感やA感情と結びついたものとして、人格

われたのはうれしかったが、自分よりつらい思いをしているであろう他の子どもへの配慮のなさに失望している。

**オ**　一、二週間もすれば退院できるにもかかわらず不満を抱いていた中、自分よりもつらい思いをしているであろう子どもたちのことを考えて、自己嫌悪《けんお》とやりきれなさで板ばさみにあっている。

**問十一**　――⑦「壮太だ……」とありますが、「壮太」は「ぼく」に、どのような配慮をしたと考えられますか。七十字以上八十字以内で書きなさい。

**問十二**　――⑧「干からびたバッタを横に置いて、ぼくはベッドの上の小さな机の上で手紙を書いた」とありますが、この手紙を通して「ぼく」が「壮太」に伝えたかったのはどのようなことですか。二十五字以上三十五字以内で書きなさい。

**問十三**　この文章の表現について説明したものとして、最も適切なものを次から一つ選び、記号で答えなさい。

**ア**　進行が時系列順ではなく、結末から始まって時間がさかのぼっていき、少しずつ状況《じょうきょう》・いきさつや登場人物の関係などが明らかになっていくという構成にすることで、最後まで読者を物語へと集中させることに成功している。

**イ**　物語をいくつかの大きな場面に区切り、それぞれの場面を「ぼく」、「壮太」、お互いの「母親」の視点から描き出す手法によって、各場面での各人の心の動きや行動のきっかけなどが正確にとらえられるよう工夫《くふう》されている。

**ウ**　会話文や地の文においてところどころ比喩《ひゆ》表現をさしはさむことで幻想《げんそう》的で温かな世界を描き出し、ともすれば重苦しさばかりが強調されがちな病院という舞台《ぶたい》に明るさをもたらし、読者に親しみやすさを与《あた》えている。

**エ**　終始、「ぼく」の視点から物語が進められているが、仲のよい友人である「壮太」との会話文や、思ったことや考えたことが詳細《しょうさい》に描かれた地の文などを通して、子どもなりの微妙《びみょう》な心の動きがわかりやすく表現されている。

**オ**　病院という舞台の中で、長期の入院をよぎなくされて病に苦しむ子どもたちと、壮太との交流を通じて元気を取り戻していく「ぼく」の様子が対照的に描かれることで、はっきりと心情の動きがとらえられるようになっている。

**［三］**　次の文章を読んで、あとの問いに答えなさい。問いの中で字数に指定のあるときは、特に指示がないかぎり、句読点や符号もその字数に含めます。

私たちが生きていく上において、時間も空間も非常に大切なものだ。私という人間がこの世に「存在」していることを示す大切な＊指標として、時間と空間を用いる。一九七一年四月二十九日の午後三時に、私は自宅の書斎《しょさい》にいるというように表現する。

あるいは、子どもの帰りがおそいので気にして電話をかけてこられた母親に、幼稚《ようち》園の先生が「十分前には、園を出られましたよ」と言われると、母親は「もう五分位で帰ってくるだろう」と安心される。［１］、十分前に自分の子が幼稚園の前に「存在」していたということがわかると、母親は幼稚園から自宅までの空間的距離《きょり》と、それを歩いて帰ってくる時間とを測り、子どもの帰りを安心して待つことができるのである。

つつも、自分よりも先に病院を去ることのできる壮太に対する嫉妬《しっと》がどうしても抑えきれなかったから。

エ　一緒に遊べるのが今日までなのはお互いにわかっているのでまた遊ぼうとは言えなかったが、別れのあいさつはしかるべき場所できちんとしようとはじめから決めていたから。

オ　壮太が退院することで「ぼく」はしばらく一人にはなってしまうが、彼《かれ》とはまたどこかで会える気がしていたので、別れの言葉は言わずにおこうと思ったから。

問八　――④「そう言ってくるりと背を向けると、そのまま部屋から出て行った」とありますが、「壮太」がこのような態度をとったのはなぜだと「ぼく」は考えていますか。最も適切なものを次から一つ選び、記号で答えなさい。

ア　あと少しでも同じ場所に居続けてしまったなら、長期にわたる入院生活のつらさを分かち合い、乗り越《こ》えてきた戦友である「ぼく」への思いがあふれ、離れがたくなるから。

イ　これ以上長く一緒にいて話を続けてしまったら、「ぼく」との楽しかった時間が思い起こされ、別れなければならないやりきれなさで胸がはりさけそうだったから。

ウ　もっと話をしていたならば、先に退院してしまう自分に対する恨《うら》み言をはかれるだろうと思い、表面上は良好な関係を保ったままでこの場を立ち去ろうと思ったから。

エ　話し続けてしまったら、こみ上げてくるであろう「ぼく」への熱い思いを抑えられなくなるが、お互いの母親がいる前でそれを伝えるのはどうしてもはばかられたから。

オ　すでに自分の思いをあますところなく伝えたので、これ以上長く一緒にいたり、余計な一言を話したりすれば、別れの場にふさわしい雰囲気《ふんいき》に水を差してしまうと思ったから。

問九　――⑤「だけど、どうしても確認したくて、『一週間ですか？二週間ですか？』とぼくは聞いた」とありますが、このときの「ぼく」の気持ちを説明した次の文の[Ⅰ]・[Ⅱ]にあてはまる言葉を指定字数に合わせて、文章中から抜き出して書きなさい。

●「あと一週間か二週間で」退院できるとは言うものの、子どもにとっての[Ⅰ（十五字）]を先生はわかっていないと思い、一日を[Ⅱ（五字）]で計算しないでほしい、と少し反感を抱いている。

問十　――⑥「やっぱり気持ちが抑えきれなくなって」とありますが、この「気持ち」を説明したものとして、最も適切なものを次から一つ選び、記号で答えなさい。

ア　あと少しで退院できるのは喜ばしいが、一人きりになったことで壮太がいたときには意識せずに済んでいた自分の病状に対する大きな不安が急にこみあげ、動揺《どうよう》している。

イ　壮太がいなくなってしまったのは残念だが、遅くてもあと二週間後には退院できるめどが立ったことで、長かった入院生活からも解放されると思い、舞《ま》いあがっている。

ウ　二週間もすれば退院できるのはとてもうれしかったが、あからさまに喜ぶ態度を表してしまうと、まだ入院生活が続く子どもたちに悪いと思い、必死で気持ちを押し殺している。

エ　自分が退院できることを知ったお母さんから「よかったね」と言

ら一つずつ選び、それぞれ記号で答えなさい。

ア　私立　イ　早朝　ウ　進退　エ　整然
オ　非常　カ　観劇　キ　日銀　ク　携帯

問四　――Ｄ「さも」、Ｅ「手放しで」の意味として、最も適切なものをあとから一つずつ選び、記号で答えなさい。

Ｄ「さも」
ア　ちょうど　イ　なんとなく　ウ　かえって
エ　むしろ　オ　いかにも

Ｅ「手放しで」
ア　自由に　イ　それなりに　ウ　無条件に
エ　早々に　オ　じきに

問五　――①「ぼくもなんとなく気が引けて、壮太といる時やプレイルームに検査の子がいる時は水分を摂らないようにしている」とありますが、「ぼく」がこのようにする気持ちを説明したものとして、最も適切なものを次から一つ選び、記号で答えなさい。

ア　低身長の検査中の子は水も飲めないので、水分を摂る必要のある「ぼく」は居場所がないと思っている。
イ　低身長の検査中の子は水も飲めないのに、「ぼく」が水分を摂ってよいのはおかしいと強く感じている。
ウ　低身長の検査中の子が水も飲めない間は、水分を摂らずに「ぼく」もみんなを応援《おうえん》したいと思っている。
エ　低身長の検査中の子は水も飲めないので、「ぼく」も水分を摂るのを遠慮《えんりょ》したほうがよい気がしている。
オ　低身長の検査中の子が水も飲めないなら、「ぼく」も水分は意地でも摂らないことにしようと決めている。

問六　――②「壮太の言うとおりかもしれない。だけど、やっぱり違う」とありますが、このときの「ぼく」の気持ちを説明したものとして、最も適切なものを次から一つ選び、記号で答えなさい。

ア　「ぼく」が病気でよかったという壮太の気持ちはわかるが、自分では入院して優しくなったとは思えずにいる。
イ　「ぼく」は長い入院生活のおかげで優しくなったが、病気になってよかったとまでは言えないと感じている。
ウ　「ぼく」は病気になったから壮太と出会えたが、病気でよかったと言われたことには強い抵抗《ていこう》感を抱《いだ》いている。
エ　「ぼく」は入院生活を経て優しくなったが、それを壮太に褒められたのが恥《は》ずかしく、素直《すなお》になれずにいる。
オ　「ぼく」が病気でよかったと言われたことで、入院前の性格の悪さを指摘《してき》されたように感じ不満に思っている。

問七　――③「『またな』とは言えず、『じゃあ』とあいまいに微笑みながら」とありますが、「ぼく」がこのような態度をとったのはなぜですか。最も適切なものを次から一つ選び、記号で答えなさい。

ア　まだ壮太と一緒にいたかったが、今日が彼の退院の日であることは知っていたので、また会えることを期待するようなことを言っわけにはいかず、言葉をにごすしかなかったから。
イ　今日の午後には壮太は退院してしまってもう一緒に遊べないのはわかっているが、別れのあいさつをしてしまうとこれから先、二度と会えなくなるような気がして怖《こわ》くなったから。
ウ　退院の日というおめでたい日なので、気持ちよく別れたいと思い

い、どんないやがらせだよと、手紙を読んでみる。

えいちゃんへ

２日間だったけど、超《ちょう》楽しかったよな。ありがとう。また遊べたらなーってそればっかり考えてる。チビは最悪だけど、えいちゃんと会えたし、チビでもいいことあるなって思ったよ。

えいちゃん、「外はどれくらい暑いんだろうな」って言ってたけど、マジでやばいぜ。毎日たおれそう。昨日おれの家の前でバッタがひからびてたから送る。な。本当に丸こげになるだろう。

壮太

ああ、壮太。ぼくもだ。もう一度遊べたらなってそればっかり考えてる。病気になってよかったことなど何もないけど、壮太と出会えたこと、それだけはラッキーだった。

それにしても、外は本当にすごい暑さなんだ。干しエビみたいに干からびたバッタの死骸はかわいそうだけど、暑さはよくわかる。いくらテレビで映像を見ても、気温を知らされてもわからなかったのに、このバッタを見ているだけで、頭の上が熱くなって喉がカラカラになりそうだ。

ぼくはお母さんが帰ってくるのを待てず、看護師さんに言って封筒と便箋《びんせん》をもらった。壮太にすぐに伝えたいことかあった。

壮太といる間、何度か「小さくたっていいじゃん」そう口にしようとした。遊びを考える天才で、みんなを笑わせることができる。壮太のその力は、背の低さなんて余裕《よゆう》で補えてるって思ってた。でも、壮太を傷つけたらと不安で、言えなかった。

だけど、壮太は病院にいるぼくに、この夏の暑さを伝えることができる。いなくなった後も、プレイルームのぼくたちを楽しませることができる。壮太はとにかく最高なんだ。壮太が壮太なら、小さくたっていい。そう。小さくたって全然いいのだ。

⑧干からびたバッタを横に置いて、ぼくはベッドの上の小さな机の上で手紙を書いた。

これ以上ない暑い夏が、今、始まろうとしている。

（瀬尾《せお》まいこ「夏の体温」による）

＊西棟＝重病患者《かんじゃ》が入院している小児科《しょうにか》病棟。「ぼく」は、経過観察中の患者や検査入院の子どもたちが入院している東棟にいる。

＊三園さん＝病院の保育士。朝から夕方まで、プレイルームや保育室にいて、子どもたちを見ている。

**問一** [1]～[4] にあてはまる言葉として、最も適切なものを次から一つずつ選び、それぞれ記号で答えなさい。

**ア** うっかり　**イ** すっきり　**ウ** てっきり　**エ** びっしり
**オ** がっかり　**カ** ばっちり　**キ** あっさり　**ク** ぽっかり

**問二** ――A「そうだ」と意味・用法が異なるものを次から一つ選び、記号で答えなさい。

**ア** 今日は早く帰ったほうがよさそうだ。
**イ** あと三十分ほどで終わりそうだ。
**ウ** 近くにマンションができるそうだ。
**エ** 今日は夕方から雨になりそうだ。
**オ** このりんごはとてもおいしそうだ。

**問三** ――B「採血」、C「陽気」と熟語の組み立てが同じものを次か

壮太は、知っていたんだ。ぼくが夜にプレイルームでおもちゃ箱をひっくり返していたことを。そして、壮太がいなくなった後、ぼくがどう過ごせばいいかわからなくなることも。

明日から、一つ一つ飛ばそう。三十個の紙飛行機。これを飛ばしている間、少しは時間を忘れることができそうだ。

土日の病院はしんとしていた。週末は低身長の検査の子もいないし、三園さんも休みだし、看護師さんの数も少ない。

静まり返るってこういうことだよな。ぼくは誰もいないプレイルームで紙飛行機を飛ばしたり、漫画を読んだりして過ごした。紙飛行機は似顔絵が書かれた「三園さん号」が一番よく飛んだ。

「なんだよ、壮太。瑛ちゃん号がよく飛ぶように作ってくれたらいいのにさ」

ぼくは一人でそう笑った。

月曜日の朝には、四歳《さい》くらいの男の子が低身長の検査入院でやってきた。母親の手を握《にぎ》って、不安そうにプレイルームに入ってくる。

「いろいろおもちゃあるよ」

ぼくが話しかけると、ほんの少しだけ解《ほど》けた顔をしてくれたけど、まだ母親の手を離《はな》さないままだ。

「そうだ、紙飛行機する？」

ぼくは箱いっぱいに詰《つ》め込んだ壮太作の紙飛行機を見せた。

「すごいね」

「だろう？　全部、顔も名前もあるんだよ」

「これ、変な顔」

男の子はおみそれ号をつかんで、少し笑った。

「こっちは『ずっこけ号』。もっと変な顔してるだろう？」

「うん」

男の子は「飛ばしていい？」と母親に聞く。母親がお兄ちゃんに聞いてごらんと言う前に、

「一緒にやろうよ」

とぼくは男の子に言った。

「じゃあ、ここからね。せーので飛ばそう」

「うん」

男の子が飛ばしたおみそれ号もぼくのずっこけ号も、ひょろひょろと少し飛んだだけでそのまま床に落ちた。

「だめだねー」

「本当だな。よし、じゃあ次、もっと飛びそうなの探そう」

ぼくが男の子と話していると、

「瑛介君、手紙来てるよ」

とプレイルームに入ってきた看護師さんに封筒《ふうとう》を渡《わた》された。

「手紙？」

なんだろうと封筒を見てみると、田波壮太と書かれている。ああ、壮太だ。名前を見ただけで壮太の顔と声が一気に頭の中によみがえった。

ぼくは男の子に「好きなだけ遊んでいいよ」と紙飛行機の箱を渡すと、大急ぎで部屋に戻った。いったい壮太は何を書いてきたのだろうか。早く読みたい、早く壮太の文字を見たいと封筒の中身を取り出して、ぼくは「うえ」と悲鳴を上げた。中からは、干《ひ》からびた虫の死骸《しがい》が出てきた。茶色くなってパリパリになった死骸は、不気味でしかたない。おいお

と言った。

「よかったです。ありがとうございます」

お母さんは頭を下げた。声が震《ふる》えているのは本当に喜んでいるからだろう。

やっとゴールが見えてきた。ようやく外に出られる。それはうれしくてたまらない。⑤だけど、どうしても確認《かくにん》したくて、

「一週間ですか？　二週間ですか？」

とぼくは聞いた。

「そこは次回の検査結果を見てからかな」

先生はそう答えた。

「はあ」

「どっちにしても一、二週間で帰れると思うよ」

先生は、「よくがんばったからね」と褒めてくれた。
一、二週間。ひとくくりにしてもらっては困る。一週間と二週間では、七日間も違うのだ。七日後にここを出られるのか、十四日間ここで過ごすのかは、まるで違う。ここでの一日がどれほど長いのかを、壮太のいない時間の退屈《たいくつ》さを、先生は知っているのだろうか。ぼくら子どもにとっての一日を、大人の感覚で計算するのはやめてほしい。
お母さんは診察室を出た後も、何度も「よかったね」と言った。ぼくは間近に退院が迫《せま》っているのに、時期があやふやなせいか、気分は晴れなかった。明日退院できる。それならE手放しで喜べる。だけど、一週間か二週間、まだここでの日々は続くのだ。
[4]しながらも、病室に戻る途中《とちゅう》に＊西棟《にしとう》の入り口が見えて、ぼくは自分が嫌《いや》になった。何をぜいたく言っているのだ。遅《おそ》くとも二週間後にはここから出られるし、ここでだって苦しい治療《ちりょう》を受けているわけじゃない。西棟には、何ヶ月も入院している子だっているのだ。それを思うと、胸がめちゃくちゃになる。病院の中では、自分の気持ちをどう動かすのが正解なのか、どんな感情を持つことが正しいのか、よくわからなくなってしまう。
就寝《しゅうしん》時間が近づいてくると、⑥やっぱり気持ちが抑《おさ》えきれなくなってプレイルームに向かった。真っ暗な中、音が出ないようマットに向かっておもちゃ箱をひっくり返す。三つの大きな箱の中身をぶちまけるのだ。ただそれだけの行為《こうい》が、ぼくの気持ちを保ってくれた。悪いことだとはわかっている。でも、こうでもしないと、ぼくの中身が崩《くず》れてしまいそうだった。いつも、翌朝にはおもちゃは片付けられ、きれいにプレイルームは整えられている。きっと、お母さんか＊三園さんが直してくれているのだろう。それを思うと、ひどいことをしてるよなと申し訳ない。だけど、何かしないと、おかしくなりそうで止められなかった。

三つ目のおもちゃ箱をひっくり返し、あれ、と思った。布の箱から、がさっと何かが落ちた。硬《かた》いプラスチックのおもちゃの音とはちがう。暗い中、目を凝《こ》らしてみると、紙飛行機だ。

ぼくは慌《あわ》てて電気をつけた。
⑦壮太だ……。赤青黄緑銀金、いろんな色の折り紙で作った紙飛行機は、三十個以上はある。片手に管を刺《さ》して固定していたから、使いにくい手で折ったんだろう。形は不格好だ。それでも、紙飛行機には顔まで描《えが》かれていて、「おみそれ号」「チビチビ号」「瑛ちゃん号」「またね号」と名前まで付いている。

「そんなことない。一緒に話してただけで楽しかったよ」

ぼくが言うと、

「うん。俺も半分頭は寝てたけど、楽しかった」

と壮太も言った。

そのあと、昼食ができたと放送が流れ、ぼくたちはそれぞれ部屋に戻った。

③「またな」とは言えず、「じゃあ」とあいまいに微笑《ほほえ》みながら。

昼ごはんを食べ終えて歯を磨《みが》いた後、壮太が母親と一緒にぼくの病室にやってきた。壮太の母親は大きなバッグを待ち、壮太もリュックを背負っている。

「いろいろお世話になりました」

壮太の母親は、ぼくとぼくのお母さんに頭を下げた。

「ああ、退院ですね。お疲《つか》れさまでした」

ぼくのお母さんが言った。

「瑛介君に仲良く遊んでもらって、入院中、本当に楽しかったみたいで」

「うちもです。壮太君が来てくれてよかったです」

お母さんたちがそんな話をしている横で、ぼくたちはお互《たが》い顔を見合わせて、かといって今この短い時間で話す言葉も見当たらず、ただなんとなく笑った。

「行こうか。壮太」

母親に肩《かた》に手を置かれ、

「瑛ちゃん、じゃあな」

と壮太は言った。

「ああ、元気でな」

ぼくは手を振《ふ》った。

壮太は、

「瑛ちゃんこそ元気で」

④そう言ってくるりと背を向けると、そのまま部屋から出て行った。

壮太たちがいなくなると、

「フロアの入り口まで見送ればよかったのに。案外二人ともお別れは［２］しているんだね。ま、男の子ってそんなもんか」

とお母さんは言った。

お母さんは何もわかっていない。あれ以上言葉を発したら、泣きそうだったからだ。きっと壮太も同じなのだと思う。もう一言、言葉を口にしたら、あと少しでも一緒にいたら、さよならができなくなりそうだった。口や目や鼻。いろんなところがじんと熱くなるのをこらえながら、ぼくは「まあね」と答えた。

壮太がいなくなったプレイルームには行く気がせずに、午後は部屋で漫画《まんが》を読んだ。時々、壮太は本当に帰ったんだな、もう遊ぶことはないんだなと気づいて、［３］心に穴が空いていくようだった。これ以上穴が広がったらやばい。そう思って、必死で漫画に入り込《こ》もうとした。

二時過ぎからは診察《しんさつ》があった。この前の採血の結果が知らされる。

「だいぶ血小板が増えてきたね」

先生は優しい笑顔をぼくに向けると、Dさもビッグニュースのように、

「あと一週間か二週間で退院できそうかな」

「ああ。血抜《ぬ》いたら、喉《のど》かわいたな」

壮太がナースステーション横の自販機《じはんき》を見てつぶやいた。

「水飲めないって、ちょっとつらいよな」

低身長の検査中は絶飲絶食だ。おなかがすくのは我慢《がまん》できるけど、水が飲めないのはしんどいらしく、子どもたちもよく「お茶ー！」「喉かわいたー」と叫《さけ》んでいる。①ぼくもなんとなく気が引けて、壮太といる時やプレイルームに検査の子がいる時は水分を摂《と》らないようにしている。

「じゃあ、じゃんけんは休憩《きゅうけい》してゆっくり歩こう」

眠気に負けそうな壮太にぼくは言った。

「ああ、ごめんな。今日の俺あんまり楽しくないよな」

壮太はいつもよりおっとりした口調で言う。検査のための薬でこんなにしんどくなるんだ。いつも元気な壮太なだけに、つらさがよくわかる。

「眠くてぼんやりしてても、壮太は楽しいよ」

「そう？」

「もちろん」

「だといいけど。おもしろくないチビなんて終わってるもんな」

壮太はそう言って、とろんとした目で笑った。

「壮太はおもしろいけど、でも、おもしろくなくたって全然いいと思うよ」

「瑛ちゃんは、優《やさ》しいよな」

「まさか」

「瑛ちゃんといると、気持ちがのんびりする」

壮太が見当違《ちが》いに褒《ほ》めてくれるから、何だか居心地《いごこち》が悪くなって、ぼくは入院したてのころはわがままだったこと、最初は低身長の検査入院の子どもたちに冷たくしてたこと、今はなんとなくそのほうがここから早く出られるような気もして、みんなに優しくしてるだけだということを、正直に話した。

「そうか。じゃあ、俺はチビだからおもしろくなって、瑛ちゃんは入院が長いから優しくなったってことか。瑛ちゃんが病気で、俺が小さくてよかったー」

②壮太の言うとおりかもしれない。だけど、やっぱり違う。ぼくは入院する前のほうが性格はよかった。「みんなはいいよな」って人をうらやむことはなかったし、「どうしてぼくばっかりなんだよ」といらつくこともなかった。それに、壮太が楽しいことに、身長は関係ない。背が高くてC陽気じゃない壮太でも、ぼくは一緒《いっしょ》にいて楽しいって思うはずだ。そんなことを言おうと思ったけど、うまく伝えられる自信がなくてやめにした。

そんなことより、［1］寝そうになる壮太を起こすことで精いっぱいだった。何度も廊下を往復したり、プレイルームに戻《もど》ってゲームをしてみたり、次から次へといろんなことをして壮太の眠気を覚ました。

「はーこれで、解放だ！」

十二時前、最後の採血が終わって、管を抜いてもらうと、壮太はプレイルームの床《ゆか》にごろんと寝転がった。

「おつかれ、壮太」

「サンキュー、瑛ちゃん」

「ぼくは何もしてないけどさ」

「なんか最終日に全然遊べなくてもったいないなかったな」

【国語】（五〇分）〈満点：一〇〇点〉

一　次の――線の漢字の読みをひらがなで書き、――線のカタカナは漢字に直して書きなさい。

① 酒気を帯びた状態で運転してはいけない。
② この家は収納スペースが多い。
③ はっきりとした色の濃淡をつける。
④ 和服に合わせて足袋を新調する。
⑤ 育てていた植物の葉がチヂれる。
⑥ 木に小さな虫がムラがっている。
⑦ バスのコウシャボタンを押《お》す。
⑧ キソクは守らなければならない。
⑨ 事故で交通がコンランしている。
⑩ 誰《だれ》に対しても、ハクアイの精神で接する。

二　次の文章を読んで、あとの問いに答えなさい。問いの中で字数に指定のあるときは、特に指示がないかぎり、句読点や符号《ふごう》もその字数に含《ふく》めます。

小学校三年生の「ぼく（瑛介《えいすけ》）」は、血小板（血液の成分の一つ）が減る病気でもう一ヶ月以上入院している。今は元気で、病院のプレイルームで毎日遊んでいる。プレイルームに来る子どもたちの多くは低身長の検査入院をしており、皆《みな》、「ぼく」より年齢《ねんれい》は下だったが、あるとき、同じ三年生の壮太《そうた》がやはり低身長の検査のために入院してきて、二人はたちまち仲良くなった。壮太の退院日である今日、壮太は検査のための薬のせいで眠気《ねむけ》におそわれているが、検査中は寝《ね》てはいけないことになっている。

だるいけどじっとしていると寝てしまいAそうだという壮太と廊下《ろうか》に出て、じゃんけんに勝てば、グリコ・パイナップル・チョコレートと文字の数だけ進めるゲームをした。ゆっくりでも歩けば、眠るのは避《さ》けられるだろう。

「俺《おれ》の足短いから、なかなか進まないな」

壮太は三歩進んでから言った。

「でも壮太のほうがじゃんけん勝ってるよ」

「そうだ！　グー、チョキ、パー、その文字から始まる言葉なら何でもいいことにしよう」

「いいね。そのほうがおもしろそう！」

「グー！　やったね。じゃあ、えっと、ぐつぐつよく煮《に》たスープ」

じゃんけんで勝った壮太は、少し調子が出てきたのか大股《おおまた》で進んだ。

「なんだよそれ。よし勝った。じゃあ、ぼくは、パンダを見に動物園に行くのは日曜日」

ぼくも負けじと長い文を考えて歩く。

「えー、そうなんだ。動物園は土曜日じゃダメなんだ。お、俺もパーか。えっと、パリパリのポテトチップスを買うのは水曜日」

「なんて、曜日しばり？」

ぼくらはグー、チョキ、パーで始まる言葉を言い合っては笑った。

ナースステーション前を通り過ぎようとすると、「ちょうどよかった。時間だよ」と、看護師さんにソファに座《すわ》らされ、壮太はB採血を受けた。

# 2023年度

# 専修大学松戸中学校入試問題（第２回）

**【算　数】**（50分）　＜満点：100点＞

$\boxed{1}$ 次の $\boxed{\phantom{00}}$ にあてはまる数を求めなさい。

(1) $\dfrac{13}{15}\div\left(\dfrac{1}{10}+\dfrac{1}{15}+\dfrac{1}{20}\right)=\boxed{\phantom{000}}$

(2) $1\dfrac{3}{4}-\left(0.6\div1.44-\dfrac{2}{9}\right)=\boxed{\phantom{000}}$

(3) $\{68\div(100-\boxed{\phantom{000}})\}\times17=289$

(4) $1\dfrac{1}{2}\times1\dfrac{1}{3}\times1\dfrac{1}{4}\times1\dfrac{1}{5}\times1\dfrac{1}{6}\times1\dfrac{1}{7}\times1\dfrac{1}{8}\times1\dfrac{1}{9}=\boxed{\phantom{000}}$

$\boxed{2}$ 次の $\boxed{\phantom{00}}$ にあてはまる数を求めなさい。

(1) ２時間20分－$1\dfrac{3}{5}$時間＝ $\boxed{\phantom{000}}$ 分

(2) $\boxed{0}$，$\boxed{1}$，$\boxed{2}$，$\boxed{3}$，$\boxed{4}$，$\boxed{5}$の６枚のカードのうち，３枚のカードを並べて３けたの整数をつくります。このとき，５の倍数は $\boxed{\phantom{000}}$ 通りできます。

(3) ３を足すと５で割り切れ，５を足すと３で割り切れる整数のうち，最も小さい３けたの整数は $\boxed{\phantom{000}}$ です。

(4) 花子さんは，切手Ａならちょうど60枚買うことができ，切手Ｂならちょうど40枚買うことができるお金を持って，切手を買いに郵便局へ行きました。郵便局で切手Ａと切手Ｂを合わせて46枚買ったところ，ちょうど買うことができました。このとき買った切手Ａの枚数は $\boxed{\phantom{000}}$ 枚です。

(5) 下の図のように，ABとACの長さが等しい二等辺三角形ABCと，直角二等辺三角形DACを組み合わせました。角BCDの大きさが120度のとき，四角形ABCDの面積は $\boxed{\phantom{000}}$ $cm^2$です。

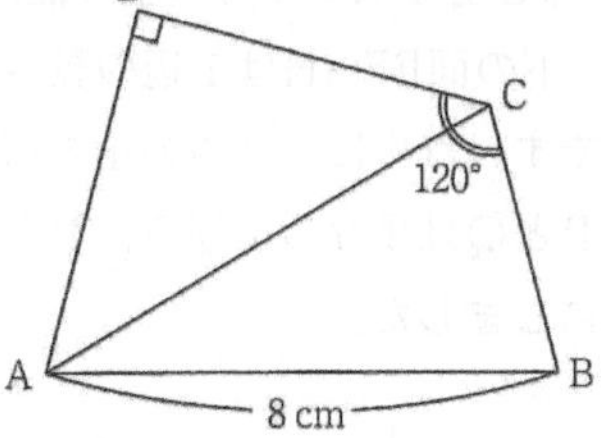


$\boxed{3}$ 花子さんが生まれたのは2010年８月15日で，花子さんのお母さんが生まれたのは1980年６月10日です。

このとき，次の各問いに答えなさい。

(1) 今年（2023年）の１月１日，花子さんとお母さんの年令の和は何才でしたか。

(2) １年間の中で，花子さんとお母さんの年令の差が31才である期間は何日間ですか。

**4** 図１のように，円周上に等しい間かくで５個の点があります。これらの点を頂点とする三角形をつくるとき，回転したりひっくり返したりして，ぴったり重なるものは同じ三角形とすると，形の異なる三角形は図２の２種類できます。また，この２種類の三角形はどちらも二等辺三角形です。

図１

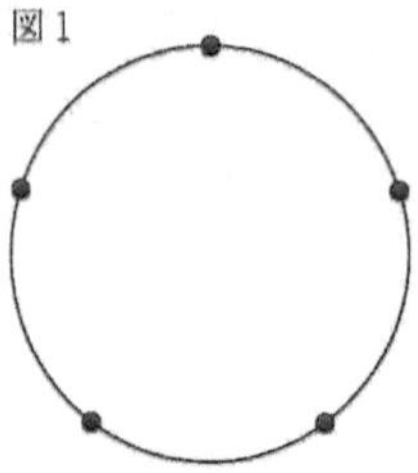

図２

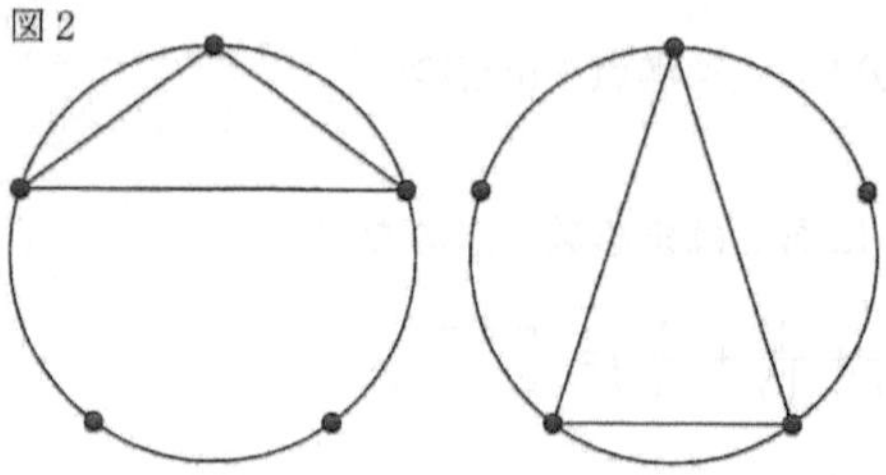

このとき，次の各問いに答えなさい。

⑴ 円周上に等しい間かくで７個の点があります。これらの点を頂点とする三角形をつくるとき，形の異なる**三角形**は何種類できますか。

⑵ 円周上に等しい間かくで11個の点があります。これらの点を頂点とする三角形をつくるとき，形の異なる**二等辺三角形**は何種類できますか。

**5** 右の図のように，Ａ地点からＢ地点まで一定の間かくで23本の旗が立っています。旗には，Ａ地点からＢ地点に向かって１番～23番の番号が小さい順についています。太郎君と次郎君がＡ地点を，花子さんがＢ地点を同時に出発して，それぞれ一定の速さでAB間を１往復しました。このとき，次郎君は，15番の旗の前で花子さんとはじめてすれちがい，20番の旗の前でＢ地点を折り返してきた太郎君とすれちがいました。

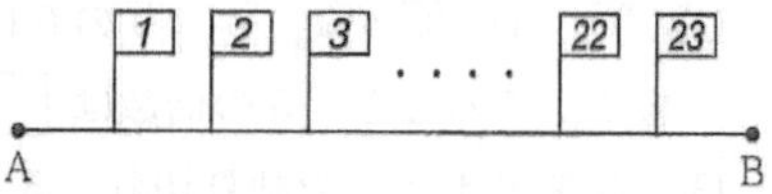


このとき，次の各問いに答えなさい。

⑴ 太郎君と花子さんの速さの比を，最も簡単な整数の比で答えなさい。

⑵ 太郎君が花子さんを追いこしたのは，何番の旗の前ですか。

**6** 右の図のような，四角すいの一部を切り取った形の上の面があいた容器があります。上の面ABCDは１辺の長さが８㎝の正方形，下の面EFGHは１辺の長さが12㎝の正方形で，２つの面は平行です。また，辺ABと辺EFも平行です。さらに，２つの正方形の対角線が交わる点をそれぞれＰ，Ｑとすると，真上から見たときにＰとＱは重なって見え，ＰとＱの間の長さは６㎝です。いま，上の面から水を入れて，容器を満水にしました。

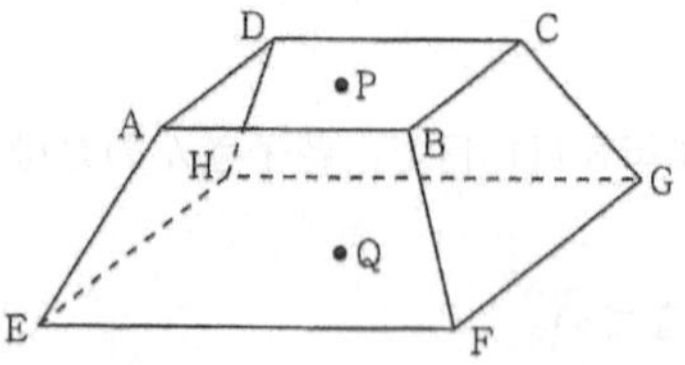


このとき，次のページの各問いに答えなさい。

⑴　容器に入れた水の量は何cm³ですか。

⑵　容器に入っている水の一部を抜《ぬ》き出したところ，容器に残っている水の深さが4.5cmになりました。このとき，抜き出した水の量は何cm³ですか。

⑶　⑵の状態から，辺FGを床につけたまま，水面が辺EHと重なるまで容器を傾《かたむ》け水を流しました。このとき，容器に残っている水の量は何cm³ですか。

**7**　２つの整数の最大公約数の求め方について，Ｔ先生とＭさんが会話をしています。

Ｔ先生：右の図は，たて15cm，横24cmの長方形を，次々とできるだけ大きい正方形に分けたものです。

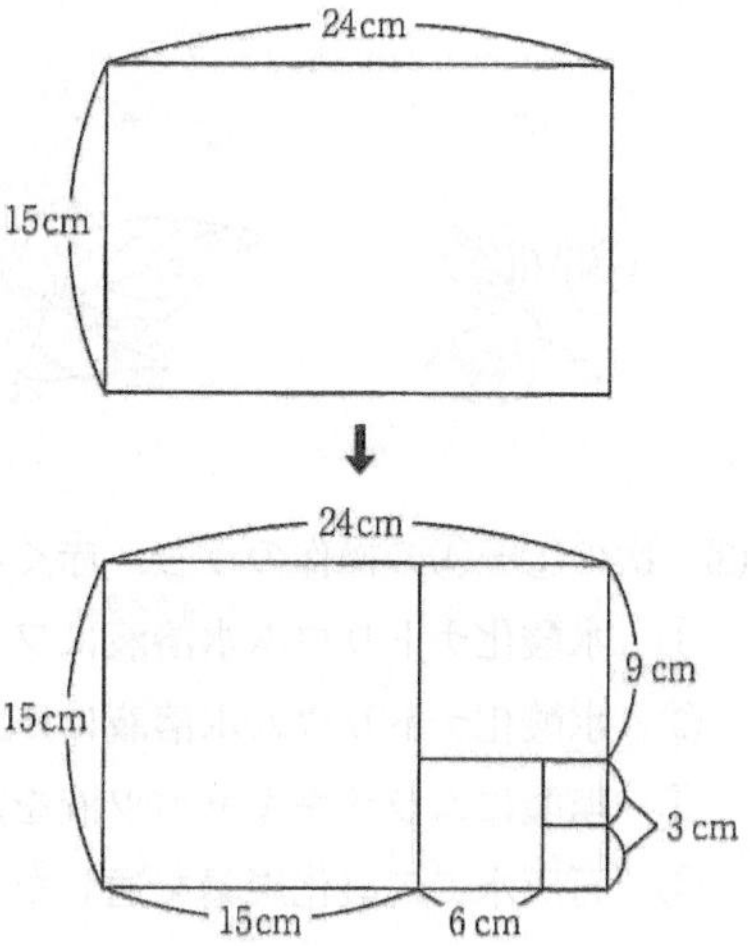


Ｍさん：全部で５個の正方形に分けられていますね。

Ｔ先生：一番小さい正方形の１辺の長さは何cmですか。

Ｍさん：３cmです。

Ｔ先生：この一番小さい正方形だけで，１辺の長さが６cmの正方形をうめつくすことができますから，１辺の長さが９cmの正方形も，１辺の長さが15cmの正方形も，一番小さい正方形だけでうめつくすことができますね。

Ｍさん：はい。すると，もとの長方形は１辺の長さが３cmの正方形だけでうめつくせることになります。

Ｔ先生：その通りです。この考え方を利用すると，15と24の最大公約数は３とわかります。

このとき，次の各問いに答えなさい。

⑴　たて56cm，横136cmの長方形を次々とできるだけ大きい正方形に分けると，全部で何個の正方形に分けることができますか。

⑵　851と1147の最大公約数を求めなさい。

【理　科】（30分）　＜満点：50点＞

1　次の問いに答えなさい。答えは，それぞれのア～エから最も適切なものを１つずつ選び，記号で答えなさい。

(1)　同じ材質，同じ太さの弦《げん》を同じ強さで張ってはじいたとき，最も高い音が出るのはどれですか。

ア　12cm　　イ　24cm　　ウ　36cm　　エ　48cm

(2)　右の図は，7月に花をさかせたある植物の果実のスケッチです。この植物の葉のようすを表しているのはどれですか。

ア　　　イ　　　ウ　　　エ

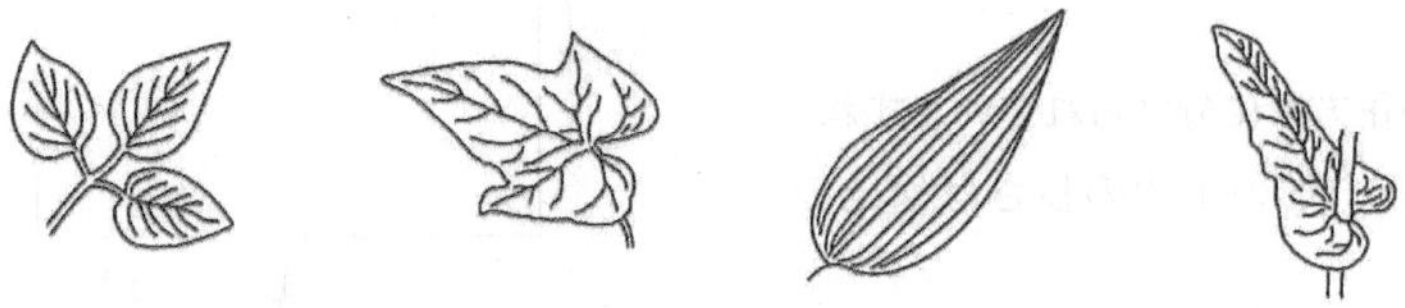

(3)　次の①～④の操作のうち，赤くなるものはいくつありますか。

①　水酸化ナトリウム水溶液《すいようえき》にフェノールフタレイン液を加えた。

②　水酸化ナトリウム水溶液にBTB液を加えた。

③　塩酸にムラサキキャベツ液を加えた。

④　石灰水に二酸化炭素を通した。

ア　1つ　　イ　2つ　　ウ　3つ　　エ　4つ

(4)　夜に見られる星座をつくる星の中で最も明るい星はどれですか。

ア　ベガ　　　イ　ベテルギウス

ウ　シリウス　　エ　リゲル

(5)　日本の2022年６月～８月の平均気温は，統計を開始してから２番目に高い記録となりました。その要因の１つとして，2021年の秋ごろから続いている，南米ペルー沖の海水面の温度が平年より低い状態が続く現象が指摘《してき》されています。この現象を何といいますか。

ア　エルニーニョ現象　　イ　ラニーニャ現象

ウ　フェーン現象　　エ　ヒートアイランド現象

2　右の図は，消化のはたらきをするヒトのおもな器官を模式的に表したものです。これについて，次の問いに答えなさい。

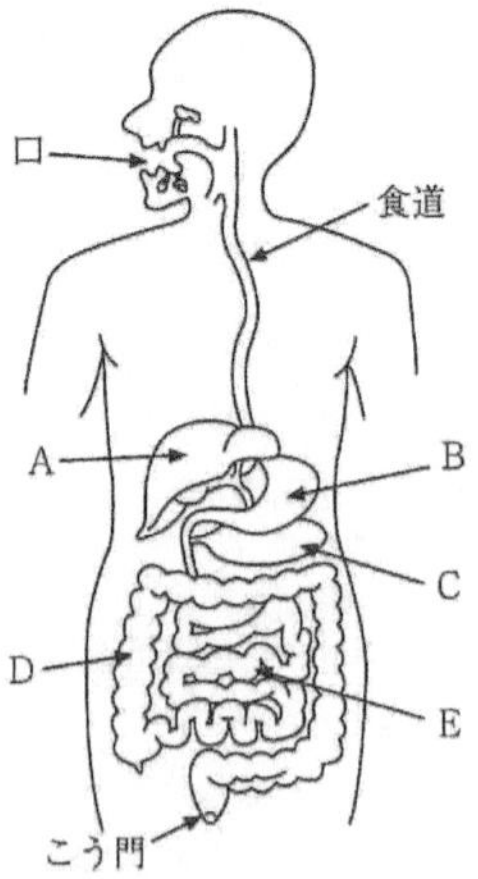


(1)　口からこう門まで続く，食物や消化・吸収されたあとに残ったものが通過するひと続きの管を何といいますか。名前を答えなさい。

(2)　食物中にふくまれるデンプンは，口の中でだ液によって最初に消化されます。だ液にふくまれ，おもにデンプンを分解する消化酵素《こうそ》を何といいますか。名前を答えなさい。

(3)　図の中のAは何という器官ですか。名前を答えなさい。また，その器官のはたらきではないものはどれですか。あとのア～エから１つ選び，記号で答えなさい。

ア　体内に発生した有毒なアンモニアを，比較的《ひかくてき》無害なにょう素に変える。

イ　栄養分の糖をグリコーゲンに変えて一時的にたくわえる。

ウ　いくつかの重要な消化酵素をつくって十二指腸に分ぴつする。

エ　脂肪《しぼう》の消化を助けるたん汁《じゅう》をつくる。

⑷　次の①，②のはたらきをしている器官はどれですか。前のページの図の中のＡ～Ｅからそれぞれ１つずつ選び，記号で答えなさい。

①　消化された栄養分を吸収する。

②　食物中のタンパク質を最初に消化する。

**3**　ある物質Ｘを水にとかす実験を，次のような手順で行いました。これについて，あとの問いに答えなさい。計算の結果が割り切れないときは，小数第１位を四捨五入し，整数で答えなさい。ただし，この実験を行っている間，気温は20℃で一定であり，水および水溶液の温度はつねに気温と同じになっているものとします。また，水１cm$^3$の重さは１ｇとします。

【実験１】

物質Ｘ40ｇを，重さ120ｇで200cm$^3$まで液体を入れることのできるビーカーＡに入れ，水を140cm$^3$加えてよく混ぜ，物質Ｘの水溶液をつくった。このとき，物質Ｘはすべてとけていた。

【実験２】

【実験１】の物質Ｘの水溶液を，ビーカーにふたをしないで風通しのよい場所にしばらく放置しておいたところ，ビーカーの底に結晶《けっしょう》が出てきていた。このとき，ビーカーをふくめた全体の重さをはかると260ｇであった。

【実験３】

【実験２】で重さをはかったすぐあとに　ビーカーの中身をろ過して結晶を取り出し，乾燥《かんそう》させてその重さをはかったところ，８ｇであった。

⑴　次のア～エは，右ききの人が物質Ｘを上皿てんびんで40ｇはかり取るときの操作の一部を述べたものです。ア～エの中から正しいものを３つ選び，記号を正しい操作の順序に左からならべなさい。

ア　右の皿の薬包紙の上に，物質Ｘを少しずつのせていきつり合わせる。

イ　左の皿に直接20ｇの分銅を２個のせる。

ウ　皿に何ものせないとき，針が左右に等しくふれるように調節する。

エ　左の皿に薬包紙をひき，20ｇの分銅を２個，その上にのせる。

⑵　【実験２】で，ビーカーの中に残っている水の重さは何ｇですか。

⑶　実験の結果をもとにして，次の①，②の問いに答えなさい。

①　20℃の水100ｇに，物質Ｘは何ｇまでとかすことができますか。

②　【実験２】でできた物質Ｘの水溶液（上ずみ液）のこさは何％ですか。

⑷　【実験３】でろ過したろ液を放置しておいたところ，ビーカーをふくめた全体の重さが25ｇ減少しました。このとき，物質Ｘの結晶は何ｇ出てきますか。

**4** 右の図は，ある日の日本付近の天気のようすを表す天気図です。これについて，次の問いに答えなさい。

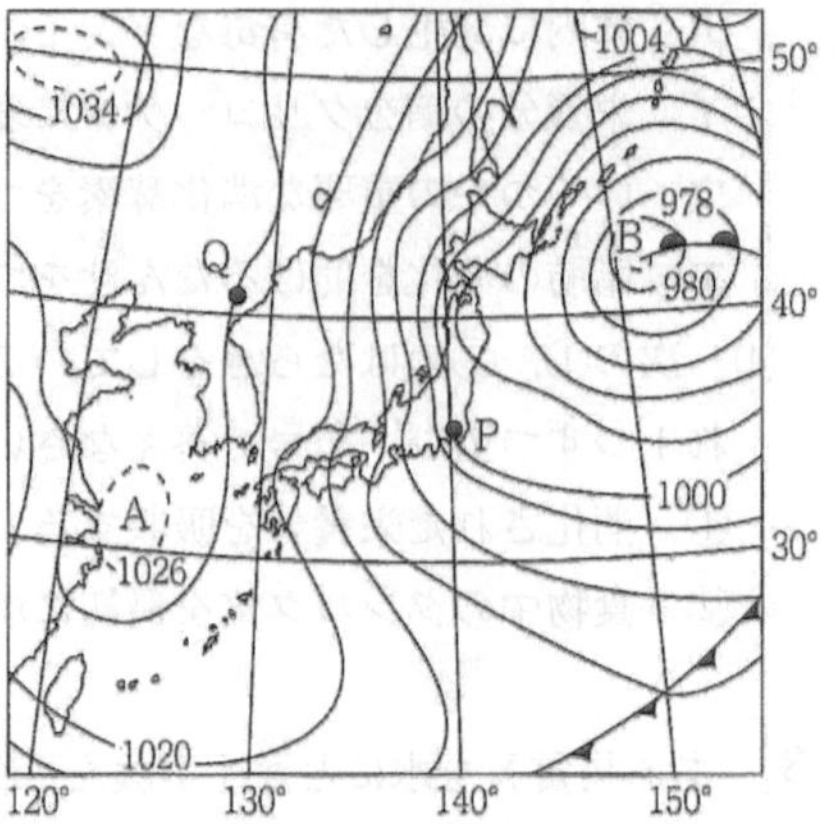


⑴ この天気図は，四季の中のある季節によく見られるものです。どの季節のものですか。次の**ア**～**エ**から最も適切なものを１つ選び，記号で答えなさい。

**ア** 春　**イ** 夏　**ウ** 秋　**エ** 冬

⑵ AとBにはふつう，「高」または「低」の文字が書かれています。 A，Bにあてはまる文字について，正しい組み合わせはどれですか。次の**ア**～**エ**から最も適切なものを１つ選び，記号で答えなさい。

**ア** A…高　B…高　**イ** A…高　B…低
**ウ** A…低　B…高　**エ** A…低　B…低

⑶ 地点Pと地点Qの気圧はそれぞれ何hPa（ヘクトパスカル）ですか。整数で答えなさい。

⑷ 地点Pと地点Qで，より強い風がふいているのはどちらですか。記号で答えなさい。また，そう判断した理由を「等圧線」という語句を用いて簡単に説明しなさい。

⑸ 地点Pの天気は晴れ，風力は４，風向きは西北西でした。点Pにかき加えるべき天気図記号を解答らんにかきなさい。

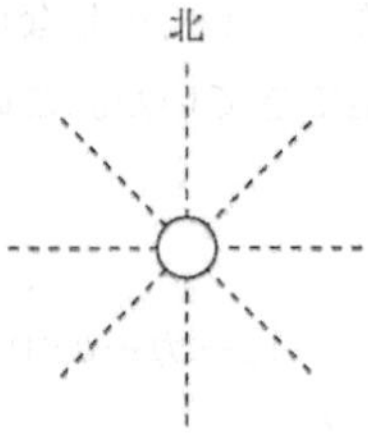


**5** 白熱電球は，フィラメントとよばれる部分に電流が流れたときに高温になることによって明るく光ります。このとき，白熱電球にかかる電圧(電流を流そうとするはたらきで，単位はボルト(V))を大きくすると，流れる電流（単位はアンペア（A））の大きさは右のグラフのように変化します。電熱線とこのような性質の白熱電球を使った電気回路をつくりました。これについて，次の問いに答えなさい。

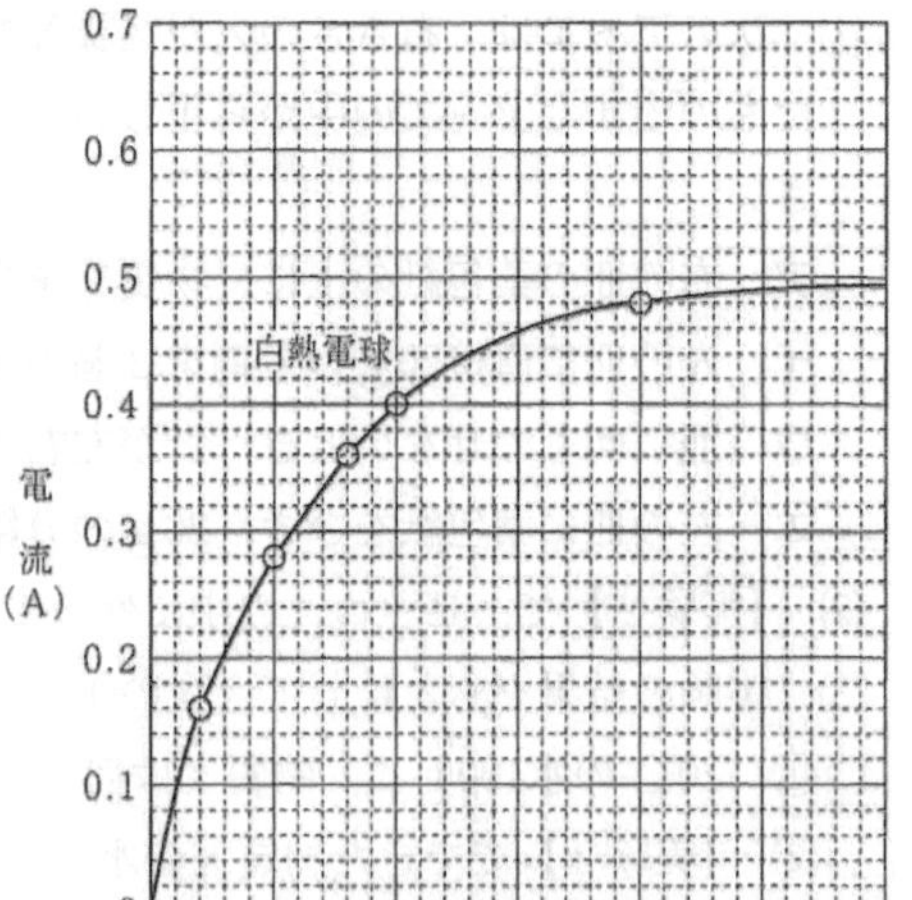


⑴ 白熱電球のフィラメントに使われているのは，何という金属ですか。名前をカタカナで答えなさい。

⑵ ［電圧(V)］÷［電流(A)］で計算される値を，抵抗《ていこう》，または電気抵抗といい，単位はオーム（Ω）を用います。白熱電球に10Vの電圧をかけたとき，電球の抵抗は何Ωですか。

電熱線にいろいろな電圧をかけ，流れる電流の大きさを測定すると，下の表のような結果になりました。

表

| 電圧（V） | 5.0 | 10 | 15 | 20 | 25 |
|---|---|---|---|---|---|
| 電流（A） | 0.12 | 0.24 | 0.36 | 0.48 | 0.60 |

⑶　表をもとにして，電圧の大きさと電流の大きさとの関係をグラフに表します。横じくに電圧，縦じくに電流をとった解答らんのグラフに，表から値を読み取って，黒丸印（●）を５個かきなさい。なお，解答らんには上の白熱電球についてのグラフがかかれています。

⑷　下の図１のように，白熱電球と電熱線を並列につないで，電源の電圧を10Ｖにしてスイッチを入れると，電流計は何Ａを示しますか。小数第２位までの数で答えなさい。

⑸　下の図２のように，白熱電球と電熱線を直列につないで，電源の電圧を23Ｖにしてスイッチを入れると，電流計は何Ａを示しますか。小数第２位までの数で答えなさい。

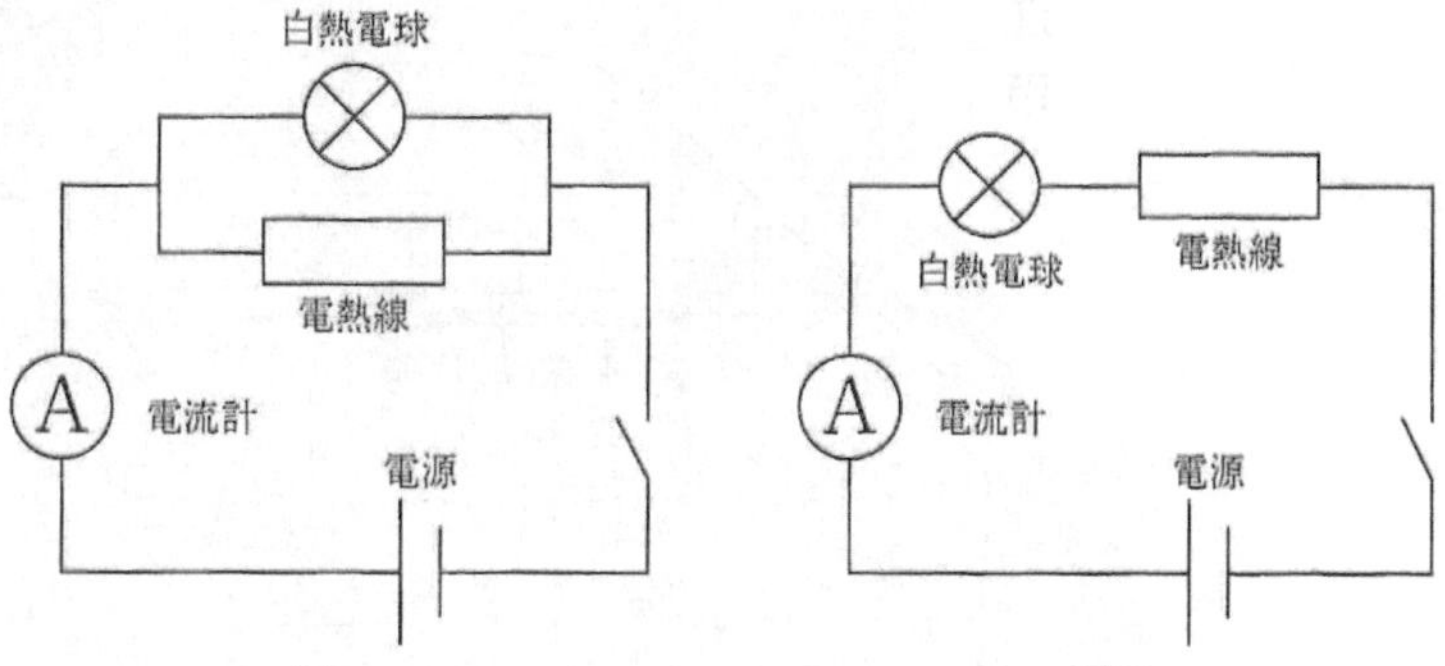


図１　　図２

【社　会】（30分）　＜満点：50点＞

**1**　次の２万５千分の１の地形図を見て，あとの問いに答えなさい。

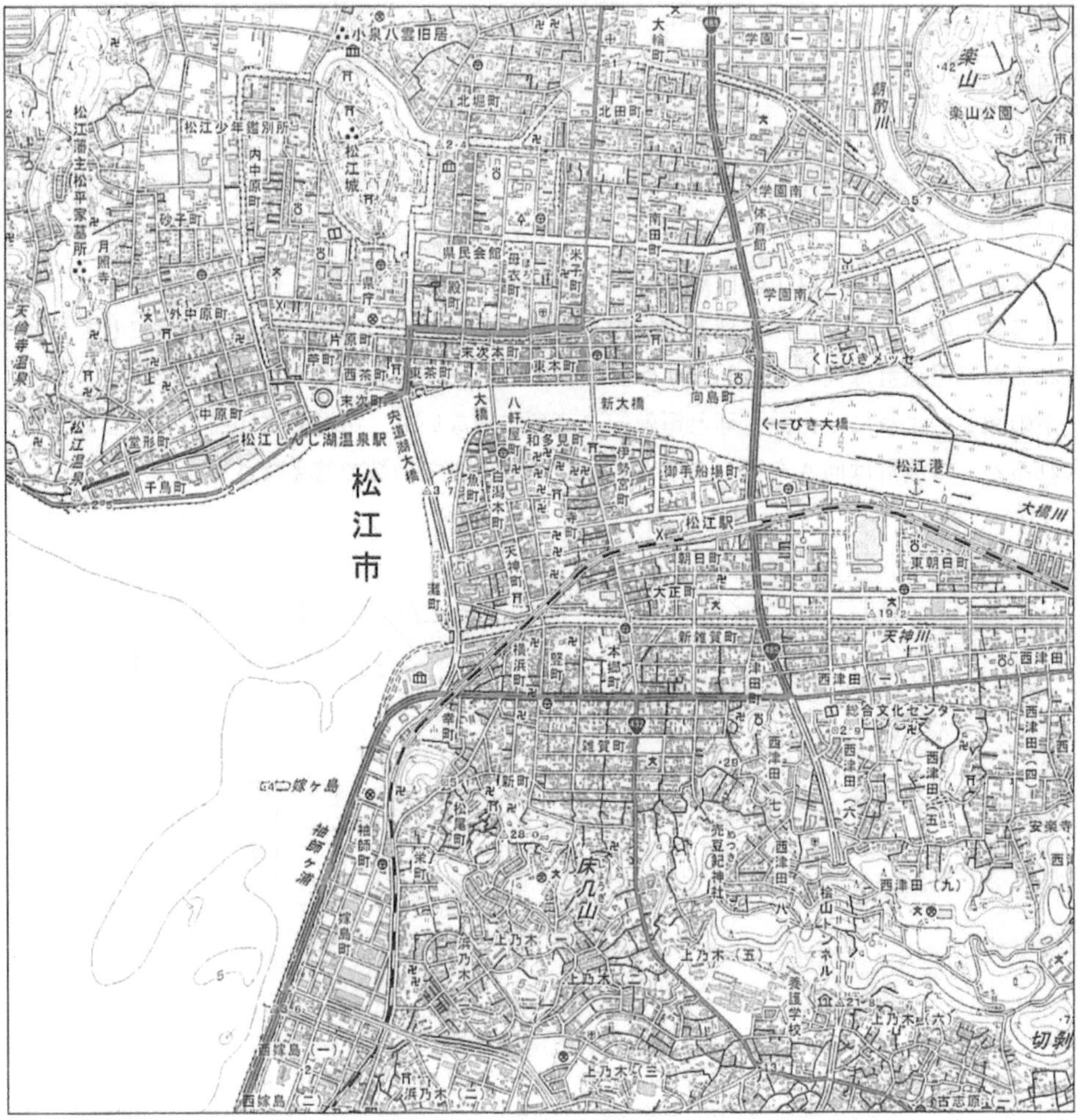


（国土地理院発行２万５千分の１地形図「松江」より作成）

(1)　松子さんは地形図をもとにして松江市を観光する計画を立て，メモを書きました。これを読んで，あとの問いに答えなさい。

> 国宝である松江城の天守閣からは，宍道《しんじ》湖に浮《う》かぶ唯一《ゆいいつ》の島である嫁ヶ島《よめがしま》が見えるそうだ。嫁ヶ島のほうをながめると，正面には市役所やA警察署，左手にはB税務署と，行政機関の建物がいくつも見えるはずだ。また，視界を横切るように大橋川がC西から東へと流れ，おもにD水田として利用されている中州《なかす》も見えるのではないだろうか。松江城を出たあとは，松江しんじ湖温泉駅のほうへ向かい，湖畔《こはん》を歩くことにしよう。松江城から松江しんじ湖温泉駅までは地形図上ではおよそ［　　　］cmの長さなので，実際の直線距離《きょり》では１kmほどだが，ゆっくりと街並みを楽しみたい。

① 下線部Ａ～Ｄには，正しくないものが１つふくまれています。その記号を選び，答えなさい。

② 文中の □ にあてはまる長さを，算用数字で答えなさい。

⑵ ※問題に不備があったため，この問題に対して受験生全員を正解扱いとして採点致しました。

⑶ 松江市の雨温図としてあてはまるものを次から１つ選び，記号で答えなさい。

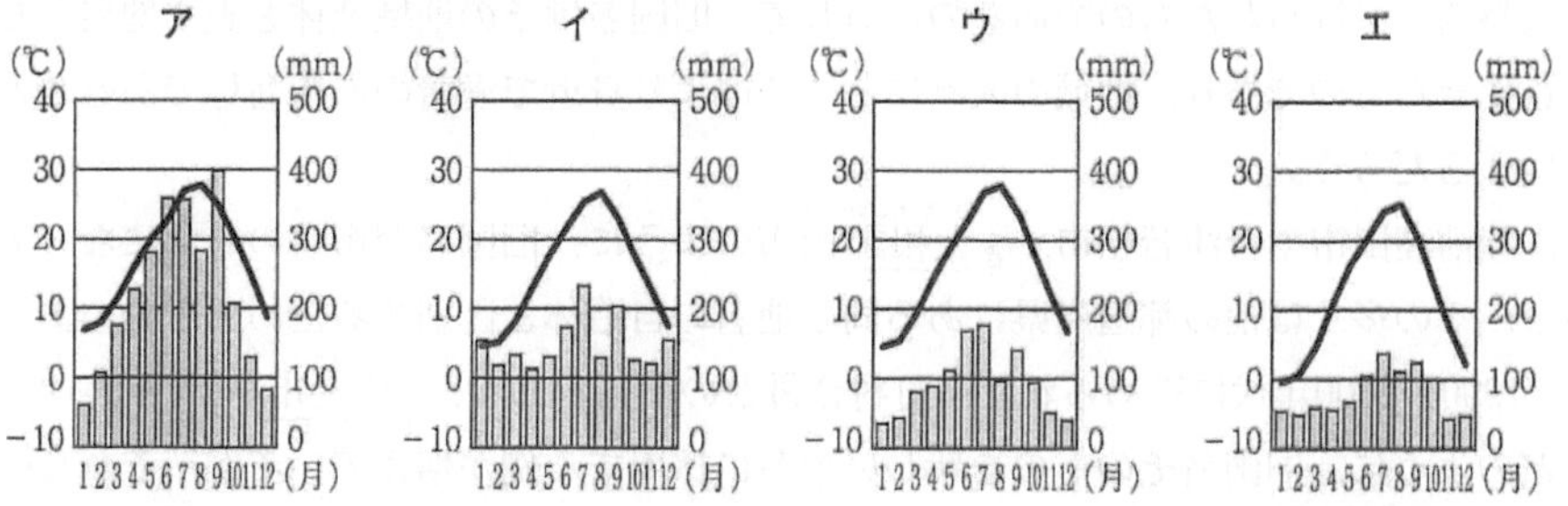


（2022年版「理科年表」より作成）

⑷ 松江市がある島根県には，世界文化遺産に指定されている「石見《いわみ》銀山」があります。石見銀山で産出された銀は，スペインやポルトガルとの南蛮《なんばん》貿易や，□ との長崎貿易を通じて世界各地に広まりました。□ にあてはまるヨーロッパの国名を答えなさい。

⑸ 「松江藩主松平家墓所」は，江戸時代に代々松江藩主をつとめた松平氏の墓所です。これについて述べた次の文中の □ にあてはまる語句を答えなさい。

> 松江藩を治めた松平氏は徳川氏の子孫で，こうした大名は □ とよばれ，特に紀伊《きい》藩・尾張《おわり》藩・水戸藩の３つは，将軍の後継《あとつ》ぎを出せる「御三家」として，幕府の存続に重要な役割をはたしました。

⑹ 地形図中にある県庁には県知事がおり，県議会が設置されています。また，市役所には市長がおり，市議会が設置されています。これらについて述べた文として正しくないものを次から１つ選び，記号で答えなさい。

ア 県知事，市長ともに，被《ひ》選挙権は30歳以上である。

イ 県議会，市議会ともに，議員の被選挙権は25歳以上である。

ウ 県議会は県知事に，市議会は市長に対して，それぞれ不信任を決議できる。

エ 県知事や市長が作成した予算は，ともに議会の承認を経て成立する。

⑺ 島根県は，隣接《りんせつ》する鳥取県とともに参議院の選挙区選挙で「合区」（２県で１つの選挙区）とされています。これらの県が合区とされている理由を，「格差」という語句を用いて10字程度で答えなさい。

**2** 次の文を読んで，あとの問いに答えなさい。

多くの地図帳では見開きページに都道府県の区分図が載《の》っているが，その隣《となり》に旧国名の区分図がある場合がある。旧国名とは律令制度の下で朝廷によって設けられた行政区分であり，かつては国ごとに国司が置かれ，鎌倉・室町時代には幕府によって国ごとに守護が置かれた。やがて戦国時代になると，１つの国が多くの戦国大名や豪族《ごうぞく》によって支配されたり，力の強い戦国大名が２つ以上の国を支配したりするような例も見られた。そうした状況は江戸時代の幕藩体制にも受け継がれ，明治政府によって廃藩置県が行われるまで「国」という概念《がいねん》は存続した。

現代においても旧国名はさまざまな場面で用いられており，ⓐ讃岐《さぬき》平野，ⓘ濃尾《のうび》平野，ⓤ能登《のと》半島，ⓔ房総《ぼうそう》半島などのような地名，美濃《みの》和紙，ⓞ日向《ひゅうが》かぼちゃ，信州りんご・甲州ぶどうのような産物名，日豊《にっぽう》本線のような交通機関の路線名，ⓚ阿波踊《あわおど》りのような祭礼や行事の名称《めいしょう》などにそうした例が多く見られる。都道府県名の多くは明治以降，その地域の中心都市の名などをもとに政府によって人為《じんい》的につけられたものであるのに対して，旧国名はその地域全体を表す地名として長い間用いられてきたものであり，地域の人々にとってはより身近で愛着のある名称であることが，その理由といえるだろう。

なお，陸前高田市や会津若松市，ⓚ大和郡山《やまとこおりやま》市のように，旧国名が市名の一部になっている場合があるが，その多くは他の都道府県にある同じ地名の自治体と区別するためのものである。さらに近年は，1990～2000年代に進められた市町村合併《がっぺい》との関係もあり，ⓚ甲斐《かい》市や伊豆《いず》市，丹波《たんば》市，ⓚ越《えち》前《ぜん》市などのように，旧国名そのものを新しい市名に採用する例が増えているが，それらの中にはその地域の中心地ではないなど，旧国名を使うことが適切とはいえないものもあり，疑問を呈《てい》する声も出ている。

(1)　下線部ⓐについて，讃岐平野はかつてため池が多く存在することで知られていましたが，近年はその数が減ってきています。その理由について述べた次の文中の [　　] にあてはまる言葉を，10字程度で答えなさい。

| 吉野川の水を引く [　　　　] ため。 |
|---|

(2)　下線部ⓘについて，濃尾平野の南西部には，川底よりも土地のほうが低い低湿地が広がっており，川の氾濫《はんらん》による洪水《こうずい》の被害になやまされてきました。このように，川底が周りの土地よりも高いところを流れる川を [　　] とよびます。[　　] にあてはまる語句を，漢字３字で答えなさい。

(3)　下線部ⓤについて，この地域で生産される伝統的工芸品を次から１つ選び，記号で答えなさい。

ア　大館《おおだて》曲げわっぱ　　イ　小千谷《おぢや》ちぢみ
ウ　輪島塗《ぬり》　　　　エ　南部鉄器

(4)　下線部ⓔについて，この半島の西部沿岸部には，京葉工業地域が発達しています。この地域の製造品出荷額等の内訳を示したグラフを次から１つ選び，記号で答えなさい。

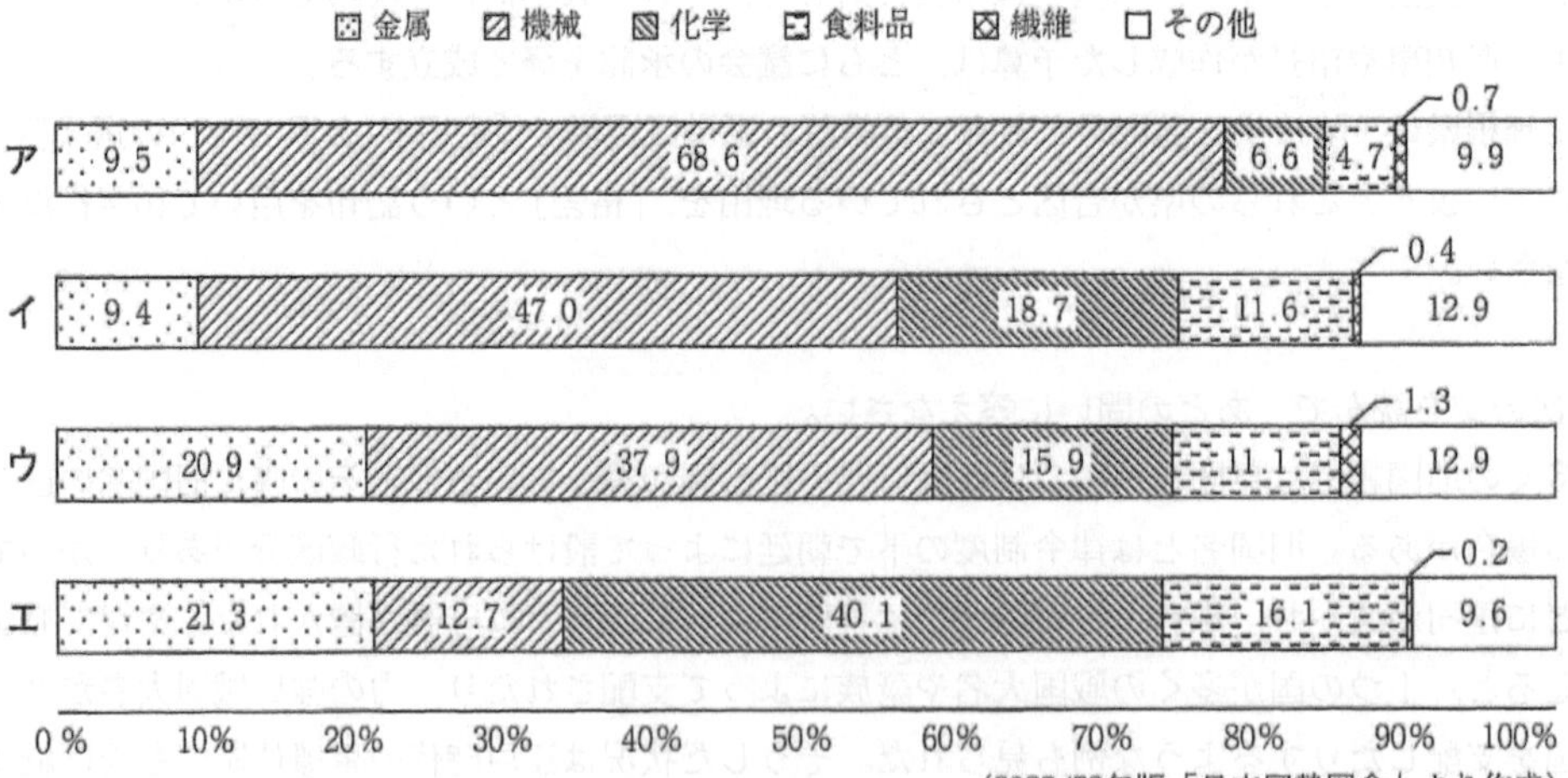


（2022/23年版「日本国勢図会」より作成）

⑸　下線部㋔について，「日向」は現在の宮崎県にあたります。宮崎県で行われている農業のようすについて述べた文として正しいものを次から１つ選び，記号で答えなさい。

ア　冬は積雪の影響《えいきょう》を受けるため，水田単作地帯が広がっている。

イ　温暖な気候を生かし，ハウス栽培《さいばい》によりきゅうりやピーマンなどの夏野菜を秋から春にかけて生産し，都市部へ出荷している。

ウ　高原の気候を生かしてレタスやキャベツなどの野菜を栽培し，他の産地のものが出回らない７・８月を中心に出荷している。

エ　砂丘《さきゅう》が広がる沿岸部ではすいかやらっきょう，長いもなどの生産がさかんであり，その周辺の丘陵《きゅうりょう》地帯では果樹栽培が行われている。

⑹　下線部㋕について，阿波踊りは徳島県徳島市で毎年８月に行われるお盆の伝統行事です。次にあげた伝統行事や祭りのうち，名称と開催《かいさい》される地域の組み合わせとして正しいものを１つ選び，記号で答えなさい。

ア　竿燈《かんとう》まつり―青森県　　イ　岸和田だんじり祭―和歌山県

ウ　秩父《ちちぶ》夜祭―群馬県　　エ　よさこい祭り―高知県

⑺　下線部㋖について，大和郡山市のある奈良県について述べた文として正しくないものを次から１つ選び，記号で答えなさい。

ア　古代に都が置かれていた影響で，筆や墨《すみ》が伝統的工芸品としてつくられている。

イ　大阪府や京都府に通勤・通学する人が多く，人口は増加傾向《けいこう》が続いている。

ウ　南部を流れる吉野川は，和歌山県に入ると紀の川とよばれるようになる。

エ　年間気温や風土が適していることから，柿《かき》の収穫《しゅうかく》量は全国でも有数である。

⑻　下線部㋗と㋘について，甲斐市と越前市の位置の組み合わせとして正しいものを次から１つ選び，記号で答えなさい。

ア　甲斐市―A　越前市―C

イ　甲斐市―B　越前市―C

ウ　甲斐市―A　越前市―D

エ　甲斐市―B　越前市―D

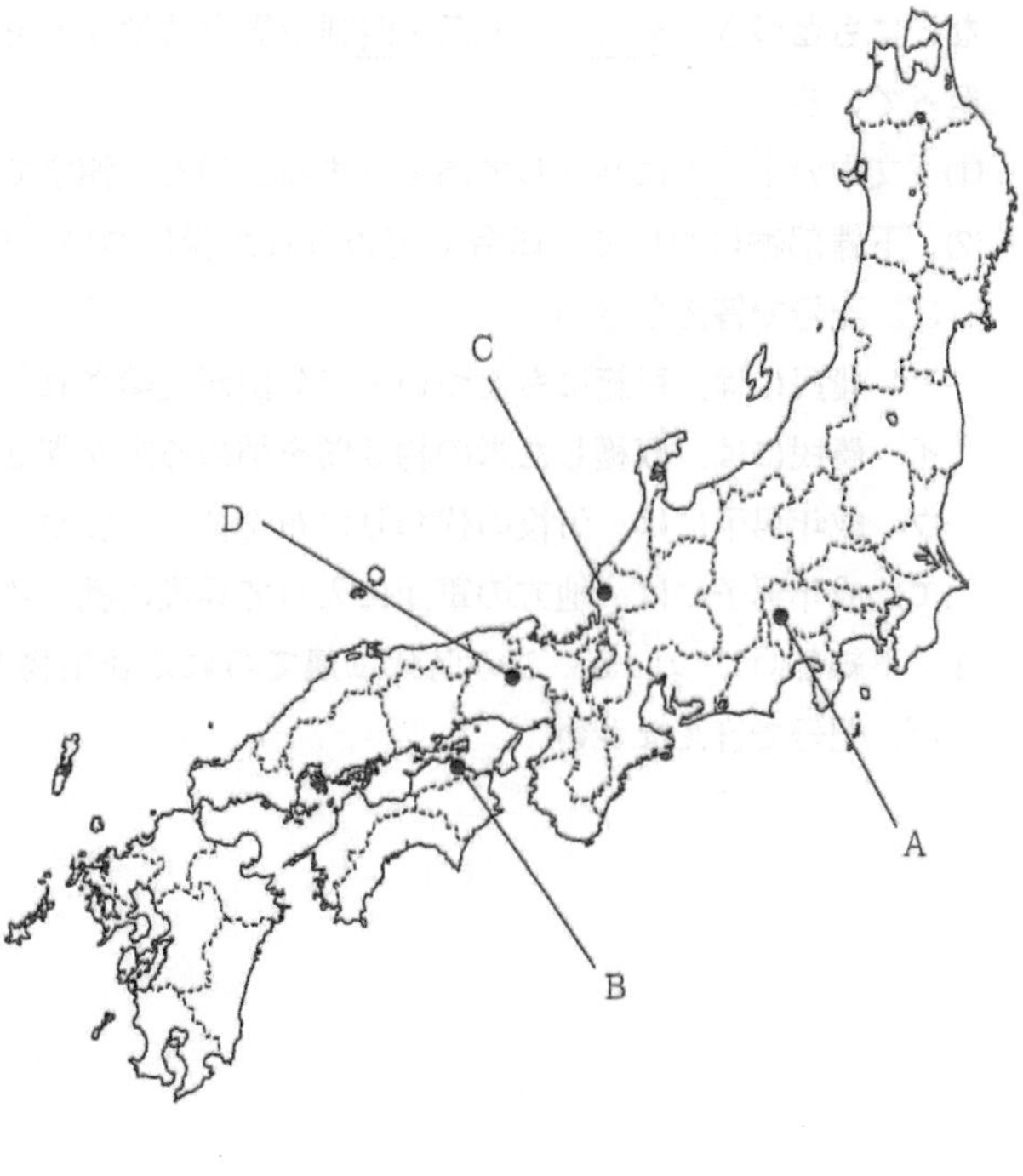

**3** 次の文を読んで，あとの問いに答えなさい。

日本における学校や教育の歴史について考えてみよう。

古代における教育のようすについてはわかっていないことが多いが，教育の基本が「読み書き」の習得であることを考えれば，それは上流階級など，限られた階層の人々が家庭内で受けるものであったと思われる。そうした中で，現代の感覚でいうところの「学校」に近いと考えられるのは，(あ)律令制度が整えられていった時代に朝廷によって設けられた「大学」と「国学」である。都に設けられた「大学」では貴族の子弟が，地方の国ごとに設けられた「国学」では郡司らの子弟が学び，どちらも役人として採用する人材の育成が目的とされていたが，いずれも律令制の衰退《すいたい》とともにおとろえていった。

(い)鎌倉時代になると，寺院が教育の面で大きな役割をはたすようになり，僧侶《そうりょ》が近隣の子どもに読み書きや社会常識，道徳などを教えた。これが江戸時代に全国に広まった庶民《しょみん》の子どものための教育機関である「□」の語源となった。そうした中，(う)室町時代に上杉憲実《のりざね》によって再興された(え)足利学校は，全国各地から集まった学生に儒学《じゅがく》などを教え，「坂東の大学」とよばれた。さらに安土桃山時代には，イエズス会の宣教師たちが安土などにセミナリオやコレジオとよばれる神学校を建て，日本人の学生に神学などを教えていた。

江戸時代には，幕府が江戸に昌平坂《しょうへいざか》学問所を建てて(お)武士に儒学を教え，諸藩もこれにならって藩校を建てた。さらに，各地に学者などによって私塾《しじゅく》が設けられ，□では，僧侶や浪人《ろうにん》などが教師となり，百姓《ひゃくしょう》や町人の子どもに「読み・書き・そろばん」などを教えた。

明治時代になると，富国強兵の方針の下，教育が国家事業と考えられるようになり，(か)学制の発布により全国各地に小学校が設立されたほか，学校令などにもとづき中等・高等教育の制度が整備され，明治時代末期には義務教育の就学率が100％近くに達した。

第二次世界大戦後は，社会の民主化とともに教育制度も大きく変わり，教育基本法や学校教育法などにもとづき，(き)六・三・三・四制や男女共学などを基本とする新しい制度が整備され，現在に至っている。

(1) 文中の□に共通してあてはまる語句を，漢字で答えなさい。

(2) 下線部(あ)について，律令で定められた税について述べた文として正しいものを次から１つ選び，記号で答えなさい。

**ア** 農民には，戸籍《こせき》にもとづいて口分田が支給された。

**イ** 農民には，収穫した米の約３％を納める調が課せられた。

**ウ** 成年男子には，労役の代わりに布を納める庸《よう》や，地方の特産物を納める租《そ》が課せられた。

**エ** 成年男子には，地方の軍団に入って兵役に就く雑徭《ぞうよう》の義務があった。

(3) 下線部(い)について，この時代に建てられた建築物として正しいものを次のページから１つ選び，記号で答えなさい。

ア

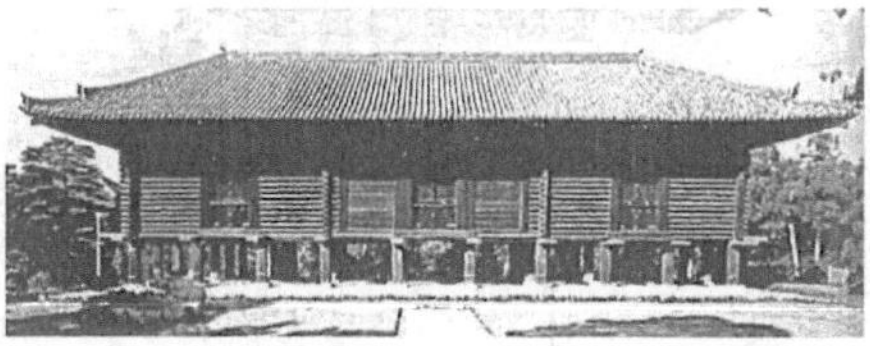

イ

ウ

エ

⑷　下線部㋒について，この時代には農村で自治のしくみが発達し，力をつけた農民たちが領主に反抗《はんこう》するようなできごとがしばしば起こりました。このうち，15世紀後半に現在の京都府南部で起きた，農村に住む武士に率いられた農民たちが守護大名の勢力を国外に追いやり，８年間にわたって自治を行ったできごとを何といいますか。次から１つ選び，記号で答えなさい。

**ア**　正長の土一揆《いっき》　**イ**　山城の国一揆　**ウ**　加賀の一向一揆　**エ**　嘉吉《かきつ》の土一揆

⑸　下線部㋓について，足利学校を「坂東の大学」として世界に紹介《しょうかい》したのは，日本にキリスト教を伝えたことで知られるフランシスコ＝ザビエルです。ザビエルが来日したあとに起こったキリスト教に関する次のできごとを年代順に並べかえ，記号で答えなさい。

**ア**　天正遣欧使節が派遣される。　**イ**　島原の乱（島原・天草一揆）が起こる。

**ウ**　五榜《ごぼう》の掲示が立てられる。　**エ**　バテレン追放令が出される。

⑹　下線部㋔について，江戸時代に幕府や藩が武士を頂点とする支配体制を確立するために儒学（特に朱子学）を教えたのはなぜですか。その理由について述べた次の文中の［　　］にあてはまる言葉を，10字以内で答えなさい。

| |
|---|
| 儒学（特に朱子学）は，［　　　］を重んじる学問であったため。 |

⑺　下線部㋕について，この法律が制定された年と同じ年に起こったできごとを次から１つ選び，記号で答えなさい。

**ア**　ポーツマス条約が結ばれた。

**イ**　新橋—横浜間で鉄道が開通した。

**ウ**　内閣制度が創設された。

**エ**　鳥羽伏見《とばふしみ》の戦いが起こった。

⑻　下線部㋖について，この制度の下で，義務教育の年限は何年とされましたか。算用数字で答えなさい。

**4**　次の地図中のＡ～Ｈは，史跡《しせき》や歴史上のできごとが起こった場所を示しています。これを見て，あとの問いに答えなさい。

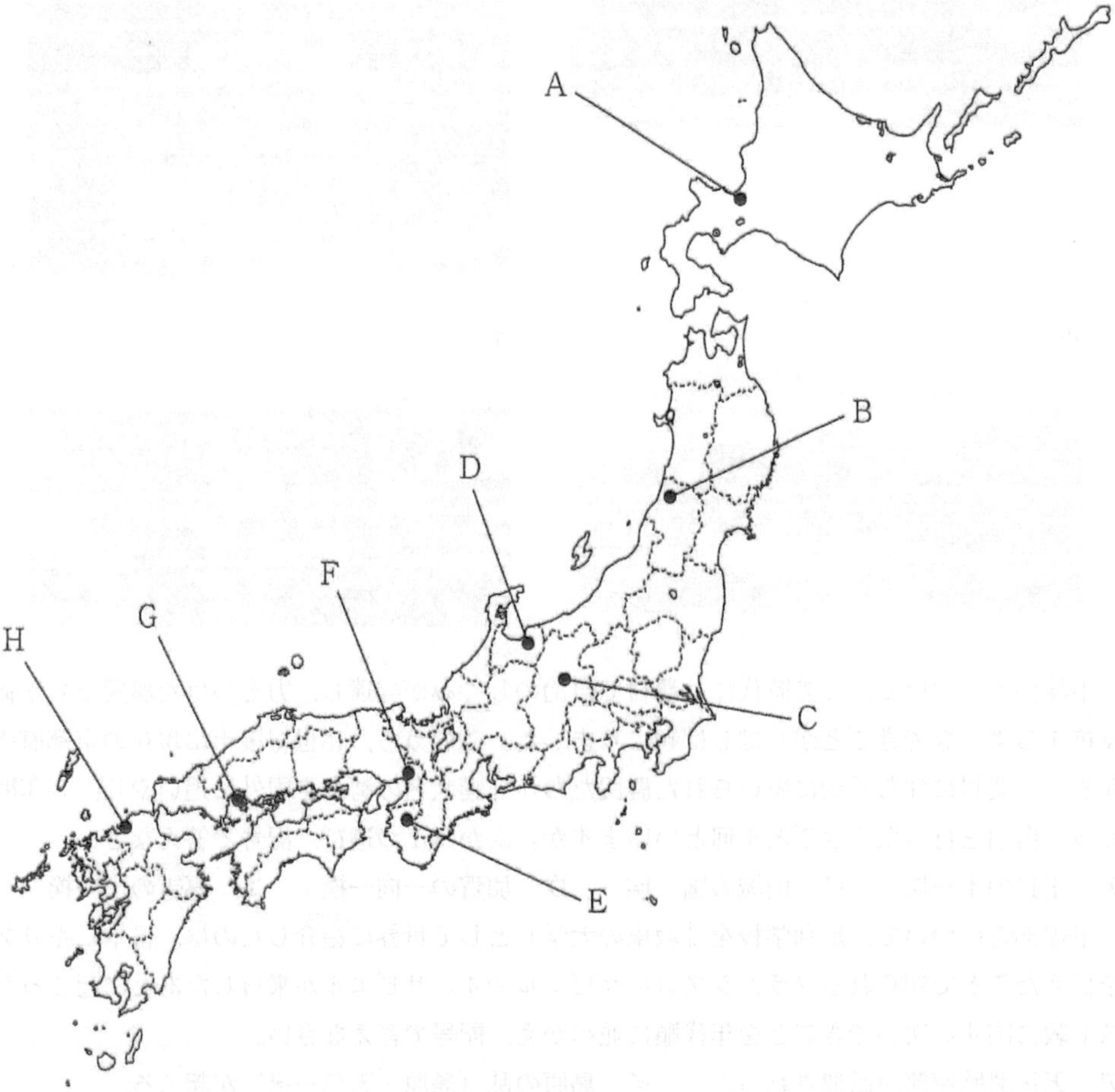


(1)　Ａの都市では1972年，アジアで初めての冬季オリンピックが開催されました。戦後の日本で起きた次のア～エのできごとを年代の古い順に並べ加え，記号で答えなさい。

**ア**　東海道新幹線が開通した。　　**イ**　日中平和友好条約が結ばれた。

**ウ**　沖縄がアメリカから返還《へんかん》された。　　**エ**　公害対策基本法が制定された。

(2)　Ｂの都市は昔から港町として栄え，江戸時代には［　①　］に就航した［　②　］が特産品の紅花《べにばな》を運んで大阪へと向かいました。［①］，［②］にあてはまる語句の組み合わせとして正しいものを次から１つ選び，記号で答えなさい。

**ア**　①　東廻《まわ》り航路　②　北前船　　**イ**　①　西廻り航路　②　北前船

**ウ**　①　西廻り航路　②　樽廻船《たるかいせん》　　**エ**　①　東廻り航路　②　樽廻船

(3)　Ｃの地域は江戸時代に［　　］と甲州街道（甲州道中）の分岐《ぶんき》点となり，宿場町として栄えました。［　　］にあてはまる，五街道の１つに数えられる街道の名称を，漢字で答えなさい。

(4)　Ｄの地域では1918年，この村の主婦たちが米の安売りを求めて米屋におしかけたことで，警察官がかけつける騒《さわ》ぎとなり，これが米騒動《そうどう》のきっかけとなりました。この年に米価が急上昇《じょうしょう》した理由について述べた次のページの文中の［　　］にあてはまる語句を，６文字で答えなさい。

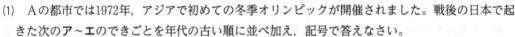

> 政府が［　　　　］を決定したことが報じられ，米の値上がりを予想して商人らが米の買い占《し》めを行ったため。

(5)　Ｅには真言宗の総本山である金剛峰寺があります。９世紀初め，この地に金剛峰寺を建て，真言宗を開いた僧を次から１人選び，記号で答えなさい。

ア　鑑真　　イ　最澄　　ウ　空海　　エ　空也

(6)　Ｆの地で起きた歴史上のできごととして正しくないものを次から１つ選び，記号で答えなさい。

ア　冬の陣・夏の陣の２つの戦いにより，豊臣氏が滅亡《めつぼう》した。

イ　大塩平八郎がききんで苦しむ人々を救おうとして乱を起こした。

ウ　緒方洪庵《こうあん》が適塾を開いて蘭学や医学を教え，福沢諭吉らがそこで学んだ。

エ　京都とともに上方とよばれ，江戸時代前半に町人が中心となって化政文化が栄えた。

(7)　Ｇの島には厳島《いつくしま》神社があります。厳島神社をあつく敬い，武士として初めて太政《だいじょう》大臣についたことでも知られる人物の名を，漢字で答えなさい。

(8)　Ｈの島で江戸時代に発見された金印は，１世紀にこの付近にあった小国の王が中国の皇帝から授けられたものと考えられています。このときの中国の王朝名を次から１つ選び，記号で答えなさい。

ア　漢　　イ　魏　　ウ　隋　　エ　唐

**5**　次の図は，三権分立にもとづく日本の政治のしくみを表したものです。これを見て，あとの問いに答えなさい。

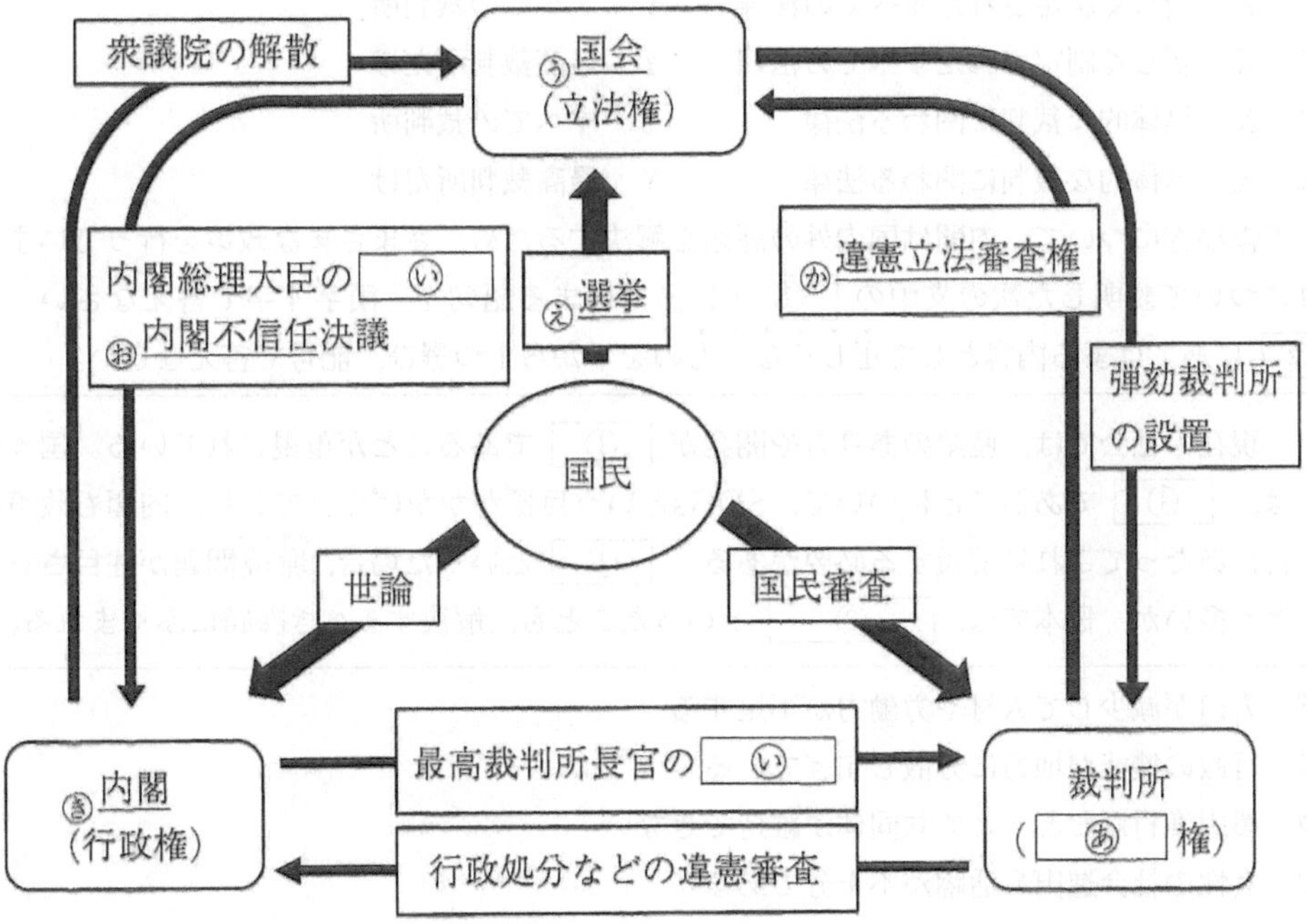


(1)　［あ］にあてはまる語句を，漢字で答えなさい。

(2)　［い］に共通してあてはまる語句を，漢字で答えなさい。

⑶　下線部㋒について，国会は衆議院と参議院の二院制をとっています。国会における審議は原則としてどちらの議院で先に行っても構いませんが，衆議院に先議権が認められている議案があります。その議案を次から１つ選び，記号で答えなさい。

**ア**　法律の制定　　**イ**　予算の議決　　**ウ**　条約の承認　　**エ**　憲法改正の発議

⑷　下線部㋓に関して，次の問いに答えなさい。

①　選挙権は，選挙に立候補できる被選挙権などとともに □ の中心となる権利です。□ にあてはまる語句を次から１つ選び，記号で答えなさい。

**ア**　平等権　　**イ**　自由権　　**ウ**　社会権　　**エ**　参政権

②　選挙について述べた文として正しいものを次から１つ選び，記号で答えなさい。

**ア**　参議院議員の選挙は，３年ごとに定数の半分ずつを選挙する。

**イ**　衆議院議員総選挙は，ほとんどが任期満了にともなって行われる。

**ウ**　衆議院・参議院とも，同じしくみによる比例代表制が導入されている。

**エ**　衆議院議員と参議院議員の選挙が同時に行われることはない。

⑸　下線部㋔について，衆議院が内閣不信任を決議した場合，内閣は10日以内に衆議院を解散しない限り，□ しなければなりません。□ にあてはまる語句を，漢字３字で答えなさい。

⑹　下線部㋕について説明した次の文中の [X]，[Y] にあてはまる語句の組み合わせとして正しいものを下から１つ選び，記号で答えなさい。

> 「違憲立法審査権」とは，[　X　] が憲法にあっているかどうかを審査する権限であり，[　Y　] がもっている。

**ア**　X　新しく制定されたすべての法律　　Y　すべての裁判所

**イ**　X　新しく制定されたすべての法律　　Y　最高裁判所だけ

**ウ**　X　具体的な裁判に関わる法律　　Y　すべての裁判所

**エ**　X　具体的な裁判に関わる法律　　Y　最高裁判所だけ

⑺　下線部㋖について，内閣は国内外の課題を解決するため，さまざまな政策を行っています。これについて説明した次の文中の [①] にあてはまる語句を，漢字４字で答えなさい。また，[②] にあてはまる内容として正しくないものを下から１つ選び，記号で答えなさい。

> 現在の社会では，産業のあり方や開発が [①] であることが重視されている。国際的には，[①] であることについて，SDGsという目標がかかげられており，内閣も政策の実行にあたってこれに配慮《はいりょ》する必要がある。[①] といった場合，環境《かんきょう》問題が注目されることが多いが，日本では，[　②　] といったことも，解決するべき課題にふくまれる。

**ア**　人口が減少して人材や労働力が不足する

**イ**　行政の機能が地方に分散しすぎている

**ウ**　農山漁村がおとろえて共同体が維持できない

**エ**　女性の社会進出や活躍《かつやく》が不十分である

なことがわかりましたか。「〜ということ。」に続くように、文章中から十三字で抜き出して書きなさい。

**問八** ――④「同じような概念の変革は、生物の中での人類の位置づけにも起こってきた」とありますが、どのような考え方からどのような考え方に変化したのですか。五十字以上六十字以内で説明しなさい。

**問九** ――⑤「他者の存在を認識する時代を迎えたといえるだろう」とありますが、

⑴「他者の存在」とは、具体的にはどのような存在ですか。「〜存在。」に続くように、文章中から三十七字で探し、初めと終わりの五字ずつを抜き出して書きなさい。

⑵ 筆者は、人類が「他者の存在を認識する」ことでどのような結果になると考えていますか。文章中から十九字で探し、初めと終わりの五字ずつを抜き出して書きなさい。

**問十** ――⑥「そのひとつ」とありますが、「その」が指している内容を、三十五字以上四十五字以内で説明しなさい。

**問十一** この文章で筆者が述べている内容に合うものを次から一つ選び、記号で答えなさい。

**ア** 天文学が非常に面白い時代にあると筆者が述べる背景には、宇宙の構成が解明されるにしたがって、第二の地球の発見、宇宙生命の発見が、天文学者のみならず人類全体の悲願となっていることが影《えい》響《きょう》している。

**イ** 地球は神が宇宙の中心として創造したという宇宙観や、人類は神がつくりたもうたものであるとする生物の中での人類の位置づけを、科学的・客観的な概念に修正するためには、宗教の否定ということが必要であった。

**ウ** 宇宙には始まりも終わりもなく、膨張も縮小もしていないという宇宙のとらえ方は、現在では否定されていて、宇宙は銀河系を中心にして風船のように加速膨張していることが天文学の発展とともに解明されている。

**エ** 人類が知的生命として今後成長し、成熟していくためには、人類が宇宙の中で特別な存在であるという意識を変えることが必要であるので、「第二の地球」が発見されることにも意義があるといえる。

**オ** 今から一万年後に、子孫たちがよりよい地球を築いていられるようにするために、知的生命として文明を維持していくための知恵を、天文学者を中心にして、人類全体で出し合うことが我々に求められている。

出し続ける、ご先祖様が残した原発の放射性廃棄《はいき》物に怒《おこ》っているかもしれない。われわれ、人類は今後も進化し、文化的にも技術的にも思想的にも発展するはずだ。知的生命として文明を維持可能にしていく知恵《ちえ》を出し合うに違いない。いまから1万年後、子孫たちがよりよい地球を築いている、ほんの少し大人の知的文明に近づいていることを願いたいものである。

（渡部潤一《わたなべじゅんいち》「第二の地球が見つかる日」による。問題作成上、一部省略した。）

＊黎明期＝新しい文化や時代などが始まろうとする時期。
＊アインシュタイン＝理論物理学者。特殊相対性理論や一般相対性理論を発表し、一九二一年にノーベル物理学賞を受賞。
＊ひよっこ＝まだ一人前ではない者。

**問一** [1]～[5]にあてはまる言葉として、最も適切なものを次から一つずつ選び、それぞれ記号で答えなさい。

**ア** だから　**イ** ところが　**ウ** あるいは　**エ** なぜなら
**オ** たとえば　**カ** では　**キ** つまり　**ク** ただし

**問二** ――A「構築」について、次の各問いに答えなさい。

Ⅰ「構」という漢字について、次の黒く塗った部分は何画目に書きますか。漢数字で答えなさい。

Ⅱ「築」という漢字の部首名をひらがなで書きなさい。

**問三** ――B「根底」、C「強行」と熟語の組み立てが同じものを次から一つずつ選び、それぞれ記号で答えなさい。

**ア** 児童　**イ** 保革　**ウ** 激減　**エ** 私有
**オ** 延期　**カ** 不安　**キ** 安保　**ク** 急性

**問四** ――D「広がっている」の主語を、一文節で抜《ぬ》き出して書きなさい。

**問五** ――①「これまでの宇宙観の変遷」とありますが、宇宙観の変遷の内容の説明として、適切ではないものを次から一つ選び、記号で答えなさい。

**ア** 最初の段階では、地球が宇宙の中心で、地球の周りを太陽や月、星が回っていると考えられていた。
**イ** 第二の段階では、天動説が否定され太陽が宇宙の中心であるという地動説が一般的な考えとなった。
**ウ** 第三の段階では、恒星の大集団である銀河系が宇宙そのものであり、宇宙の中心と考えられていた。
**エ** 第四の段階では、おとめ座銀河団だけに存在するブラックホールを宇宙の中心とする考えとなった。
**オ** 現在の段階では、宇宙の中心は定義することさえできず、どこにもないと考えられるようになった。

**問六** ――②「銀河系」について説明した次の文の[Ⅰ]・[Ⅱ]にあてはまる言葉を指定字数に合わせて、文章中から抜き出して書きなさい。

●銀河系は[Ⅰ（十四字）]のことであるが宇宙の中では片隅に存在し、その大きさからも筆者は[Ⅱ（五字）]とたとえて表現している。

**問七** ――③「重要な発見」とありますが、この発見によってどのよう

のような〝驕《おご》り〟の誤りが見事にあぶりだされ、人類という生物種そのものを、生物界の中心から引きずりおろしたのである。

人間を最も尊い生物種だとする旧来の考え方は、天動説と同様に宗教とも強く結びついていて、現代でもキリスト教など宗教の強い一部の国においては、教育現場で進化論を教えないというような問題が生じている。

いずれにしろ、人類はまだ単なる通過地点であり、生物進化という壮《そう》大《だい》な物語のほんの一瞬に生まれた種にしか過ぎず、現在も進化の途中にある他の生物種と何ら変わらないことは明らかである。

このように天文学のみならず、一般《いっぱん》的に科学の進歩が、自己中心的な世界観を、次第に時間的にも空間的にも客観的な見方へと変えていくのは、自然なことなのだろう。筆者は、このプロセスこそが、人類が知的文明として成長・成熟する過程であると考えている。

そして、それは個人としての人間が成長する過程と実によく似ているのだ。

たとえば、子どもが大人へと成長する時のことを考えてみよう。少なくとも人間の子どもはこの地球に生を享《う》けた直後は自分では何もできない。自分の要求のまま、お腹がすけば泣き叫《さけ》び、気分が悪いと泣きわめくと、通常は親がなんとかしてくれる。幼児の頃《ころ》は、自分の家の中が世界のすべてであり、自分は世界の中心と考えているわけだ。

[4]、少し成長して家を出て、その行動半径を広げていくにつれ、他にも家があること、他の家にも他の人々が住んでいることを認識していく。保育園や幼稚《ようち》園に入ると、同じような年齢の子どもたちの存在を強く認識していく。そうして友達と仲良く遊んだり、けんかをしたりしながら、社会性を身につけて成長していくわけだ。自分も多数の人の一人に過ぎないことを認識していくわけである。こうして成人する頃には、社会の中、[5]多数の他者の中での自分という存在をしっかりと認識できる大人になっていくのである。

われわれ人類は総体として、これまでは人類以外の、あるいは地球以外の生命の存在を認識してこなかった。しかし、どうやら第二の地球候補はかなりの数にのぼり、遠からず、その中から宇宙生命が存在する「第二の地球」が見つかるときが来る。人類は、その意味でやっと⑤他者の存在を認識する時代を迎《むか》えたといえるだろう。個人の成長と同じく、人類文明も他者の存在に気付き、認識して成長しつつある時代を迎えるところなのである。そういう意味では、われわれ人類は知的文明としてはまだ幼稚園児程度の、*ひよっこであるともいえる。

個人も成長過程で、様々な挫折《ざせつ》をし、そして失敗を経験して大人になっていくわけだが、ある意味で人類文明もまた知的文明としてまだまだ技術・思想が未熟なために、いろいろな失敗や挫折を繰り返している途中なのだろうと思う。戦争しかり、環境《かんきょう》破壊《はかい》しかり、福島での原発事故も⑥そのひとつだろう。

青森の三内丸山遺跡《いせき》や静岡の登呂遺跡、佐賀の吉野ヶ里遺跡などを訪ねて思うのは、その技術の未熟さだ。昔のご先祖様が粗末《そまつ》な道具だけで、これだけの集落を作り、維持《いじ》してきたのは大変だったろうなぁ、と思う。

同じことは1万年後の子孫たちも思うはずだ。彼《かれ》らは、われわれ現代社会の残骸《ざんがい》や遺物を眺めて、われわれに対してなんと技術も思想も幼稚だったのだろうと思うに違いない。もしかすると、何十万年も放射能を

どの距離にあるおとめ座銀河団は、広範囲に数千個もの銀河が集まっているグループで、いわば銀河の大都市と言えるだろう。

違っているのは全体の規模だけではない。おとめ座銀河団の中心に居《い》座《すわ》る巨大な楕円《だえん》銀河は、われわれの銀河系に比べ10倍以上の規模を持ち、その中心には太陽の65億倍もの質量を持つ超巨大《ちょうきょだい》なブラックホールが存在しているのだ。

2019年4月には、電波観測によって得られた、そのブラックホールが形作る影《かげ》・ブラックホール・シャドーの画像が公開され、話題となったので、ご存じの方も多いだろう（ちなみにわれわれ銀河系の中心のブラックホールは、太陽の400万倍程度とされていて、おとめ座銀河団の中心のものに比べると1000分の1以下である）。いずれにしろ、われわれの銀河系は宇宙の片隅《かたすみ》、田舎にたたずんでいて、特別な銀河ではない。

[2]、このおとめ座銀河団こそが宇宙の中心だろうか。どうやらそうではないことが、すぐに明らかになった。この種の銀河の大都市、銀河団はあちこちにあることがわかってきたのだ。

その上、さらに③重要な発見がもたらされた。銀河の距離と動いていくスピードを測ったところ、遠い銀河ほど速いスピードで遠ざかっていたのである。

これは衝撃《しょうげき》的な発見だった。それぞれの銀河が、固有の運動としてばらばらに動いているのではなく、宇宙空間全体が膨張していると考えざるを得ない結果だったからだ。

それまでは、どちらかといえば宇宙には始まりも終わりもなく、膨張も縮小もしていないという、静かな宇宙というイメージだった。＊アインシュタインでさえ、その立場を取っていたほどだ。

もし、宇宙に始まりがあるとすれば、時間を戻していくと宇宙はどんどん小さくなるはずで、その体積が0になる瞬間《しゅんかん》が、宇宙が生まれた時ということになる。いわゆる膨張宇宙論の誕生である。

ここに至って、地球→太陽→恒星の大集団である銀河系と移っていった「宇宙の中心」は、ついにどこにもないことになった。この宇宙には中心は定義できず、特殊《とくしゅ》な場所はどこにもなかったのだ。どの方向の銀河もわれわれ銀河系から遠ざかっているようにみえるので、単純にはわれわれが中心にいると考えがちである。

しかし、そうではない。[3]、等間隔《かんかく》に印をつけた風船を考えてみればわかる。風船がふくらむにつれて、それぞれの点上にいる観測者には、すべての点が自分から遠ざかっていくようにみえるからだ。そして、ひとつの点から見ると、風船が膨《ふく》らむにつれて他の印が遠ざかるが、そのスピードは点の距離に比例している。宇宙はまるでこの風船の表面のように膨張しているのだ。

これはすべての銀河が銀河系から遠ざかっていくようにみえるのと同じである。二次元の風船の表面にはどこにも中心がないのと同様に、三次元の膨張宇宙でも中心は存在しないのである。こうして、宇宙にはどこにも中心があるわけでもなく、われわれは宇宙のほんの片隅で生まれた知的生命に過ぎないことがわかってきたのだ。

実は、④同じような概念《がいねん》の変革は、生物の中での人類の位置づけにも起こってきた。

かつて人類は、自らを神がつくりたもうた生物の頂点あるいは万物《ばんぶつ》の霊長《れいちょう》と思いこんでいた。しかし、ダーウィンの進化論の登場により、そ

定のあるときは、特に指示がないかぎり、句読点や符号もその字数に含めます。

天文学は非常に面白《おもしろ》い時代にある。宇宙の年齢が138億年前後と決まった上に、いまも加速膨張《ぼうちょう》しつつあることがわかり、そしてわれわれは宇宙の構成のほんの5％程度しか正体をつかめていないことがわかってきた。残りの約69％が暗黒エネルギー、26％程が暗黒物質で、その正体はいまだに解き明かされていない。

その5％の世界でも、初期にどのようにして銀河や恒星《こうせい》が誕生し、現在のような宇宙になってきたかもよくわかっていない。

もちろん、こうした宇宙観のA構築をなしてきたのが、天文学に他ならない。天文学の発展が、人類の宇宙観をB根底から変えてきたと言っても良いだろう。

そして、宇宙観をさらに変えてしまいそうな発見、第二の地球の発見、宇宙生命の発見はすぐ目前に迫《せま》っているのである。こんなに面白い時代はなかったかもしれない。

①これまでの宇宙観の変遷《へんせん》は数百年を振り返って見るとよくわかる。400年以上前は、人類は地球という場所が宇宙で特別なところだと思い込《こ》んでいた。なにしろ、空を眺《なが》めると太陽も月も、そして星座を構成する星たちもすべてがわれわれを中心にぐるぐると回っているからだ。われわれ自身が回っている、［1］動いているなどという発想はこれっぽっちも生まれなかった。まさにわれわれは神に選ばれて、宇宙の中心に生まれた民だったのである。この考え方は、当時の宗教とも強く結びついていった。

特にキリスト教では、この天動説が長らく教義の中にも取り入れられていったため、確固たる世界観となり、地動説の＊黎明《れいめい》期にはガリレオ・ガリレイの裁判のみならず、地動説をC強行に唱えたジョルダーノ・ブルーノが火あぶりになるなどの様々な悲劇を生んでしまうことになる。

いずれにしろ、コペルニクスが登場して、地球は宇宙の中心たる太陽の周りを回るひとつの惑星《わくせい》に成り下がってしまった。宇宙の中心の座は地球から太陽へと移った。さらに、その後の天文学の発展は、星座を作っているあまたある恒星がすべて太陽のような天体であることを見いだした。太陽も宇宙の中心ではなく、天の川を構成する星々の大集団の中のひとつであることが次第《しだい》に明らかになっていったのだ。

さらに20世紀になると、こうした恒星の大集団である②銀河系が宇宙唯一であることにも異議が唱えられはじめた。

銀河系の中に含まれると考えられていた星雲の中には、銀河系の大きさを遥《はる》かに超《こ》える距離《きょり》にあるものがあることが明らかになっていったのである。われわれ人類は、天の川を形作る銀河系というものが、実は宇宙そのものではないことを知り、宇宙はもっと膨大な空間の広がりを持ち、同時に銀河系と同じような恒星の大集団である銀河が無数に存在することを認識するようになった。

銀河の分布も決して一様ではなく、われわれの住む銀河系は、大きな渦巻《うずま》きの銀河が3つあり、他に数十個の小さな銀河がまとまって集団となっている「局部銀河群」というグループをなしていて、全体としては半径300万光年ほどの範囲《はんい》にD広がっている。

ところが、この局部銀河群は、宇宙では非常に小さなグループで、まさに田舎《いなか》の寒村といった様相だ。たとえば、われわれから6千万光年ほ

**イ**　最初は、一緒に強くなろうと話す「ぼく」の言動に反発していたが、自分を同じ将棋教室に通うライバルと決め、必死に自分に追いつこうとする「ぼく」の姿を見て、これまでのかたくなだった考えが少しほぐれたから。

**ウ**　最初は、次の対局は絶対に勝ってやると話す「ぼく」の様子に腹を立てたが、お互《たが》いプロになるために、すぐにでも今日の対局を振り返ろうと誘《さそ》われたことで、切磋琢磨《せっさたくま》できる友人ができたと感じ、嬉《うれ》しくなったから。

**エ**　最初は、対局を繰《く》り返しながら一緒に強くなろうと話す「ぼく」の甘《あま》い考えに苛立《いらだ》ったが、そうしたライバル関係を結ぶことが、自分がプロになる近道ではないかと思い、今までの凝《こ》り固まった考えから解放されたから。

**オ**　最初は、お互いライバル関係でいたいと言う「ぼく」に反感を覚えたが、有賀先生の弟子がもうすぐプロになると聞いて焦り、自分も強くなるため、やむを得ず「ぼく」とライバル関係になることを受け入れようと思ったから。

**問十二**　――⑨「三つも年下のライバルに言うと、ぼくはかけ足で図書館にむかった」とありますが、このときの「ぼく」の気持ちを説明したものとして、最も適切なものを次から一つ選び、記号で答えなさい。

**ア**　山沢君にえらそうなことを言ってしまったことが照れくさく、早く図書館に逃げこもうと思っている。

**イ**　次は必ず山沢君に目にものを見せてやると意気ごみ、新たな戦型を図書館で勉強したいと思っている。

**ウ**　山沢君と将棋仲間になれた喜びで舞《ま》いあがり、今日の対局の棋譜をつけて記念にしようと思っている。

**エ**　新たな目標に向かって絶対にやりぬこうと心が決まり、すぐにでも将棋の勉強がしたいと思っている。

**オ**　今すぐ棋譜をつけたいと図書館に急ぐ姿勢を見せることで、山沢君の闘争心をあおろうと思っている。

**問十三**　この文章の表現について説明したものとして、最も適切なものを次から一つ選び、記号で答えなさい。

**ア**　登場人物を、「ぼく」、「山沢君」、「有賀先生」にしぼり、全体を通して作者の視点から物語を進行させることで、三人の様子や心情が客観的にとらえられるようになっている。

**イ**　「ぼく」と山沢君の心情が中心として描《えが》かれているが、対局の場面でも専門用語や戦況《せんきょう》について逐一《ちくいち》解説することで、将棋自体への理解も深まるような配慮《はいりょ》がなされている。

**ウ**　地の文にある心情表現のほか、（　）を用いて「ぼく」の心の声も具体的に示すことで、「ぼく」の気持ちの移り変わりが読み手にわかりやすく伝わるように工夫《くふう》されている。

**エ**　「ぼく」と山沢君の表情やしぐさ、態度などをていねいに描写《びょうしゃ》することで、対照的な性格の二人がしだいに敵対関係を強め、はりつめていく様子が効果的に表現されている。

**オ**　前半は「ぼく」の視点から、後半は有賀先生の視点から場面を展開し、「将棋の世界」に対するとらえ方の違いを細かく示すことで、理想と現実の差を見事に描き出している。

**三**　次の文章を読んで、あとの問いに答えなさい。問いの中で字数に指

のようなところですか。二十字以上三十字以内で書きなさい。

**問九** ――⑤「有賀先生のことばに、ぼくはうなずいた」とありますが、このときの「ぼく」はどのような気持ちでいたと考えられますか。最も適切なものを次から一つ選び、記号で答えなさい。

**ア** 形勢が自分に有利な対局であったが、勝ち切るほどの実力はまだなかったということを自覚して、引き分けという判定を素直《すなお》に受けとめようとしている。

**イ** 形勢が有利であったにもかかわらず決着がつかなかったことを残念に思いながらも、将来プロになるであろう山沢君に勝てる将棋が指せたことに優越《ゆうえつ》感を抱《いだ》いている。

**ウ** 勝てるとは思っていなかったものの有利な形勢を保ったまま対局を進められたことに心から満足し、熱心に研究したかいがあったと達成感を覚えている。

**エ** ほぼ勝ちを収めることができる形勢であったにもかかわらず、わずかな気のゆるみから山沢君に引き分けに持ちこまれてしまったことが情けなく、反省している。

**オ** 勝てたかもしれない対局を有賀先生に引き分けにされて内心では不満だったが、ここは勝ち負けを決める場ではないのだと考えてしぶしぶながら納得している。

**問十** ――⑥「ぼくは呆然としていた」とありますが、このときの「ぼく」の気持ちと、このあとに「ぼく」の気持ちがどのように変化したかについて説明したものとして、最も適切なものを次から一つ選び、記号で答えなさい。

**ア** このときはプロ棋士を目指すことを強くすすめられたのが信じられずにいたが、あとではじょじょに有賀先生に認められていたことへの実感がわき、本気でプロを目指そうと思うようになった。

**イ** このときは今後も努力を続け実力を養えば必ずプロになれると断言されたことにとまどいを覚えていたが、あとではプロになる覚悟《かくご》を決め、自分を徹底《てってい》的に追いこもうと思うようになった。

**ウ** このときは非常に困難ではあるがプロを目指せる素質があることをうかがわせる有賀先生の言葉に驚き、動揺したが、あとではプロになる自分を意識し、実力をみがいていこうと思うようになった。

**エ** このときはどんなに実力があっても年齢《ねんれい》的にプロになるのは難しいという言葉にがっかりしたが、あとでは持ち前の負けん気の強さから、絶対にプロになり見返してやろうと奮い立つようになった。

**オ** このときは有賀先生が自分の実力を大げさにほめているのではないかといぶかしんだが、あとではそれが本心から出たものだったとわかり、自分も山沢君に負けずプロを目指そうと思うようになった。

**問十一** ――⑦「山沢君がメガネの奥の目をつりあげた」、⑧「山沢君の表情がほんの少しやわらかくなった」とありますが、「メガネの奥の目をつりあげ」ていた「山沢君の表情がほんの少しやわらかくなった」のはなぜだと考えられますか。最も適切なものを次から一つ選び、記号で答えなさい。

**ア** 最初は、また対局をしようと声をかけてきた「ぼく」の分不相応な申し出を不快に思っていたが、どうしても自分を目標にすることで将棋の力を伸ばしたいと頼《たの》みこまれたことで、まんざらでもない気分になったから。

**問三** [B]、[C] にあてはまる言葉として、最も適切なものをあとから一つずつ選び、記号で答えなさい。

B　**ア**　日進月歩　**イ**　一朝一夕《いっせき》　**ウ**　南船北馬
**エ**　空前絶後　**オ**　右往左往

C　**ア**　天王山　**イ**　度外視　**ウ**　高飛車
**エ**　耳学問　**オ**　一辺倒《とう》

**問四** ==D「著しい」、E「おこがましい」の意味として、最も適切なものをあとから一つずつ選び、記号で答えなさい。

D「著しい」
**ア**　ほとんど変わらない様子　**イ**　急に止まる様子
**ウ**　じょじょに遅《おく》れていく様子　**エ**　特にきわだっている様子
**オ**　着実にのびている様子

E「おこがましい」
**ア**　身の程知らずな様子　**イ**　大げさな様子
**ウ**　物静かな様子　**エ**　並はずれた様子
**オ**　真面目《まじめ》な様子

**問五** ――①「横歩取りで勝負してやる」とありますが、「ぼく」がこのように決めた理由として、最も適切なものを次から一つ選び、記号で答えなさい。

**ア**　横歩取りはプロ棋士の間で流行している最新の戦型だが、小2の山沢君はまだ知らないだろうと思ったから。
**イ**　横歩取りは序盤から攻め合う戦型だが、正しい手を打ち続ければ山沢君に勝てるかもしれないと思ったから。
**ウ**　横歩取りは先手番のほうが大幅《おおはば》に有利な戦型であるため、後手番の山沢君から主導権を握れると思ったから。
**エ**　横歩取りは「ぼく」がこれまで指したことのない戦型なので、山沢君が動揺してスキが生じると思ったから。
**オ**　横歩取りは変化の多い戦型で運任せのところがあるものの、うまくいけば山沢君を圧倒《あっとう》できると思ったから。

**問六** ――②「将棋は、ある意味、野球よりきつい」とありますが、なぜですか。将棋と野球の違《ちが》いを明確にしながら、五十字以上六十字以内で書きなさい。

**問七** ――③「ぼくは自分を奮い立たせるように答えたが、山沢君はつまらなそうだった」とありますが、このときの「ぼく」と「山沢君」の様子を説明したものとして、最も適切なものを次から一つ選び、記号で答えなさい。

**ア**　「ぼく」は自分の勝利を確信し自信に満ちているが、山沢君は今度は勝てないのではないかと不安を感じている。
**イ**　「ぼく」は山沢君と再戦できることを喜んだが、山沢君は有賀先生との対局を望んでいたのでがっかりしている。
**ウ**　「ぼく」は山沢君にまた負けるのではないかと内心おそれているが、山沢君は絶対に勝てると余裕《よゆう》を見せている。
**エ**　「ぼく」は今度こそ絶対に勝つと気合いを入れているが、山沢君は前回勝った相手との再戦に気乗りせずにいる。
**オ**　「ぼく」は山沢君との対局が急に決まり、気が動転しているが、山沢君は落ち着いて対局にのぞもうとしている。

**問八** ――④「ぼくはあらためてメガネをかけた小学2年生の実力に感心していた」とありますが、「ぼく」が感心したのは「山沢君」のど

「たしかに対局中は敵だけど、盤を離《はな》れたら、同じ将棋教室に通うライバルでいいんじゃないかな。ぼくは初段になったばかりだから、三段になろうとしているきみをライバルっていうのは、Eおこがましいけど」

ぼくの心ははずんでいた。個人競技である将棋にチームメイトはいないが、ライバルはきっといくらでもあらわれる。勝ったり負けたりをくりかえしながら、一緒に強くなっていけばいい。

「そういえば、有賀先生のおとうさんが教えた大辻弓彦《おおつじゆみひこ》さんっていうひとが、関西の奨励会でがんばっているんだってね。大辻さんが先にプロになって、きみとぼくもプロになって、［5］プロ同士で対局できたら、すごいよね」

奨励会試験に合格するにはアマ四段の実力が必要とされる。それに試験では奨励会員との対局で五分以上の星をあげなければならない。合格して奨励会に入っても、四段＝プロになれるのは20パーセント以下だという。

それがどれほど困難なことか、正直なところ、ぼくにはよくわかっていなかった。でも、どれほど苦しい道でも、絶対にやりぬいてみせる。

「このあと、となりの図書館で*棋譜《きふ》をつけるんだ。今日の、引き分けだった対局の」

ぼくが言うと、⑧山沢君の表情がほんの少しやわらかくなった。

「それじゃあ、またね」

⑨三つも年下のライバルに言うと、ぼくはかけ足で図書館にむかった。

（佐川光晴《さがわみつはる》「駒音高く」による）

*対局＝将棋の対戦のこと。
*リベンジ＝一度敗れたことのある相手を打ち負かすこと。
*読み筋＝将棋で、相手の指し手を読み、その後の展開を予測すること。
*航介君のおとうさんと田坂監督＝航介君のおとうさんは、「ぼく」が所属していた少年野球チーム・ファルコンズのジュニアチーム（4年生以下）の監督で、田坂監督はシニアチーム（5、6年生）の監督をしている。
*二面指し＝一人が二人を相手に同時に対局すること。
*相手玉を詰ます＝相手の玉の駒（王将）の逃《に》げ道が完全になくなる状態にすること。
*入王＝玉の駒（王将）が相手側の陣内に入ること。
*馬引き＝馬の駒を自陣側に動かすこと。
*奨励会＝日本将棋連盟に属する、プロ棋士養成機関。
*棋譜＝将棋の対局での手順を記録したもの。

**問一** ［1］～［5］にあてはまる言葉として、最も適切なものを次から一つずつ選び、それぞれ記号で答えなさい。

**ア** いつか　**イ** さながら　**ウ** うまく　**エ** なまじ
**オ** ひたすら　**カ** とっくに　**キ** きっと　**ク** めったに

**問二** ═A「が」と意味・用法が同じものを次から一つ選び、記号で答えなさい。

**ア** なによりもこの本が読みたいと、ぼくは強く思った。
**イ** 先日提案された議題だが、すでに話し合ったのかね。
**ウ** 友人の家に行ってみたが、あいにく留守にしていた。
**エ** 兄は、野球もうまいが、サッカーも上手な人である。
**オ** 本当のことを話そうが話すまいが、あなたの自由だ。

「プロ同士の対局では、時間切れ引き分けなんてない。それは研修会でも、*奨励《しょうれい》会でも同じで、将棋の対局はかならず決着がつく。でも、ここは、小中学生むけのこども将棋教室だからね。今日の野崎君と山沢君の対局は引き分けとします」

⑤有賀先生のことばに、ぼくはうなずいた。

「さあ、二人とも礼をして」

「ありがとうございました」

山沢君とぼくは同時に頭をさげた。そして顔をあげたとき、山沢君のうしろにぼくの両親が立っていた。

「九つ、あれっ。ああ、そうか」

ぼくは母が3時前に来る約束になっていたことを思いだしたが、まさか父まで来てくれるとは思ってもみなかった。もうBコースの生徒たちが部屋に入ってきていたので、ぼくは急いで駒を箱にしまった。

「みなさん、ちょっと注目。これから野崎君に認定《にんてい》書を交付します」

ふつうは教室が始まるときにするのだが、有賀先生はぼくの両親に合わせてくれたのだ。

「野崎翔太殿《どの》。あなたを、朝霞こども将棋教室初段に認定します」

みんなの前で賞状をもらうなんて、生まれて初めてだ。そのあと有賀先生の奥《おく》さんが賞状を持ったぼくと有賀先生のツーショット写真を撮《と》ってくれた。両親が入った4人での写真も撮ってくれた。

「野崎さん、ちょっといいですか。翔太君も」

有賀先生に手招きされて、ぼくと両親は廊下《ろうか》に出た。

「もう少し、むこうで話しましょうか」

どんな用件なのかと心配になりながら、ぼくは先生についていった。

「翔太君ですが、成長のスピードがD著しいし、とてもまじめです。今日の一局も、じつにすばらしかった」

有賀先生によると、山沢君は小学生低学年の部で埼玉県のベスト4に入るほどの実力者なのだという。来年には研修会に入り、奨励会試験の合格、さらにはプロの棋士になることを目標にしているとのことだった。

「小学5年生の5月でアマチュア初段というのは、正直に言えば、プロを目ざすには遅《おそ》すぎます。しかし野崎君には伸びしろが相当あると思いますので、親御《おやご》さんのほうでも、これまで以上に応援《おうえん》してあげてください」

そう言うと、有賀先生は足早に廊下を戻っていった。

まさか、ここまで認めてもらっているとは思わなかったので、⑥ぼくは呆然《ぼうぜん》としていた。将棋界のことをなにも知らない父と母はキツネにつままれたような顔をしている。二人とも、すぐに仕事に戻らなければならないというので、詳しいことは今晩話すことにした。

103号室に戻り、カバンを持って出入り口にむかうと、山沢君が立っていた。ぼくより20センチは小さくて、腕《うで》も脚《あし》もまるきり細いのに、負けん気の強そうな顔でこっちを見ている。

「つぎの対局は負けないよ。絶対に勝ってやる」

「うん、また指そう。そして、一緒に強くなろうよ」

ぼくが言うと、⑦山沢君がメガネの奥の目をつりあげた。

「なに言ってんだよ。将棋では、自分以外はみんな敵なんだ」

小学2年生らしいムキになった態度がおかしかったし、「自分以外はみんな敵だ」と、ぼくだって思っていた。

を突いた。どうせまた振《ふ》り飛車でくると思っていたはずだから、居飛車を選んだぼくに合わせようとしているのだ。

（よし、そうこなくちゃな）

　ぼくは飛車先の歩を突き、山沢君も飛車先の歩を突いた。ぼくが飛車先の歩を伸《の》ばせば、山沢君も飛車先の歩を伸ばす。この流れなら、まずまちがいなく横歩取りになる。あとは、研究の成果と、自分の読みを信じて、一手一手を力強く指すのみ。

　序盤から大駒を切り合う激しい展開で、80手を越えると双方《そうほう》の玉が露《ろ》出《しゅつ》して、どこからでも王手がかかるようになった。しかし、どちらにも決め手がない。ぼくも山沢君も [3] 持ち時間はつかいきり、ますます難しくなっていく局面を一手30秒以内で指し続ける。壁《かべ》の時計に目をやる暇《ひま》などないが、たぶん40分くらい経《た》っているのではないだろうか。待ち時間が10分の将棋は30分あれば終わるから、ぼくはこんなに長い将棋を指したことはなかった。これでは有賀先生との2局目を指す時間がなくなってしまう。

「そのまま、最後まで指しなさい」

　有賀先生が言って、そうこなくちゃと、ぼくは気合いが入った。かなり疲《つか》れていたが、絶対に負けるわけにはいかない。山沢君だって、そう思っているはずだ。

（勝ちをあせるな。＊相手玉を詰ますことよりも、白玉が詰まされないようにすることを第一に考えろ）

　細心の注意を払《はら》って指していくうちに、形勢がぼくに傾《かたむ》いてきた。ただし、頭が疲れすぎていて、目がチカチカする。指がふるえて、駒をまっすぐにおけない。

「残念だけど、今日はここまでにしよう」

　ぼくに手番がまわってきたところで、有賀先生が対局時計を止めた。

「もうすぐ3時だからね」

　そう言われて壁の時計を見ると、短針は「3」を指し、長針が「12」にかかっている。40分どころか、1時間半も対局していたのだ。

　ぼくは盤面に視線を戻《もど》した。ぼくの玉はすでに相手陣《じん》に入っていて、詰ませられることはない。山沢君も＊入玉をねらっているが、10手あれば詰ませられそうな気がする。ただし手順がはっきり見えているわけではなかった。

「すごい勝負だったね。ぼくが将棋教室を始めてから一番の熱戦だった」

　プロ五段の有賀先生から最高の賛辞をもらったが、ぼくは詰み筋を懸《けん》命《めい》に探し続けた。

「＊馬引きからの7手詰めだよ」

　山沢君が悔しそうに言って、ぼくの馬を動かした。

「えっ？」

　まさか山沢君が話しかけてくるとは思わなかったので、ぼくは [4] 返事ができなかった。

「こうして、こうなって」

　詰め将棋をするように、山沢君が盤上の駒を動かしていく。

「ほら、これで詰みだよ」

（なるほど、そのとおりだ）

　頭のなかで答えながら、④ぼくはあらためてメガネをかけた小学2年生の実力に感心していた。

ぼくは初めて将棋が怖《こわ》くなった。

前回の将棋教室から2週間がたち、ぼくは自転車で公民館にむかった。母は、午後3時前に来てくれることになっていた。介護施設《かいごしせつ》での昼食の支度《したく》と片付けがあるため、Aコースが始まる午後1時に来るのはどうしても無理だからだ。そのことは、母の携帯《けいたい》電話からのメールで、有賀先生に伝えていた。

この2週間、ぼくは［2］横歩取りを研究した。できれば、今日は山沢君とは対戦せずに、別の相手に研究の成果をぶつけてみたい。

ぼくは父と母にも山沢君のことを話していた。二人とも、大熊君と同じく、ぼくが負けた相手が小学2年生だということに驚《おどろ》いていた。

「何回負けたって、いいんだぞ。おとうさんは、翔太が夢中になれるものを見つけたことがうれしいんだから」

「おかあさん、将棋は野球よりも、ずっと大変だと思うの。だって、野球なら、味方の活躍《かつやく》で勝つこともあるけど、将棋には味方がいないじゃない」

二人とも、駒の動かしかたすらわかっていないのだが、それなりに的確なアドバイスなのがおもしろかった。

公民館に着いて、こども将棋教室がおこなわれる１０３号室に入ると、ぼくは挨拶《あいさつ》をした。

「こんにちは。お願いします」

気合いが入りすぎて、いつもより大きな声が出た。

「おっ、いい挨拶だね。みんなも、野崎君みたいにしっかり挨拶をしよう」

有賀先生が言ったのに、返事をした生徒はひとりもいなかった。先生も、困ったように頭をかいている。ファルコンズだったら、罰《ばつ》として全員でベースランニングをさせられるところだ。

（将棋［C］じゃなくて、野球もやっててよかったよな）

ぼくは*航介《こうすけ》君のおとうさんと田坂監督《たさかかんとく》に胸のうちで感謝した。

朝霞こども将棋教室では、最初の30分はクラス別に講義がおこなわれる。ぼくは初段になったので、今日から山沢君たちと同じ、一番上のクラスだ。ところが、有段者で来ているのはぼくと山沢君だけだった。

「そうなんだ。みんな、かぜをひいたり、法事だったりでね」

講義のあとは、ぼくと山沢君が対戦し、2局目は有賀先生がぼくたち二人を相手に*二面指しをするという。前にも、先生が3人の生徒と同時に対局するところを見たが、手を読む速さに驚いた。プロが本気になったらどれほど強いのか、ぼくは想像もつかなかった。

「前回と同じ対局になってしまうけど、それでもいいかな？　先手は野崎君で」

「はい」

③ぼくは自分を奮い立たせるように答えたが、山沢君はつまらなそうだった。

（よし。目にもの見せてやる）

ぼくは椅子《いす》にすわり、盤に駒を並べていった。

「おねがいします」

二人が同時に礼をした。山沢君が対局時計のボタンを押すと、ぼくはすぐに角道《かくみち》を開けた。山沢君もノータイムで角道を開けた。続いて、ぼくが飛車先の歩を突《つ》くと、山沢君は少し考えてから、同じく飛車先の歩

「へえ～、そうなんだ。で、どんなやつ？」

悠斗君にきかれて、小学2年生の男の子だと言うと、思いきり笑われた。

「ありえね～。小5が小2に負けるなんて、ぜってえ、ありえねえ～」

「サッカーや野球じゃそうだろうけど、将棋ではそういうことがあるんだって」

ぼくが詳《くわ》しく説明すると、悠斗君はまだ信じられないようだったが、一応納得《なっとく》してくれた。

「わかったよ。それじゃあ、その山沢ってやつをさっさとぶっ倒《たお》して、また昼休みにサッカーをしようぜ」

「ありがとう。がんばるよ」

そう答えたものの、いくら横歩取りの研究をしても、山沢君に勝てる保証はなかった。最新型の研究なら、タブレットでプロ同士の対局を見られる山沢君のほうが断然有利だ。将棋の戦法は［B］で、ひとりの棋士が有力な新手を考えつくと、すぐにみんなが研究して取り入れるのだという。

（でも、やるしかない）

ぼくは昼休みも教室に残り、頭のなかで横歩取りの研究をした。放課後は盤と駒《こま》をつかってプロ同士の対局を並べる。そして詰《つ》め将棋をたっぷり解く。

アパートの部屋で、ひとりで将棋をしていると、山沢君の顔が頭に浮《う》かんだ。小学2年生なのに厚いレンズのメガネをかけて、肌《はだ》の色は白く、手足も細い。［1］、サッカーも野球も、あまりうまくはないだろう。

ぼくが山沢君について知っているのは、その程度だった。どこの小学校なのかや、何歳《さい》で将棋を始めたのかも知らない。山沢君だって、ぼくのことは名前と学年しか知らないはずだ。

（同じ将棋教室に通っていても、ぼくたちはおたがいのことをほとんど知らずに対局しているんだ）

そのことに、ぼくは初めて気づいた。ファルコンズのメンバーは全員同じ小学校だったし、どこに住んでいるのかも、きょうだいが何人いるのかも知っていた。食べものの好き嫌《きら》いや、勉強がどのくらいできるのかも知っていた。土まみれになって練習し、試合に勝てばみんなで喜び、負けてはみんなで悔《くや》しがった。

でも、一対一で戦う将棋では、勝っても、喜び合うチームメイトがいない。チームメイト同士で励《はげ》まし合うこともない。将棋では、自分以外は全員が敵なのだ。

野球と将棋のちがいを考えているうちに、ぼくはさみしくなってきた。

（でも、山沢君がどのくらい強いかは、いやというほど知ってるぜ）

ぼくは山沢君との一局をくりかえし並べていた。おそらく、ぼくの指し手は全て＊読み筋にあったにちがいない。つまり、多少手強《てごわ》くはあっても、負ける気はしなかったはずだ。

（見てろよ、山沢。今度は、おまえが泣く番だ）

ぼくは気合いを入れたが、ますますさみしくなってきた。

（自分以外は、全員が敵か）

頭のなかでつぶやくと、涙《なみだ》がこぼれそうになった。

（②将棋は、ある意味、野球よりきついよな）

## 【国　語】（五〇分）〈満点：一〇〇点〉

一　次の――線の漢字の読みをひらがなで書き、――線のカタカナは漢字に直して書きなさい。

① 庭に夏草が生《お》い茂る。
② 倉庫にたくさんの俵を積んでいく。
③ 幼かった日々を追憶する。
④ 晩秋から冬にかけて時雨が降りやすい。
⑤ ヤサしい問題から解いていく。
⑥ 受けた恩はワスれない。
⑦ フクザツな気持ちになる。
⑧ 長年のコウセキをたたえる。
⑨ 駅のカイサツで待ち合わせる。
⑩ 雪を利用して野菜をチョゾウする。

二　次の文章を読んで、あとの問いに答えなさい。問いの中で字数に指定のあるときは、特に指示がないかぎり、句読点や符号《ふごう》もその字数に含《ふく》めます。

> 小学5年生の「ぼく（野崎翔太《のざきしょうた》）」は、引っ越《こ》したことをきっかけに今まで続けていた野球をやめ、将棋《しょうぎ》のプロ棋士《きし》である有賀《ありが》先生が指導する「朝霞《あさか》こども将棋教室」に通い始める。めきめきと実力をつけた「ぼく」は順調に昇段《しょうだん》し、ついにアマチュア初段になったが、初段になって初めての対戦で、小学2年生でアマチュア二段の山沢《やまざわ》君に負けてしまう。

月曜日の朝がきて、ぼくはランドセルを背負って小学校にむかった。朝ごはんを食べているあいだもそうだったが、ぼくの頭は将棋のことでいっぱいだった。

（①横歩取《よこふど》りで勝負してやる）

それが、ぼくの選んだ作戦だった。横歩取りは、プロ同士の対戦でもよく指されている流行の戦型で、玉《ぎょく》を囲わずに序盤《じょばん》から攻《せ》め合う。二段の山沢君との＊対局では、初段のぼくが先手番になる。横歩取りは後手番でも主導権を握《にぎ》れるのが魅力《みりょく》の戦法だから、山沢君は待ってましたとばかりに攻めてくるはずだ。しかし、ぼくが正確に受け続ければ、こんなはずではないと動揺《どうよう》して、スキが生まれるかもしれない。ただし、途《と》中《ちゅう》の変化が多いので、よほど研究して対局にのぞまないと、短手数で押《お》し切られてしまう。

通学路を歩きながら、ぼくは頭のなかの将棋盤で横歩取りの対局を並べた。

「翔太、おはよう」

うしろから声をかけられて、ぼくは跳《と》びあがった。

「そんなにビビるなよ。昼休み、サッカーしようぜ」

大熊悠斗《おおくまゆうと》君とは、4年生のときも一緒《いっしょ》のクラスだった。正しくは、大熊君のいる4年1組にぼくが転入したのだ。クラブチームに所属しているだけあって、大熊君はたぶん学年で一番サッカーがうまい。それに、おじいさんが将棋好きで、小さいころに教えてもらったのだというので、ぼくにとっては将棋の話ができる唯一《ゆいいつ》の友だちだった。今日も、さそってくれてうれしかったAが、いまは全ての力を将棋にそそぎたい。

「きのう将棋教室で負けた相手に＊リベンジしたいんだ」

第1回

# 2023年度

# 解　答　と　解　説

《2023年度の配点は解答欄に掲載してあります。》

## ＜算数解答＞《学校からの正答の発表はありません。》

1　(1)　$\frac{7}{8}$　(2)　$5\frac{3}{4}$　(3)　$\frac{2}{3}$　(4)　37.7

2　(1)　1500　(2)　86　(3)　6　(4)　5　(5)　5

3　(1)　7日目　(2)　12日目　4　(1)　11才　(2)　9才

5　(1)　2：1　(2)　1：2　6　(1)　毎秒3cm　(2)　30cm　(3)　8秒後

7　(1)　$270cm^2$　(2)　13.5分後

○推定配点○

各5点×20　計100点

## ＜算数解説＞

1　(四則計算)

(1)　$\frac{1}{48}\times 42=\frac{7}{8}$　(2)　$\frac{7}{4}\times\frac{5}{21}+\frac{10}{3}\times\frac{8}{5}=\frac{5}{12}+\frac{16}{3}=\frac{23}{4}$

(3)　$\square=\left(\frac{25}{30}-\frac{4}{30}+\frac{1}{20}\right)\times\frac{8}{9}=\frac{2}{3}$

(4)　$2.89\times(2.56+1.21)+7.11\times 3.77=(2.89+7.11)\times 3.77=37.7$

重要　2　(単位の換算，規則性，速さの三公式と比，割合と比，植木算，鶴亀算，平面図形，立体図形，数の性質)

(1)　$1.2\times 1000\times 1000\div 800=1500(m^2)$

(2)　$50\div 4=12$余り2　$2+0+2+3=7$　したがって，50個の数の和は$7\times 12+2=86$

基本　(3)　$60\times 15\div 150=6$(分)

(4)　$181-1=180$(cm)について，$15-1=14$(cm)と$12-1=11$(cm)の長さが15個ある。　したがって，14cmの本数は$(180-11\times 15)\div(14-11)=5$(本)

(5)　半径×半径…右図より，$314\div 4\div 3.14=25=5\times 5$　したがって，半径は5(cm)

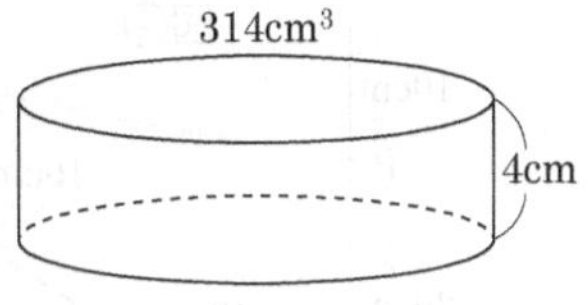


重要　3　(割合と比，仕事算)

A君1日の仕事量…1とする。全体の仕事量…$1\times 12=12$

(1)　B君1日の仕事量…$12\div 16=\frac{3}{4}$より多く，$12\div 15=\frac{4}{5}$より少ない。　$12\div\left(1+\frac{3}{4}\right)=6\frac{6}{7}$(日)，$12\div\left(1+\frac{4}{5}\right)=6\frac{2}{3}$(日)より，2人では7日目に終わらせることができる。

(2)　B君の仕事量…$12-1\times 3=9$　(1)より，$9\div\frac{3}{4}=12$(日)，$9\div\frac{4}{5}=11\frac{1}{4}$(日)であり，B君の仕事が終わるのは12日目

重要　4　(割合と比)

小型犬・中型犬…2年で24才，以後1年で4才ずつ年をとる。

大型犬…1年で12才，以後1年で7才ずつ年をとる。

(1)　2＋(60－24)÷4＝11(才)

(2)　2年目までの小型犬と大型犬について換算した年の差…24÷2－7＝5(才)小型犬が多い。
3年目以後…1年につき，大型犬のほうが7－4＝3(才)ずつ多く年をとる。　したがって，犬の年令は2＋(5＋16)÷3＝9(才)

## 5 (平面図形，相似，割合と比)

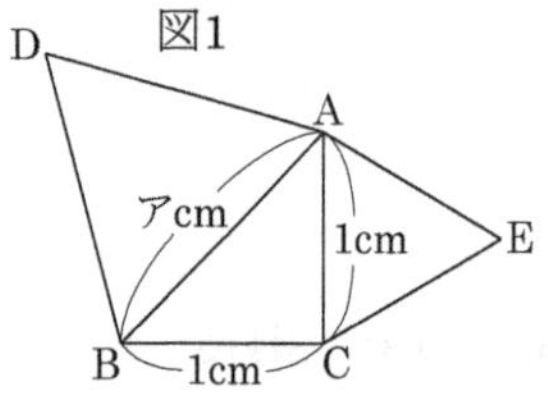


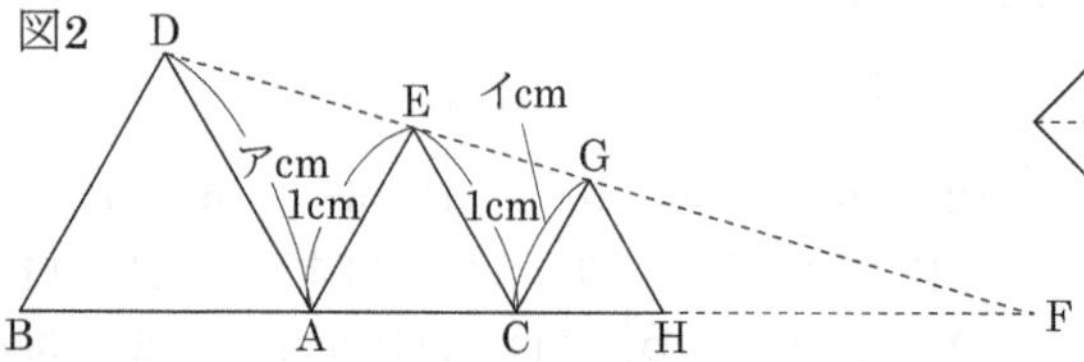


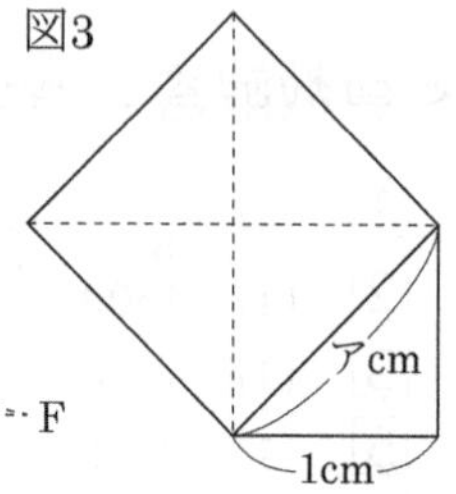


重要　(1)　図3…1辺がアcmの正方形と1辺が1cmの正方形の相似比はア：1，面積比は2：1
図1…1辺がアcmの正三角形と1辺が1cmの正三角形の相似比もア：1，面積比も2：1

やや難　(2)　図2…(1)より，三角形AEDとCGEの相似比がア：1，面積比が2：1であるからイ＝ア×0.5
したがって，GH：AB＝1：2

## 6 (平面図形，相似，図形や点の移動，速さの三公式と比，消去算)

重要　(1)　図①…三角形POC，XYCは正三角形でありOYの長さは25－10＝15(cm)　したがって，XYの秒速は15÷5＝3(cm)

(2)　図②…三角形POD，XYDの相似比は2：1である。　したがって，影の長さYDは30cm

やや難　(3)　図③…Pがアcm下がったとき，POは30－アcm，(1)より，OYはア×3cm，YHはア×1.5cm　したがって，10＋ア×1.5が30－アに等しくアは(30－10)÷(1.5＋1)＝8(cm)であり，時刻は8秒後　【別解】 ア×3＋20が30－アの2倍，60－ア×2に等しくア×5が60－20＝40であり，アを求める。

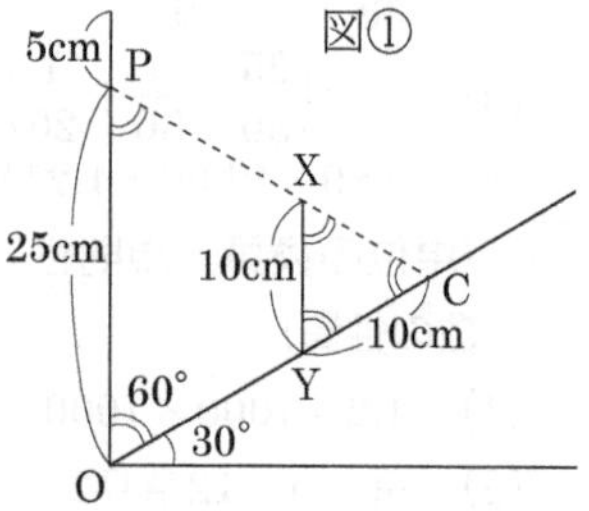


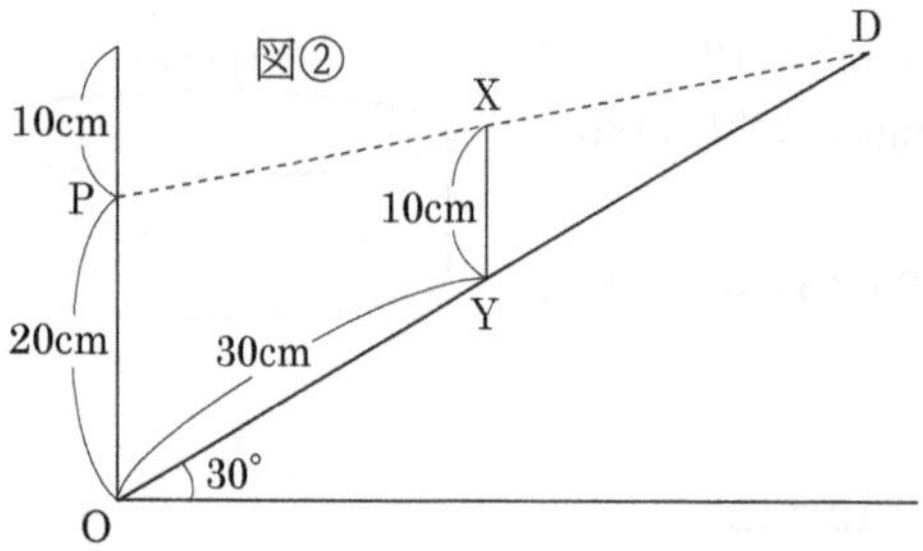


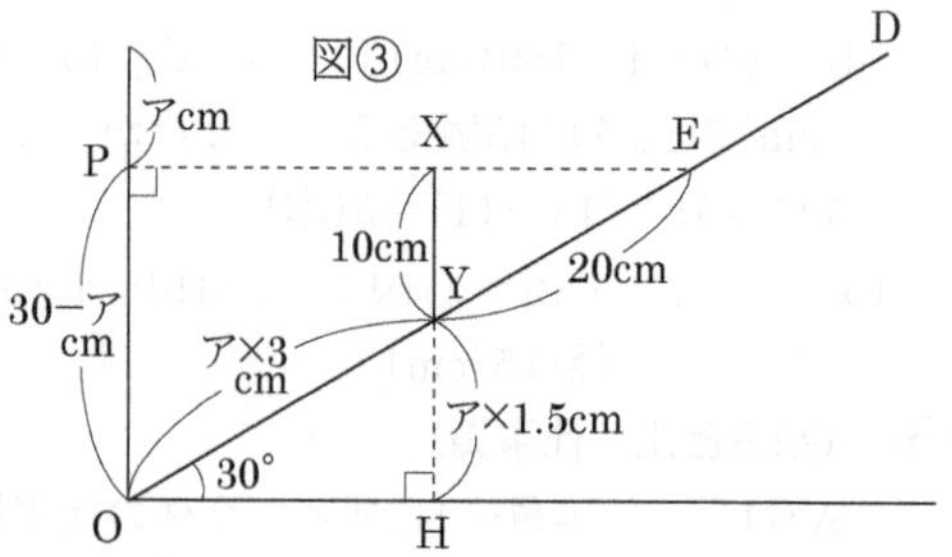


## 重要　7 (平面図形，立体図形，グラフ，割合と比)

1分間の給水量…最初300$cm^3$，途中から200$cm^3$

(1)　容器の底面積と高さが10cm以上の部分の水平に切った断面積との割合…300：200＝3：2
横の長さサ：シ…3：2　したがって，底面積は15×6×3＝270($cm^2$)

(2)　(1)より，$270\times10\div300+270\times\frac{2}{3}\times5\div200=9+4.5=13.5$(分後)

図1

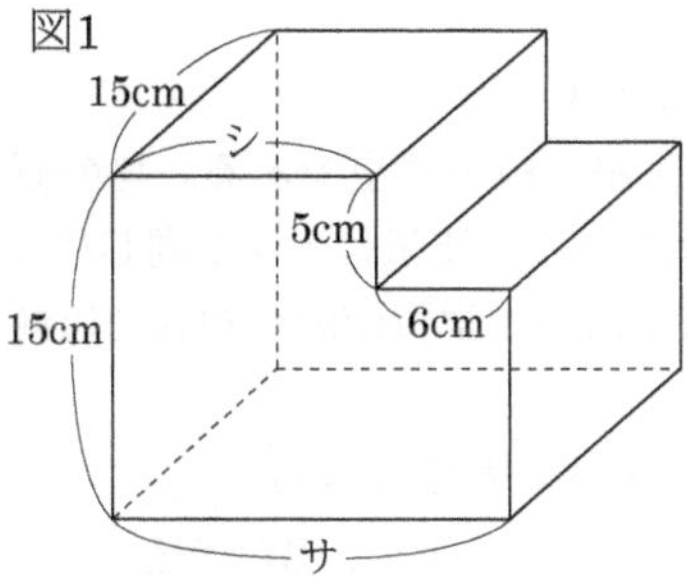


図2

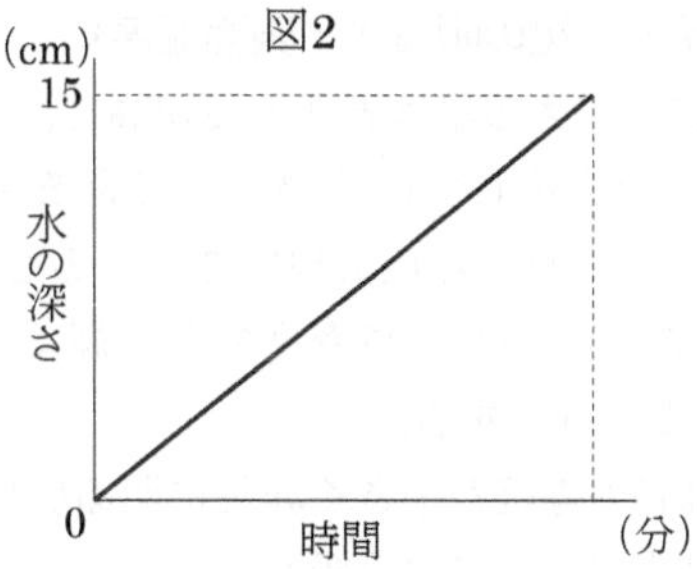

**★ワンポイントアドバイス★**

簡単に解ける問題が少なく，どの問題もそれなりの難度をふくんでいる。まず1，2で確実に得点することが求められる。5(2)「GH：AB」は解答が予想されるが，証明自体は簡単ではない。7は，それほど難しくはない。

## ＜理科解答＞《学校からの正答の発表はありません。》

1 (1) ア (2) ウ (3) イ (4) エ (5) ウ

2 (1) ① 高い ② 低い (2) ③ 白 ④ 赤 (3) イ
(4) エ

3 (1) B (2) A × C ⑪ (3) デンプン (4) 右図
(5) ウ

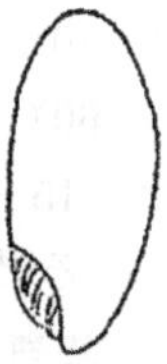

4 (1) 4.8% (2) 28g (3) 8.7g (4) イ (5) 45g

5 (1) おおきさ (2) ① 細くする ② 強くする
(3) ① 64cm ② 36cm

○推定配点○

1 各2点×5 2 (1) 各1点×2 他 各2点×4 3 各2点×6 4 各2点×5
5 (2) 各1点×2 他 各2点×3 計50点

## ＜理科解説＞

基本 **1 (総合問題―小問集合)**

(1) 夕方西の空に夕焼けが見えるのは，西の空が晴れているからである。日本では天気は西から東へ変わっていくので，次の日が晴れると予想される。

(2) ドングリはブナやカシやシイの木の果実のことである。カエデは種類が違う。

(3) 顕微鏡の対物レンズは倍率が高いものほど筒が長く，接眼レンズは倍率が高いほど筒が短い。ピントを合わせるときは，横から見ながら対物レンズをプレパラートに近づけた後，接眼レンズをのぞきながらプレパラートを遠ざけていく。

(4) 金属は熱くなると膨張するので，レールの継ぎ目を少し空けておくことで膨張したレールがぶつかって曲がるのを防いでいる。

(5) 2022年7月15日に全国で初めて，山口県と九州地方に線状降水帯予測情報が出された。

2 (星と星座－星の明るさ・表面温度)

重要 (1) 青白く見える星は表面温度が高く，赤く見える星は低い。

(2) 恒星が変化していく過程でできるものが，赤色巨星，白色矮星である。星の直径が太陽の100倍以上あり，赤色に輝いて見えるものが赤色巨星であり，質量は太陽と同じ程度だが大きさが地球ほどしかない高密度で白く輝く星が白色矮星である。学習範囲の知識では解けない問題で，図から推論する。

(3) Aは絶対等級が小さく非常に明るい星なので，シリウスと推定できる。

(4) Bは太陽より絶対等級が大きいので，太陽より暗い。表面温度は，Bが赤色なので太陽より低い。

3 (植物－種子)

基本 (1) Bが柿の種子である。Aはダイズ，Cはトウモロコシの種子である。

重要 (2) Bの⑦は胚乳であり，発芽した種子の栄養分になる。Aの大豆は無胚乳種子であり，子葉に栄養が蓄えられている。Cのトウモロコシは⑪が胚乳である。

基本 (3) 胚乳はデンプンを含み，デンプンはヨウ素液で青紫色に染まる。

(4) イネの胚の部分は，図に示した部分である。

(5) 図1の②が胚軸，③が幼芽と呼ばれ，これが成長して芽となる。この部分を含まないア，イ，エでは芽が出ない。ウでは芽が出る。

4 (ものの溶け方－溶解度)

重要 (1) 20℃の飽和水溶液では，水100gにAが5g溶けている。その濃度は(5÷105)×100＝4.76≒4.8(%)である。

重要 (2) 80℃の水50gには，Aが12gまで溶ける。溶けないで残るAの重さは40－12＝28(g)である。

重要 (3) 60℃で水100gにAは15g溶け，この飽和溶液の重さは115gである。これを20℃まで冷やすと，15－5＝10(g)のAが溶けきれずに結晶として出てくる。60℃の飽和溶液100gでは□gが結晶になるとすると，10：115＝□：100　□＝8.69≒8.7(g)が出てくる。

(4) 物質X中のAの重さは$30\times\frac{1}{3}=10$(g)であり，Bは20gである。20℃の水100gにAは5g，Bは36gまで溶けるので，物質Aだけが溶け残る。

(5) 60℃の水100gにAは15gまで溶けるので，これだけのAを含むXの重さは15×3＝45(g)になる。このときBは45－15＝30(g)含まれ，60℃の水100gにBは38gまで溶けるので，すべて溶ける。しかし，B38gを含むXの重さは$38\times\frac{3}{2}=57$(g)であり，Aは57－38＝19(g)であるためAは溶けきれずに残る。よって，溶け残りが出ないXの最大の重さは45gである。

5 (音の性質－音の3要素)

基本 (1) 音の3要素とは，音色，音の高さ，音の大きさである。

基本 (2) 高い音を出すには，弦の太さは細く，弦を張る強さは強くする。

(3) ① 「ド」の音の振動数は264Hzであり，「ソ」は396Hzである。振動数と弦の長さは反比例するので，振動数が$\frac{396}{264}=\frac{3}{2}$(倍)になるときの弦の長さは$96\times\frac{2}{3}=64$(cm)である。　② 1オクターブ高い「ド」の音の振動数が2倍になるので，「高いファ」の音の振動数は352×2＝704(Hz)になる。これは「ド」の音の$\frac{704}{264}=\frac{8}{3}$(倍)の振動数になるので，弦の長さは$96\times\frac{3}{8}=36$(cm)である。

**★ワンポイントアドバイス★**

標準レベルの問題が主で，基礎的な知識がしっかりと身についているかが問われている。計算問題も演習しておきたい。

## <社会解答>《学校からの正答の発表はありません。》

[1] (1) イ　(2) エ　(3) フォッサマグナ　(4) 埼玉(県)　(5) ア　(6) ウ
(7) エ　(8) ① イ　② (例) 裁判をより身近なものにする

[2] (1) エ　(2) ア　(3) 三内丸山(遺跡)　(4) ウ　(5) イ　(6) 山形(県)
(7) イ　(8) A・E

[3] (1) エ　(2) フビライ　(3) ウ　(4) ウ→ア→エ→イ　(5) ア
(6) (例) 賠償金を獲得することができなかったから。　(7) イ　(8) ウ

[4] (1) 承久(の乱)　(2) ウ　(3) イ　(4) エ　(5) 平泉　(6) ア
(7) エ　(8) B

[5] (1) ウクライナ　(2) エ　(3) 参政　(4) イ　(5) 4分の1　(6) ア
(7) ウ　(8) イ

○推定配点○

[1] (3) 2点　(8) ② 3点　他 各1点×7
[2] (3) 2点　他 各1点×7((8)完答)　[3] (2) 2点　(6) 3点　他 各1点×6
[4] (1)・(5) 各2点×2　他 各1点×6　[5] 各1点×8　計50点

## <社会解説>

### [1] (総合―地形図・国土と自然・古代～中世の政治・政治のしくみなど)

(1) 高等学校の地図記号は⊗，寺院は卍，電波塔は♂，郵便局は〶。

(2) 岡谷ジャンクションから北西に延びる高速道路はJRの上を通過。X地点は約950m，岡谷駅は765m前後，A～Bの斜面は尾根，水田はıı，畑は∨。

重要 (3) 「大きな溝」の意味。明治に来日したお雇い外国人・ナウマンによる命名。

(4) 信濃川の水源地でもある甲武信ヶ岳は山梨・埼玉・長野の3県にまたがる山。

(5) 養蚕が盛んな地であったが東京の精密機械会社が空襲を避けて移転，きれいで乾燥した空気が適していたため戦後大いに発展，現在は電子部品工業に転換しつつある。

(6) 戦国を代表する武将が5度にわたって対決した川中島の戦い。毛利は広島，伊達は宮城。

(7) 大陸と陸続きだった旧石器時代。弓矢や土偶は縄文，低地に定住したのは弥生時代。

重要 (8) ① 刑事裁判では高等裁判所が，民事裁判では地方裁判所が担当する。　② 裁判をより身近なものとするために導入。殺人など重大な刑事裁判の第1審に採用されている。

### [2] (日本の地理―東北地方の自然・農業など)

(1) Eは人口の減少率，高齢化率ともに日本1の秋田。人口密度はC→D→B→F→E→Aの順。

(2) Aは岩手。肉用鶏肉が3位，肉用牛も5位と畜産がさかんな県。

(3) Bは青森。1500年にわたり営まれた縄文最大規模の遺跡。初期段階の農耕の痕跡もみられる。

(4)　Cは宮城，Dは福島。アは青森，イは秋田，エは岩手～宮城を流れる河川。

(5)　竹竿に提灯《ちょうちん》をつるして歩く秋田竿灯まつり。アは青森ねぶた，ウは山形花笠，エは仙台七夕。

(6)　Fは山形。サクランボが日本1で，果実生産額では青森・長野・和歌山に次ぎ日本4位。

(7)　郡山は交通の要衝《ようしょう》で県下最大の商業都市でもある。アは山形，ウは青森，エは秋田。

重要　(8)　男鹿半島や八郎潟付近を通る緯線。世界ではニューヨーク・北京・ローマ近辺を通過する。

## 3　(日本と世界の歴史―古代～現代の政治・外交など)

(1)　隋の2代皇帝・煬帝《ようだい》。父を殺害して即位，3度の高句麗遠征に失敗して隋の滅亡を招いた。

重要　(2)　モンゴル初代皇帝・チンギスハンの孫。中国を攻略し大都(北京)に遷都，南宋を滅ぼして元を建国した。東南アジアや朝鮮半島を属国としたが日本の攻略には失敗した。

(3)　日本からは刀剣や工芸品，銅や硫黄を輸出，明からは生糸や絹織物，銅銭などを輸入した。

(4)　1612年の直轄地への禁教令発布以降徐々に拡大，島原・天草一揆以降はポルトガルの来航を禁止して鎖国体制を強化した。アは1637年，イは1641年，ウは1624年，エは1639年。

(5)　幕末脱藩して坂本龍馬の海援隊に参加，下関条約では伊藤博文と共に全権代表も務めた。

(6)　年間予算の数倍の戦費に対し政府は増税や外国からの借款《しゃっかん》で乗り切った。賠償金がないことに怒った国民は警察署や新聞社を襲撃，政府は戒厳令を出してこれに対応した。

(7)　1951年，平和条約と同時に日米安全保障条約が締結され引き続き米軍の日本駐留が決定した。憲法の施行は1947年5月3日，日ソ共同宣言は1956年10月，国連加盟は1956年12月。

やや難　(8)　1972年，田中角栄首相が訪中して日中共同声明を発表して国交を回復，6年後の1978年にライバルであった福田赳夫首相が日中平和友好条約を締結した。

## 4　(日本の歴史―古代～近世の政治・文化など)

重要　(1)　北条義時追討の院宣を出したものの戦いには敗れ隠岐に流された。

(2)　15世紀後半，明から帰国した雪舟は日本独自の水墨画を完成させた。この頃，寄合で意見を統一，村掟を定めるなど農村の自治が進められた。アは奈良，イは鎌倉，エは江戸時代。

(3)　元禄時代に活躍した浮世絵師。井原西鶴・松尾芭蕉と共に元禄の3文人と呼ばれる。アは室町，ウは桃山，エは江戸後期の化政文化。

(4)　聖徳太子を弔《とむら》うために作られた，微笑(アルカイック・スマイル)で知られる法隆寺の本尊。

(5)　奥州藤原氏3代100年にわたる本拠地。当時は京都に次ぐ大都市であったといわれる。

(6)　自身が遣唐使に選ばれたが廃止を進言し中止が決定。阿倍仲麻呂は帰国できず現地で死亡。

(7)　作品が刊行されたのは1831年。アは水野忠邦，イは松平定信，ウは大坂。

重要　(8)　D(飛鳥)→F(天平)→E(国風)→A(鎌倉)→B(室町)→C(元禄)→G(化政)。

## 5　(政治―政治のしくみなど)

(1)　2022年2月24日，東部のロシア系住民の保護を名目に攻撃を開始。

(2)　参議院は選挙区(148人)，比例区(100人)で3年ごとに半数を改選。

(3)　国民主権を具体化するもので，自由権などと異なり能動的な基本的人権といわれる。

(4)　具体的な数値や実現するための方法を示すもので，与野党を問わずすべての政党が発表する。

やや難　(5)　憲法には期限の規定がないため開かれないこともある。

重要　(6)　弾劾裁判所は各議院10名ずつが裁判官となり国会に開設される裁判所。

(7)　2050年には魚の量を上回るともいわれ実効性のある対策が早急に求められている。

(8)　裁判を慎重に行うことで国民の自由や権利を守るための制度。

★ワンポイントアドバイス★

歴史的史料に関する出題は毎年狙われる分野である。写真や文章などを含め，最低限教科書に掲載されているものについては完ぺきにしておこう。

## ＜国語解答＞《学校からの正答の発表はありません。》

一 ① お　② しゅうのう　③ のうたん　④ たび　⑤ 縮　⑥ 群
⑦ 降車　⑧ 規則　⑨ 混乱　⑩ 博愛

二 問一 1 ア　2 キ　3 ク　4 オ　問二 ウ　問三 B カ　C イ
問四 D オ　E ウ　問五 エ　問六 ア　問七 イ　問八 イ
問九 Ⅰ ここでの一日がどれほど長いのか　Ⅱ 大人の感覚　問十 オ
問十一 自分が先に退院した後，「ぼく」が退くつした時間を過ごすことを見通して，「ぼく」がきっと見つけるだろうという場所に，毎日遊べるものをかくして楽しませようという配慮。
問十二 壮太のことが大好きで大切な友達なのは背が高い低いなどとは無関係なこと。
問十三 エ

三 問一 1 キ　2 カ　3 ウ　4 イ　5 ア　問二 A 理性　D 安全
問三 彼らも　問四 Ⅰ もんがまえ　Ⅱ 九　問五 時間を区切ること
問六 ウ　問七 エ　問八 自分の行動を中心にした，時計で計り区切る時間とは異なる時間を持つこと。　問九 Ⅰ 熱中　Ⅱ 短く　問十 ぜひ見ようという主体的な姿勢で見たのではなく，受動的な態度で見ている時間だから。　問十一 葛藤と対決していくこと　問十二 ウ

○推定配点○
一 各1点×10
二 問一～問四 各1点×9　問五～問七 各3点×3　問十一 6点　他 各4点×5
三 問一～問四 各1点×10　問八・問十 各6点×2　他 各4点×6　計100点

## ＜国語解説＞

一 (漢字の読み書き)

重要 ① 「帯」は，着物や柔道の「帯」の場合は一文字で「おび」だが，「お-びる」の場合は「お」だけである。　② 表記に注意しよう。　③ 文字通り「こい - うすい」のことを「のうたん」という。　④ 「たび」と読む，熟字訓だ。　⑤ 「縮」は全17画の漢字。「イ」をやや縦長に書くとバランスがよい。　⑥ 「群」は全13画の漢字。3画目は右に出す。「郡」と混同しないようにする。　⑦ 「降」は全10画の漢字。10画目は7画目の上に出す。　⑧ 「規」は全11画の漢字。4画目は点にしてとめる。　⑨ 「混」は全11画の漢字。9画目は右上にはね，11画目はまげて上にはねる。形がちがうので注意する。　⑩ 「博」は全12画の漢字。9画目の点を忘れずに書く。

二 (物語－心情・情景，細部の読み取り，空欄補充，ことばの用法，ことばの意味，記述力)

基本 問一 1 検査中の壮太は先ほどから眠気におそわれている「うっかり」すると寝てしまう壮太を起こすことで精いっぱいなのだ。　2 言葉の上では「じゃあな」と「元気で」という「あっさ

り」したものだった。 3 「心に穴が空く」に続く場合は「ぽっかり」と表現する場合がほとんどだ。 4 退院は嬉しいけれど，まだ一週間か二週間入院生活が続くことがいまは気分を晴らさないのだから「がっかり」である。

問二 ウ以外は，推定することを表している。═══線Aもまた推定している。ウは伝聞を表す「そうだ」なので，「異なるもの」はウである。

問三 ═══線Bの「採血」は「血を採取する」なので，下が目的語になる組み合わせ。Cの「陽気」は，「陽の気」ということで，上が下を修飾する組み合わせだ。Bの組み合わせは「劇を観る」のカ。Cの組み合わせは「早い朝」でイである。

問四 ═══線D 「さも」は「実に・まったく・いかにも」という意味の言葉である。 E 「手放しで」は，遠慮や気がねをしないで、おおっぴらにということを表す。「手放しで喜ぶ」は何の遠慮もなくおおっぴらに喜ぶということになり，「手放しで喜べない」の場合は，何らかの気がかりな点があり，おおっぴらに喜ぶことができないということになる。「おおっぴらに」は「無条件に」ということになる。

**基本** 問五 「低身長の検査中は絶飲絶食だ」とある。つまり，一切の飲み物や食べものを口に入れられないということだ。「ぼく」は，その検査ではないので，飲み物をとることは可能なのだが，禁止されている人の前で飲むのは「気が引ける」という気持ちになっている。積極的に応援しようとか，意地でも摂らないわけではなく，何となく申し訳なく「遠慮する」気持ちだ。

問六 ──線②直後にあるように，「ぼく」は，自分自身では，入院以前のほうが性格がよかったと思っている。壮太と仲良くなったのだから，壮太の言うとおりの部分はあるが，自分の分析とは異なることがあると思うのだからアだ。

問七 問一3で考えたように，他人から見たら何も思わずあっさり別れたように見えるが，「お母さんは何もわかっていない。～」で始まる段落にあるように，お互いに別れがつらくてたまらないのだ。もう一緒に遊べないし，もう会えないような気がしてつらいのだからイである。

問八 問七で考えたように，つらいのは「ぼく」だけではなくお互いだ。壮太の別れたくない思いはイである。

**重要** 問九 Ⅰ 直後の「先生はわかっていない」が着目点になる。先生は簡単に1～2週間と言うけれど，それを「ひとくくりにしてもらっては困る」のだ。先生は「ここでの一日がどれほど長いのか」を先生は知らないと不満に思っているのである。 Ⅱ 子どもにとっての一日を「大人の感覚」で計算されたくないと「ぼく」は思っているのだ。

問十 4で始まる段落に着目する。あと1～2週間で退院できるのに，はっきりしないことにいらだったものの，もっと長期入院している子どものことを考えれば「何をぜいたくなことを言っているのだ」とも思う。どんな感情を持つことが正しいのか自分でもわけがわからなくなっている。この内容はオである。

**やや難** 問十一 「壮太は知っていたんだ」で始まる段落に着目する。「知っていた」と思うことは，まず，自分がいなくなれば，「ぼく」がどれだけ退屈してしまうだろうということ。また，これまでも「ぼく」がプレイルームのおもちゃ箱をひっくり返してストレスを発散させていたことだ。だから，壮太は，自分が退院した後の「ぼく」の退屈を見越して，きっと見つけるだろうと思うところに時間をつぶせそうなものをかくしておくという配慮をしたのだ。

**やや難** 問十二 親友のようになった壮太であるが，しかし，低身長の検査で入院している壮太に，背の低さなんて関係ないという言葉をかけるのには失礼のように思えて言えなかったのだ。しかし，手紙という手段で，「暑さ」さえ伝えることができたのを実感して，返事をして書くのは，失礼かどうかなどと考える必要もなく，心から思っていることを伝える内容だと思っているのである。

したがって，壮太は壮太自身が最高の人で，背が高いとか低いなどは関係ないということになる。

問十三　ア　時系列順に書かれているので不適切。　イ　視点は「ぼく」の視点なので不適切。　ウ　幻想的な場面はない。　エ 「ぼく」の視点で書かれていて，会話を中心にその時々の思いをくわしく述べている地の文で構成されているので適切だ。　オ　長期入院患児と壮太との交流ではない。

**三 (論説文－細部の読み取り，接続語の問題，空欄補充，反対語，ことばの用法，ことばの意味，筆順・画数・部首，記述力)**

問一　1　前部分は幼稚園の先生から下園時間を聞くと安心する，という内容で，後部分は，安心するプロセスを述べている。このことから「なぜなら」を入れたくなるが，後部分の文に「から」をふくむ文末の文がない。さらに，内容としては，前部分の内容をくわしく述べているので「つまり」を入れる。　2　前部分は時間も同じことが言えるか考えてみた，という話題を提示していて，後部分は，具体的な考察内容を展開しているので，「たとえば」。　3　前部分は，「お母さんに言われるままに」で，後部分は「兄姉や友人たちにさそわれるままに」のいずれかということなので「あるいは」である。　4　前部分は，「必ず経験しなければならない世界だ」としていて，後部分は「十分に見せた方がいい」ということなので「だから」が入る。　5　前部分は「十分体験したほうが早く『卒業』できる」と述べていて，後部分は，「そういう経験がないとなかなか『卒業』できない」と述べているので「ところが」。

重要　問二　A 「感情」の対義語は「理性」である。　B 「危険」の対義語は「安全」だ。

基本　問三　叱られながらも「彼らも」わかっているのだ。主語は「彼らも」である。

基本　問四　Ⅰ 「関」の部首は「もんがまえ」である。ひらがな表記を指定されていることに注意する。　Ⅱ 「係」は，全九画の漢字だ。漢数字表記を指定されているので注意する。

問五 「このように，つかみどころのない～」で始まる段落が着目点になる。はっきりさせるために「時間を区切ること」を始めたのだ。

やや難　問六　先ほどの小学生の不満の中心になるのは，「所有権」ということだ。そのことは「この小学生～」で始まる段落で述べられている。つまり，何についても，所有権争いになるが，時間に関しては，自分の時間をだれも所有権を主張したりできないから，不公平さを感じないですむということになるのでウだ。

問七　――線③直後からの具体的な説明に着目する。公共のブランコや玩具は，遊ばずにぼんやり使っていれば，ゆずるように言われる可能性があるので，ムダな使い方をしているわけにはいかないが，「私の時間」は，どんなにぼんやりと過ごしていてもだれにもゆずってくれとは言われないかわりに，取り戻すこともできないという説明なのでエを選ぶ。

やや難　問八 「異なる」という語を用いるという条件を忘れずに。必須語「異なる」を手がかりに考えると，「ところで幼児たち～」で始まる段落と，「おたまじゃくし～」で始まる段落にある。後者の「異なる」の方向性で書くと，比喩として使っている「厚み」の説明をしなければならないので，制限字数から考えると難しいかもしれない。そこで，大人のもつ時間とは異なる時間のような使い方の方が書きやすい。「大人のもつ時間」では説明不足になるので，「時計で計り区切る時間」として，それとは異なる時間のように持ち込むことができる。「厚み」については，「熱中することを中心においた」時間をもっているのだ。

問九　Ⅰ　問八で考えたように，幼児は一つの自分の行動に「熱中」してしまうのだ。　Ⅱ 「納得できない顔」をしているということは，自分の感覚としては「ちょっとなのに」という不満があるということた。大人のもつ時計で区切る時間だとたっぷり1時間でも，熱中しておたまじゃくしを見ていた時間はずっと「短く」感じていたということだ。

重要 問十　ここでのポイントは，主体的であったか，受動的であったかということだ。時計の時間が同じ1時間だとしても，「ついひきこまれて」，つまり，受動的にダラダラと見てしまうと，むなしく感じてしまうのである。

問十一　5で始まる段落にあるように，主体的に見るとは，見たいままに放任することではな。そこで，どのような見方が主体的なのかは「テレビは見たいが～」で始まる段落で説明している。テレビを見ることと，他にしなければならないことの「葛藤と対立していくこと」が，主体性をもつということになる。

問十二　これまでの問いを考えた過程と，最終段落に着目すると，筆者は，いわゆる大人のもつ時間で「早く早く」と効率を重視すると，主体的な時間体験を奪うことになると述べているのでウである。

★ワンポイントアドバイス★

漢字の学習をするさい，ただ形が書けるというのではなく，部首，画数などきちんとおさえた学習をしよう。

第2回

# 2023年度

# 解　答　と　解　説

《2023年度の配点は解答欄に掲載してあります。》

## ＜算数解答＞《学校からの正答の発表はありません。》

1　(1)　4　(2)　$1\frac{5}{9}$　(3)　96　(4)　5

2　(1)　44　(2)　36　(3)　112　(4)　18　(5)　32

3　(1)　54才　(2)　66日間　4　(1)　4種類　(2)　5種類

5　(1)　7：3　(2)　6番　6　(1)　608$cm^3$　(2)　108.5$cm^3$　(3)　384$cm^3$

7　(1)　7個　(2)　37

○推定配点○

各5点×20　計100点

## ＜算数解説＞

1　(四則計算)

(1)　$\frac{13}{15}\times\frac{60}{13}=4$

(2)　$1\frac{3}{4}-\left(\frac{5}{12}-\frac{8}{36}\right)=1\frac{27}{36}-\frac{7}{36}=1\frac{5}{9}$

(3)　□＝100－68÷(289÷17)＝96

(4)　$\frac{3}{2}\times\frac{4}{3}\times\frac{5}{4}\times\cdots\times\frac{9}{8}\times\frac{10}{9}=\frac{1}{2}\times10=5$

重要　2　(単位の換算，場合の数，数の性質，鶴亀算，割合と比，平面図形)

基本　(1)　2時間20分－1時間－60×$\frac{3}{5}$分＝80分－36分＝44(分)

(2)　□□0…5×4＝20(通り)　□□5…4×4＝16(通り)　したがって，5の倍数は20＋16＝36(通り)

(3)　3を加えて5で割り切れる数…2，7，12，～　5を加えて3で割り切れる数…1，4，7，～　7＋15×□…3ケタで最小の数は7＋15×7＝7×16＝112

(4)　切手AとBの値段の比…40：60＝2：3　代金…2×60＝120とする。切手Aの枚数…(3×46－120)÷(3－2)＝18(枚)

(5)　右図より，8×4＝32($cm^2$)

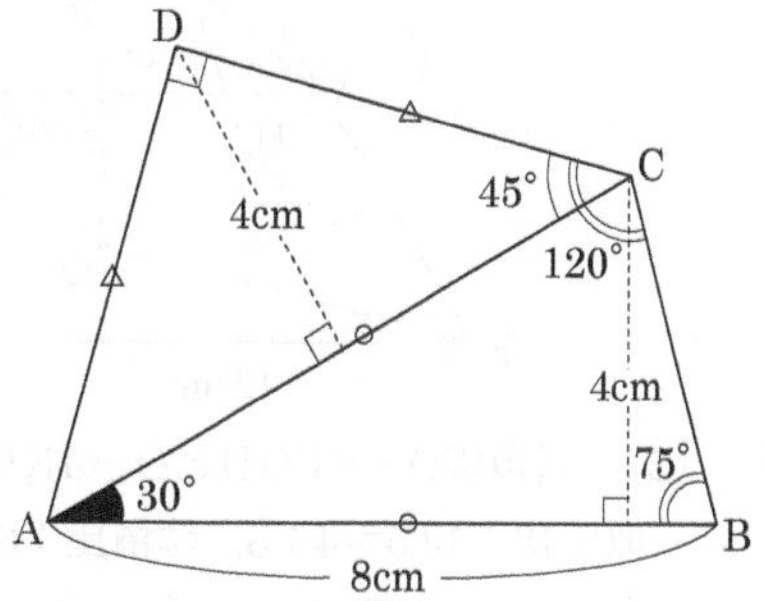


3　(年令算)

花子さん…2010年8月15日生まれ　お母さん…1980年6月10日生まれ

基本　(1)　2022－2010＋2022－1980＝12＋42＝54(才)

重要　(2)　2022年6月10日～8月14日…(1)より，2人の年令差は42－11＝31(才)　したがって，この期間は30－9＋31＋14＝66(日間)

重要　4　(平面図形，場合の数)

回転したり裏返したりして重なる図形→同じ図形

(1)　図1より，4種類…(1，1，5)(1，2，4)(1，3，3)(2，2，3)

(2)　図2より，二等辺三角形は5種類…(1，1，9)(1，5，5)(2，2，7)(3，3，5)(3，4，4)

図1

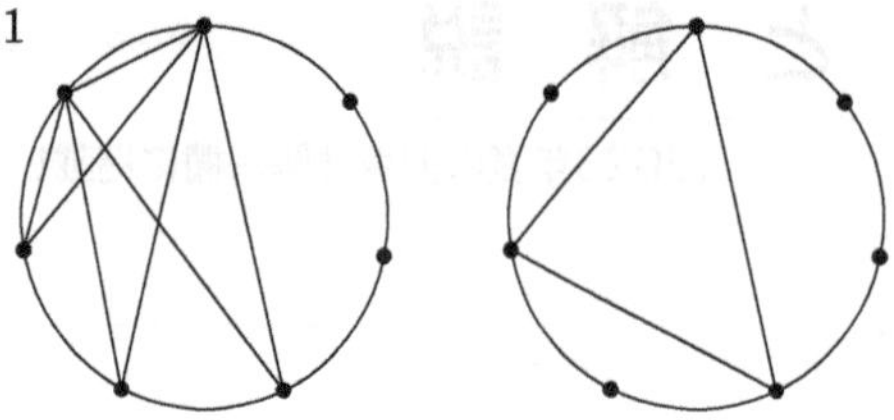

図2

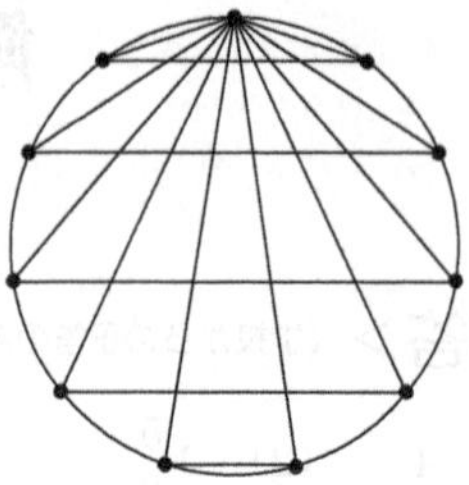

重要 **5** **(速さの三公式と比，旅人算，植木算)**

次郎君…15番の旗の位置で花子さんとすれ違い20番の旗の位置で折り返してきた太郎君とすれ違った。

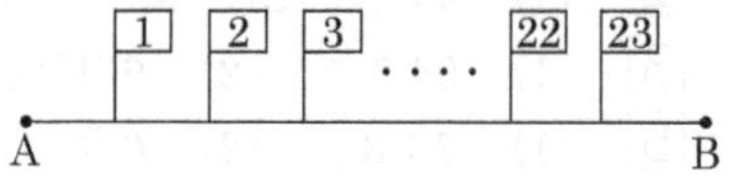


(1)　次郎君と花子さんの速さの比…右図より，15：(24−15)＝5：3　次郎君と太郎君の速さの比…20：(24＋24−20)＝20：28＝5：7　したがって，太郎君と花子さんの速さの比は7：3

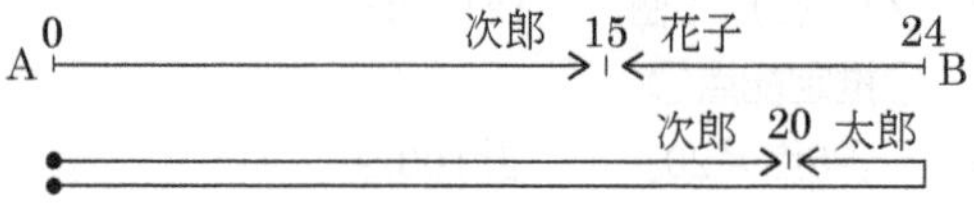


(2)　太郎君が進んだ距離が28のとき…(1)より，花子さんの距離は3×4＝12　右図…20−(20−12)÷(7−3)×7＝6　したがって，太郎君が花子さんを追いこしたのは6番の旗の位置

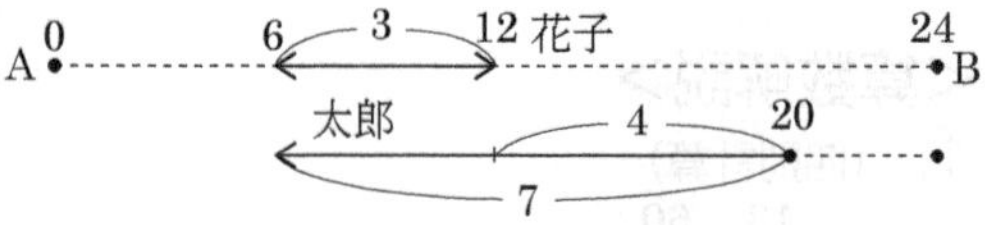


**6** **(平面図形，相似，立体図形，割合と比)**

重要 (1)　四角錐O−ABCDとO−EFGH…図1より，相似比8：12＝2：3，体積比8：27　高さOQ…6×3＝18(cm)　四角錐台ABCD−EFGHの容積…12×12×18÷3÷27×(27−8)＝608($cm^3$)

図1

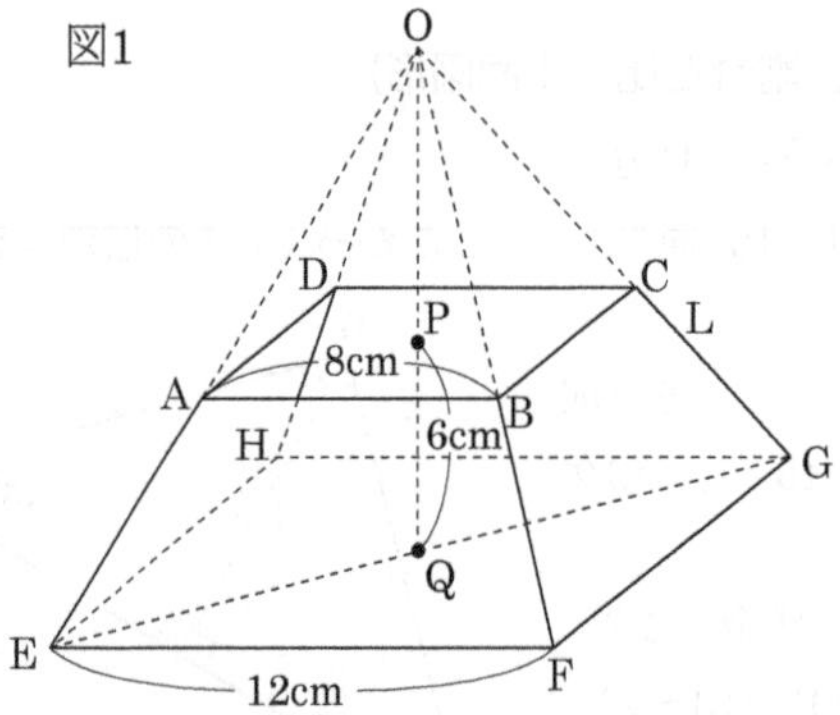


図2

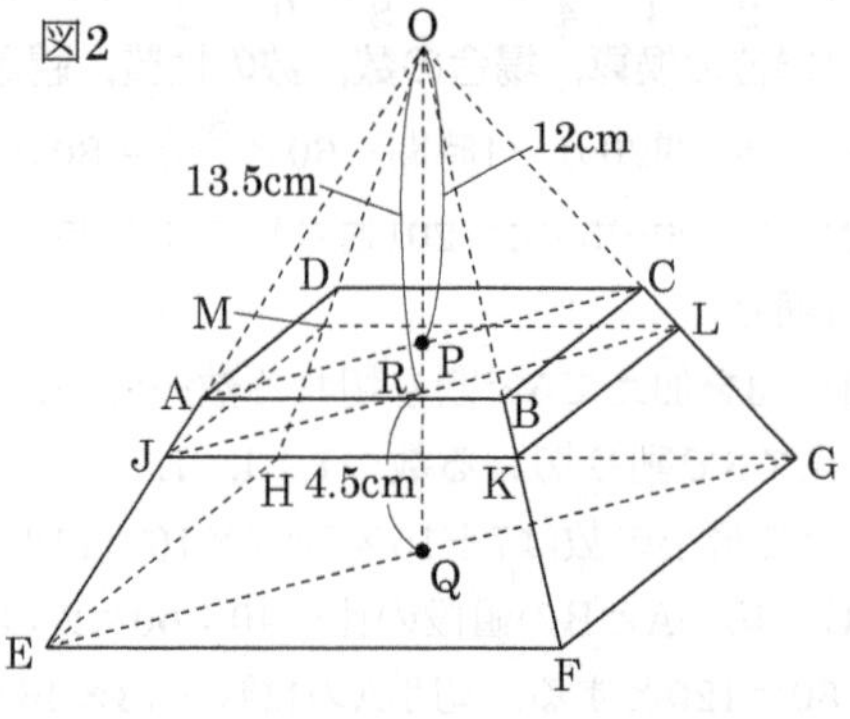


やや難 (2)　四角錐O−EFGHとO−JKLM…図2より，相似比18：13.5＝4：3，体積比：64：27　四角錐台JKLM−EFGHの容積…12×12×18÷3÷64×(64−27)＝499.5($cm^3$)　したがって，(1)より，抜き出した水量は608−499.5＝108.5($cm^3$)

(3)　四角錐EFST…図3より，2×12×6÷3＝48($cm^3$)　三角柱BTS−CVU…12×6÷2×8＝288($cm^3$)　したがって，(2)より，残っている水量は48×2＋288＝384($cm^3$)

図3

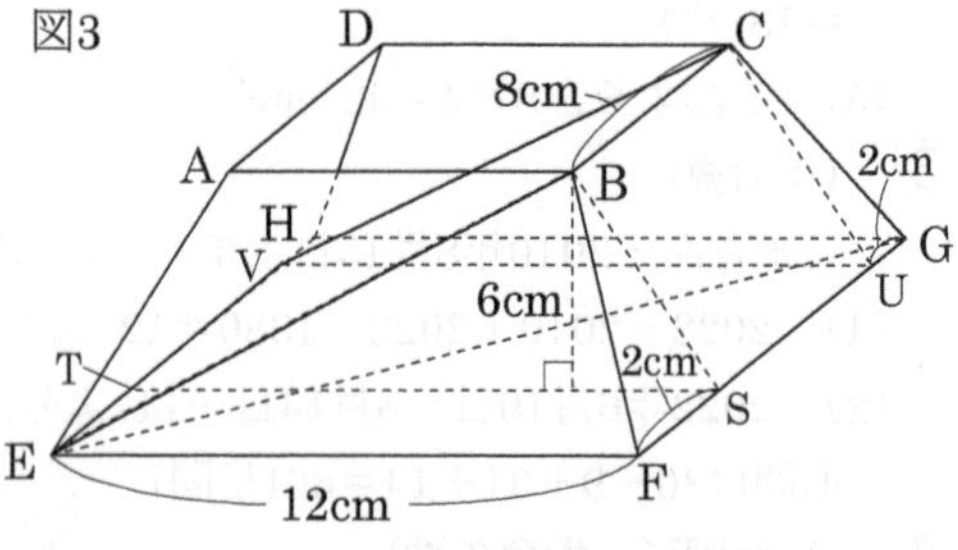

重要 7 (平面図形，数の性質，割合と比)

(1) 右図より，7個の正方形に分けることができる。

(2) 1147－851＝296＝8×37　851＝37×23　1147＝37×31　したがって，最大公約数は37

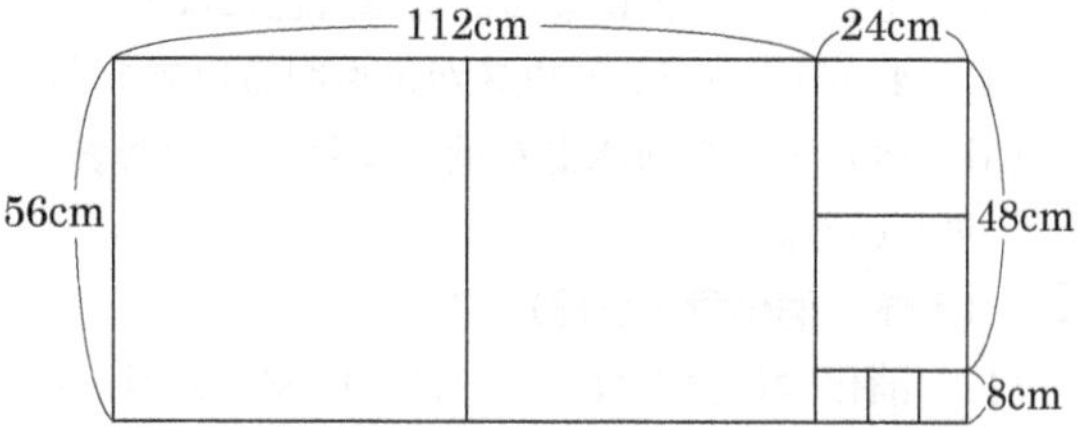

★ワンポイントアドバイス★

5「A地点とB地点の間」，6「四角錐台の容器」，これらの問題も見かけほど難しくはなく，時間配分に注意して問題を選択して取り組めば正解を得られる。1，2の9題で確実に得点することが，第1のポイントである。

## ＜理科解答＞《学校からの正答の発表はありません。》

1 (1) ア　(2) イ　(3) イ
(4) ウ　(5) イ

2 (1) 消化管　(2) アミラーゼ
(3) (名前) 肝臓　(はたらきでないもの) ウ
(4) ① E　② B

3 (1) ウ→エ→ア　(2) 100g
(3) ① 32g
② 24%　(4) 6g

4 (1) エ　(2) イ
(3) P 1000hPa
Q 1024hPa
(4) (記号) P
(理由) P点では等圧線の間隔がせまく，気圧の差が大きくなるため。　(5) 図1

5 (1) タングステン　(2) 25Ω　(3) 図2
(4) 0.64A　(5) 0.36A

図1

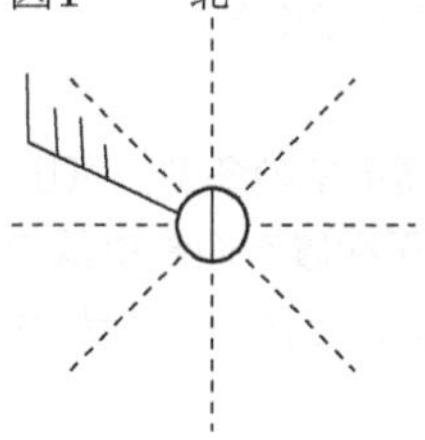


図2

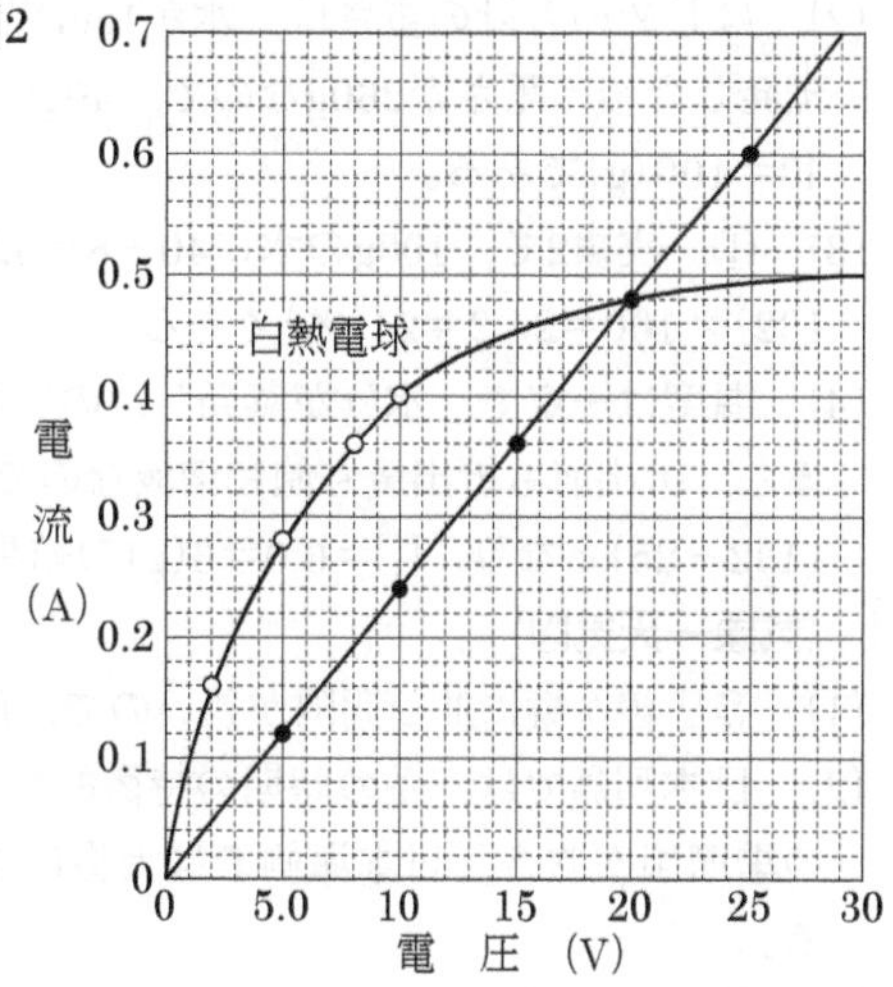


○推定配点○

1 各2点×5　2 (4) 各1点×2　他 各2点×4
3 各2点×5　4 (3) 各1点×2　他 各2点×4((4)完答)
5 各2点×5　計50点

## ＜理科解説＞

基本 1 (総合問題―小問集合)

(1) 同じ太さの弦を同じ強さで張った場合，弦が短いほど高い音になる。

(2) 絵はアサガオの種子であり，アサガオの葉はイである。

(3)　①と③で赤色になる。②は青色になる。

(4)　4つのうちでシリウスが最も明るい星である。

重要　(5)　ペルー沖の海水温が低くなり，その影響で日本では猛暑，寒い冬になる現象をラニーニャ現象という。

基本　2　(人体—消化管・肝臓)

(1)　消化管に含まれるものは，口腔，食道，胃，十二指腸，小腸，大腸，肛門である。

(2)　だ液に含まれる消化酵素で，デンプンの分解を行うのはアミラーゼである。

重要　(3)　肝臓の主なはたらきは，解毒作用，栄養素の貯蔵，胆汁の合成である。十二指腸へは胆のうやすい臓から，胆汁や消化酵素を含むすい液が流れ込む。

(4)　①　栄養分は小腸で吸収される。　②　胃はタンパク質を分解する酵素を出し，最初にタンパク質が分解される。その後，十二指腸でさらに分解が進み，小腸で分解された栄養素が吸収される。

3　(ものの溶け方—溶解度)

基本　(1)　上皿てんびんで重さを量るとき，決まった重さを量り取るときには薬包紙をひいて分銅を左側にのせ，右側の皿に薬包紙をのせ物質を少しずつのせてつり合わせる。物質の重さを量る場合は，左側に物質をのせ，右側に分銅をのせていってつり合わせる。

(2)　はじめの合計の重さは，水が1cm$^3$当たり1gなので，40＋120＋140＝300(g)であった。水が蒸発した後の重さが260gなので，40gの水が蒸発した。ビーカーに残っている水の重さは140－40＝100(g)である。

重要　(3)　①　実験2で，100gの水に40－8＝32(g)のXが溶けていた。　②　上澄み液のこさは，(32÷132)×100＝24.2≒24(%)である。

やや難　(4)　温度は一定で，水分が蒸発したので結晶がさらに析出した。析出した物質Xの重さを□gとすると，析出前も析出後も飽和溶液なので，溶質の重さ：溶液の重さの比が32：132＝(32－□)：(132－25)となり，□＝6.0≒6(g)の結晶が出てくる。

4　(気象—天気図)

基本　(1)　等圧線が縦に並び間隔が狭いので，西高東低の冬型の気圧配置である。

基本　(2)　日本列島では，冬の時期の特徴的な気圧配置が西高東低の気圧配置である。この時期，北西の季節風が吹き，日本海側では大雪になることが多く，太平洋側は晴れて乾燥した日が多くなる。

(3)　等圧線の間隔は4hPaなので，P点では1000hPa，Q点では1024hPaになる。

(4)　P点付近では等圧線の間隔がせまく，気圧の差が大きいため強い風が吹く。

基本　(5)　風の向きは，矢の端から中心に向かうように書く。風力は矢の右側から矢羽根を書き，7以上では左側に書き加える。中心の円に天気を表す記号を書きいれる。

5　(回路と電流—電流の大きさ・電圧)

基本　(1)　白熱電球のフィラメントに使われているのは，タングステンである。

重要　(2)　グラフより，白熱電球に10Vの電圧をかけると0.4Aの電流が流れるので，このとき電球の抵抗は10÷0.4＝25(Ω)である。

(3)　縦軸に電流，横軸に電圧を取ってグラフを書くと，直線になる。

重要　(4)　白熱電球と電熱線を並列につないだとき，それぞれにかかる電圧は10Vになる。このとき，白熱電球に流れる電流はグラフより0.40Aであり，電熱線に流れる電流は電熱線の抵抗が$\frac{5.0}{0.12}$Ωなので，10÷$\frac{5.0}{0.12}$＝0.24(A)である。電流計を流れる電流の大きさは0.40＋0.24＝0.64(A)である。

やや難 (5) 白熱電球と電熱線を直列につないだとき，それぞれに流れる電流の大きさは同じになる。それぞれにかかる電圧の合計が23Vなので，(3)で作ったグラフより，電流が同じで電圧の合計が23Vになる所を探すと，0.36Aのとき白熱電球には8.0V，電熱線には15Vの電圧がかかる。よって電流計は0.36Aを示す。

**★ワンポイントアドバイス★**

グラフを書かせたり，表を読み取ったりする問題が多い。類題を問題集で演習しておきたい。最近のニュースからの出題も含まれる。

## <社会解答>《学校からの正答の発表はありません。》

1 (1) ① B ② 4cm (2) 全員正解扱い (3) イ (4) オランダ
(5) 親藩 (6) ア (7) (例) 1票の格差是正のため。

2 (1) (例) 香川用水が完成した (2) 天井川 (3) ウ (4) エ (5) イ
(6) エ (7) イ (8) ア

3 (1) 寺子屋 (2) ア (3) エ (4) イ (5) ア→エ→イ→ウ
(6) (例) 主君と家臣の身分関係 (7) イ (8) 9年

4 (1) ア→エ→ウ→イ (2) イ (3) 中山道 (4) シベリア出兵 (5) ウ
(6) エ (7) 平清盛 (8) ア

5 (1) 司法 (2) 指名 (3) イ (4) ① エ ② ア (5) 総辞職
(6) ウ (7) ① 持続可能 ② イ

○推定配点○

1 (7) 2点 他 各1点×7　2 (1)・(2) 各2点×2 他 各1点×6
3 (1)・(6) 各2点×2 他 各1点×6　4 (3)・(4) 各2点×2 他 各1点×6
5 (2)・(5) 各2点×2 他 各1点×7　計50点

## <社会解説>

### 1 (総合ー地形図・国土と自然・中世の政治・地方自治など)

(1) ① 税務署の地図記号は◇，警察署は⊗，水田は॥。この地方最大の斐伊川《ひいかわ》は中国山地から宍道湖に流れ込み，大橋川で中海に通じ日本海に注ぐ。 ② 100000cm÷25000で計算。

(2) 宍道湖はシジミの大産地だが近年は乱獲などにより生産が減少，養殖も研究されているがまだ商業ベースには至っていないのが現状である。

重要 (3) 松江の冬は曇りや雨，雪の日が多い日本海側の気候。アは気温が高い太平洋側，ウは暖かく雨の少ない瀬戸内，エは気温の年較差の大きい中央高地の気候。

(4) 江戸時代初期，日本は世界の3分の1の銀を産出，その4分の1は石見銀山といわれる。

(5) 松江松平藩は2代将軍徳川秀忠の兄・結城秀康の子孫。

基本 (6) 参議院議員と都道府県知事の被選挙権は満30歳以上で残りはすべて満25歳以上。

(7) 参議院の選挙区は都道府県単位で実施されていたが人口の減少に伴い1票の格差が拡大，そのため人口の少ない島根と鳥取をまとめて1つの選挙区としている。

**2 (日本の地理―国土と自然・農業・工業など)**

(1) 大きな川がなく雨の少ない讃岐平野の水対策として1970年代に完成した用水。

やや難 (2) 河川によって運ばれた土砂が川底に堆積，川床が周囲より高くなった河川。氾濫を防ぐための堤防のかさ上げと土砂の堆積が競合している。

(3) 輪島は能登半島北端の市。下塗りを何回も繰り返す複雑な工法で高級品としても知られる。

(4) 東京湾沿いには石油化学コンビナートが林立，化学工業の割合が極めて高い工業地域となっている。アは中京，イは京浜，ウは阪神工業地帯。

重要 (5) キュウリやナスといった夏野菜を時期を早めて出荷する促成栽培。

(6) 歌の終わりに「よさこい」の囃子《はやし》言葉がつく高知の民謡。アは秋田，イは大阪，ウは埼玉。

(7) 大阪や京都のベットタウンとなりつつあるが，2000年代に入って人口は減少している。

(8) 甲州は甲斐の別称で山梨県の旧国名。越前は福井県東部の旧国名。

**3 (日本の歴史―古代～現代の社会・教育など)**

(1) 江戸時代後半には全国に普及，明治の小学校教育の基礎となった。

(2) 良民男子には約23アール，女子にはその3分の2を支給。イは租，ウは調，雑徭は国司の下での年間60日に及ぶ労働。

(3) 源平の戦いで焼失した東大寺南大門。アは正倉院，イは金閣，ウは平等院。

(4) 15世紀末，国人たちが畠山氏を追い出して自治を実践，最後は内部分裂で崩壊した。

やや難 (5) 大村・大友・有馬の3大名が少年使節をローマに派遣，彼らが帰国した時には豊臣秀吉によるバテレン追放令が出されていた。五榜の掲示は5か条の御誓文の翌日に出された立て札。

(6) 徳川家康が朱子学者の林羅山を登用したため幕府の学問としての地位を確立。身分や秩序を重視する考え方は幕府体制の維持だけでなく，幕末の尊王運動の精神的支柱にもなった。

(7) 国民皆学を目指した学制の発布は1872年。アは1905年，ウは1885年，エは1868年。

(8) 明治中頃には4年，日露戦争後には6年に延長され就学率も95%までになった。

**4 (日本の歴史―古代～近代の政治・社会・外交など)**

やや難 (1) 札幌オリンピックの3か月後に沖縄が返還。アは1964年，イは1978年，エは1967年。

(2) 蝦夷地や日本海側の物資を下関経由で大阪に運ぶ船や航路。東廻りは津軽海峡経由で江戸に至る航路，樽廻船は大阪・江戸を結ぶ航路で主に酒樽が輸送された。

(3) 江戸の板橋と京を結ぶ東海道の裏街道で，滋賀県の草津で東海道と合流した。

(4) チェコ軍の救出を名目に日米英仏などがロシア革命に干渉した事件。富山から始まった米騒動は全国に波及し寺内正毅内閣は総辞職に追い込まれた。

重要 (5) 空海は和歌山の山中にある高野の地を嵯峨天皇から賜わり真言宗の道場を建立した。

(6) 上方を中心に花開いた町人文化は元禄文化。化政文化は江戸を中心とする後期の文化。

(7) 平治の乱で源義朝を破って権力を掌握，初めての武家政権を樹立した武将。

(8) 金印には「漢委奴国王」と刻まれ，後漢の光武帝から奴国王が授けられたもの。

**5 (政治―憲法・政治のしくみなど)**

基本 (1) 法を適用してさまざまな紛争を解決する国家の作用。

重要 (2) 最高裁長官は内閣が指名し天皇が任命，その他の裁判官は内閣が任命する。

(3) 衆参両院の議決が不一致の場合は両院協議会で協議，そこでも不一致の時は衆議院の議決が優先。

(4) ① 政治に参加する能動的な権利。選挙・被選挙権，国民投票権，国民審査権など。

② 選挙区148人，比例区100人で3年ごとに半数改選。任期満了による総選挙は現行憲法では1

回のみ，比例では拘束・非拘束名簿など違いがあり，衆参の同時選挙は過去2回。

(5)　内閣不信任が可決された場合は全て解散が行われ総辞職の例はない。

(6)　違憲立法審査権は全ての裁判所において個々の裁判ごとに行使される。

(7)　①　SDGsとは持続可能な開発目標。　②　日本は2008年をピークに人口減少社会に突入，高齢化の進展により共同体が維持できない限界集落も各地に出現している。また，ジェンダーギャップ指数は世界でも最低レベルであり，女性の社会進出が大きな課題となっている。

**★ワンポイントアドバイス★**

広く一般常識や現代社会の課題といった内容の出題は増える傾向にある。日ごろから世の中の動きに関心を持ち，自分で考える姿勢を持って生活しよう。

## ＜国語解答＞《学校からの正答の発表はありません。》

一　①　しげ　②　たわら　③　ついおく　④　しぐれ　⑤　易　⑥　忘
⑦　複雑　⑧　功績　⑨　改札　⑩　貯蔵

二　問一　1　キ　2　オ　3　カ　4　ウ　5　ア　問二　ウ　問三　B　ア　C　オ　問四　D　エ　E　ア　問五　イ　問六　野球はチームプレーで共感したり励まし合う仲間がいるが，将棋は個人戦で，自分以外は全員が敵という環境で行われる勝負だから。　問七　エ　問八　ぼくが必死で考えている読み筋を，山沢君はすでに読んでいたこと。　問九　ア　問十　ウ　問十一　イ　問十二　エ　問十三　ウ

三　問一　1　ウ　2　カ　3　オ　4　イ　5　キ　問二　Ⅰ　八　Ⅱ　たけかんむり　問三　B　ア　C　ウ　問四　銀河系は　問五　エ　問六　Ⅰ　天の川を構成する星々の大集団　Ⅱ　田舎の寒村　問七　宇宙空間全体が膨張している　問八　人類は生物界の頂点に位置するという考えから，生物進化の過程にある一種でしかなく他の生物種と変わらないという考えに変わった　問九　(1)　自己中心的 ～ 変えていく
(2)　ほんの少し ～ づいている　問十　技術や思想が未熟なために起きる，知的文明の成長過程でさけることができない，失敗や挫折　問十一　エ

○推定配点○

一　各1点×10　二　問一～問四　各1点×10　問六　6点　問八　5点　他　各3点×7
三　問一～問四　各1点×10　問五・問十一　各3点×2　問八・問十　各6点×2
他　各4点×5　計100点

## ＜国語解説＞

一　（漢字の読み書き）

①「茂」の音読みは「モ」。　②「米俵」の場合は「だわら」とにごる。　③　追憶とは過ぎた時間を思い起こすことという意味の言葉だ。　④「時雨」とは，主に秋から冬にかけて起こる，一時的に降ったり止んだりする雨のことだ。　⑤「易」は全8画の漢字。「日」の下に一本横棒を入れて全9画の漢字にしない。また「優しい」と混同しないように気をつける。　⑥「忘」は全7

画の漢字。3画目はとめる。　⑦「複」は全14画の漢字。部首は「ネ(ころもへん)」だ。「ネ(しめすへん)」にしないように気をつける。　⑧「功」は全5画の漢字。1～3画目を「土」にしない。⑨「札」は「木(きへん)」だ。「礼」と混同しないように気をつける。　⑩「蔵」は全15画の漢字。15画目の点を忘れずに書く。また「臓」と混同しないように気をつける。

**二** (物語－心情・情景，細部の読み取り，空欄補充，四字熟語，ことばの用法，ことばの意味，記述力)

基本　問一　1　肌の色が白くて，手足も細いという外見から「きっと」サッカーや野球もうまくないだろうと思ったのだ。　2　友達との遊びも断って二週間「ひたすら」練習に打ち込んだのだ。
3　考える時間として与えられた持ち時間は二人とも「とっくに」使ってしまったから早指しをしなければならない状況になっている。　4　まさか山沢君が答を言うとは思っていなかったので「うまく」返事ができなかったのである。　5　将来二人ともプロ棋士になって「いつか」対局ができるといい」という思いを伝えたのだ。

問二　═══線Aの「が」は，「しかし」の意味に置きかえることができる「が」である。ウの「が」が，「行ってみた。しかし～」となる。

問三　B　直後の内容に着目する。「有力な新手を考えるとすぐに～」である。つまり，どんどん新しい手が生まれて進歩しているのだから「日進月歩」である。　C　将棋だけではなく，野球もやっていてよかったということだ。「野球だけで」のことを「野球『一辺倒』」という。

重要　問四　D「著しい」とは，「特にきわだっている様子」という意味だ。　E「おこがましい」とは，出しゃばったまねをする・身の程知らずなことをする・差し出がましい・分不相応で生意気だ」などの意味で用いられる表現なのでア。

問五　「それが，ぼくの選んだ～」で始まる段落の内容から考えるとイが適切ということになる。

やや難　問六　「将棋と野球の違いを明確にしながら」という条件で，50～60字という制限であると，対比しながら違いを含む解答文にする必要がある。ポイントは，チームプレーと個人戦という違いを中心に「仲間」と「自分以外は敵」という点に「きつさ」を感じていることを書こう。

問七　山沢君は年下だが，実力はすばらしいし，本人もそのことにプライドを持っている。「ぼく」はリベンジに燃えているが，山沢君はすでに勝った相手とまた対戦するのかという気が乗らない気分なのだからエである。

問八　本当の対戦では引き分けはないが，有賀先生は時間の関係で引き分けにするという判定をだした。そのこと自体には納得したが，もう少しで詰ませることができるはずだと，まだ詰み筋を探していたのだ。しかし，相手の山沢君は，すばやくそれを読み切って教えてくれたのだ。自分が解けなかった問題をさらりと解かれたような驚きである。

問九　問八で考えたように，もう少しで勝てるかもしれない対戦ではあったが，時間の経過も気づかないほど集中した対戦であり，結局，対戦中に勝ちに持ち込めるだけの力はないと納得しているので，引き分けの判定に不服はなかったということでアだ。

問十　両親と共に先生に呼ばれたことをむしろ，何か悪いことでもしでかしたかと心配するほど先生からの話に思い当たることがなかったのに，先生からの高評価にはおどろいてしまったのだ。そして，「このあと」は，山沢君に対しても二人ともプロになれるといいという発言をしているところから，がんばっていこうという気持ちになっていることが読み取れるのでウである。

問十一　――線⑦の反応は，「ぼく」の「一緒に強くなろう」という発言に対してだ。問七で考えたように，年下とはいえ，山沢君は実力者で，自分自身もそれを十分意識したプライドを持っている。だから，「一緒に」などという言葉には反発を感じるのだ。――線⑧は，「今日の棋譜をつけにいく」という「ぼく」の発言に対する反応だ。実力としては自分よりずっと下に思うが，年上の「ぼく」が自分を目指すと素直に言い，一生懸命将棋に向かい合おうとしている態度を見て，自分と「ぼく」は対等ではないというようなかたくなな思いがほぐれたのだからイだ。

問十二　問十でも考えたように，将棋をがんばろうという気持ちになっている。だから，年下のくせにのような思いを持っていた山沢君に対しても，ライバルとして目指すという言葉を素直に出せるようになったのだ。今の対戦をすぐにでも棋譜につけて，勉強したい思いなのだからエである。

問十三　会話からも，話の流れや心情がよくわかるが，むしろ，(　)内に書かれた，具体的な心情で，「ぼく」がどのような思いを持ち，どのように移り変わるかがよくわかる構成であるのでウだ。

**三　(論説文－細部の読み取り，指示語の問題，接続語の問題，空欄補充，ことばの意味，ことばの用法，筆順・画数・部首，記述力)**

問一　1　前部分は「われわれ自身が回っている」ということ，後部分は，「回っている」ことを「動いている」とも言えるということで「あるいは」。「つまり」も入りそうで難しい。

2　前部分は，少なくともおとめ座銀河団のほうが，われわれの銀河系より，巨大であり，いわゆる大都市に位置するところにあるという説明で，後部分は，それならおとめ座銀河団が中心なのかという新たな話題を出しているので「では」が入る。　3　前部分は見え方により，自分たちが中心にいるように見えるがそうではないと述べている。後部分は，そうではないと言える説明を具体的な例を挙げて説明しているので「たとえば」。　4　前部分は，幼児のころは自分が世界の中心と考えているという内容で，後部分は，少し成長すると世界が広くなる過程を述べているので「ところが」が入る。　5「あるいは」か「つまり」かで迷うところだ。が，前部分の「社会の中」か「多数の他者の中」かのどちらかということではないので「あるいは」ではない。「社会の中」と大きなくくりで述べたが，大切なことは「多数の他者の中」であることを伝えるために，「つまり」で言い換えている。

重要　問二　Ⅰ　黒塗り部分は，八画目にあたる。漢数字という指定なので気をつける。　Ⅱ「築」の部首は「たけかんむり」だ。ひらがな指定なので気をつける。

重要　問三　Bの「根底」は，上下似た意味の組み合わせである。アの「児童」が同じ組み立てである。Cの「強行」は，「強く行う」なので，上が下を修飾する組み立て。ウの「激しく減る」の「激減」と同じ組み立てだ。

問四「われわれが住む『銀河系は』」広がっているのだ。一文節でということなので「銀河系は」と答える。

問五　第四の段階は，「さらに20世紀に～」から始まる段落での説明のことである。おとめ座銀河団のブラックホールのほうか大きいことは述べているが，われわれの住む銀河系にもブラックホールは存在するので，「適切ではないもの」はエということになる。

問六　Ⅰ　――線②直前に「銀河系」を修飾している言葉が「こうした恒星の大集団である」だ。したがって，「こうした」が指し示す内容を考えることになる。「こうした」が指し示しているのは「天の川を構成する星々の大集団」のことだ。　Ⅱ　直後が「とたとえて表現している。」であることに着目する。銀河系をどのように「たとえて」いるかということだ。本文では，われわれが住む銀河系は，局部銀河系というグループをなしているという説明だ。そして，その局所銀河系は，中心どころではなく，「まさに『田舎の寒村』」という位置づけだとたとえている。

基本　問七　発見そのものは，――線③直後にある「遠い銀河ほど速いスピードで遠ざかっていた」ということだ。この発見が衝撃的だと説明しているのが「これは衝撃的な～」で始まる段落である。この発見は「宇宙空間全体が膨張している」ということを示すものだから衝撃的だったのだ。

やや難　問八 「同じような」は，これまで説明を続けてきた宇宙への考え方の変せんと，生物の中での人間の位置づけということだ。「かつて人類は～」で始まる段落に着目すると，宇宙の考え方と同じように，人類は生物界の頂点に位置するという考えだったが，生物進化の過程にある一種でしかない，他の生物種と変わらないという考え方に変わったことが，宇宙での考え方と同じということになる。

やや難　問九 (1) 宇宙の考え方も，人類の考え方も，個人の成長も，「他」があることがわかると，自分が中心で，頂点だという考え方が誤りだと気づくという主旨である。「このように天文学～」で始まる段落にあるように，「自己中心的～変えていく」が37字で具体的に説明している部分だ。

(2) ――線⑤直後からの説明に着目する。(1)で考えたように「他」の存在を知ることによって，成長するのだとすると，われわれ人間は，まだまだ園児程度が現状だとしている。「他者の存在を意識」すればやがてどうなるかということが問いなのだから「ほんの少し大人の知的文明に近づいている」だろうと考えているのだ。

問十 「そのひとつ」の中身は，直前の，戦争，環境破壊，福島での原発事故だ。つまり，人類の「失敗，挫折」の数々を挙げていることになるので，その失敗挫折がどのような原因で起きるものなのかを書くことになる。

問十一 ア 第二の地球の発見，宇宙生命の発見は，やがて実現するだろうということとして述べているので，それが悲願だという内容ではない。　イ 「宗教」を否定する対象だという内容で述べているのではない。ウ 「銀河系を中心にして」は，中心などないという筆者の考えと異なる。オ 「天文学者を中心にして」考えようという内容ではない。　エ 「他」の存在の重要性を述べている文章だった。人類においては，自分たちが頂点に立つという考え方を変えるべきだということも述べている。その変化に「他」として，「第二の地球」の発見が意義あることだと言えるので，エが適切である。

**★ワンポイントアドバイス★**

記述をふくむ設問は，時間に余裕があるものではないと思われる。スピード力を養おう。

収録から外れてしまった年度の
問題・解答解説・解答用紙を弊社ホームページで公開しております。
巻頭ページ＜収録内容＞下方のQRコードからアクセス可。

※都合によりホームページでの公開ができない内容については，
　次ページ以降に収録しております。

うので、筆者は自分が担当する番組では禁止している。

**イ**　ある仮説にもとづいて実験を行うときに、仮説とは異なる実験結果が出た場合は、その実験結果に合わせて仮説を修正しなければならないが、修正した仮説については、再度の検証が必要となる。

**ウ**　リンゴが落ちるのを見てニュートンが万有引力を発見したというエピソードは、あやふやな部分も多いけれど、ケンブリッジ大学に植えられているリンゴの子孫の木を見ると真実だとわかる。

**エ**　ある仮説を立てるときに注意しなければならないのは、二つのものごとが原因・結果でつながる関係であることを確認することで、そのうえで理論の発展性を意識しなければならない。

**オ**　光速を測るような機器がなかった時代であっても、観察をすることでアリストテレスが音速と光速の関係を解明したように、科学において最も基本となるのは観察と分析ということである。

きなさい。

問五　——①「科学の法則や理論はそのような絶対的な真理ではない」とありますが、なぜこのようにいえるのですか。その理由の説明として、最も適切なものを次から一つ選び、記号で答えなさい。

ア　科学の法則や理論は、その時点でわかっていることにすぎず、真理とはほど遠いから。

イ　絶対的な真理は、全知全能の神を崇拝《すうはい》する宗教にこそ、ふさわしいものであるから。

ウ　人間は全知全能ではないため、科学の法則や理論に関しても、真実を完璧に把握できないから。

エ　科学の法則や理論を絶対的な真理と判断し、それが誤りであった事例が、数多くあるから。

オ　科学は疑ってかかる姿勢が必要で、すべての法則や理論も、信じるに値《あたい》しないものだから。

問六　——②「科学はどのようにして真理に近づいていくのでしょうか」とありますが、どうすることで近づいていくのですか。三つの段階を「～を繰り返すこと。」に続くように、十五字以上二十字以内で説明しなさい。

問七　——③「仮説は、とりあえずの真理として成立する」とありますが、成立させるためにはどのようなことが必要なのですか。「再現」という言葉を使って、五十字以上六十字以内で書きなさい。

問八　——④「こうして具体的な物事を抽象化する」とありますが、ニュートンの場合、「具体的な物事」とはどういうことを指しますか。「～こと。」に続くように、文章中から七字以内で書き抜きなさい。

問九　【⑤】～【⑨】とありますが、それぞれにあてはまる言葉の組み合わせとして、最も適切なものを次から一つ選び、記号で答えなさい。

ア　⑤相関関係　⑥因果関係　⑦相関関係　⑧因果関係　⑨相関関係

イ　⑤相関関係　⑥因果関係　⑦相関関係　⑧因果関係　⑨因果関係

ウ　⑤相関関係　⑥因果関係　⑦因果関係　⑧相関関係　⑨因果関係

エ　⑤因果関係　⑥相関関係　⑦相関関係　⑧因果関係　⑨因果関係

オ　⑤因果関係　⑥相関関係　⑦因果関係　⑧相関関係　⑨相関関係

問十　——⑩「この仮説が正しい」というために最も必要なことは何ですか。文章中から二字で書き抜きなさい。

問十一　——⑪「物体の運動については、勝手な決めつけをしてしまった」とありますが、どのような決めつけをしたというのですか。それを説明した次の文の［Ⅰ］・［Ⅱ］にあてはまる言葉を指定字数に合わせて、文章中から書き抜きなさい。

●土には［Ⅰ（十六字）］ため、土を落とすと地面に落ち、火花が上に向かっていくのは［Ⅱ（十一字）］からだと考えたということ。

問十二　この文章で筆者が述べている内容に合うものを次から一つ選び、記号で答えなさい。

ア　テレビ番組で「驚きの真実が明らかに！」という言い方をすると、視聴者のほぼ全員が真実ではないことを真実であると誤解してしま

【 ⑨ 】は導けないのです。

相関関係と因果関係の取り違えからもわかるように、見た目だけにとらわれると、私たちは間違った仮説を持ちやすいのです。それは古代ギリシャの偉大《いだい》な哲学《てつがく》者であるアリストテレスも同じでした。

紀元前四世紀にアリストテレスは、音は光よりもスピードが遅いことに気づきました。どうして、そのことがわかったのでしょうか。

たとえば、稲妻《いなずま》が光ってから雷鳴《らいめい》がとどろくまで、時間差がある。ピカッと光ったのに、ゴロゴロという音が届くまでには時間がかかりますね。[5]、遠くで船を漕《こ》いでいるオールが水をバシャッと叩《たた》いた。それは瞬時に見えるけれども、そのオールが水を叩く音が自分のところで聞こえるまでには時間がかかります。

こうしたことを観察して、アリストテレスは、音速は光速よりもずっと遅いと考えたわけです。

当時は、光速を測るような機器はありませんから、光の具体的なスピードはわかりません。でも、観察から導いたアリストテレスの⑩この仮説が正しいことを私たちは知っています。

しかし、観察するだけでは誤ることもあります。アリストテレスは、なぜ物が落ちるのだろうかと疑問を持ちました。考えた結果、きっとその物体にはもともと下に向かって落ちていく性質があると考えました。

たとえば、土を落とすと地面に落ちていくのは、土は本来、下にあるのが自然な状況《じょうきょう》であり、その自然な場所に行こうとしているんだと分析したのですね。その逆のケースもあります。火花が空に向かっていく。すると、火花はそもそも空にあるのが自然であるから、上に向かっていくのだ。そういうふうに理論を立てたのです。

現代の眼《め》からはヘンテコな理論に見えますが、それは私たちが重力や万有引力の法則を知っているからでしょう。

紀元前四世紀の段階で、アリストテレスはさまざまな自然現象を分析して、仮説を立てました。そのなかには音速と光速の関係のように、今から見ても正しい仮説がある一方、⑪物体の運動については、勝手な決めつけをしてしまったのです。

ただ、そのどちらもまだ「実証」という手続きには至っていません。観察をすれば、仮説はいろいろ立てられます。でも、その仮説は、さきほど説明したような検証という手続きを経て実証しないと、勝手な決めつけになってしまうということです。

（池上《いけがみ》　彰《あきら》「はじめてのサイエンス」による）

＊STAP細胞はあります＝STAP細胞とは動物の体細胞を弱酸性の溶液《ようえき》に浸《ひた》すなどの簡単な方法で初期化し、受精卵のようにあらゆる細胞に分化する能力を獲得《かくとく》させることができるというもの。その発見が二〇一四年に発表され、注目を浴びたが、その後、他の学者による再現ができなかった。

**問一**　[1]～[5]にあてはまる言葉として、最も適切なものを次から一つずつ選び、それぞれ記号で答えなさい。

**ア**　ただし　**イ**　あるいは　**ウ**　ところが　**エ**　なぜなら
**オ**　たとえば　**カ**　では　**キ**　だから　**ク**　むしろ

**問二**　――A「発します」の主語を、一文節で書き抜きなさい。

**問三**　――B「段階」について、次の各問いに答えなさい。

Ⅰ　「段」という漢字の部首名をひらがなで書きなさい。

Ⅱ　「階」という漢字の総画数を漢数字で答えなさい。

**問四**　――C「前進」、D「子孫」の対義語を、それぞれ漢字二字で書

科学という営みの最初のプロセスです。

しかし、この仮説を立てるときに、私たちがよくやりがちな失敗があります。それは、相関関係と因果関係を取り違えてしまうということ。相関関係とは、二つのものごとが単にかかわり合う関係、因果関係とは、二つのものごとが原因・結果でつながる関係です。

二〇〇三年に、国立教育政策研究所が、毎日朝食をきちんと食べている子どもは成績がいいという研究結果を発表しました。なぜ、そんなことがわかるのでしょうか。

毎年、文部科学省は全国学力テストを実施《じっし》していて、テストと同時にアンケートも取っています。テストの結果とアンケートを照らし合わせてみると、成績のいい子どもの多くが、毎日きちんと朝食を食べていることがわかりました。この結果から、「朝食を食べると、子どもの学力が上がる」と主張する人が出てきたのです。

そういう人は、朝食を食べるときちんとした栄養が体内に入って、脳にエネルギーが送られ、それによって午前中からしっかりと勉強に集中することができるから、学力が高くなると考える。つまり、朝食と学力の間に因果関係があると考えたわけです。

たしかに、朝食を食べたほうがいいに決まっていますが、これを本当に因果関係と言えるのでしょうか。

朝食を毎朝きちんと食べているということは、規則正しい生活を送っているということです。深夜遅《おそ》くまでダラダラと起きていれば、朝、ギリギリに起きて、朝食を食べる間もなく学校に行ってしまうでしょう。

では、規則正しい生活をしているのはどういう子どもでしょうか。おそらく、そういう子どもには、規則正しい生活をさせている親がいるのではないでしょうか。そういう親は、朝食をきちんと食べさせるだけではないでしょう。それ以外に、「勉強しなさい」と言ったり塾《じゅく》に通わせたり、子どもの学習に積極的にかかわる親も多いかもしれない。そうなると、親のしつけと学力という因果関係も考える必要が出てきます。

あるいは、学校の先生が「きちんと朝食を食べましょう」と、生徒に指導をしていたら、どうでしょうか。こういう先生は、子どもの指導に熱心だから、勉強も熱心に教えるのではないでしょうか。この場合、先生の熱意と学力との間に因果関係がある可能性もあるわけです。

つまり、「朝食を食べること」と「学力が高い」の間には、【　⑤　】があるとは言えるかもしれません。しかし、「朝食を食べるから学力が上がる」という【　⑥　】があるとまでは言いきれないということです。

同じような例で、ＯＥＣＤ（経済協力開発機構）が実施しているＰＩＳＡというテストがあります。このテストは、三年に一度、世界の国々の一五歳《さい》の子どもたちが受けています。その分析《ぶんせき》から、新聞を読んでいる子ほど学力が高いという結果が出ました。

新聞社は大喜びです。喜ぶのはいいけれど、勢いあまって「新聞を読むと、子どもの学力が上がります」と言ったら、これは科学的な態度として失格でしょう。つまり、これも【　⑦　】を【　⑧　】と取り違えているということです。

たしかに新聞を読んでいれば、学力が上がるのかもしれない。でも、逆の解釈《かいしゃく》もできるでしょう。つまり、学力が高い子が、ニュースや新聞に関心を持つというわけです。

統計的に「学力の高い子は、ニュースへの関心が高い」ことがわかっただけでは、「ニュースに関心を持つと、学力が高くなる」という

いて実験をすれば、同じ結果が出なければいけないのです。ですから「*ＳＴＡＰ細胞《さいぼう》はあります」と言っても、世界中の学者が実験してみて再現できなかったら、その仮説は間違っているということです。

もちろん最初の実験は、一人で行うことが多いでしょう。その実験に成功したら、実験の条件や手続きを明らかにして、誰でも再現実験をできるようにする。再現実験でも、同じような結果が出た。そうなれば③仮説は、とりあえずの真理として成立するということです。これが科学的な理論や法則ということになります。

教科書に載《の》っている「法則」「理論」にしても、最初から一〇〇パーセント正しいものと認められていたわけではありません。多くの人がチェックを重ねるなかで、徐々《じょじょ》に「正しい」と認められるようになっていったのです。

先に挙げた「万有引力の法則」にしても、一七世紀にニュートンが発見して以来、長い間「真理」として認められてきましたが、二〇世紀初頭になると、アインシュタインが提唱した重力理論に取って代わられました。アインシュタインは誰もが正しいと思っていた万有引力の法則を疑うことで、科学をさらにC前進させたのです。真理とは絶対的なものではなく、「とりあえずの真理」なのです。

[2]、科学者はどのように仮説を立てるのでしょうか。仮説を立てるうえで重要なのが、物事を抽象《ちゅうしょう》化することです。

抽象とは、具体的な物事から共通する要素を抜き出すことをいいます。共通する要素を抜き出すためには、よけいな枝葉は切り捨てていく必要がある。つまり科学者が物事を観察するときは、よけいな要素を切り捨てて、仮説になるような要素を抽象化していくわけです。

[3]、リンゴの実が木からポトンと落ちた。ふつうの人なら「リンゴの実が落ちるのは当たり前だ」ということで、わざわざ立ち止まって考えないでしょう。でもニュートンのような科学者は、リンゴが落ちるのを見て、「なぜ物は上から下に落ちるんだろう?」と疑問を持って、ここから物が落ちる理由について仮説を立てるわけです。

このとき科学者は、リンゴが落ちるという運動に注目しています。ですから、リンゴの色や香りという枝葉は捨てていることになります。そうやってさまざまな物が落ちる運動に着目し、その理由を考える。あるいは、月は落ちてこないので、その理由も考えてみる。④こうして具体的な物事を抽象化することで、万有引力の法則に行き着いたのです。

このように、ニュートンはリンゴが落ちるのを見て、万有引力の法則を発見したと言われています。でも、このエピソードは本当でしょうか。検証していくと、じつは相当あやふやなことになってきました。

ニュートンが教えていたケンブリッジ大学トリニティカレッジの入り口のところには、万有引力の法則を発見したときに落ちてきたリンゴのD子孫の木が植えられています。観光名所にもなっていますが、これを見ると、ますます先のエピソードが真実味を帯びてきますね。

[4]調べてみると、「私はリンゴの実が落ちるのを見て万有引力の法則を発見した」と、ニュートン本人から直接聞いた人はいません。じつは、ニュートンの姪《めい》の話を聞いた人が情報元なのです。ニュートンが本当にそう言ったかどうかは確実とは言えません。後世の人が面白く物語にしただけかもしれないのです。

このように、科学的な態度とは、疑問や問いを持って物事を見るということです。そして、観察した物事を抽象化して仮説を立てることが、

**エ** 子どもたちが本音をぶつけあう場面を物語の中心にすえることで、衝突《しょうとつ》をへて皆《みんな》で困難に打ち勝ったという心の成長が主題となっていることが巧《たく》みに表現されている。

**オ** 平易な言葉で書かれた短文を重ねることで、中学二年生らしいはつらつとした明るさを強調しながら、周斗たちの繊細《せんさい》な心情の動きがわかりやすく表現されている。

**三** 次の文章を読んで、あとの問いに答えなさい。問いの中で字数に指定のあるときは、特に指示がないかぎり、句読点や符号もその字数に含めます。

そもそも科学とは何でしょうか。

科学というと「法則」や「理論」、たとえば学校で習った「万有《ばんゆう》引力の法則」や「相対性理論」を思い出す人もいるかもしれません。私たちは法則や理論を「一〇〇パーセント正しい」と思いこんでしまいがちです。ところが、①科学の法則や理論はそのような絶対的な真理ではないのです。

テレビ番組では「驚きの真実が明らかに！」という言い方をよく使います。こういう言い方をすると、視聴者《しちょう》は一〇〇パーセント正しい絶対的な真実があるように思ってしまいますから、私が担当する番組では「そういう言い方はしないでほしい」とお願いしています。人間の物の見方は完璧《かんぺき》ではないのですから、一〇〇パーセント正しい真実を把握《はあく》することはできません。そんなことができるのは、全知全能の神様だけでしょう。

科学も同様です。「真実は、もしかしたらあるかもしれない。ならば、少しでもそこに近づきたい」。科学とはこのように、限られた認識《にんしき》の手段を使って、少しずつ真理に近づいていこうとする営みだと思います。

では、②科学はどのようにして真理に近づいていくのでしょうか。

その第一歩は、「疑うこと」から始まります。

「みんなはAだと考えているけど、本当かな？」

「なぜ、こんなことが起こるのだろう？」

自然科学であれ社会科学であれ、科学的な態度を持つ人は、まわりの意見を鵜呑《うの》みにせず、それが本当かどうかと疑い、「なぜだろう？」「どうしてだろう？」と問いをA発します。

問いを発したら、次にそれの解答（回答）のための仮説を立てます。科学という営みでは、それぞれの学者が仮説を立て、それを検討していきます。仮説というのは、文字どおり「仮につくりあげた説明」なので、それが正しいかどうかを確めなければなりません。つまり、「検証」しなければなりません。

検証にはさまざまな方法があります。わかりやすいのは実験することです。実験をしてみて、仮説が裏づけられれば、その仮説は真理に近い説明だということができるでしょう。それでも、当然、仮説とは異なる実験結果が出てくることもあります。

仮説どおりの実験結果が出ない場合は、仮説を修正しなければなりません。そして、修正した仮説が正しいかどうか、再び検証をしてみる。このように、仮説と検証を繰《く》り返して、真理に少しでも近づこうとすることが科学という営みなのです。

[1]、仮説を検証するB段階では、一人だけが実験に成功しても、その仮説は認められません。逆に言えば、誰でも同じ手順にもとづ

クを受けながら、傷ついたことを気取られたくないという思いでいる。

ウ　みんなが克彦に謝罪を求めていることを強く感じながらも、自分が克彦に言ったことは絶対に正しいと確信するような思いでいる。

エ　みんなが自分と克彦を心配してくれていることに気持ちが動いたが、いまさら同情してほしくはないというかたくなな思いでいる。

オ　みんなが自分のとった言動を非難しているのはわかったが、自分の感情をおさえることもできず、意地を張るような思いでいる。

問十一　――⑦「勝手に飛び出してしまった言葉」とありますが、具体的にはどのような言葉ですか。最も適切なものを次から一つ選び、記号で答えなさい。

ア　感情がたかぶって思わず口にしてしまった、克彦の試合に対する姿勢を否定したり、サッカーをやめるよう突き放したりする言葉。

イ　怒りをおさえて冷静な気持ちで伝えた、克彦のミスに対する指摘やゴールを守るために必要な忠告など、克彦の今後につながる言葉。

ウ　克彦をはげますみんなへの反発からあえて口に出した、克彦の練習不足への非難や、その人格までも否定するような悪意のある言葉。

エ　元キャプテンの責任感から伝えた、わざと克彦のサッカーへの姿勢を否定して誇《ほこ》りを刺激《しげき》し、奮起してくれることを期待する言葉。

オ　克彦の精神的な弱さに呆《あき》れるあまり自然と口から出た、いつまでもレギュラーになれない克彦をあざ笑い、馬鹿にするような言葉。

問十二　――⑧「大地に対する敗北感めいたものは抑えようがなかった」とありますが、「大地」のどんなところに敗北感めいたものを感じていると考えられますか。適切ではないものを次から一つ選び、記号で答えなさい。

ア　ＰＫを失敗した克彦に対して、非難するのではなくドンマイなどと声をかけ、はげましているところ。

イ　克彦のことでチームみんなが周斗を責めているなか、冷静な態度をとって騒《さわ》ぎをしずめているところ。

ウ　周斗よりも先に克彦のいそうな場所にあたりをつけて、落ちこんでいる克彦のことを見つけたところ。

エ　強いショックを受けているであろう克彦に対して、周斗に代わって謝罪の言葉をかけてくれたところ。

オ　深く落ちこんでいる克彦に対し、何ごとかを伝えることで克彦の気持ちを立ち直らせたらしいところ。

問十三　この文章の表現について説明したものとして、最も適切なものを次から一つ選び、記号で答えなさい。

ア　前半は周斗の視点で、後半は大地の視点で場面を表現することで、サッカーに対する大地と周斗の対照的な向きあい方が読み手によくわかるように表現されている。

イ　周斗が考えていることや思ったことをそのまま心の中で話す形式をとることで、それぞれの場面での周斗の気持ちのゆれ動きが捉《とら》えやすくなるよう表現されている。

ウ　以前克彦が周斗に言った言葉や克彦と遊んだ楽しい思い出をさしはさむことで、この先二度と昔の良好な関係には戻れないとなげく周斗の絶望感が表現されている。

エ　ぎくしゃくと　　オ　すばやく

問五　――①「走り方はぎこちなく上の空のような感じで、途中つんのめった」とありますが、このときの「克彦」の様子を説明したものとして、最も適切なものを次から一つ選び、記号で答えなさい。

ア　久しぶりに試合に出られることがうれしくて、周りの様子さえ目に入らないほどはしゃいでいる。

イ　ピンチの場面で試合に出ることになったことに驚《おどろ》いたが、気持ちを必死に切りかえようとしている。

ウ　何としてもゴールを守らなければと強く思いこみ、気持ちの高ぶりのために体をふるわせている。

エ　突然交代を命じられたことで心の準備が間に合わず、何も考えられないほど落ち着きを失っている。

オ　急に交代を告げられたため、すぐに用意をして試合に参加しなければと思いあわてふためいている。

問六　――②「周斗はみんなの返事に出遅れてしまい、そのまま黙っていた」とありますが、このときの「周斗」の気持ちを説明したものとして、最も適切なものを次から一つ選び、記号で答えなさい。

ア　勝利できる絶好の機会を逃《のが》してしまった、その原因が克彦の姿勢にあると思い、怒りを覚えていた。

イ　ミスをした克彦の青ざめた顔を見ても、一切なぐさめるそぶりさえ見せないコーチに反発していた。

ウ　何の裏づけもないままに、次こそ勝利できると安直にはげましてくるコーチの言葉にあきれていた。

エ　勝利がかかる場面で克彦を起用したコーチの作戦が納得できず、ふてくされた気持ちになっていた。

オ　今日の試合の悔しさを胸に刻み、次の試合では絶対に勝利しようと新たに気持ちを切り替えていた。

問七　――③「愕然とした」とありますが、「周斗」はどういうことに愕然としたのですか。三十字以上四十字以内で書きなさい。

問八　――④「大地は手で制した」とありますが、こうした「大地」の言動から、「大地」はチームがどのようになることを望んでいたと考えられますか。本文の内容をふまえて、二十五字以上三十五字以内で書きなさい。

問九　――⑤「心がザワザワしてきた」とありますが、このときの「周斗」の気持ちを説明した次の文の［Ⅰ］～［Ⅲ］にあてはまる言葉を指定字数に合わせて、文章中から書き抜《ぬ》きなさい。

●歩から自分が［Ⅰ（五字）］のことを馬鹿にしているのではないかと指摘《してき》されたことに対して、それを否定したいが、あるいは［Ⅱ（三字）］をもっていたのではないかと考え、［Ⅲ（二字）］してしまっている。

問十　――⑥「みんなの視線が背中に刺さっているような気がしたが、振り向くことは出来なかった」とありますが、このときの「周斗」の気持ちを説明したものとして、最も適切なものを次から一つ選び、記号で答えなさい。

ア　みんながこの話題に決着をつけたいと願っていることは理解していたが、いまさら元にはもどせないとあきらめるような思いでいる。

イ　みんなが自分をわがままで自分勝手だと思っていたことにショッ

こう側に、かげろうみたいに揺れる水色のユニフォームの背中が見えたとき、[4]肩を下ろした。口もとに笑《え》みが浮かんだ。

だが、丸い噴水池にそって近づこうとしたとき、Eはたと歩みが止まった。さっきは克彦の背中で見えなかったが、その向かいにはもうひとり水色のユニフォームを着た選手がいた。

大地だった。

大地は、克彦に何か話しかけている。克彦は最初うつむいていたが、突然顔を上げると、大地の顔をまっすぐ見た。食い入るようにじっと見ている。やがて大地は、克彦の肩に手を回して[5]たたいた。それが合図だったかのように、ふたりはグラウンドの方に向かって並んで歩き出した。

周斗は呆然《ぼうぜん》とふたりの後ろ姿を見送った。

去年の夏はまだいなかった大地が、どうして噴水公園にあたりをつけたのかは、分からない。他のメンバーに聞いたのかも知れないし、克彦自身が以前大地に話したことがあるのかも知れない。ただ明らかなのは、周斗よりも先に、大地が克彦を見つけたということだった。

つまらないやきもちだって分かっている。でも、⑧大地に対する敗北感めいたものは抑《おさ》えようがなかった。

（佐藤《さとう》いつ子《こ》「キャプテンマークと銭湯と」による）

＊エール＝声援。　＊ゲキを飛ばす＝ここでは、頑張れと励ますこと。

＊フラッシュバック＝過去の出来事がよみがえってくること。

＊PK＝ペナルティキック。守備側の反則に対する罰則《ばっそく》として、攻撃《こうげき》側に与えられる。

＊ベルーガSC＝サッカークラブの名前。

＊嗚咽＝声をつまらせて泣くこと。

＊激昂＝怒りの感情をたかぶらせること。

**問一** [1]～[5]にあてはまる言葉として、最も適切なものを次から一つずつ選び、それぞれ記号で答えなさい。

**ア** ホッと　**イ** ポンと　**ウ** ドンと　**エ** フワッと

**オ** スラッと　**カ** ビクンと　**キ** ダッと　**ク** カチンと

**問二** ＝＝A「ながら」と意味・用法が同じものを次から一つ選び、記号で答えなさい。

**ア** この辺りは昔ながらの建物が数多く残っている。

**イ** 近くにいながら友人にまったく気づかなかった。

**ウ** 生まれながらの天才などそういないはずだ。

**エ** 弟と一緒《いっしょ》にお茶を飲みながらテレビを見ていた。

**オ** 見ていながら助けようとしないのはひきょうだ。

**問三** ＝＝B「攻防」、C「失点」と熟語の組み立てが同じものを次から一つずつ選び、それぞれ記号で答えなさい。

**ア** 永久　**イ** 往復　**ウ** 残雪　**エ** 頭痛

**オ** 寄港　**カ** 強化　**キ** 国連　**ク** 無害

**問四** ＝＝D「おおむね」、E「はたと」の意味として、最も適切なものをあとから一つずつ選び、記号で答えなさい。

D「おおむね」

**ア** おおげさに　**イ** ざっくりと　**ウ** ひっきりなしに

**エ** だいたいは　**オ** 思いがけず

E「はたと」

**ア** 急に　**イ** ゆっくりと　**ウ** 静かに

るか」

歩がだんだん＊激昂《げっこう》してきた。

「それに、周斗の態度はいつも、」

光貴が追い打ちをかけようとすると、大地が遮った。

「もうやめろ。俺たち今仲違《なかたが》いしている場合じゃないだろ。次の試合は二週間後だぞ」

大地のひとことで、静かになった。気まずい空気が続くなか、周斗はリュックのところにもどってスパイクを履《は》き替えた。

着替えを黙々《もくもく》とすませると、何も言わずにその場を立ち去った。⑥みんなの視線が背中に刺さっているような気がしたが、振り向くことは出来なかった。

光貴や歩が自分のことを、あんな風に思っているとは知らなかった。それに他のメンバーは黙ったままで、誰ひとりとして周斗の味方になってくれなかった。

試合会場のグラウンドから最寄《もよ》りの駅まで、大股《おおまた》で歩いた。何度か来たことのあるグラウンドだったが、ひとりで帰ることはなかった。自宅のある駅が同じの克彦とはいつもいっしょだった。

「周斗、帰ろうぜー」といういつもの声が、頭のなかに響いた。駆け出して行った克彦の後ろ姿が目に浮《う》かぶ。

やっぱり、言い過ぎたな。でも……。

⑦勝手に飛び出してしまった言葉を取り戻《もど》したい気持ちと、あれはやっぱり仕方がなかったという気持ちがごちゃまぜになった。考えごとをしながら歩いていたせいで、赤信号をわたりかけていた。

車に派手にクラクションを鳴らされ、あわてて歩道に後ずさった。危《あや》うく接触《せっしょく》するところだった。背筋がぞっとした。そのとたん、急に克彦のことが心配になった。

かっちゃん、大丈夫《だいじょうぶ》か？

周斗はリュックからスマホを摑《つか》み出したが、克彦が何も持たずに駆け出したのを思い出して、リュックに投げ入れた。

かっちゃん、どこ行ったんだろう。かっちゃんが行きそうなところって……。

克彦はクレーンゲームが得意だったが、まさかゲームセンターに行ったとは考えにくい。

いや、もうグラウンドに戻っているんじゃないか。

周斗は早足でグラウンドに引き返しながら、ふと足を止めた。

去年の夏、この試合会場に来たときのことだ。噴水《ふんすい》がある公園を見つけて、みんなで立ち寄ったのを思い出した。

あんまり暑い日だったので、噴水池で水遊びみたいになった。駅に着いたとき、最初はみんなでいっしょだったから、びしょびしょなのも恥《は》ずかしくなかった。けれど、最後は周斗と克彦だけになって、

「俺ら、マジ浮いてね？」

「しかもこの電車、冷房《れいぼう》利《き》き過ぎ。寒っ」

と、笑い合ったのだ。

あの噴水公園にいそうな気がする。いや、絶対にいる。

確信めいたものを感じて、周斗は噴水公園にまっしぐらに向かった。

そして、克彦に会ったら、傷つけるような言い方になってしまったことを、まずはあやまろうと思った。

やがて公園の中央の噴水が見えた。その噴《ふ》き上げられた水しぶきの向

大地が克彦の肩に手をのせた。克彦はその言葉に余計に＊嗚咽《おえつ》した。

「そうだよ、かっちゃん。誰だってミスするし」

「俺たち、いい線いったよな」

「うん、惜《お》しかった。次は勝てるんじゃないか」

選手たちが克彦を慰《なぐさ》めようと、次々に口にした。

「なぁ、今日は勝てなかったけど、負けなかったわけだし、帰りにみんなでどっか行かね？　かっちゃん、行こうよ」

歩《あゆむ》が言った。

周斗は③愕然《がくぜん》とした。くちびるが震えそうだった。

お前ら、悔《くや》しくないのかよ！　勝ちたくなかったのかよ。勝てた試合なんだぞ。お前らにとって今日の試合は、それくらいのものなのかよ。

「かっちゃん」

周斗の低く突《つ》き刺《さ》すような声に、みんながいっせいに振り返った。

「俺はミスを責める気はない。だけど、お前は最初からやる気なかったよな。ゴールを死ぬ気で守ろうと思ってなかったよな。俺が許せないのは、そこだ！」

克彦を励《はげ》まそうとみんなが盛り上げていた空気が、一気に [2] 突き落とされた。克彦は目に当てていた腕をといた。

「周斗、いいから」

大地が言うのを、周斗は遮《さえぎ》った。

「お前、もうやめろよ」

その瞬間《しゅんかん》、克彦の真っ赤な目が見開かれた。

「サッカーなんか、やめちまえよ」

場が凍《こお》り付いた。克彦の瞳《ひとみ》の奥が鈍《にぶ》く光った。

「周斗、な、何言ってんだよ。言い過ぎだぞ」

歩が克彦と周斗の間で視線を何度も往復させた。克彦は突然《とつぜん》、 [3] 駆《か》け出した。

「かっちゃん！」

「かっちゃん、どこ行くんだよ」

みんなが追いかけようとするのを、④大地は手で制した。重苦しい空気が選手たちを包んだ。狭い空間にいるわけではないのに息がしづらい。

「周斗、お前さ。何様なんだよ」

ふだん穏《おだ》やかな光貴《こうき》が静寂《せいじゃく》を切った。周斗の胸がビンと震えた。

「は？」

動揺《どうよう》を隠《かく》すように、周斗は光貴を思いっきりにらみつけた。

「お前ひとりでサッカーやってんじゃないんだよ」

光貴が吐《は》き捨てるように言うと、歩まで加勢した。

「周斗ってさ、かっちゃんとか俺とか控《ひか》えの選手のこと、正直馬鹿《ばか》にしてね？」

ムードメーカーでお笑いギャラの歩の目は、笑ってなかった。周斗は一瞬言葉を失った。

馬鹿にしているつもりはなかった。でも、優越感《ゆうえつかん》は感じていなかったか？　それって馬鹿にしていることになってしまうのか？　歩に心を見《み》透《す》かされた？　いや、そういうのとは違《ちが》う……。

⑤心がザワザワしてきた。

「そんなわけ、ないだろ」

反論する言葉は弱々しかった。

「いや、してる。でなきゃ、かっちゃんにサッカーやめろ、なんて言え

分かってるか。もし止めたら、俺たち、勝てるんだぞ！

言いたかったが、余計にプレッシャーをかける気がして言葉に出来なかった。

まもなく、ホイッスルが鳴り響《ひび》いた。

これが最後のB攻防《こうぼう》になるはずだ。

克彦はゴールの下、ひとり立った。このときキーパーは、最高に孤独《こどく》だ。仲間の援護《えんご》はない。キーパーは出来るだけ腕《うで》を広く伸《の》ばして、キッカーに対してゴールを少しでも狭《せま》く見せようとするのだが、克彦の腕は頼《たよ》りなげに萎縮《いしゅく》していた。

ピッチから、ベンチから、応援席から、全ての視線が一点に集まった。

周斗はつばを飲みこもうとしたが、からからに乾《かわ》いた口の中には一滴《いってき》のつばもなく、喉《のど》の奥《おく》がひきつれた。

敵のキッカーは何度もボールの位置を確かめていた。＊ＰＫは点を決める方が圧倒的《あっとうてき》に確率が高いわけだから、キッカーの方こそプレッシャーで押《お》しつぶされそうになっているはずだ。

キッカーは両肩《りょうかた》を上下させて深呼吸したかと思うと、助走に入った。左脚《ひだりあし》を踏み込《こ》み、右脚で蹴《け》り上げた。

やった！

周斗は胸の中で叫《さけ》んだ。

ボールは克彦の真正面に飛んだ。ミスキックだ。誰《だれ》もがキャッチできると思った。キャッチできるボールだった。

しかし、胸と両手で押さえ損《そこ》なったボールは、そのまま跳《は》ね上がった。バウンドしたボールは、無残にもゴールネット上方をくらりと揺らした。敵の選手たちが、キッカーのもとにわっとかけ寄った。

そこで、試合終了のホイッスルが鳴り響いた。引き分けだけど、＊ベルーガＳＣは逆転勝利したような喜びようだった。ＦＣレックの選手たちは脚をひきずるようにして、審判の脇《わき》に整列した。克彦の顔は死人のように青ざめていた。

もともとＰＫを取られてしまったのは蓮だ。C失点が誰のせいとか、そんなことは言いたくない。でも、でも……今のボールは捕《と》れただろ。

周斗は歯ぎしりの音が出そうなくらい、奥歯をぎりりと噛《か》みしめた。

試合終了後の柴山コーチの話は、Dおおむね選手たちの動きをほめていた。でも周斗の耳には何も残らなかった。

「さぁ、次の公式戦は二週間後だ。次こそ勝利を勝ち取ろう」

気付くと締《し》めの言葉になっていた。

「ハイ！」

②周斗はみんなの返事に出遅《でおく》れてしまい、そのまま黙《だま》っていた。

挨拶《あいさつ》が終わると、蓮は応援に来ていた両親とすぐに車で病院に向かった。応援席をちらりと見ると、もう父さんの姿も克彦の母親の姿もなかった。早々に退散したらしい。

周斗は憮然《ぶぜん》としたまま、スパイクの紐《ひも》をゆるめた。ふと気付くと、みんなが周りにいない。知らないうちに、少し離れたところで輪が出来ていた。輪の中心は克彦だった。右腕で目を覆《おお》っている。

あいつ、泣いてんのか？

何とかおさめようとしていた怒《いか》りが、予告なくはじけ飛んだ。同情なんか一ミリも生まれなかった。

周斗はみんなが集まっている輪に近づいた。

「克彦、ドンマイ。切り替《か》えて、次、頑張《がんば》ろうぜ」

# 【国語】（五〇分）〈満点：一〇〇点〉

一　次の――線の漢字の読みをひらがなで書き、――線のカタカナは漢字に直して書きなさい。

① 兄はとても頼もしい存在だ。
② 地震《じしん》の兆候を観測する。
③ 厳密な調査を行う。
④ 公園の芝生がきれいだ。
⑤ 願いをココロヨく引き受ける。
⑥ 手足をばたつかせてアバれる。
⑦ この山は山菜のホウコだ。
⑧ おこづかいをチョキンする。
⑨ コショウした車を修理する。
⑩ 富士山のトウチョウに成功する。

二　次の文章を読んで、あとの問いに答えなさい。問いの中で字数に指定のあるときは、特に指示がないかぎり、句読点や符号《ふごう》もその字数に含《ふく》めます。

　中学二年生の周斗《しゅうと》は、「ＦＣレック」というサッカーのクラブチームでキャプテンを務めていたが、プロサッカーリーグの下部組織で強豪《きょうごう》のクラブチームから移籍《いせき》してきた大地《だいち》にキャプテンの座を奪《うば》われてしまった。この場面は、対戦相手に、ペナルティキックのチャンスを与《あた》えてしまったところである。


柴山《しばやま》コーチはとりあえず蓮《れん》をベンチに座《すわ》らせると、

「克彦《かつひこ》、蓮と交代」

　ベンチに座っていた克彦に、強い眼光を向けた。克彦は電流でも通されたみたいに、体を［１］震《ふる》わせた。蓮が倒《たお》れてピッチを離《はな》れたというのに、克彦はキーパーグローブさえもまだ準備していなかった。

　柴山コーチが選手交代用紙を第四審判《しんぱん》に渡《わた》すと、すぐに主審から交代が認められた。克彦はあわててキーパーグローブの片方をわきに挟《はさ》み、もう片方を右手にはめＡながら走った。①走り方はぎこちなく上《うわ》の空《そら》のような感じで、途中《とちゅう》つんのめった。

　そのとき、わきに挟んだグローブがグラウンドに落ちた。克彦はグローブを拾うと、背中をかがめてゴールに急いだ。周斗には、これからゴールを守る最後の砦《とりで》となる気迫《きはく》も闘志《とうし》も、まるで感じられなかった。

　それでも克彦がゴールに向かう途中、選手たちは口々に＊エールを送った。

「克彦、気合い入れていこう」

　大地は克彦の背中をたたいた。克彦の背中は余計にしぼんだ。

「かっちゃん、ファイト！　止めたら、お前ヒーローだぞ！」

　思わず周斗が大きな声で克彦に＊ゲキを飛ばすと、克彦は今にも泣きそうな顔で振《ふ》り向いた。面長《おもなが》の顔からは血の気が失《う》せて、目は消え入りそうなろうそくの灯《ひ》みたいに、弱々しく揺《ゆ》らいでいた。

　――俺《おれ》も部活だったら試合にも出れたのにな。

　――ミスしても何も言われない俺よりは、まだよくね？

　克彦の言葉が＊フラッシュバックした。

かっちゃん、ここ、踏《ふ》ん張れよ。

**問十三**　この文章で筆者が述べている内容に合うものを次から一つ選び、記号で答えなさい。

**ア**　理科や数学の知識は、一生のうちに必ず一回は必要になってくるものばかりであるので、現在必要かどうかにかかわらず、深く考えずに覚えておくことが合理的な学び方である。

**イ**　理科や数学の勉強とは、スポーツで基礎的な訓練を反復して実力を蓄えていく過程と同じで、勉強することで頭の中を活性化して、自然や社会の仕組みをおのずと理解していく過程である。

**ウ**　教科書は、さまざまな事象についてその原因は何かとか、どんな事柄とつながるかという因果関係をわかりやすく記述しているので、記述された内容をしっかり暗記することが大切である。

**エ**　高校生になると、知識の対象は日常のスケールから遠く離れた世界へと広がっていくため、知識にとらわれずに想像力を駆使して、「不思議」を追究し楽しんでいくことが不可欠である。

**オ**　科学の真髄は、いろいろなことを学び考え想像することであり、科学を学ぶことで人それぞれの個性の違いが認識できるようになるために、今後の多様化する世界に科学の学習は必要である。

イ　何かわからないことを調べる必要が出てきたときに、どのような本や資料を参考にして調べればよいかという、資料の選択《せんたく》の仕方を学ぶ。

ウ　ある知識を身につける必要が生じたときに、どうすれば効率的に知識を身につけることができるかを考えて、合理的な暗記のやり方を学ぶ。

エ　インターネットを利用して調べごとをするときに、自分の知っている情報と調べた情報をすり合わせ、より信頼《しんらい》性の高いものにする方法を学ぶ。

オ　ある物事について発表する必要が生じたとき、自分が選んだ資料と、それをもとにまとめあげた内容を、わかりやすく伝える方法を学ぶ。

問九　――④「たとえ一生に一度も使うことがなくても、知っておいた方がいいってことはたくさんあります」とありますが、筆者はなぜこのように述べるのですか。そのことを説明した次の文の Ⅰ ・ Ⅱ にあてはまる言葉を指定字数に合わせて、文章中から抜き出して書きなさい。

● 一生に一度も使うことがない知識であっても、先人が苦労して見つけ出し、想像力と創造力を駆使して作り上げてきた成果であり、それを学ぶことで自分自身の Ⅰ（八字） ことにつながるし、自分もまた Ⅱ（十一字） につながっている存在であることを実感できるから。

問十　――⑤「スポーツにおいて、基礎的な訓練を反復しつつ、実戦的な形式で練習試合が用意されている」とありますが、これは理科ではどういうことですか。また、そのために心配されるのはどのようなことですか。七十字以上八十字以内で書きなさい。

問十一　――⑥「学校の科目では『理科』と呼んでいますが、通常私たちが当面する自然現象に関わる問題を『科学』と呼ぶ」とありますが、「理科」と「科学」の違いを説明したものとして、最も適切なものを次から一つ選び、記号で答えなさい。

ア　「理科」は暗記することや計算することが基本であり、知識偏重になる側面があるが、「科学」は社会や歴史や国語など他の科目にも関連した総合的な学問である。

イ　「理科」は最低限これだけのことを知っておいてほしいというものが教材になっているが、「科学」は日常生活とは関わりのない物質や現象を教材とする学問である。

ウ　「理科」は自然全体に関わる知識を学ぶことが重視され、探究心は求められていないが、「科学」は実際の知識と想像を組み合わせる探究心が必要な学問である。

エ　「理科」は自然物そのものを対象にしているのに対し、「科学」は自然と人間が関係して繰り広げられる現象を全分野から論じて物事の仕組みなどを探《さぐ》る学問である。

オ　「理科」は目に見える自然現象を知識として理解するものだが、「科学」は見えない部分で起こることを事実から離れて想像し、新たな知識を発見する学問である。

問十二　――⑦「社会的関係までも発見することができる」とありますが、これはどういうことですか。文章中の言葉を使って、五十五字以上六十五字以内で書きなさい。

ア　しかし　　イ　さらに　　ウ　だから　　エ　なぜなら
オ　たしかに　カ　ただし　　キ　もし　　　ク　むしろ

問二　――A「過程」について、次の各問いに答えなさい。

Ⅰ　「過」という漢字について、次の黒く塗《ぬ》った部分は何画目に書きますか。漢数字で答えなさい。

Ⅱ　「程」という漢字の部首名をひらがなで書きなさい。

問三　――B「原因」、C「全体」の対義語を文章中から探し、それぞれ漢字二字で抜き出して書きなさい。

問四　――D「言います」の主語を、一文節で抜き出して書きなさい。

問五　次の一文は文章中の【ア】～【オ】のどの部分に入るのが適切ですか。一つ選び、記号で答えなさい。

| |
|---|
| 誰でも、学んだことを実際に応用してみたいと思うものですから。 |

問六　――①「同じ意見」とありますが、どのような点で「同じ」だというのですか。最も適切なものを次から一つ選び、記号で答えなさい。

ア　地球や宇宙の歴史も原子や分子のことも、使い道がないので、ただ知っているだけでいいという点。

イ　対数も円周率も、習ってもすぐに忘れてしまうので、「いざ」というときに習えばいいという点。

ウ　理科も数学も、実生活ではほとんど役に立たないのだから、詳しく学ぶ意味はあまりないという点。

エ　「いざ」というときもそうでないときも、常に知識を吸収することで、豊かな生き方ができるという点。

オ　生活とは関係ないものも使い道がないものも、頭を活性化させるので、理知的な力を養えるという点。

問七　――②「学校で学ぶ時代」とありますが、どのような時代ですか。最も適切なものを次から一つ選び、記号で答えなさい。

ア　さまざまな科目にふれることで、どんなに役に立たないものでも価値を見出《みいだ》せるような力を育む時代。

イ　考えうるあらゆる科目を教育に取り入れ、将来世の中の仕組みを理解できるような力をつちかう時代。

ウ　世の中をうまく渡《わた》ってゆくために、自分にとって不要な知識でも取り入れようとする姿勢を磨く時代。

エ　長い人生でぶつかるさまざまな困難に対し、自信を持って対処できるような理知的な力を養う時代。

オ　人生の中で避けては通れない、学科特有の難問に直面したとき、慌てずに対処できる力を伸《の》ばす時代。

問八　――③「学び方を学ぶ」とありますが、どういうことを学ぶというのですか。その例として、最も適切なものを次から一つ選び、記号で答えなさい。

ア　実際に解決しなければならない事態が発生したときに、誰に相談したらよりよい解決策を提示してくれるかという、人物の見極め方を学ぶ。

う作業が欠かせません。想像なしで知識のみに偏《かたよ》ったり、逆に知識なしで想像のみにふけったり（空想と言うべきですね）するのでは、真に理解したことになりません。そして大事なことは、科学の対象が日常に目にする物質や現象から遠ざかっていっても、そこに共通している疑問は「なぜそうなっているのだろう」、そして「不思議だな」と思う心です。そのような探究心を常に持ち続けて欲しいと思っています。

⑥学校の科目では「理科」と呼んでいますが、通常私たちが当面する自然現象に関わる問題を「科学」と呼ぶのは、それが社会的な事象や人間の生き方、つまり学校の科目で言えば社会や歴史や国語など他の科目にも関連しているためでしょう。理科が対象とするのは自然物そのものですが、「科学」はそれだけに留《とど》まることがなく、「科学的判断」とか「科学的予測」と言われるように、生じている自然現象に対する考え方（判断、予測）や社会との関係までをも問うことになるからです。「理科的判断」とか「理科的予測」と言うのと、＊ニュアンスが大きく異なることがわかると思います。また、直面する問題の解決のために科学の立場からどう考えるかは人間の生き方への重要なヒントになるように、科学は自然と人間が関係して繰り広げられる現象を全分野から論じるという意味があります。

つまり、科学を学ぶとさまざまな問題に応用でき、科学の力によって物事の仕組みや歴史的繋がり、そして思いがけない⑦社会的関係までも発見することができると考えられるのです。科学は、見えない部分で何が起こっているかを想像し、あたかもそれが実際に目の前で起こっているかのように見抜く学問なのです。そのような科学の営みを積み重ねていくと、世の中のさまざまな事柄に対しても幅広《はばひろ》い見方ができるようになるのではないでしょうか。いろんなことを学び考え想像するのが科学の真髄《しんずい》なのですから、直接自分で経験したことがなくても、科学の力によって頭の中で追体験できるようになるでしょう。それによって、難問に対して新しいヒントが得られるかもしれません。違った観点からものを見ると、違った姿に見えることは確かで、それによってこれまで考えたことがなかったような新鮮《しんせん》なイメージが思い浮《う》かんだりするでしょう。科学は、そんな可能性を秘《ひ》めているのです。

実際、思いがけない結びつきが発見できると知ることが楽しくなり、「そんなことが本当にあるの？」と、自分か見つけた意外な発見に、自分自身が感動するに違いありません。それに留まらず、人に話したい、一緒に感動したいという気にもなり、何事にも自信を持って人と対応できるようになります。豊かで、やさしく人と接し合えるようになるということです。そのような人間の集団では、人それぞれが異なった発見をしているだろうし、それを互《たが》いに尊重するという気にもなるのではないでしょうか。つまり、科学を学び、科学の考え方を応用するということを通して、「知ることが生きる力に変えられる」ということに繋がるのです。

（池内《いけうち》　了《さとる》「なぜ科学を学ぶのか」による）

＊対数＝数学の計算方法の一つ。
＊微視的＝肉眼では見ることができないほど小さなもの。
＊CG＝コンピュータ・グラフィックス。コンピュータを使って描かれた図形や画像のこと。
＊ニュアンス＝言葉から受ける感じ。

**問一** 1 ～ 4 にあてはまる言葉として、最も適切なものを次から一つずつ選び、それぞれ記号で答えなさい。

いろんなB原因があり、それらが引き起こす事柄《ことがら》がさまざまに繋《つな》がり合い、最終的にある一つの形を取って現象している、ということを学ぶ過程と言えるでしょう。そのため、教科書には、生じた事象には必ず原因があり、さまざまな事柄と関連し合い、そして必然的にある結果に結びついているという繋がりが記述されており、C全体像がすんなり順に入ってくるように工夫されています。

また、漢字の読み書きや九九や計算法などの基礎的な実力を養う一方、文学や歴史や芸術や社会や理科の科目において、具体的な作品、歴史的・社会的事象、過去の人々の努力の蓄積《ちくせき》などに接して応用的な能力を身につけていくことも、学習の重要な要素です。⑤スポーツにおいて、基礎的な訓練を反復しつつ、実戦的な形式で練習試合が用意されているのと似ていますね。【　エ　】

理科では、簡単な現象から始まり、やがて入り組んだ比較的《ひかくてき》難しい現象に関する過去の研究の歩みを追いかけ、そこで発見され、法則化されてきたことを順序立てて学んでいきます。私たち自身の自然に関する認識が、やさしいことが基礎になって難しいことが発見されてきたという科学（理科）の歴史に対応しているためです。このように科学（理科）の知識は積み上げられて成立しているのが特徴《とくちょう》です。やさしいからといって飛ばすと後がわからなくなりますから用心しなければなりません。実際の物質や現象を前にして、観察し実験することも多くあり、それが何を明らかにするためであるかをしっかり押さえておけば、勉強するうちに案外簡単だってことがわかってくるものです。

ところが、数式や法則など、覚えなければならないことが多いという理由で理科嫌《ぎら》いが増えているようです。私は、それは理科教育に問題があるのではないかと思っています。実際、子どもたちの多くは、小さい頃《ころ》は科学館やプラネタリウム、動物園や植物園がとても好きで、科学フェスティバルなどで行われる科学パフォーマンスを楽しみにしていたとD言います。実際の道具や動物や模型に触《ふ》れ、遊んだり観察したり説明を聞いたりできるからです。

[3]、学年が進むにつれて理科の実験がほとんどなくなり、生物では暗記する事柄が多く、化学では多くの化学式を覚えなければならないし、物理では数式を使って計算することばっかりになって、実際の自然界の物質を相手にしているという気がしなくなってしまいます。受験を前提にするようになって知識偏重《へんちょう》になり、何のための理科の勉強なのかがわからなくなっているのだと思われます。理科は広く自然全体に関わる現象を問題にする科目なのに、机の上だけの知識になってしまっているのです。理科の知識が世の中にどう生かされているかをよく知ればもっと興味が湧《わ》いてくるはずで、理科教育に一工夫が必要であるのは確かなようです。【　オ　】

中学校までの理科には、最低限これだけのことを知っておけば、将来勉強をするために役に立つだろうと思われることが教材になっています。一生のうちに必ず一回は、実生活のなかでその問題にぶつかったり、話題になったりする課題が選ばれているからです。[4]実験や観察をして実体験しておくことが特に重要です。

高校になると、＊微視《びし》的世界や超巨大《ちょうきょだい》な世界など、日常のスケールから遠く離《はな》れた世界へと対象が広がり、目に見えないところで何が起こっているかについて想像力を駆使《くし》しながら学んでいくことになります。そのため模型や＊CGの助けを借りて、想像と実際の知識を比較するとい

子のことを教わっても生活とは直接関係しないから勉強する必要がない、と言う人がいます。数学で＊対数《たいすう》を覚えても使い道がないとか、円周率は３・１と知っているだけでいい、というのと①同じ意見です。すぐに使わないから、詳しく知っていても役に立たないというわけです。また、理科の知識は習ってもすぐに忘れてしまうし、忘れても別に問題がないのだから、習う意味がないという意見があります。「いざ」っていうときに習えばいいのだから、その方がムダがなくて合理的だという人もいます。【　ア　】

しかし、すぐに忘れても、頭のどこかで覚えていて、「いざ」ってときに思い出すということがよくあります。あるいは、必要になったときにやっと大事であることがわかり、もっと勉強しておけばよかったと悔《く》やむこともあるでしょう。勉強というのは、さまざまな科目を習うことで頭の中を活性化し、いろんな知識を吸収するなかで自然や社会の仕組みをおのずと理解していくA過程と言えます。それによって、健康的で豊かな生き方ができ、理知的な力（真偽《しんぎ》・善悪を見抜き、知的に物事を認識する能力）を養う準備をしているのです。

これからの長い人生ですから、どんなことにぶつかるかわかりません。そのときに慌《あわ》てないよう、自信を持って対処できる強さを育てるために勉強している、と言えるかもしれません。スポーツで、実力を蓄《たくわ》える練習の段階と蓄えた力を発揮する実戦の段階がありますね。人生という②実戦段階を生きていくためには、練習を積み上げる段階が必要で、それが学校で学ぶ時代なのです。だから、［１］すぐに役に立たなくてもいいのです。だって、すぐに役に立つことは、すぐに役に立たなくなる、ということなのですから。【　イ　】

「いざ」ってときになってから習えばいいと思うかもしれません。しかし、その「いざ」ってときにどんな本を読んだらいいのか、インターネット情報のどれが正しいのか、誰に相談したら信用できるのか、というようなことを正しく判断できるでしょうか？　勉強というのは、「いざ」というときに何を読めばよいか、どんな対策をすればよいか、を予《あらかじ》め学んでおくことでもあるのです。何も学んでいなければ、肝心《かんじん》なときになって、「いざ」勉強しようとしても間に合わないでしょう。勉強する仕方を知らないからです。学校で勉強するということは、何を参考にして調べたらいいか、どう考えていったらいいか、そんな「勉強の仕方を勉強する」という意味もあるのです。このことはすべての科目に共通していますが、理科は特に範囲《はんい》が広いので、学校で③「学び方を学ぶ」のは重要なのです。それがないまま一人で机に向かって勉強しようとしても、何を勉強すればいいのかわからないでしょう。【　ウ　】

それだけでなく、④たとえ一生に一度も使うことがなくても、知っておいた方がいいってことはたくさんあります。人生の先輩《せんぱい》である先人たちが苦労して見つけ出し、作り上げてきた成果を学べば、人間の想像力と創造力の素晴《すば》らしさを味わい、自分もちょっぴり豊かになったような気になると思います。私たちの知的世界が広がるからです。また、むずかしい漢字を学ぶのも、いつか役に立つためだけでなく、漢字が発明されて以来、さまざまに工夫されて多様に発展してきたことを学び、人間の探究心や努力が次々と受け継がれて現在があるということを実感する目的もあります。学ぶということは、自分もそのような人間の歴史的な知的活動に連なっていくという意味があるのです。

［２］勉強というのは、それぞれの科目が対象とする問題について、

ありますが、このことに気づく前と気づいたあとで、「型」に対する「紗英」の考えはどのように変わりましたか。前の考えと、あとの考えを明らかにして六十字以上七十字以内で書きなさい。

**問十三** ――⑧「さえこ、って呼ばないで。ほんとうの名前はさえこじゃないの」とありますが、このように「紗英」が言うのはなぜだと考えられますか。最も適切なものを次から一つ選び、記号で答えなさい。

**ア** 今までは「さえこ」という呼ばれ方に対して、特に抵抗《ていこう》することなく受け入れていたが、「型」の話を聞いたことで、自分が自分であることの大切さに気づいたから。

**イ** 今までは「さえこ」という呼ばれ方に強い違和感《いわかん》を覚えながらも抵抗しなかったが、「型」を大切にすることは自分を大切にすることだと感じ、「紗英」と呼んでほしいと思ったから。

**ウ** 今までは「さえこ」という呼び名に甘《あま》え、うその自分を演じていたが、「型」を守ることは自分を守ることだと気づき、やはり自分の名前を大切にしたいと思ったから。

**エ** 今までは「さえこ」でも「紗英」でも、どちらでもよいと感じていたが、自分の「紗英」という名前も「型」の一つだと思い、「さえこ」という呼ばれ方に反感を抱《いだ》いたから。

**オ** 今までは「さえこ」という呼び名のほうが「紗英」よりも気に入っていたが、「型」の話を聞いて、自身の花を活けるためには、まずちゃんとした自分の名前で呼ばれるべきだと感じたから。

**問十四** この文章の表現について説明したものとして、最も適切なものを次から一つ選び、記号で答えなさい。

**ア** 囲碁や将棋のことを話題にしたり、さまざまなたとえを用いて「型」の重要性を示したりすることで、人間として成長するためには時には個性を封印することも必要だという作者のメッセージが読者にしっかりと伝わってくる。

**イ** 紗英の視点で描《えが》かれている場面と、朝倉くんの視点で描かれている場面を交互《こうご》に入れかえる構成にすることで、おたがいに好意を持ちながら、なかなか距離《きょり》を縮めることができない二人の心情が細やかに表現されている。

**ウ** 会話文以外の部分でも紗英が思ったり感じたりしたことを表現することで、「さえこ」と愛称で呼ばれることに抵抗を感じ、もっと強い自分になりたいと願う紗英の悩みが読み手にわかりやすく伝わる工夫《くふう》がされている。

**エ** 会話文を中心にした構成で物語を展開させることで、紗英と登場人物の関係性がわかりやすく表現されているために、紗英と朝倉くんの立場が前半部分と後半部分では逆転する展開が自然なものとして感じ取れる。

**オ** 文章全体を通して紗英の視点から描かれ、それぞれの場面の中で紗英が思ったことや気づいたことなどを詳しく書くことで、細やかな心情の移り変わりを読者が追うことができるようになっている。

## 三

次の文章を読んで、あとの問いに答えなさい。問いの中で字数に指定のあるときは、特に指示がないかぎり、句読点や符号もその字数に含めます。

理科で地球や宇宙の歴史を習っても何の役にも立たないし、原子や分

ア　ほめているように見せながら、実際には紗英が自分のことをからかっているのだと気がついて、いらだった気持ちになっている。

イ　花を活けるときに大切なことを教えてあげたのに、納得《なっとく》しないで何度も聞き返してくる紗英のことをめんどうくさく感じている。

ウ　うっかり発言してしまったことを、あげ足を取るかのように紗英が何度も繰り返すので、あきれ果てたような思いを感じている。

エ　自分の考えを口にしたときの表現に対し、やたらと感心してしまっている紗英の様子を見て、ひどく照れくさい気持ちになっている。

オ　自分が紗英に伝えたいと思っていたことを、紗英がしっかりと理解しようとしている姿を見て、ほこらしい気持ちになっている。

問七　――②「なるべくなんにも考えないようにして活けてみよう」とありますが、「紗英」の活けた花はどのようなものだったのですか。文章中から十六字で抜き出して書きなさい。

問八　――③「習った型」とありますが、それはどのようなものですか。文章中から二十字で探し、初めと終わりの五字ずつを抜き出して書きなさい。

問九　――④「さえこ次第だ」とありますが、「朝倉くん」は「さえこ」に対し、どのようなことを期待し、また心配していると考えられますか。「期待」「心配」という言葉を使って、四十字以上五十字以内で書きなさい。

問十　――⑤「せっかく会えるんだから、やめるなよ。うふふ、と笑みがこぼれる」とありますが、このときの「紗英」の気持ちを説明したものとして、最も適切なものを次から一つ選び、記号で答えなさい。

ア　自分に対して朝倉くんがはっきりと好意を示してくれたことがうれしくて、有頂天になっている。

イ　朝倉くんが自分を応援してくれていることを明確に感じ取り、活け花を続ける決意を固めている。

ウ　先生に叱《しか》られたことでめげていたが、結果として朝倉くんと仲良くなれたことに満足している。

エ　朝倉くんのひとことをさまざまな意味にとらえることで、少しでも元気を取り戻《もど》そうとしている。

オ　朝倉くんの言葉を自分の思いにそった形で解釈《かいしゃく》することで、うきうきとした気分を味わっている。

問十一　――⑥「母は察したように穏やかな声になる」とありますが、このときの「母」の様子の説明として、最も適切なものを次から一つ選び、記号で答えなさい。

ア　紗英が何に対して悩《なや》んでいるのかを理解して、型に対する紗英の思い違いをたしなめようとしている。

イ　紗英が自分の好きなものを探しあぐねていることに興味がわいて、もっと詳《くわ》しく聞き出そうとしている。

ウ　紗英の悩みがだれでも一度は感じるものであることを読み取って、紗英のことをはげまそうとしている。

エ　紗英がどんなことに悩んでいるのかがはっきりとわからないまま、紗英の言葉に耳を貸そうとしている。

オ　紗英の言おうとしていることを先回りしてつかんで、紗英の誤った考え方を厳しく叱ろうとしている。

問十二　――⑦「型って、もしかするとすごいものなんじゃないか」と

はない。じゃあ、ここで、といわれるのが惜《お》しくて、立ち止まることもできない。朝倉くんも何もいわない。ただずっと歩いている。

（宮下奈都《みやしたなつ》「まだまだ、」による）

*剣山＝活け花で、花や枝の根もとを固定する道具。
*不遜＝思いあがっていること。
*傲慢＝おごりたかぶって、人を見くだすこと。
*フェイク＝にせもの。
*フレーズ＝言い回し。
*定跡＝最善とされる将棋の駒《こま》の動かし方。
*玉＝王将。
*定石＝最善とされる囲碁の石の打ち方。
*棋譜＝将棋や囲碁において、対局の手を順番に記入した記録。
*耳柔＝耳たぶ。
*茴香＝セリ科の植物の一種。黄色い花を咲かせる。
*ぽんぽん＝チアガールなどが手に持って振る、応援《おうえん》用の玉房《たまふさ》。

**問一** [1]～[4]にあてはまる言葉として、最も適切なものを次から一つずつ選び、それぞれ記号で答えなさい。

**ア** かっと　**イ** ざっくり　**ウ** ぴしゃりと
**エ** そろそろと　**オ** はっと　**カ** こっそり
**キ** ぶつぶつと　**ク** すたすたと

**問二** ――A「られ」と意味・用法が同じものを次から一つ選び、記号で答えなさい。

**ア** 計画が無事に進むかどうかが案じられます。
**イ** 生徒は先生から人はみな平等だと教えられます。
**ウ** 無理をしなければ危険を避けられます。
**エ** もうすぐ担任の先生が教室に来られます。
**オ** 幼かった日々がなつかしく感じられます。

**問三** ――B「注意」、D「価値」と熟語の組み立てが同じものを次から一つずつ選び、それぞれ記号で答えなさい。

**ア** 暗黒　**イ** 攻守　**ウ** 腹痛　**エ** 育児
**オ** 残雪　**カ** 強化　**キ** 未定　**ク** 民放

**問四** ――C「剣幕」、E「判で押したように」の意味として、最も適切なものをあとから一つずつ選び、記号で答えなさい。

C「剣幕」
**ア** きまじめな様子　**イ** 情けないそぶり
**ウ** あきれたような態度　**エ** 悲しそうな雰囲気《ふんいき》
**オ** いきり立った表情

E「判で押したように」
**ア** 常に無理をする様子　**イ** 義務として行う様子
**ウ** まったく同じである様子　**エ** しっかりと行う様子
**オ** 約束を守り続ける様子

**問五** [X]にあてはまる四字熟語として、最も適切なものを次から一つ選び、記号で答えなさい。

**ア** 一石二鳥　**イ** 一朝一夕　**ウ** 一日千秋
**エ** 一喜一憂　**オ** 一期一会

**問六** ――①「朝倉くんはしっしっと追い払う真似をした」とありますが、このときの「朝倉くん」の気持ちを説明したものとして、最も適切なものを次から一つ選び、記号で答えなさい。

か、私自身の花を活けるために。

　今は修業《しゅぎょう》のときだ。そう思ったら楽しくなった。型を意識して、集中して活ける。型を身体に叩《たた》き込むよう、何度も練習する。さえこも紗英も今はいらない。型を自分のものにしたい。いつかその型を破るときのために。

「本気になったんだ」

　私の花を見て、朝倉くんがつぶやいた。

　桜並木の土手の上を、自転車を押していく。朝倉くんが川のほうを見ながら前輪ひとつ分だけ前を行く。＊茴香《ういきょう》が無造作に新聞紙に包まれて籠《かご》にある。車輪からの振動《しんどう》で黄色い花が上下に細かく揺《ゆ》れている。

「それで今日の花なんだね。さえこが本気になると、ああいう花になるんだ」

　ちょっと振り返るように私を見て、朝倉くんがいう。

「なんだか、意外だ」

　意外だなんてよくいう。私のことなんか知らないくせに。ふわふわのところしか見てなかったくせに。

　でもさ、といって朝倉くんは自転車と一緒《いっしょ》に足を止める。川原のほうを指さして、下りる？　と目で訊く。

「意外だったけど、面白くなりそうだ」

　土手から斜《なな》めに続く細い土の道を、勢いよく下りはじめる。私は後ろから［4］下りる。自転車のハンドルを握《にぎ》って、勢いがつかないよう力を込める。一歩一歩踏《ふ》みしめて、それでも最後は駆《か》け足になる。自転車が跳《は》ね、籠から茴香が飛び上がった。

　下りきったところに朝倉くんはスタンドを立てる。私が隣《となり》に自転車を停《と》めるのを待って、川縁《かわべり》のほうへ歩き出す。

「さえこが本気になるなんて」

「⑧さえこ、って呼ばないで。ほんとうの名前はさえこじゃないの」

　朝倉くんがゆっくりとこちらを向くのがわかる。私は川面《かわも》が新しくなったり古くなったりしながら流れていくのを眺《なが》めている。

「知ってるよ」

「じゃあ、ちゃんと名前で呼んで。これがあたし、っていえるような花を活けたいと思ってるの。さえこじゃないの」

「うん」

「さえこじゃなくて、紗英の花。まだまだ、遠いけど」

　さえこの花は、といいかけた朝倉くんが、小さく咳払《せきば》いをして、いい直す。

「紗英の花は、じっとしていない。今は型を守って動かないけど、これからどこかに向かおうとする勢いがある」

「型通りに活けたのに？」

　聞くと、大きくうなずいた。

「俺、ちょっとどきどきした」

　どきどきした、と朝倉くんがいう、その声だけでどきどきした。朝倉くんがまた川のほうを見る。太陽が水面に反射してまぶしい。

　なんとなく別れがたくて自転車を押したまま桜並木の下を歩く。土手は紫陽花《あじさい》の盛《さか》りだ。水色や淡《あわ》い紫《むらさき》の＊ぽんぽんみたいに大きな花が、午前中の雨を残していきいきと咲《さ》き誇《ほこ》っている。

　そろそろ引き返さなくては、家に着いてしまう。朝倉くんの家からは遠ざかるばかりだ。でも、ここから、どこへ行こう。どこへも行く宛《あ》て

「でもね、そこであきらめちゃだめなのよ。そこはすごく大事なところなの。しっかり身につけておかなきゃならない基礎《きそ》って、あるのよ」

「根気がないからね、紗英は」

即座《そくざ》に姉が指摘《してき》する。

「ラジオ体操、いまだにぜんぶは覚えてないし」

「将棋《しょうぎ》だってぜんぜん＊定跡《じょうせき》通りに指さないし」

祖母が［２］いい放つ。

「だから勝てないんだよ」

「いいもん、将棋なんか、勝てなくてもいいもん」

姉たちは将棋も強かった。たったひとつの＊玉《ぎょく》を目指して一手ずつ詰《つ》めてゆく。ふたりが盤《ばん》の上できれいな額《ひたい》をつきあわせ、意識を一点に集中させてゆくと、傍《そば》にいるだけで息が苦しくなった。その点、囲碁《いご》はいい。盤上のあちこちで陣地《じんち》の取り合いがある。右辺を取られても左辺が残っている。石ひとつでも形勢が変わる。将棋よりずっと気持ちが楽だ。

「囲碁でもおんなじ。＊定石無視してるから強くなれないのよ。いっつもあっという間に負かされてるじゃない。長い歴史の中で切磋琢磨《せっさたくま》してきてるわけだからね、定石を覚えるのがいちばん早いの」

「早くなくてもいい」

ただ楽しく打てればいい。そう思って、＊棋譜《きふ》を覚えてこなかった。数え切れないほどの先人たちの間で考え尽《つ》くされた定石がある。それを無視し［Ｘ］に上手になれるはずもなかった。

「それがいちばん近いの」

「近くなくてもいい」

姉は根気よく言葉を探す。

「いちばん美しいの」

美しくなくてもいい、とはいえなかった。美しくない囲碁なら打たないほうがいい。美しくないなら花を活ける意味がない。

「紗英はなんにもわかってないね」

祖母が呆《あき》れたようにため息をつく。

「型があるから自由になれるんだ」

自分の言葉に一度自分でうなずいて、もう一度繰り返した。

「型があんたを助けてくれるんだよ」

［３］した。型が助けてくれる。そうか、と思う。そうだったのか。毎朝毎朝、E判で押《お》したように祖母がラジオ体操から一日を始めることに、飽《あ》きることはないのかと不思議に思っていた。そうじゃなかったんだ。毎朝のラジオ体操が祖母を助ける。つらい朝も、苦しい朝も、決まった体操から型通りに始めることで、一日をなんとかまわしていくことができたのかもしれない。楽しいことばかりじゃなかった祖母の人生が型によって救われる。そういうことだろうか。

「いちばんを突き詰めていくと、これしかない、というところに行きあたる。それが型というものだと私は思ってるよ」

今、何か、ぞくぞくした。新しくて、古い、とても大事なことを聞いた気がした。それはしばらく＊耳朶《じだ》の辺りをぐるぐるまわり、ようやく私の中に滑《すべ》り込《こ》んでくる。

⑦型って、もしかするとすごいものなんじゃないか。たくさんの知恵《ちえ》に育まれてきた果実みたいなもの。囓《かじ》ってもみないなんて、あまりにももったいないもの。今は型を身につけるときなのかもしれない。いつ

うーん、と私は言葉を濁《にご》す。

「自分でもどうしたいんだかわからなくなっちゃった」

「それもわかった、あの花見たら」

朝倉くんはそういって笑う。

「やりたいことはなんとなく伝わってきた。面白《おもしろ》いと思ったよ。でも、何百年もかけて磨《みが》かれてきた技に立ち向かおうと思ったら、足場が必要だろ。いきなり自己流じゃ太刀打《たちう》ちできない」

市民センターを出ると陽射《ひざ》しが強い。自転車置き場まで並んで歩く。

「あの先生は、正当に磨かれてきた技を継《つ》いできたひとだと俺《おれ》は思ってる。頭は少々固いけど、D習う価値はあると思うよ。だけどさえこがどう思うかは、④さえこ次第《しだい》だ」

「あたしはべつに」

「べつに、やめようとは思ってない？」

「うん」

嘘《うそ》をついた。やめてもいいかな、とちょっと思っていた。曲がりなりにも活けた花を、有無《うむ》をいわせず全部抜かれたらやっぱりめげる。

でも、朝倉くんが笑顔《えがお》になった。

「そうか、よかった。せっかくなんだから、やめるなよ」

「ありがとう」

手を振《ふ》って別れ、すぐに朝倉くんは反対方向へ走り出す。私は桜並木のほうへ自転車をゆっくり漕《こ》ぎ出しながら、朝倉くんの「せっかくなんだから」を考える。せっかく始めたんだから、やめるなよ。せっかく面白くなってきたんだから、やめるなよ。せっかく会えるんだから、やめるなよ。うん、これかな。私はいちばん自分に都合のいい＊フレーズを選んで口の中で繰り返す。⑤せっかく会えるんだから、やめるなよ。うふふ、と笑みがこぼれる。

（中略）

「あたしの花ってどんな花なんだろう」

濡《ぬ》れた髪《かみ》を拭《ふ》き、ほうじ茶を飲みながら漏《も》らした言葉を、祖母も母も姉も聞き逃《のが》さなかった。

「紗英の花？」

私らしい、といういい方は避《さ》けようと思う。自分でも何が私らしいのか、今はよくわからないから。

「あたしが活ける花」

「紗英が活ければぜんぶ紗英の花じゃないの」

母がいう。私は首を振る。

「型ばかり教わってるでしょう、誰が活けても同じ型。あたしはもっとあたしの好きなように」

といいかけて、私の「好き」なんて曖昧《あいまい》で、形がなくて、天気や気分にも左右される、実体のないものだと思う。そのときそのときの「好き」をどうやって表せばいいんだろう。

⑥母は察したように穏やかな声になる。

「そうねえ、決まりきったことをきちんきちんとこなすっていうのは紗英に向いてないかもしれないわねえ」

そうかな、と返しながら、そうだった、と思っている。すぐに面倒《めんどう》になってしまう。みんながやることなら自分がやらなくてもいいと思ってしまう。

思った通りに活ける、と朝倉くんはいったけれど、私の「思った通り」じゃだめなんだと思う。私なんかの思ったところを超《こ》えてあるのが花だ。そう朝倉くんの花が教えてくれている。

じゃあ、②なるべくなんにも考えないようにして活けてみよう。

その考えは、しかし間違《まちが》いだったらしい。

「津川《つがわ》さん、真面目におやりなさい」

先生は巡回《じゅんかい》してきて私の花を見るなりそういった。

「しょうがないわねえ」

いつもなら、B注意されることはあっても先生の目はあたたかい。しょうがないわねえ、と笑っている。でも、今日は違った。基本形を逸脱《いつだつ》しためちゃくちゃな花がよほど腹に据《す》えかねたらしく、＊剣山《けんざん》から私の花をぐさぐさ抜《ぬ》いた。

「どういうつもりなの」

声は怒《いか》りを抑《おさ》えている。周囲の目がこちらに集まっている。

「いつもの津川さんじゃないわね。遊び半分で活けるのは、花を裏切ったことになるの」

すみません、と私は謝《あやま》った。遊び半分なんかじゃなく、真剣に考えたらこうなったんだけど、普段《ふだん》は穏《おだ》やかな先生のC剣幕を見たらやっぱりそれはいえなかった。先生は花を全部抜くと大きくため息をついて、ふいと立ち去ってしまった。

千尋と目が合う。どんまい、と目だけで笑ってくれる。もう一度水切りをしなおして、少し茎《くき》の短くなってしまった花を見る。またいつもみたいに、③習った型の通り順番に差していくんだろうか。型通りなら誰《だれ》が活けても同じじゃないか。私は［　1　］辺りを見まわす。みんな、おとなしく従っているのはなぜなんだろう。――そんなふうに思うなんて＊不遜《ふそん》だし＊傲慢《ごうまん》だ。だけど急に、目の前の花が色褪《いろあ》せて見える。もしかしたら活け花はどうしても私かやらなきゃならないことじゃないのかもしれない。

このまま塾《じゅく》に行くという千尋と別れて帰ろうとしたら、市民センターの出口のところに朝倉くんがいた。自然にふたり並んで歩き出す。

「どうして私を待ってたの、とか訊かないか普通」

朝倉くんがいうので初めて気がついた。

「そっか、朝倉くん、あたしのこと待っててくれたんだ」

「……いいよなあ、さえこは」

さえこ。懐《なつ》かしい呼び名だ。久しぶりに聞いた。さえこ、さえこ、と中学のクラスメイトは呼んだ。ほんとうの名前は紗英なのに、そこになぜか子をつけて、紗英子、それが私の愛称《あいしょう》だった。紗英、と呼び捨てにするほど親しくない同級生たちにとって、子をつけるだけで＊フェイクになる。紗英子なら呼べる。そういうことらしい。彼《かれ》らは私を呼びたかったのだ。さえこ、さえこ、と気軽に愛称で呼べて、さえこはいいよなあ、なんていえる存在が欲《ほ》しかったんだと思う。事実、私は一日に何度も名前を呼ばれ、さえこ、さえこ、と手招きされる。さえこはいいね、さえこはいいよなあ。何かいいのかよくわからないけど、みんなにそういわれるのがこそばゆくて、うふふ、と笑う。そうすると彼らはいよいよもって、いいよなあ、と繰《く》り返す。

「さっきの、先生に注意されてた花、見たよ。びっくりした。あれ、遊んでたんじゃないよな、確信犯だよな」

## 【国語】（五〇分）〈満点：一〇〇点〉

**一** 次の――線の漢字の読みをひらがなで書き、――線のカタカナは漢字に直して書きなさい。

① 最後まで自分の信念を貫く。
② 添付された資料を確認《かくにん》する。
③ 姉は柔和な顔つきをしていた。
④ 友人のために土産を買う。
⑤ 久しぶりに母校をオトズれる。
⑥ 荷物をアズけて散策する。
⑦ 漁船が遠洋コウカイに出発する。
⑧ 哲学《てつがく》のリョウイキに関わる問題。
⑨ 外国に物資をユソウする。
⑩ 首相をゴエイするための職員。

**二** 次の文章を読んで、あとの問いに答えなさい。問いの中で字数に指定のあるときは、特に指示がないかぎり、句読点や符号《ふごう》もその字数に含《ふく》めます。

> 高校生の「私（紗英《さえ》）」は、同じ活《い》け花教室に通う朝倉《あさくら》くんの活けた花の美しさに心を奪《うば》われ、「すごくよかった」と感想を伝えた。それに対して朝倉くんは「いや、まだまだだよ。」と答えて、その日は紗英と別れた。

活け花教室で次に朝倉くんと会ったときに私は訊《き》いた。

「まだまだ、って、どうしてわかるの」

え、と朝倉くんが顔を上げる。

「こないだ、まだまだだっていったよね。どうしてそう思うの。どうしてわかるの。どうしたらまだまだじゃなくなるの」

まだまだ届かない、思うようには A活けられない。朝倉くんは自分の花をそう評した。

「ちょっと、紗英」

千尋《ちひろ》が私の左肘《ひだりひじ》をつついて止めようとしている。千尋は親切だから私が突《つ》っ走り気味になると上手に制御《せいぎょ》してくれる。この活け花教室を紹介《しょうかい》してくれたのも千尋だった。

「わかるときはわかるんじゃないかな」

真面目《まじめ》な声で朝倉くんはいった。それからちょっと笑った。

「謙遜《けんそん》だとは考えなかったんだね」

「え、謙遜だったの？」

私が驚《おどろ》くと、冗談《じょうだん》だよ、という。

「花を活けてると気持ちがいいだろ。思った通りに活けられると、気持ちのよさが持続する。そのやり方をここに習いに来てるんだ。みんなもそうなんじゃないの」

「なるほど」

私は感心して何度もうなずいた。

「気持ちのよさが持続する。なるほどね」

朝倉くんは、やめて、恥《は》ずかしいから、といった。

「なるほど。気持ちのよさを持続するために」

うなずきながらもう一度私がいうと、①朝倉くんはしっしっと追い払《はら》う真似《まね》をした。

オ　形容詞は、自分の心の中にある感覚や感情を他者に対してありのままに伝えたいと思うときには、とても役に立つ言葉であるということ。

問十　――③「不思議な精神作用」とありますが、具体的にはどのようなことですか。「事実」「作者の感情」という言葉を使って、四十字以上五十字以内で書きなさい。

問十一　――④「異分子」とありますが、どのような人のことですか。次の文の□にあてはまる適切な言葉を、文章中から三字で抜き出して書きなさい。

・自分とは□が異なる人。

問十二　――⑤「友人を通して、自分を相対化して見る」とありますが、具体的にはどうするということですか。文章中の言葉を使って、五十字以上六十字以内で書きなさい。

問十三　この文章で筆者が述べている内容に合うものを次から一つ選び、記号で答えなさい。

ア　今の若者は、「ヤバイ」という言葉が本来はマズイ、危険だというニュアンスを表現するということを知らずに用いているが、そのような言葉の乱れは正していかなければいけない。

イ　日本人は、昔からさまざまな感覚や感情を表すために語彙を増やす努力をしてきたのであり、そこで育まれた豊かな文化的土壌から生み出されたのが短歌という短詩型の文学である。

ウ　島木赤彦や斎藤茂吉という歌人が「写生」を作歌の理念としていたのは、作者が感じた感覚や感情というものは安易に他者と共有することはできないものであると考えたからである。

エ　メールの予測変換機能は非常に便利な機能であるが、そこで用いられる言葉は、結局は出来合いの言葉であるので語彙を増やすために自分の言葉でメールを打つようにした方がよい。

オ　何も言わなくても心が通じ合えるような友人を持ちたいのならば、出来合いの言葉や符牒に頼《たよ》らずに、自分自身の言葉によって自分の思いを伝えるようにしていかなければならない。

エ　兄は十二時には来れるそうです。
オ　この池では魚がたくさん釣《つ》れる。

問四　===C「感情」の対義語を、漢字二字で書きなさい。

問五　===D「歌道」について、次の各問いに答えなさい。

Ⅰ「歌」という漢字について、次の黒く塗《ぬ》った部分は何画目に書きますか。漢数字で答えなさい。

Ⅱ「道」という漢字の部首名をひらがなで書きなさい。

問六　===F「気心の知れた」と同じような意味を表す慣用句を次から一つ選び、記号で答えなさい。

ア　腑《ふ》に落ちない　イ　虫が好かない　ウ　らちが明かない
エ　そりが合わない　オ　気の置けない

問七　次の一文は文章中の【ア】～【オ】のどの部分に入るのが適切ですか。一つ選び、記号で答えなさい。

それが文化であり、民族の豊かさである。

問八　――①「『ヤバイ』は多くの形容詞の凝縮体であると考えることができる」とありますが、なぜそのように考えられるのですか。その理由の説明として、最も適切なものを次から一つ選び、記号で答えなさい。

ア「ヤバイ」という言葉が、長い年月の間に肯定《こうてい》的なニュアンスから否定的なニュアンスへと変化した言葉だから。
イ「ヤバイ」という言葉が、若者たちの間でしか通じないニュアンスでしか使われなくなってしまった言葉だから。
ウ「ヤバイ」という言葉が、本来ならばかなりニュアンスが異なる感情を一語で表現してしまっている言葉だから。
エ「ヤバイ」という言葉が、形容詞が本来持っているはたらきを非常にわかりやすく伝える性質がある言葉だから。
オ「ヤバイ」という言葉が、言葉が時代とともに変わっていくことを証明するための典型的な例となる言葉だから。

問九　――②「形容詞も一種の出来合いの符牒なのである」というのは、どのような意味ですか。最も適切なものを次から一つ選び、記号で答えなさい。

ア　形容詞は、ある感覚や感情を誰にでも伝わるようにして作られた言葉にすぎず、個別の感覚や感情を伝えることはできないということ。
イ　形容詞は、日本人という仲間内だけに共通する感情や感覚を表すための言葉であるため、外国人にはわかりにくい言葉であるということ。
ウ　形容詞は、誰でも共感できる感覚や感情を伝えるために作られた言葉であって、微妙なニュアンスによって細分化されているということ。
エ　形容詞は、実際には目に見ることができない感覚や感情を表した言葉であり、「写生」してありのまま見せることはできないということ。

在の意味があることをもう一度思い出しておきたい。

　ところが、誰でも小さな世界で、常に他人と接触《せっしょく》せざるを得ない状況《じょうきょう》では、いつもいつも他人とのざらざらした違和感のなかにいることにはなかなか耐《た》えられないものだ。できれば心やすらかに、あなたと私は同じであるということに、安心をしていたい。だから言葉の違和感を嫌《きら》うのである。ヤバイの意味が本来のマズイ、危険だ、であってもらっては困るし、それが理解できない人間にはできれば自分たちの輪のなかにはいて欲しくない。排他《はいた》的にならざるを得ない。

　仲間うちでしか通用しない言葉に依存《いぞん》していると、そのなかにいる間は心地《ここち》よく安心していられるが、外の世界へ出ることに恐怖《きょうふ》を覚えて消極的になる。F気心の知れた、同じ価値観を持つ仲間うちから、外の世界へ出ていくことをためらう。逆に、固定した仲間とだけは心愉《たの》しく過ごすことができるが、その安心の輪のなかに、④異分子が混入してくることを極端《きょくたん》に怖《おそ》れるようにもなっていく。ここに大きな問題が潜《ひそ》んでいよう。いじめの構造の典型的なパターンである。

　青春と呼ばれる若い時期には、何も言わなくても心が通じ合えるような友人を得ることは大切だが、自分とは考え方も感性もまったく違う友人にめぐりあうことは、それに劣《おと》らず大切なことである。自分では気づいていなかった自分の別の面を教えてくれるということにおいて大切な存在なのである。⑤友人を通して、自分を相対化して見る視線を獲得《かくとく》する。それが若い時代の友人の意味である。（永田和宏《ながたかずひろ》「知の体力」による）

＊大野晋＝日本の国語学者。
＊ニュアンス＝表情や感情、色彩などの微妙《びみょう》な違い。
＊符牒＝同業者の間や仲間内でのみ通用する言葉。
＊アララギ派＝近代に出版された短歌雑誌「アララギ」で活躍した歌人たちのグループ。
＊陸奥＝現在の東北地方。
＊マニュアル＝手引書。

**問一**　［1］～［5］にあてはまる言葉として、最も適切なものを次から一つずつ選び、それぞれ記号で答えなさい。

**ア**　すると　**イ**　しかし　**ウ**　なぜなら　**エ**　たとえば
**オ**　もし　**カ**　なぜ　**キ**　まるで　**ク**　けっして

**問二**　══A「やむをえない」、E「鸚鵡返し」の意味として、最も適切なものをあとから一つずつ選び、記号で答えなさい。

A「やむをえない」
**ア**　しかたがない　**イ**　受け入れがたい　**ウ**　理にかなった
**エ**　おもしろくない　**オ**　良くも悪くもない

E「鸚鵡返し」
**ア**　同じ話をくどくどと言いつのること
**イ**　自分の言いたいことだけを言うこと
**ウ**　相手の言葉をそのままくり返すこと
**エ**　決まりきった表現を用いること
**オ**　誰に対してでも生返事をすること

**問三**　══B「ら抜き言葉」とありますが、「ら抜き言葉」が使われているものを次から一つ選び、記号で答えなさい。

**ア**　一時間もあれば山頂まで登れる。
**イ**　先生が全校生徒の前で話される。
**ウ**　駅までは歩いて五分で行かれる。

わす言葉は何一つ使われていないことに注意して欲しい。にもかかわらず、私たちはそのような形容詞で表わされる以上の、茂吉の深い内面の悲しみを感受することができる。考えてみれば③不思議な精神作用である。文章の上では何も言われていない作者の感情を、読者はほとんど何の無理もなく感受することができているのである。

もしこれらの歌のなかに、茂吉の感情として「悲し」「寂し」などの形容詞が入っていたとするならば、一般的な感情としては理解できるが、それだけでは [4] その時の茂吉の悲しさ、寂しさを表現したものにはならないだろう。悲しい、寂しいという最大公約数的な感情の表現でしかないからである。「決して甲の特殊な悲しみをも、乙の特殊な悲しみをも現しません」と赤彦の言う通りである。

短歌では、作者のもっとも言いたいことは敢《あ》えて言わないで、その言いたいことをこそ読者に感じ取ってもらう。単純化して言えば、短詩型文学の本質がここにあると私は思っている。

これはかなり高度な感情の伝達に関する例であるが、私たちは自分の思い、感じたこと、思想などを表現するのに、できるだけ〈出来あいの言葉〉を使わずに、自分の言葉によって、自分の思いを、人に伝える。この大切さをもう一度確認しておきたいものだと思う。

ヤバイ、カワイイだけで通用していた社会は、すぐに卒業ということになり、いよいよ実社会へ出ることになる。就職という課題が目の前にちらつきだすと、途端《とたん》に言葉遣《づか》いが変わってくる。「オンシャは」などと言い慣れない言葉が飛び出すようになるのを見ているのは痛々しいことだ。【　オ　】

これも＊マニュアルなのだろうが、[5] 私が会社側の面接官だったら、「オンシャ」などという出来あいのマニュアル通りの言葉を使うような若者は、イの一番に刎《は》ねてしまうだろうと思うのだが、どうだろう。すでにできてしまっている言葉の世界で、みんなが使う言葉でしか自分を表現できない若者に、いったい独創性とか個性とかを期待できるものなのだろうか。一企業を主体的に担うに足る人材とは、そんなものではないはずである。

もう一つ驚くのは、若者たちのメールを打つ早さ。打てば響《ひび》くようにケータイでメールを返しているさまは驚嘆《きょうたん》に値する。

実際は、彼らといえども返事をすべて打っているわけではないらしい。「あ」と打てば「ありがとう」と、「ま」と打てば「また今度」と変換《へんかん》されるらしい。これを予測変換機能と言う。

この機能はすこぶる便利で早いが、これだけでメールをやり取りしていたのでは、用を足すだけで、会話にはならない。いわばE鸚鵡《おうむ》返しの対話が、ケータイのショートメールを介したコミュニケーションの大部分を占《し》めているらしい。

コミュニケーションという言葉は、本来違う価値観を持っていた人間同士が、価値観の違いをまず認識《にんしき》し、それを共有するというところに語源がある。最初から同じ価値観と言葉で用が足りている仲間うちでは、そもそもコミュニケーションという言葉は意味をなさない。

本来自分という存在は、人と違うから自分なのであって、人とまったく同じであれば、自己という存在は意味がなくなる。その違うということをお互《たが》いに大切にするには、相槌《あいづち》や共感や符牒だけで済ましているわけには行かなくなるだろう。人と違うことに違和感を抱き、できるだけ同じになろうとするのではなく、人と違うところにこそ、自分という存

が、必要に応じて、自分自身が持ったはずの〈感じ〉を自分自身の言葉で表現する、そんな機会は、人生において必ず訪れるはずである。そんなときのために、私たちは普段《ふだん》は使わなくともさまざまな語彙《ごい》を用意しているのである。語彙は自然に増えるものではなく、読書をはじめとするさまざまな経験のなかで培《つちか》われていくものである。すでに＊大野晋《おおのすすむ》氏の言葉を紹介したように、ひょっとしたら一生に一度しか使わないかもしれないけれど、それを覚悟《かくご》で一つの語彙を自分のなかに溜《た》め込んでおくことが、生活の豊かさでもあるはずなのだ。

すべてが「ヤバイ」という。＊符牒《ふちょう》で済んでしまう世界は、便利で効率がいいかもしれないが、その便利さに慣れていってしまうことは、実はきわめて薄《うす》い文化的土壌《どじょう》のうえに種々の種を蒔《ま》くことに等しいのであるかもしれない。

①「ヤバイ」は多くの形容詞の凝縮《ぎょうしゅく》体であると考えることができる。「ヤバイ」一語で済ませるのではなく、それを自分の側からもっと細かいニュアンスを含めた表現によって深めたいという話をしてきた。

[2]、先にあげたさまざまの状態や感情を表わす言葉は、それでも一般的《いっぱんてき》な、最大公約数的な意味を担《にな》った形容詞なのである。必ずしも、その人独自の表現というわけではなく、誰にも通用する表現法であることからは、「ヤバイ」とそんなに違ったものではないという反論も可能である。【ウ】

話が飛躍《ひやく》するようだが、近代の歌人に島木赤彦《しまきあかひこ》がいる。彼《かれ》は＊アララギ派の歌人であり、アララギは「写生」をその作歌理念に掲《かか》げていた。

[3] 写生が必要なのか。赤彦は『D歌道小見《しょうけん》』という入門書の中で、「悲しいと言えば甲《こう》にも通じ乙《おつ》にも通じます。しかし、決して甲の特殊《とくしゅ》な悲しみをも、乙の特殊な悲しみをも現しません。歌に写生の必要なのは、ここから生じて来ます」と述べる。

短歌は、自分がどのように感じたのかを表現する詩形式である。歌を作りはじめたばかりの人の歌には、悲しい、嬉《うれ》しいと形容詞で、自分の気持ちを表わそうとするものが圧倒《あっとう》的に多い。作者は「悲しい」と言うことで、自分の感情を表現できたように思うのであるが、これでは作者が「どのように」悲しい、うれしいと思ったのかが一向に伝わってこない。赤彦の言う作者の「特殊な」悲しみが伝わることがない。②形容詞も一種の出来合いの符牒なのである。

斎藤茂吉《さいとうもきち》は島木赤彦と同時期に「アララギ」を率いた近代短歌の巨匠《きょしょう》であるが、彼に、母の死を詠《よ》んだ一連がある。歌集『赤光《しゃっこう》』中の「死にたまふ《(もう)》母」一連である。

死に近き母に添寝《(そいね)》のしんしんと遠田《(とおだ)》のかはづ《(かはず)》天に聞《きこ》ゆる
のど赤き玄鳥《つばくらめ》ふたつ屋梁《はり》にゐ《(い)》て足乳根《たらちね》の母は死にたまふ《(もう)》なり

誰もが知っている歌であろう。一首目は「死に近き母」をはるばる＊陸奥《みちのく》の実家に見舞《みま》い、添《そ》い寝をしている場面である。普段は気にもならない蛙《かえる》の声が天にも届くかと思われるほどに聞こえてくる。決して騒《さわ》がしい声ではなく、しんしんと天にも地にも沁《し》みいるような声である。一首が言っているのはそれだけのこと、まことに単純な事実だけを詠《うた》っている。二首目も、母がもう死のうとしている枕元《まくらもと》、ふと見上げると喉《のど》の赤い燕《つばめ》が二羽、梁《はり》に留まっていた。ただそれだけである。【エ】

ここには「悲しい」とか「寂《さび》しい」とか、そのような茂吉の心情を表

以上六十字以内で書きなさい。

問十二　この文章の表現について説明したものとして、最も適切なものを次から一つ選び、記号で答えなさい。

ア　息子が勇敢な人物に育つことを願う父親に対して、宝は期待に応えることができずに悩んでいた。そんな宝が、少しずつ前向きな考え方に変化していく様子が、身ぶりや手ぶりの細かな描写《びょうしゃ》をおりまぜながら表現されている。

イ　息子に愛情を注ぐあまり干渉《かんしょう》しすぎてしまう父親に対して、消極的な性格の宝は拒絶《きょぜつ》することができずに苦しんでいた。そんな宝が、父親から少しずつ自立していこうとする様子が、剣道の立ち合いに重ねて表現されている。

ウ　息子に対して期待するあまり宝の気持ちを思いやれない父親に対して、宝は反発を感じている。そんな宝が、迷いながらも自分の本当の気持ちを父親に伝えようとする様子が、短い会話を積み重ねることで表現されている。

エ　息子のことを心配するあまり先走ってものごとを考えてしまう父親に対して、宝はあきれた気持ちになっている。そんな宝が、冷静に今後の自分の方針を伝えていく様子が、剣道の試合の回想場面とからめて表現されている。

オ　落ちこんでしまっている息子を立ち直らせたいと必死になっている父親に対して、宝は不愉快《ふゆかい》な思いを抱《いだ》いてしまっている。そんな宝が、やがて父親と決定的に断絶していく様子が、多彩《たさい》な比喩《ひゆ》によって表現されている。

三　次の文章を読んで、あとの問いに答えなさい。問いの中で字数に指定のあるときは、特に指示がないかぎり、句読点や符号もその字数に含めます。

　何を今ごろと言われそうだが、いわゆる若者言葉で、ヤバイという言葉の意味を聞いたときは正直驚《おどろ》いた。私たちが使ってきた＊ニュアンスとはまったく逆。「あの試験どうもヤバイなあ」と言えば、落っこちそうだということだったはず。いつの間にか「このコーヒー、めっちゃヤバイ」が、すごく旨《うま》いというニュアンスになっていた。

　言葉が時代とともに変わっていくのはAやむをえないことであり、とどめようもないところがある。いまとなっては「Bら抜き言葉」の是《ぜ》非《ひ》を云々《うんぬん》すること自体、どこか間が抜けていると感じるほどに、わずか20年ほどのあいだに「ら抜き言葉」が一般化してしまった。【　ア　】

　私自身はいまもはかない抵抗《ていこう》を続けていて、どうしても「見れる」とか「食べれる」などの「ら抜き言葉」は使えないし、使うつもりもないが、若者たちの「ヤバイ」にはそれとは違《ちが》った違和感《いわかん》と危惧《きぐ》を抱いている。「ヤバイ」が「旨い」「おもしろい」「かっこいい」「素敵《すてき》だ」「気持ちいい」など、ほんらいかなりニュアンスの違った感覚、C感情をすべてひっくるめて一語で代弁してしまうというところにまず引っかかる。

　ある感動を表現するとき、［　1　］「good《グッド》!」一語で済ませてしまうのではなく、そこにニュアンスの異なったさまざまな表現があること自体が、文化なのである。「旨い」にしても、「おいしい」「まろやかだ」「コクがある」「とろけるようだ」などなど、どのように「旨い」かを表《あら》わすために、私たちの先人はさまざまに表現を工夫《くふう》してきた。【　イ　】

　いつも、もってまわった高級な表現を使えというのではまったくない

このときの「宝」の気持ちの説明として、最も適切なものを次から一つ選び、記号で答えなさい。

ア　道場を変わりたいという、自分自身が内心考えていたことを父親にずばりと言い当てられたので、びっくりした気持ちになっている。

イ　道場を変わらないかと、自分がすでに予想していたとおりのことを父親が言い出したので、急にしらけたような気持ちになっている。

ウ　宝の気持ちを確認しないまま、父親が早々と道場を移る手続きをしていることを知ったために、とまどうような気持ちになっている。

エ　阿久津に負けて落ちこんでいる自分のことを父親が心配してくれていたことを改めて知ることで、感謝するような気持ちになっている。

オ　道場に行かないことをしかられると思っていたのに、父親があまりにも意外なことを言ったので、あっけにとられる気持ちになっている。

問六　――②「宝は握っていたえんぴつを放し、両手を机の下にかくした」とありますが、「宝」がこのようにした理由の説明として、最も適切なものを次から一つ選び、記号で答えなさい。

ア　お節介《せっかい》すぎる父親の行動にいらだちを感じて、思わず手を出してしまうことをおそれたから。

イ　父親との話し合いが長引くだろうと予想して、もう宿題をするのは無理だろうと考えたから。

ウ　きちんと反論しなければ父親は納得《なっとく》しないと感じ取って、気持ちを切り替《か》えようとしたから。

エ　父親が自分の思うように息子を動かしたがることを思い出し、そうさせまいと用心したから。

オ　父親の提案してきたことも一理あることだと考えて、しっかりと話を聞こうと決心したから。

問七　――③「なんで、そういうことするの？」とありますが、「宝」は父親が何をしたと考えているのですか。三十字以上四十字以内で書きなさい。

問八　――④「宝は、誰に対してもそうじゃないか」とありますが、どういうことを言いたいのですか。そのことを説明した次の文の［Ⅰ］・［Ⅱ］にあてはまる言葉を指定字数に合わせて、文章中から抜き出して書きなさい。

・宝は、自分から［Ⅰ（四字）］をすることがなく、［Ⅱ（二十五字）］と思って、常に受け身の態度でいるということ。

問九　文章中の〰〰ア～ウの「ショック」の中で、対象が異なるものを一つ選び、記号で答えなさい。

問十　――⑤「そこで父親のスイッチが入った」とありますが、父親がどうなったということですか。そのことを説明した次の文の［　］にあてはまる言葉を文章中から六字で抜き出して書きなさい。

・それまでの落ち着いた態度から、宝をその気にさせるために［　］態度に変わったということ。

問十一　――⑥「お父さんの協力も、もう、いらない」とありますが、この言葉には「宝」のどのような決意が込《こ》められていますか。五十字

か？」

強い口調でF畳《たた》みかけられる。宝は首を振った。

「なりたい自分は、自分で、決める」

示されなくても、ちゃんと知ってる。

沈黙《ちんもく》が落ちる。重くて息苦しい雰囲気《ふんいき》に、ごめんなさいと言いたくなるのを必死にこらえる。

どれだけ時間がたったのかわからなくなったころ、父親が、「そうか」とうなずいた。机の上に広げていた、他道場の情報がのった紙をすべてまとめ、几帳面《きちょうめん》に角をそろえてから持ち、扉《とびら》に向かう。ドアノブに手をかけながら、父親は宝を振り返ったけれど、なにも言わずに出ていった。

一人になった部屋で、宝はごしごしと目をこすった。

（落合由佳《おちあいゆか》「流星と稲妻《いなずま》」による）

＊ピックアップ＝多くのものから、いくつかを選び出すこと。

＊ウザがられ＝わずらわしく思われ。

＊星形の色紙＝宝が前の学校を転校する際に、クラスメートから送られた記念の寄せ書き。

**問一** [1]～[4]にあてはまる言葉として、最も適切なものを次から一つずつ選び、それぞれ記号で答えなさい。

**ア** かちりと　**イ** ぐらりと　**ウ** さらりと　**エ** すぱりと

**オ** ずらりと　**カ** びくりと　**キ** ぴたりと　**ク** ふらりと

**問二** ＝＝A「の」と意味・用法が同じものを次から一つ選び、記号で答えなさい。

**ア** 遠くに見える山の頂に雪が残っていた。

**イ** 姉の書いた作文が最優秀《ゆうしゅう》賞に選ばれた。

**ウ** 運動は苦手だが、泳ぐのだけは得意だ。

**エ** 太陽のような明るい笑顔を見せていた。

**オ** なぜ宿題をやらないのと母に注意された。

**問三** ＝＝B「卒業」、E「好機」と熟語の組み立てが同じものを次から一つずつ選び、それぞれ記号で答えなさい。

**ア** 永久　**イ** 無害　**ウ** 人造　**エ** 退席

**オ** 危険　**カ** 急性　**キ** 民放　**ク** 深海

**問四** ＝＝C「首を突っこみ」、D「淡々と」、F「畳みかけられる」の意味として、最も適切なものをあとから一つずつ選び、記号で答えなさい。

C「首を突っこみ」

**ア** 苦言をならべ　**イ** ひどく反発し

**ウ** 深入りをして　**エ** 大さわぎをし

**オ** たいそう心配し

D「淡々と」

**ア** あっさりした様子で　**イ** 冷ややかな様子で

**ウ** いらだった様子で　**エ** おごそかな様子で

**オ** あわただしい様子で

F「畳みかけられる」

**ア** 力ずくでおしつけられる　**イ** やんわりと説得される

**ウ** えらそうに言われる　**エ** 次々とまくしたてられる

**オ** 同じことをくり返される

**問五** ――①「降ってきた言葉に、宝はぽかんとした」とありますが、

よ」

すうっと、胸が冷えた。

確かにウショックだ。

ずっと持て余していた感情に、勝手に、名前をつけられてしまったことが。

「ようやく、くやしいって感じただろう」

⑤そこで父親のスイッチが入った。前傾《ぜんけい》姿勢になり、両腕《りょううで》を横に大きく広げる。

「くやしいよな。だから宝は阿久津くんとけんかして、剣道からも逃げてるんだよな。その気持ちはよくわかるよ。でもそれじゃあだめだ。立ち向かわなきゃ。阿久津くんとはちがう稽古をして、負かしてやろうじゃないか。お父さんも協力する。なっ。だからよその道場で」

「くやしくない」

血を沸騰《ふっとう》させる勢いで語っていた父親が、［４］止まる。

「宝、まだそんなことを」

近寄ろうとした父親から、素早《すばや》く下がって間合《まあ》いを取り、両目の横を手で覆《おお》う。

「お父さんが、くやしがるから」

「え？」

「お父さんは、くやしがらないで。怒《おこ》らないで。がっかりもしないで」

遠間《とおま》に立ったまま、宝は言った。

「ぼくよりも、がんばらないで」

剣道だけではない。宝の交友関係でも、勉強でも、ゲームにおいてさえ、父親は宝以上に一喜一憂《いっきいちゆう》し、あれこれと必死になってしまう。

宝の立つ試合場に、いつもいつもいつも、父親が竹刀《しない》を持って入ってきて、ひどいときには相手を背中から斬ってしまうのだ。

そんなのはもう、宝の戦いではない。勝とうが負けようが、心は少しも動かない。

「それは、どういう意味だ？」

問われ、宝は言いよどんだ。舌が勝手に縮こまる。無理やり動かそうとすると、臆病《おくびょう》な自分がささやいた。『いつもみたいに黙っていようよ』『きらわれちゃうよ』『お父さんがかわいそうだよ』と、何度も何度も。

でも、自分から声を出さないと。自分から挑《いど》んでいかないと。

それで流れが変わったのを、一度、経験したのだ。

顔から手を放し、父親を見る。心の中で構えた竹刀を、大きく振《ふ》りかぶった。

「つまんない、よ」

一刀。

父親はゆっくりと一歩下がり、机に後ろ手をついて寄りかかった。でも、宝から目はそらさない。

まだ、終わっていない。宝は意識して、肩《かた》ではなくお腹《なか》に力をこめる。

「稽古、一生懸命《けんめい》、がんばるから」

「それで？」

「次の大会は、阿久津くんより、いい結果出す。負けない、から」

「だから？」

「だから、くすのき、やめない。⑥お父さんの協力も、もう、いらない」

「いらないのか。それでも宝は、強くなれるのか？　まっすぐ、元気に、勇敢《ゆうかん》に戦えるようになるか？　ちゃんと成長して、変わっていける

数トーン低くなった声に、宝は [2] した。

「阿久津くんと勝手にプールに入ってふざけてたとか、稽古をいきなり二週間以上休むとか、明らかにおかしいじゃないか。今までの宝を見ていれば、なにかがあったんだってことはわかるんだ。悩《なや》んでるってことは伝わってくるんだ。でも、宝はお父さんにも、お母さんにも、なにも言わないで閉じこもる。だったら、お父さんはお父さんの考えで、動くしかないだろう。待っていても仕方ないし、放っておくわけにもいかないんだから」

放っておいてよ！

宝は、プールでの出来事も、稽古を休む理由も、なにも両親に話さなかった。善太に迷惑がかかるかもしれないのがいやだったからだ。なのに結局、めんどうなことになってしまった。

「今回に限らないぞ。お父さんがなにを言っても、なにを聞いても、宝からはなにも返ってこない。黙っていれば事が済む、周りがそれなりに動いてくれる、そう思って甘えているのは、宝じゃないのか？」

「甘えて、なんか」

「どうしたいって意思表示もしないで、察してくれなんていうのは、甘えだ」

父親は表情も変えず、宝の否定を [3] 斬《き》り落とした。

「④宝は、誰《だれ》に対してもそうじゃないか」

父親の様子がいつもとちがう。声が大きくて、全身からむだに熱を放ち、元気だ勇気だ情熱だと宝に引火させようとする、あの芝居《しばい》がかった父親ではない。

D淡々《たんたん》と、父親はあとを続ける。

「ただ受け身でいればいいなんて思うな。それでやり過ごせないことも、これからいくらだって出てくる。剣道だってそうじゃないか。守りを固めて待っていたって、試合時間はたった数分だぞ。その間に必ずE好機が訪れるとは限らないんだ。動いて攻《せ》めないと。前にも言ったよな、『チャンスは待つな、作れ』って」

「……ごめ」

「謝ってほしいんじゃない」

父親の視線を、つむじのあたりに感じる。しばらくして、ため息が聞こえた。

「宝、アショックだったんだろう」

おどろいて父親を見上げると、静かなまなざしが返ってくる。

「お母さんが撮《と》ってきてくれた、この前の団体戦のビデオ、お父さん何度も見た。反省会のあとも、ずっと見てる。初戦の宝の相手、中学生みたいに大きい子だったな。よく一本取った。最後のほうの宝の動きは、とってもよかった」

恒例《こうれい》の反省会のときにも、同じようにほめられた。だけど喜べなかった。

「でも、そのあとの阿久津くんは、もっとよかった」

宝は口を引き結んだ。そうだ。それが、わかっていたからだ。

「試合巧者《こうしゃ》な対戦相手に、まっすぐぶつかっていって、力で勝った。大将のプレッシャーもあったろうに、みごとだったな。しかもあの相手は、宝が前に個人戦で二本負けした子だ。宝、見ててイショックだったろう。今も、もやもやしてるだろう。それは嫉妬《しっと》だ。自分のほうが阿久津くんより上だって、負けてないって、宝は心のどこかで思ってたんだ

と、周りに迷惑《めいわく》をかけないよう、それなりの義理を通さなければならない。前の道場で、父親も聞いたはずだ。

「それでも、貴重な半年間だぞ。合わないクラブで時間をつぶすのはもったいない。やっぱり女の先生だと、指導力とか、子どもへの厳しさが足りないのかもしれないしな」

そんなことない。

絹《きぬ》先生はやさしいだけの先生ではない。稽古中、絹先生に手加減されていると感じたことはないし、試《ため》されるような一言にとまどったこともある。性別なんて、まったく関係ない。

「どこの道場に通うにしても、今よりは遠くなるけど、送り迎《むか》えはお母さんにがんばってもらおう。お父さんももちろん協力するから」

「お母さん、車の運転、きらいだよ」

くすのきの稽古の行き帰りを善太と共にするようになって、いちばん喜んだのは母親だった。免許《めんきょ》は持っているけれど、運転が苦手なのだ。

「子どもがそんな気をつかわなくていい。実はもう、いろいろ調べてあるんだ」

宝の机の上に、手にしていた紙を次々並べていく。父親が＊ピックアップしたらしい道場のホームページをプリントアウトしたものだ。

「いくつかの道場は見学もさせてもらった」

まずい、もう話が進んでいる。②宝は握《にぎ》っていたえんぴつを放し、両手を机の下にかくした。紙に少しでも触《ふ》れたりして興味を示そうものなら、きっとそのまま押《お》し切られる。

緊張《きんちょう》していると、父親が［1］言った。

「そうそう、阿久津くんの家にも、さっきお父さんが電話してあげたからな」

「……え？」

脳天に大きな星が落っこちてきて、砕《くだ》けた。ぐらりと視界が揺《ゆ》れる。

阿久津くんの家に、電話？　お父さんが？

「なにを言ったの？」

宝はいすから立ち上がった。父親がおどろいたようにあごを引く。

「なにって、それは、宝のことを」

「③なんで、そういうことするの？」

きっと、善太を責めたにちがいない。うちの子をいじめないでくれだとかそんなことを言って、宝に事実確認もせず、善太を非難したに決まっている。

前の学校でも、道場でも、同じことがあった。友だちとのトラブルに父親がC首を突《つ》っこみ、そのせいで宝は＊ウザがられ、ますます孤立《こりつ》したのだ。

壁《かべ》に貼《は》られた、余白ばかりの＊星形の色紙。

あれは半分、お父さんのせいだ。

「頼《たの》んでないのに。電話してとか、手を貸してとか、思ってないのに」

「宝」

父親が困った様子で伸《の》ばした手を、上体をねじってかわす。

「くすのきだって、やめたいなんて思ってない。なのになんでもう、見学とか」

「宝」

「ぼく、なにも言ってないのに、どうして、どうして勝手に」

「言わないからだろう」

## 【国語】（五〇分）〈満点：一〇〇点〉

**一** 次の――線の漢字の読みをひらがなで書き、――線のカタカナは漢字に直して書きなさい。

① 問題の解決を図る。
② 麦芽を原料とした飲み物。
③ 皮革製品の手入れをする。
④ 迷子の男の子を保護する。
⑤ ムし暑い日が続いている。
⑥ 不良品を取りノゾく。
⑦ 要人をケイビする。
⑧ サイバンで無罪を主張する。
⑨ 海がマンチョウをむかえる。
⑩ 相手の申し出をリョウショウする。

**二** 次の文章を読んで、あとの問いに答えなさい。問いの中で字数に指定のあるときは、特に指示がないかぎり、句読点や符号《ふごう》もその字数に含《ふく》めます。

> 小学校六年生の蓮見宝《はすみたから》は、「くすのき剣道《けんどう》クラブ」に所属して剣道を習っている。同じクラブには同学年でライバル的な存在である阿久津善太《あくつぜんた》がいて、たがいに競《きそ》い合っていた。二人は、夏に行われた団体戦に出場し、ともに強敵相手に勝利するが、それ以降、宝は稽古《けいこ》を休み続けていた。

夜、自分の部屋で塾《じゅく》の宿題をこなしていると、廊下《ろうか》で足音がした。一歩の間隔《かんかく》が広い。父親だ。宝が身構えたところで、部屋のドアがノックされた。

「はい」

ここで間を取るAのは許されない。そんなことをすれば、なにをしていたんだと父親はたちまち不機嫌《ふきげん》になる。だからノックにほとんど意味がない。

ノブが回り、小さな金属音がしてドアが開いた。

「宝。今日もくすのきに行かなかったのか」

片手に紙の束を持った父親が、苦い顔で部屋に入ってくる。

『もう二週間以上サボってるんだぞ。いやなことがあったのかもしれないけど、だからって逃《に》げちゃだめだろう。勇気を出して立ち向かわないでどうする！』

続くのはこんなところだろうか。黙《だま》って予想していると、

「道場、変えるか？」

①降ってきた言葉に、宝はぽかんとした。

「くすのきをやめて、ちがう道場に通うか？」

冗談《じょうだん》を言っているのかと思った。もしくは、それがいやならさっさとくすのきに行け、とつながるのかと思った。

でもちがう。この父親は本気だ。

「B卒業まで、あと、半年なのに？」

新しい道場に通うことにしても、同じく、続けられて半年だ。それに道場を移るのは、周りからあまりいい顔をされない。遠方への引《ひ》っ越《こ》しだとか、本当にどうしようもない事情があれば別だ。でもそうでない場合、早めに責任者に相談したり、区切りのいい時期まではがまんしたり

ですか。最も適切なものを次から一つ選び、記号で答えなさい。

**ア**　ヒトは人工知能に一般的な仕事はすべてを任せ、演劇などの芸術的な活動をもっぱら行うようになるということ。

**イ**　ヒトは人工知能が提示してくる合理的な判断に従い、与えられた指示を忠実に守って働くようになるということ。

**ウ**　ヒトは人工知能を自在に操作することで、今まで以上に効率的で合理的な働き方ができるようになるということ。

**エ**　ヒトは人工知能に判定してもらうことで、それぞれの性格に合った仕事を割り当てられるようになるということ。

**オ**　ヒトは人工知能に支配されることで、意志や感情を持たないロボットのように働かざるをえなくなるということ。

**問十一**　――⑥「人工知能とよい共存関係を築く」とありますが、そのために筆者がするべきと考えているのはどのようなことですか。文章中の言葉を使って、六十字以上八十字以内で書きなさい。

**問十二**　この文章で筆者が述べている内容に合うものを次から一つ選び、記号で答えなさい。

**ア**　今後、人工知能が発達することで、現在存在している仕事の大半が消えてなくなることが予想され、多くの小学生が将来自分の好きな職業に就くことができない危険性が生じている。

**イ**　人工知能を備えたロボットでも、現在はまだ芸術創作は不得手だが、今後はヒトの脳の快感系を効率よく刺激するように改良されることで、芸術分野がより豊かになる可能性がある。

**ウ**　昔から人類はさまざまな道具を発明し、生活を豊かなものに変えてきたが、人工知能の発明は過去のものとは全く異質な変革をもたらし、急速に人間の生活を豊かにするはずである。

**エ**　自動運転技術が確立することでタクシー運転手という職種がなくなるように、人工知能が発達すれば農業に従事する多くの人は、今後転職をせまられるような状況が発生することになる。

**オ**　人工知能が発達し、人間と同じような知能活動が可能になることで、人間らしさとは何かが改めて問われるようになり、ヒトにしかできないような新たな職業が生まれてくることになる。

**問二** ――A「領域」について、次の各問いに答えなさい。

Ⅰ「領」という漢字の部首名をひらがなで書きなさい。

Ⅱ「域」という漢字の総画数を漢数字で書きなさい。

**問三** ――B「なっています」の主語を、一文節で書き抜きなさい。

**問四** ――C「発信」、D「革新」の対義語を、それぞれ漢字二字で書きなさい。

**問五** 次の一文は文章中の【ア】～【オ】のどの部分に入るのが適切ですか。一つ選び、記号で答えなさい。

> そうした生物間の比較に、私たち人類は長い歴史を通じて慣れてきました。

**問六** ――①「ヒトの知能が礼賛される時代は、そろそろ終焉を告げるでしょう」とありますが、なぜこのようにいえるのですか。文章中の言葉を使って、十五字以上二十五字以内で書きなさい。

**問七** ――②「そもそもヒトはなぜコンピュータを作ったのでしょうか」とありますが、なぜヒトはコンピュータを作ったのですか。その理由の説明として最も適切なものを次から一つ選び、記号で答えなさい。

**ア** 時代の大転換期においてヒトと人工知能の「共存」をはかり、人類そのもののあり方を変革するため。

**イ** 時代が変わって創造、芸術、直観、気遣いといったヒトならではの能力が不足したので、それを補うため。

**ウ** コンピュータを開発してその能力を育て、競争することで、人間自身の能力も成長させようと考えたため。

**エ** ヒトがあまり得意とはいえない計算や記憶の分野において、ヒトに不足した能力を補い、代行させるため。

**オ** 「人間らしさ」を考えようとしたとき、チンパンジー以外の比較対象も考慮する必要が出てきたため。

**問八** ――③「ヒトの脳はわかりやすいほど単純だ」とありますが、なぜ「単純」だといえるのですか。その理由の説明として最も適切なものを次から一つ選び、記号で答えなさい。

**ア** 人工知能には多彩な可能性に満ちた豊穣な音楽を作ることはできないとかたくなに信じているから。

**イ** 人工知能が作曲した音楽であっても、人間が作曲したものだと言われればすぐに信じてしまうから。

**ウ** 人工知能が作曲しても、人間が心地よく感じる和音やメロディを用いればよい曲だと認識するから。

**エ** どんなに多彩で豊穣な曲でも、人工知能が作ったと聞けば、すぐに興味や関心を失ってしまうから。

**オ** ヒトの音楽理論には限界があり、人工知能のように多彩で豊穣な音楽を作り出すことはできないから。

**問九** ――④「実際、悩み相談などの人工カウンセラーさえ開発されつつある」とありますが、「人工カウンセラー」の「開発」が可能なのはなぜですか。その理由を説明した次の文の［Ⅰ］・［Ⅱ］にあてはまる言葉を指定字数に合わせて、文章中から書き抜きなさい。

● 悩み相談などに必要な「気遣い」などは、［Ⅰ（七字）］な作業であって、［Ⅱ（十九字）］可能性のある機能だから。

**問十** ――⑤「ヒトは、『職場』という舞台で人工知能の描いたシナリオ通りに演じるプロの『役者』となる」とありますが、どのような意味

られます。そんな未来を予言するのが、いまの将棋や囲碁の棋士《きし》たちの姿です。いまやプロの公式戦で出る新しい手はコンピュータソフトから得たものがほとんどです。つまりプロ棋士が人工知能に「教えを請《こ》うている」わけです。なぜなら将棋や囲碁はヒトには難しすぎるゲームだからです。【　オ　】

これと同様で、一般《いっぱん》の職場でも、いずれ似た現象が生じるにちがいありません。人工知能のほうがヒトよりも合理的な判断をする可能性があるからです。

となれば、キーワードは「共存」です。今後は、各個人が人工知能と独自に＊タッグを組む時代になるでしょう。もちろん現場で職務を担当するプレイヤーはヒトです。つまり⑤ヒトは、「職場」という舞台《ぶたい》で人工知能の描いたシナリオ通りに演じるプロの「役者」となるのです。その魅惑《みわく》的な演技力に観客（雇用者）は観劇料（給与《きゅうよ》）を支払う——。そんな世の中になっても不思議ではありません。

私自身も人工知能を用いた研究をしています。しかし正直に告白すると、人工知能が将来どういう方向に、どこまで発達していくかを、現時点では読み切ることはできません。[5]、「ヒトならではの仕事」を現時点では予測できません。むしろ今後、人工知能が発達してゆくことによって、ようやく「ヒトらしさとは何か」という疑問に対して明確な答えが得られてゆくのだと思います。

このようにヒトの輪郭《りんかく》さえ曖昧《あいまい》になっている世の中ですが、おそらく確実に言えるだろうことが二つあります。

1．脳の柔軟性を養っておくことがますます重要——。素早く対応できる「適応力」は、将来どんな変化が社会に訪れようと、万能な基礎《きそ》力となるでしょう。

2．未来を予測するための最善策は「未来」を自ら造ること——。変化を甘受《かんじゅ》する受動的な人間でいるよりは、自ら旗を振り、変化を生み出す波頭に立つことが、変化に上手に対応するもっとも楽な方法にちがいありません。

もう一度言います。人工知能は決して人類と睨《にら》み合う敵手ではありません。心強い味方です。と同時に、私たちに「人らしさとは何か」を問い、自分を見つめ直す＊契機《けいき》を与える教示的な存在でもあるのです。だからこそ、⑥人工知能とよい共存関係を築くことで、ヒトの尊厳がより快適に守られるようになるはずなのです。

（池谷裕二《いけがやゆうじ》「できない脳ほど自信過剰《かじょう》　パテカトルの万能薬」による）

＊シミュレーション＝現実に想定される条件を取り入れて、どんな結果が出るかを考えること。
＊ブローカー＝売買の仲介をする人。
＊カジノディーラー＝カジノゲームの進行役を果たす人。
＊礼賛＝とてもすばらしいとほめたたえること。
＊ブランド＝ここでは、他と比べて圧倒《あっとう》的に価値を有するもののこと。
＊レビュー＝評論。　＊楽理＝音楽理論。
＊牙城＝ここでは、あるものだけが独占《どくせん》的に行うことができる領域のこと。
＊タッグを組む＝おたがいに味方として手を結ぶこと。　＊契機＝きっかけ。

**問一**　[1]～[5]にあてはまる言葉として適切なものを次から一つずつ選び、それぞれ記号で答えなさい。

**ア**　なぜなら　**イ**　しかし　**ウ**　たとえば　**エ**　つまり
**オ**　ぜひとも　**カ**　もちろん　**キ**　むしろ　**ク**　かりに

とができないほどのレベルにあることがわかりました。【 エ 】

人工知能の芸術的才能は、最近では、音楽や絵画にまで広がっています。こうした背景を受け、２０１６年にマサチューセッツ工科大学は「人工芸術はヒトの創作性に疑問を投じる」と題した＊レビューを発表しています。

[3] 音楽。＊楽理の教科書を読めばよくわかります。ヒトが「心地よい」と感じることのできるメロディや和音は、比較的パターンが限られています。人工知能はそうした「ヒトの心のツボ」を突いた曲を機械的に作り出しているわけです。

この事実は、逆に人工知能の立場に立てば、次のように挑発《ちょうはつ》的に解《かい》釈《しゃく》することもできます。

「音楽とはかくも多彩《たさい》な可能性に満ちた豊穣《ほうじょう》な芸術世界である。ところがヒトの脳ときたら、なんと了見《りょうけん》が狭《せま》い。限られたパターンしか気持ちいいと感じないようだ。ためしにヒトの快感ルールに則《のっと》って曲を作ってやろう。ほら、やっぱり予想通りに喜んでいるよ。③ヒトの脳はわかりやすいほど単純だ」――。

ヒトは自分の「心」が深遠で神秘的なものだと考えています。しかし、本当にそうかは、ヒト自身には捉《とら》え切れないところがあります。もしかしたらヒトの心を一番理解できるのは、ヒトではなく、人工知能である可能性さえあります。

④実際、悩み相談などの人工カウンセラーさえ開発されつつあるのです。人工知能のほうが、ヒトの心の痒《かゆ》いところに手が届くのでしょうか。一部の利用者には「根気よく耳を傾《かたむ》けてくれる」と人気があるそうです。なかには「他人には言いにくいことでも、人工知能が相手ならば心置きなくすべてを打ち明けられる」という感想を述べる人もいるほどです。

よくよく考えれば、もてなしや気回しなどの「気遣い」は、作業としては恐《おそ》ろしく機械的です。気が利くか否《いな》かも十分なセンサーを取り付ければ解決できる問題です。つまり、創造、芸術、直感、気遣いは、決してヒトならではの＊牙城《がじょう》ではなく、私たちヒトが安易に想像するよりも、はるかに簡単に人工知能によって代替《だいたい》されてしまう機能なのかもしれません。

こうした近年の躍進《やくしん》から、「人工知能は人間の仕事を奪《うば》う」と恐れる人がいます。繰《く》り返し言います。こうした考えこそが、人工知能を敵視《てきし》する誤った姿勢なのです。

現代は、ちょうどイギリスの産業革命の時代に似ているといわれます。当時は蒸気機関の技術D革新に伴《ともな》い、多くの人が失業を恐れました。しかし、実際には失業したのではなく、新たに生まれた雇用《こよう》に伴《ともな》って「転職」したのです。日本もかつて似た経験をしています。明治維新《いしん》です。江戸時代は90％近くの人々が農民でしたが、現在までに多くの人が転職しました。いま直面している状況《じょうきょう》は、これに似ているのです。

自動運転技術が確立されればタクシー運転手は必要なくなるかもしれません。自動もてなし装置ができれば窓口業務は必要なくなるかもしれません。同時翻訳《ほんやく》機が完成すれば英語の授業は必要なくなるかもしれません。しかし、どれほど人工知能が進歩しても「人のすべきこと」「人ならではの作業」は残るはずです。当然、そこには新たな雇用が生まれるはずです。

[4] 今後も残るであろう職種についても、時代相応の対応が求め

す。【 イ 】

この大転換期のポイントは「共存」です。ヒトと人工知能ががっぷり四つに組むということです。

②そもそもヒトはなぜコンピュータを作ったのでしょうか。その原点を忘れてはいけません。理由はヒトに不足した能力を補《おぎな》うためです。その計算や記憶《きおく》は、人間は必ずしも得意ではありません。これを代行させるために、人はコンピュータを開発し、そして丁寧《ていねい》に育んできました。そんな我が子が、想定より早く立派に成長したからといって、その能力に嫉妬《しっと》し、対戦しようと考えるのは滑稽《こっけい》です。

昨今のように将棋《しょうぎ》や囲碁《いご》で勝負しようなど、かつて人類がコンピュータを熱心に開発しようと苦心した「初心」を考えれば、滑稽にも思えます。

昨今のこうした傾向《けいこう》を見るにつけ、おそらくヒトの最大の失策は「ヒトらしさとは何か」を勘違《かんちが》いしていたことにあると思います。ヒトならではの能力はと問われると、つい、創造、芸術、直観、気遣《きづか》いなどの側面を挙げがちです。

理由は簡単です。「人間らしさ」を考えるとき、これまでならばチンパンジーとの比較《ひかく》で推測できたからです。チンパンジーにできなくてヒトにできること。——それこそがヒトらしさの本質であると考えていればよかったのです。【 ウ 】

しかし、いまや比較すべき対象はチンパンジーではありません。人工知能も考慮《こうりょ》する必要があります。創造、芸術、直観、気遣いなどは、チンパンジーには難しかったかもしれませんが、人工知能にとってはそうではないかもしれません。

たとえば、囲碁の世界チャンピオンを負かした「アルファ碁」というソフトは、スーパーコンピュータを用いて高速計算を行っています。

［ 2 ］、演算力にまかせて打ち手をシラミ潰《つぶ》しに計算しているわけではありません。囲碁の手の組み合わせはあまりに膨大《ぼうだい》で、現在最高のスーパーコンピュータでも実時間内には計算しきれません。そこでアルファ碁は、計算し尽くすかわりに、「この辺りの手が良さそうだ」という直感を使っているのです。いわゆる「大局観」です。

このように、ヒトならではの特権だと思われていた柔軟《じゅうなん》な勘を、いまや人工知能も備え始めるようにBなっています。それだけではありません。昨今の特殊《とくしゅ》な人工知能は、新たなアイデアを創出し、ヒトに提案することもできます。少しずつ「創造性」が芽生えてきているのです。

たとえば、文章ならばすでに上手に書くことができます。アメリカの新聞では、２０１５年の一年間だけでも、10億本以上の自動執筆《しっぴつ》の記事がC発信されています。スポーツ記事や経済記事、天気予報が、特に得意な分野です。

たとえば、その日のプロ野球の試合データを人工知能に送信すれば、「7回表に起死回生の満塁《まんるい》ホームランが飛び出しマジック43が点灯。7月にマジックが点灯するのは13年ぶりの快挙である」などという記事は、人がわざわざデータブックを検索《けんさく》しなくても、人工知能が過去のデータを参考に、「機械的」に作文することができます。

最近では、新聞記事だけでなく、詩を書くことのできる人工知能もあります。２０１５年には人工知能が書いたシェイクスピア風の詩を、本物のシェイクスピアの詩と並べ、どれが偽物《にせもの》かを当てるコンテストが行われました。その結果、人工知能の作った詩は、有識者でも区別するこ

主体にして表現することで、淳子を取りまく人間関係の複雑さが読者にもありありと伝わるように描かれている。

**ウ**　時代背景を反映したできごとや人々の生活の様子を効果的に表現することで、世の中が悪い方向に進むなかでもたくましく生きていく淳子の姿が想像できるように描かれている。

**エ**　那須岳の美しい風景や、夏から秋へと変化する自然の情景を効果的におりまぜることで、その情景を通じて、折々の淳子の心情が読者にも生き生きと伝わるように描かれている。

**オ**　那須岳登山という現実の場面のところどころに、幼いころの勇太と淳子の回想シーンを織りまぜることで、勇太と淳子の別れの切なさが読者にも実感できるように描かれている。

**三**　次の文章を読んで、あとの問いに答えなさい。問いの中で字数に指定のあるときは、特に指示がないかぎり、句読点や符号もその字数に含めます。

　オックスフォード大学のオズボーン博士らは、将来消えてなくなる職業を＊シミュレーションしています。スポーツ審判《しんぱん》、不動産＊ブローカー、＊カジノディーラー、会計監査《かんさ》、測量士、各種受付窓口など、多《た》岐《き》にわたる職業が「絶滅《ぜつめつ》危惧《きぐ》職」と判定されました。

　デューク大学のデビッドソン博士は「いま小学校に入学した子どもの65％は、大学卒業時に現在は存在していない職業に就《つ》く」と予想します。となれば、子どもたちが「将来の夢」と称《しょう》して、就きたい仕事を語ることにどれほどの真実味があるのでしょうか。夢を持つことは、現在存在する35％の仕事に、自分の可能性を閉じ込めることを意味するのです。

　教育のあり方も問われてきます。情報化が進むにしたがって、私たちの働き方は、知識や技能を身につけるよりも、そうした知識や技能を生かす「知恵《ちえ》」へと、軸足《じくあし》が移っています。

　芸術創作は知能ロボットがいまだ苦手とするA領域です。しかし、そう遠くない将来、巧《たく》みに模写する両家ロボットや、気の利《き》いた表現を紡《つむ》ぐ詩人ロボットが現れるはずです。現に一部では、それが実現化しつつあります。もしかしたら、ヒトの脳の快感系を効率よく刺激《しげき》するメロディや歌詞をスランプなく連発できる作曲家や作詞家や、舌《した》の味覚を最大限に満足させる創作料理人のロボットが現れるかもしれません。

（中略）

　いずれにしても、①ヒトの知能が＊礼賛《らいさん》される時代は、そろそろ終焉《しゅうえん》を告げるでしょう。これは運動能力がたどった経緯《けいい》と同じです。江戸《えど》時代は足が速ければ職がありました。しかし今は、かけっこがクラスで一番だからといって有名企業《きぎょう》に就職できるわけではありません。車や飛行機のほうが速いからです。【ア】

　これと同じことです・いずれ知能は＊ブランドではなくなるでしょう。人工知能のほうが賢《かしこ》いからです。企業は、知能指数の高い人よりは、［１］、人工知能と上手に付き合うことのできる「機械との対話能力」の優《すぐ》れた人を採用するはずです。人工知能といかに共存できるか。そして、その新たな世界にいかに順応できるか。

　火、農耕、車輪、貨幣《かへい》、文字、火薬、印刷、羅針盤《らしんばん》、蒸気機関、電気——。これまでも人類は自ら発明した技術によって、人類そのもののあり方を変革してきました。まさにこの現代も、人工知能の開発を通じて、こうした過去の変革に匹敵《ひってき》する大転換《てんかん》期を迎《むか》えているのだと思いま

果たして、元気をなくしていたから。

イ　引っ越す前に淳子に怪我をさせたことを謝るように親から言われていたが、素直になれなかったから。

ウ　淳子が秋に那須岳に登る計画を立てているのに、自分は一緒に行けないことを思い悲しくなったから。

エ　引っ越すことを淳子に話したときに、淳子が悲しんでくれるかわからなかったので、不安だったから。

オ　淳子との別れをさびしく思いながらも、いつ引っ越しのことを切り出そうかと、思い悩《なや》んでいたから。

問十　――⑥「淳子はびっくりして、首を振った」とありますが、このときの「淳子」の様子を説明したものとして適切なものを次から一つ選び、記号で答えなさい。

ア　今となってはまったく気にかけてもいなかった怪我のことを、勇太が突然むしかえしてきたので、不快に思いながらも、その気持ちを必死にかくそうとしている。

イ　もうすっかり忘れていた怪我のことを勇太が謝罪してきたことにとまどいながらも、勇太が自分を責める必要はないということを、はっきり伝えようとしている。

ウ　今では恥ずかしくて忘れたいとさえ思っている過去の無茶なふるまいを、勇太の謝罪からありありと思い出し、あれは勇太が悪いわけではないと強く否定している。

エ　自分でさえ忘れていた昔の話を勇太がきちんと覚えていて、謝罪してくれたことを嬉しく思いながらも、その謝罪の気持ちを素直に受け入れることができずにいる。

オ　いつも反発しあっている勇太が急に謝罪をしてきたことにびっくりしながらも、勇太が何を考えているのかわからないために、警戒するような気持ちになっている。

問十一　――⑦「なんだよ、勇太ったら、なんでなんだよ」とありますが、このときの「淳子」の気持ちを、四十字以上五十字以内で答えなさい。

問十二　この文章で描《えが》かれている「淳子」の人物像としてあてはまらないものを次から一つ選び、記号で答えなさい。

ア　活発で、男の子と一緒に体を動かして遊ぶのが好きな少女である。

イ　負けずぎらいで、男の子に対しても対抗しようとする少女である。

ウ　感性がするどく、五感を働かせてさまざまなものを知ろうとする少女である。

エ　優等生で、成績のための課外活動にも積極的に参加しようとする少女である。

オ　頭の回転がはやく、自分の思いをかなえるためにねばり強く行動できる少女である。

問十三　この文章の表現について説明したものとして適切なものを次から一つ選び、記号で答えなさい。

ア　素朴な方言を用いた会話を中心に場面を展開させることで、世の中や社会の複雑さを知らないまま、幸せな日々を生きている子供たちのほほえましい姿が印象的に描かれている。

イ　淳子を中心としたかたちで父や勇太、先生との会話のやりとりを

**イ**　不快そうな表情をした
**ウ**　あきれたような表情をした
**エ**　腹を立てたような表情をした
**オ**　疑わしそうな表情をした

Ｅ「鼻で笑った」
**ア**　おもしろそうに笑った　**イ**　こらえきれずに笑った
**ウ**　満足そうに笑った　**エ**　見下したように笑った
**オ**　うれしそうに笑った

**問四**　══Ｃ「下車」、Ｄ「始末」と熟語の組み立てが同じものを次から一つずつ選び、それぞれ記号で答えなさい。
**ア**　計算　**イ**　無理　**ウ**　国営　**エ**　求人
**オ**　新旧　**カ**　平然　**キ**　高校　**ク**　仮面

**問五**　――①「淳子は先手を打った」とありますが、どうしたというのですか。適切なものを次から一つ選び、記号で答えなさい。
**ア**　父から許可をもらうために、あからさまなうそをついて、父をだまそうとしたということ。
**イ**　父が駄目だと言う前に、何度も山登りに行きたいという思いをくり返して述べたということ。
**ウ**　父がすぐに駄目だと言えないように、いかにももっともらしい理由を言いそえたということ。
**エ**　父が根負けをして、しかたなく許可を出してくれるよう、いろいろと作戦を練ったということ。
**オ**　父の許可をもらうために、絶対に無茶をしないということを、しっかりと約束したということ。

**問六**　――②「淳子はただ目を瞠った」とありますが、このときの「淳子」の様子を説明したものとして適切なものを次から一つ選び、記号で答えなさい。
**ア**　今まで見てきた山とはまったく異なるおそろしい山の様子を見て、おびえたような思いで周囲を見渡している。
**イ**　自分が知っている山とはまるで異なる山の様子を見て、びっくりするような思いで目の前の光景を見ている。
**ウ**　いつも遊んでいる山とは異なる様子の山の姿にあきれて、信じられないような思いで眼前の景色を見つめている。
**エ**　初めて見る山の風景に興奮し、景色だけでなくすべてを記憶しておきたいと、一生懸命《けんめい》に景色を見つめている。
**オ**　自分が見たこともない景色が次々と現れることに驚きながらも、一つも見のがすまいとあちこち見回している。

**問七**　――③「周りで小さな笑い声が起こった」とありますが、なぜ笑い声が起こったのですか。その理由を六十字以上七十字以内で答えなさい。

**問八**　【④】にあてはまる言葉として適切なものを次から一つ選び、記号で答えなさい。
**ア**　自尊心　**イ**　警戒《けいかい》心　**ウ**　競争心　**エ**　好奇心
**オ**　道徳心

**問九**　――⑤「けれども、勇太の反応は薄い」とありますが、「勇太」がこのような態度でいた理由として適切なものを次から一つ選び、記号で答えなさい。
**ア**　那須岳登山ではしゃぎすぎてしまったために、体力も気力も使い

淳子は勇太を見返した。

「えっ、何のことだ?」

そこには思いがけず唇《くちびる》をぎゅっと結び、思いつめたような表情の勇太があった。

「ほら、不動山で遊んでた時、俺《おれ》、おまえに岩の上まで登って来いって言っただろ」

「ああ、あれ」

「岩から落ちたのは俺のせいだ。ずっと、謝《あやま》らなきゃって思ってたんだ。本当にごめんな」

⑥**淳子はびっくりして、首を振った。**

「いいよ、そんなの、もうすっかり忘れてだ。怪我《けが》もなかったし。それに、あれは私が無茶しただけで、勇太のせいじゃないよ」

「でもな」

「本当にいいんだって。どうしたんだよ、何で急にそんなこと言い出すんだよ」

少しの間があって、ぽつりと勇太が言った。

「俺、転校すんだ」

淳子は目を見開いた。

「とうさんの仕事の都合で来週には引っ越す。だから、謝れるのもこれが最後だからよ」

突然《とつぜん》の話で、淳子はどう答えていいのかわからない。

「ちびじゅんと一緒に那須岳に登れて楽しかっだよ。じゃ、さいならだな」

そう言ってくるりと背を向けると、勇太は一目散に駆《か》け出した。淳子は立ち尽《つ》くしたままその後ろ姿を見つめていた。

空にはさざ波のような雲が広がっている。風には香《こう》ばしい匂《にお》いがかすかに含まれている。秋が静かに気配を漂《ただよ》わせ始めていた。

⑦**なんだよ、勇太ったら、なんでなんだよ。**

胸の中に、泣きたいような腹立たしいような苦い思いが広がってゆく。ぎゅっと唇を噛《か》み締《し》めると、勇太と一緒に遊んだ日々が脳裏《のうり》を駆け抜けていった。

（唯川恵《ゆいかわけい》「淳子のてっぺん」による）

＊レクリエーション活動＝スポーツや音楽活動、自然探求などの創造的な活動。

＊ガリ版刷り＝簡易な印刷技術で印刷されたプリント。

＊湯治場＝温泉を利用して病気や怪我などの治療《ちりょう》をするための宿泊施設。

**問一** [1] ～ [5] にあてはまる言葉として適切なものを次から一つずつ選び、それぞれ記号で答えなさい。

**ア** もうもうと　**イ** わくわくと　**ウ** ムスッと　**エ** ホッと

**オ** まざまざと　**カ** ぐつぐつと　**キ** カチンと　**ク** ツンと

**問二** ――A「ばかり」と意味・用法が同じものを次から一つ選び、記号で答えなさい。

**ア** ここ一週間、雨ばかり降り続いている。

**イ** 帰ってきたばかりなのに、すぐまた出かけた。

**ウ** 音を立てたばかりに見つかってしまった。

**エ** 期待したが事態は悪くなるばかりだった。

**オ** この本を買うのには五百円ばかり足りない。

**問三** ――B「渋い顔をした」、E「鼻で笑った」の意味として適切なものをあとから一つずつ選び、記号で答えなさい。

B「渋い顔をした」

**ア** 落ち着いた表情をした

「ネパールとチベットの国境だ。ネパールとチベットがどこにあるかわかる人、手を挙げて」

田中先生は生徒たちを見回した。全員が首を傾《かし》げている。

「じゃあこれは宿題だな。家に帰ったら、世界地図を広げて探しておくこと」

「先生、その世界でいちばん高いエベレストって登れるの？」

淳子は尋《たず》ねた。

「残念ながら、まだ誰《だれ》も登っていないんだ。それだけ厳しい山ってことだ」

「ふうん」

「でも、もうすぐ誰かが登るだろう。ネパールが今年、鎖国《さこく》を解いたからね」

「鎖国？」

淳子は問うた。それはみんなの疑問でもあった。

「他の国とは友達にならないってことだよ。でも、それをやめて、これからみんなと仲良くすると決めたんだ。だから、これからたくさんの登山家たちがネパールを訪《おとず》れて、エベレスト登頂を目指すはずだ」

しかし、そのネパールとは逆に、今まで唯一《ゆいいつ》の登山ルートを持っていたチベットは中国に軍事侵攻《しんこう》され、支配下に置かれたことで国境封鎖《ふうさ》されていた。

「登ってみたいかい？」

田中先生に尋ねられ「うん」と、淳子は頷《うなず》く。

「頑張ればきっと登れるよ」

「ほんとに？」

「もちろんさ。たくさんの努力が必要になるだろうけど、決して不可能なわけじゃない。みんなの未来は可能性に溢れているんだ。やりたいことがあるのなら、何にでも挑戦《ちょうせん》するといい。何もしないで諦《あきら》めることだけはしちゃいけないよ」

世界には、私の知らないところがたくさんあって、頑張ればそこに行くことができる。

田中先生の言葉に、淳子は未知への【　④　】に胸を躍《おど》らせた。

その日の夕方、三春町に戻《もど》って来た。

校門の前で先生やみんなと別れ、勇太とふたり、家に向かった。初めての登山で味わった興奮がまだ治まらなくて、桜川《さくらがわ》沿いの小径《こみち》を歩きながら、淳子はひとりで喋り続けた。

「那須岳、楽しかっだなぁ。今度はいちばん高い三本槍岳まで登ってみだい。秋になったら、紅葉がとってもきれいなんだってよ。また、先生に連れて行ってもらおうよ、な、勇太」

淳子の頭の中には、すでに燃えるような紅葉の中を登る自分の姿が浮《う》かんでいた。

⑤けれども、勇太の反応は薄《うす》い。

「勇太、どうしたんだよ、何で黙《だま》ってるんだよ」

「別に」と、ぶっきらぼうに答えて［ 5 ］している。

「何だよ、変な奴《やつ》」

やがて淳子の家が近づいて来た。

「ほんじゃな、勇太」

その時、ふいに勇太が言った。

「ちびじゅん、あの時はごめんな」

登り始めてまた驚かされた。目の前に広がった風景が、淳子の知っている山のそれとはまったく違《ちが》っていたからだ。

山というのは、いつも遊んでいる不動山のように緑に溢《あふ》れていると思っていた。しかし、そこには花も木もなかった。低い植物が斜面にへばりつくようにして少し生えているだけで、登山道は岩と石と砂利《じゃり》で出来ている。歩いていると運動靴《うんどうぐつ》のゴム底を通して足裏に当たり、少し痛い。所々黄色く縁《ふち》どられた小さな穴からは、泥水《どろみず》が［３］音をたてて沸騰《ふっとう》していた。嗅《か》いだことのない強い臭《にお》いが［４］鼻を突《つ》き、そのうえ、真夏だというのに半袖《はんそで》では身体《からだ》が震《ふる》えるくらい寒かった。

山と言っても、こんなに風景が違うんだ。色も、においも、温度もまったく違うんだ。

②淳子はただただ目を瞠《みは》った。

茶臼岳山頂に到着したのは昼過ぎだった。目的の山頂に立てたことが嬉しくて、みんなで「バンザイ」と歓声《かんせい》を上げた。標高１９１５メートル。そんな高い山に登ったのは初めてだ。

それぞれ岩に座《すわ》って、宿で作ってもらった弁当のおにぎりを頬張った。

「先生、山ってみんな違うんだねぇ」

淳子が言うと、田中先生が嬉しそうに振り返った。

「そうだよ、山にはいろんな山があるんだ。遠くから見てるだけだと、みんな同じように見えるけど、登ってみればわかる。同じ山はひとつとしてないんだ」

「ほんとだね。ねえ、那須岳って日本で何番目に高いの？」

その質問に、先生が苦笑した。

「そうだなぁ、何番目になるのかなぁ。二百番目、いや、三百番目くらいかな」

淳子は目を丸くした。

「ここより高い山がそんなにあるの？」

「ああ、たくさんあるよ。日本は山の国だからね。北海道から九州まで、そりゃあもう数えきれないくらいある。さあて、日本でいちばん高い山は知ってるか？」

「富士山《ふじさん》！」と、淳子は声を張り上げた。

「当たり。標高は３７７６メートル。ここからまだ二千メートル近くも高いんだ」

「すごいねぇ」

「じゃあ、世界でいちばん高い山は？」

「えっと……」

口籠《くちごも》っていると、勇太がＥ鼻で笑った。

「おめえ、馬鹿《ばか》じゃねえの。エベレストに決まってるだろ。そんなことも知らねえのがよ」

腹が立ったが、知らなかったのだから仕方ない。

「勇太、えらいぞ、よく知ってるな」

田中先生に褒《ほ》められて、勇太が自慢《じまん》げに小鼻を膨《ふく》らませている。

「標高８８４８メートルだ。じゃあ勇太、エベレストがどこの国にあるか知ってるか？」

「えっと……」

勇太が困ったように目をしばたたかせて、③周りで小さな笑い声が起こった。

「まあ、考えでおごう」

　というのが父の返事だったが、その日以来、淳子は朝夕の食事に顔を合わすたびに「行きだい」「参加しだい」と、しつこく食い下がった。時には、父がお風呂《ふろ》に入っている時に、窓の外に立ち「山に行きだいなぁ」と大声を上げた。そんな淳子にさすがに父も根負けしたようである。「絶対に無茶すんじゃないぞ」と、ようやく許可の言葉をもらうことができた。

　淳子は飛び上がって喜んだ。何しろ初めての泊りがけの山登りである。家族以外と旅に出るのも初めてで、興奮でいっぱいだった。

　出発が決まると、すぐに兄や姉の部屋を回って手頃《てごろ》なリュックサックを借りてきた。その中に持ってゆく毛布や着替《きが》えや雨合羽《あまがっぱ》やお米を入れてみる。嬉《うれ》しくて、何度も入れたり出したりした。どうか良い天気でありますように、とてるてる坊主《ぼうず》を作り、その日を心待ちにした。

　淳子の願いが届いたのか、当日は抜《ぬ》けるような青空が広がった。

　田中先生を含め、総勢十二人。みな意気揚々と三春《みはる》駅を出発した。まず磐越東《ばんえつとう》線で郡山《こおりやま》に出て、東北本線に乗り換《か》える。栃木《とちぎ》県黒磯《くろいそ》駅でC下車した後はバスに乗る。登山口となる那須湯本《ゆもと》温泉に到着《とうちゃく》したのは十一時少し前だった。少し早いが、そこで持参したお昼ご飯を食べ、三十分ほど休憩《きゅうけい》してから、宿泊地となる大丸《おおまる》温泉へと登り始めた。

　登山道を一列になって進んで行く。夏休みとあって大人も子供もたくさんの人がいた。道の両脇《りょうわき》には橅《ぶな》や楓《かえで》の木々が瑞々《みずみず》しく葉を茂《しげ》らせ、頬《ほお》に当たる風が心地《ここち》いい。傾斜《けいしゃ》はさほどきつくないが、時折大きな段差があり、小柄《こがら》な淳子はそのたびに「よいしょ」と大きな声を上げた。

　道程の半分近くまで来たところで、後ろを歩いていた勇太が淳子を追い越して行った。

「何で追い越すんだよ。順番通り歩きなよ」

　淳子は口を尖《とが》らせて抗議《こうぎ》した。

「だって、ちびじゅんがのろいんだからしょうがねえだろ。おめえ、足が短いんだよ」

　言い返された淳子は [1] 来て、すぐに抜き返した。すると、また勇太が抜いてゆく。しまいには競争になり、ふたりとも走り出していた。見兼《みか》ねた田中先生から「こら、そんなんじゃへたばるぞ」と注意されるD始末だった。

　大丸温泉に到着したのは、午後三時を少し過ぎた頃である。

「先生、何だか地面があっだかいよ」

　淳子は土に手を当てて、田中先生を振《ふ》り返った。

「ああ、ここは火山地帯だから、地面の下にお湯が流れてるんだ」

「お湯だっで！」

　それだけでも驚《おどろ》いたが、先に行くと、川に [2] 白煙《はくえん》を上げた湯が流れ込《こ》んでいる。その川をせき止めて野天風呂になると聞いて、また驚いた。

　その夜は、みんなでその野天風呂に入り、自分たちで料理したライスカレーを食べた。＊湯治場《とうじば》のランプの下で枕《まくら》を並べて布団《ふとん》に入ったが、このまま眠《ねむ》ってしまうのがもったいなくて、遅《おそ》くまでみんなで枕を投げ合ったり、喋《しゃべ》り合ったりした。

　翌日、那須岳を目指した。那須岳は連山になっていて、最高峰《さいこうほう》は1917メートルの三本槍岳《さんぼんやりだけ》だが、今回、淳子たちが登るのはその手前にある主峰・茶臼岳《ちゃうすだけ》と朝日岳《あさひだけ》だ。

【国語】（五〇分）〈満点：一〇〇点〉

一　次の――線の漢字の読みをひらがなで書き、――線のカタカナは漢字に直して書きなさい。

①　ツバメが空を飛び交っている。
②　貧弱な知識しか持たない。
③　室内に暗幕を張りめぐらす。
④　木綿のシャツを着る。
⑤　時計の針が時をキザむ。
⑥　草原に花が咲きミダれている。
⑦　ガラスのハヘンをかたづける。
⑧　人口のゾウゲンを調べる。
⑨　ミャクラクのない話をする。
⑩　学校のコウドウに生徒を集める。

二　次の文章を読んで、あとの問いに答えなさい。問いの中で字数に指定のあるときは、特に指示がないかぎり、句読点や符号《ふごう》もその字数に含《ふく》めます。

一九四九年（昭和二十四年）七月。

小学校四年生になった淳子《じゅんこ》は、夏休みを迎《むか》えようとしていた。終業式の後、担任の田中《たなか》先生が言った。

「夏休みに一泊《いっぱく》二日で那須岳《なすだけ》に登るが、一緒《いっしょ》に行きたい人はいるか？」

その年、青少年に体育や＊レクリエーション活動を奨励《しょうれい》する「社会教育法」が施行《しこう》されて、田中先生は早速《さっそく》それを実行に移したのである。

淳子が知っている山と言えば、家の裏《うら》にある不動山《ふどうやま》と小学校近くの城《しろ》山《やま》ぐらいだ。那須岳ってどんな山なんだろう、と素直《すなお》な好奇心《こうきしん》に包まれた。

「行ぐ、行ぐ」と、真っ先に手を挙げたのは勇太《ゆうた》だ。「絶対、登りてぇ」と、意気揚々《ようよう》としている。先を越《こ》されたのが悔《くや》しくて「私も行ぎます」と淳子も大きく手を挙げた。他に十人Aばかりの生徒が続いた。

「よし、じゃあみんなで頑張《がんば》って登ろうな。希望者には＊ガリ版刷りを渡《わた》すから、ご両親の許可をもらってくるように」

先生に言われた通り、家に帰って淳子はさっそく母にガリ版刷りを手渡した。

「泊《とま》りがけなんて、大丈夫《だいじょうぶ》がねぇ」

末っ子の淳子は、まだまだ子供扱《あつか》いされていて、一泊の日程に母は不安があったようである。しかし、淳子は母よりも、父がどう言うかの方がずっと心配だった。何しろ「おなご《(女の子)》らしくしろ」が口癖《くちぐせ》の父である。

「山登りなんかけしからん」と、はねつけるかもしれない。

案の定、夕食時に用紙を見た父はB渋《しぶ》い顔をした。

「山登りだと」

駄目《だめ》だと言われてしまえば、頑固《がんこ》な父は決して撤回《てっかい》しない。それがわかっているだけに、①淳子は先手を打った。

「これは担任の先生が引率《いんそつ》してくれる課外活動だから、通知表に丸がづくんだ」

父がちらりと淳子に目を向けた。

「ほんどが」

「ほんとだよ。だからみんな行くんだ」

# 解答用紙集

○月×日 △曜日　天気(合格日和)

◆ご利用のみなさまへ

＊解答用紙の公表を行っていない学校につきましては、弊社の責任において、解答用紙を制作いたしました。

＊編集上の理由により一部縮小掲載した解答用紙がございます。

＊編集上の理由により一部実物と異なる形式の解答用紙がございます。

人間の最も偉大な力とは、その一番の弱点を克服したところから生まれてくるものである。──カール・ヒルティ──

東京学参株式会社

※解答欄は実物大です。

| | | | | | | | | |
|---|---|---|---|---|---|---|---|---|
| 1 | (1) | | (2) | | (3) | | (4) | |

| | | | | | | |
|---|---|---|---|---|---|---|
| 2 | (1) | | (2) | | (3) | |
| | (4) | | (5) | | | |

| | | | | |
|---|---|---|---|---|
| 3 | (1) | $cm^3$ | (2) | $cm^2$ |

| | | | | |
|---|---|---|---|---|
| 4 | (1) | $cm^2$ | (2) | $cm^2$ |

| | | | | |
|---|---|---|---|---|
| 5 | (1) | 通り | (2) | 通り |

| | | | | | | |
|---|---|---|---|---|---|---|
| 6 | (1) | 倍 | (2) | 毎秒　　m | (3) | m |

| | | | | |
|---|---|---|---|---|
| 7 | (1) | | (2) | |

専修大学松戸中学校（第1回）　2024年度　◇理科◇

※解答欄は実物大です。

| | | | | | | | | | | |
|---|---|---|---|---|---|---|---|---|---|---|
| 1 | (1) | | (2) | | (3) | | (4) | | (5) | |

| | | | | | | |
|---|---|---|---|---|---|---|
| 2 | (1) | | (2) | 北 | | 東 | |
| | (3) | | (4) | | (5) | |

| | | | |
|---|---|---|---|
| 3 | (1) | | |
| | (2) | 記号 | |
| | | 理由 | |
| | (3) | | (4) | | (5) | |

| | | | | | |
|---|---|---|---|---|---|
| 4 | (1) | A | | C | |
| | (2) | | | | |
| | (3) | | (4) | | |

| | | |
|---|---|---|
| 5 | (1) | 右の図 |
| | (2) | cm |
| | (3) | cm |
| | (4) | g |
| | (5) | g |

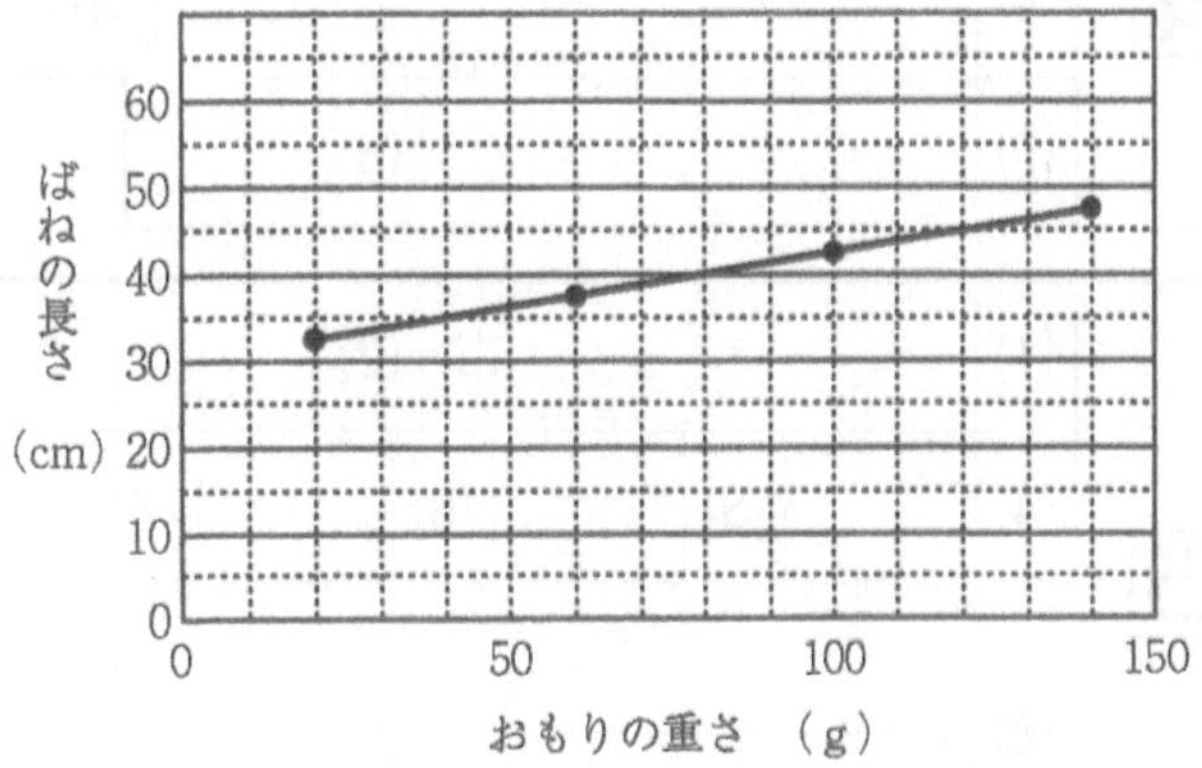

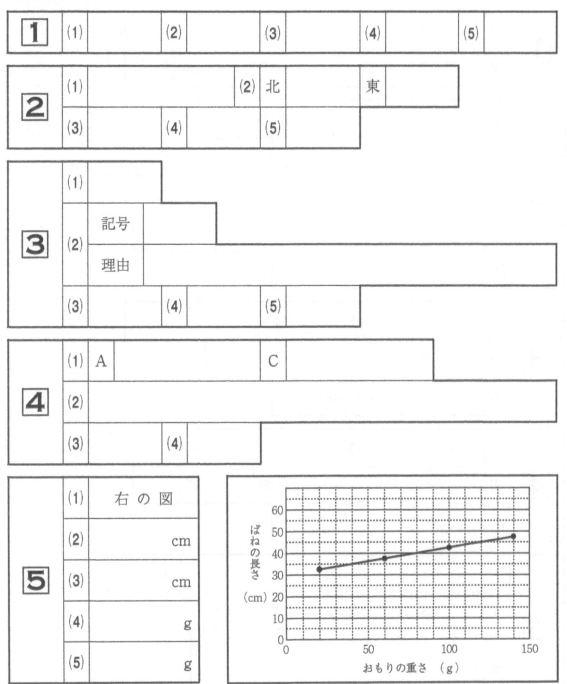

専修大学松戸中学校（第1回）　2024年度

◇社会◇

※解答欄は実物大です。

| 1 | | | | | | | | | | |
|---|---|---|---|---|---|---|---|---|---|---|
| | (1) | | (2) | m | (3) | | (4) | | (5) | |
| | (6) | | (7) | | (8) | | (9) | | | |

| 2 | | | | | | |
|---|---|---|---|---|---|---|
| | (1) | | (2) | 川 | (3) | |
| | (4) | | (5) | 山地 | | |
| | (6) | | | | | 20 |
| | (7) | | (8) | | | |

| 3 | | | | | | | | |
|---|---|---|---|---|---|---|---|---|
| | (1) | | (2) | | (3) | | (4) | |
| | (5) | | (6) | → → → | | | | |
| | (7) | 事件 | (8) | | | | | |

| 4 | | | | | | | | |
|---|---|---|---|---|---|---|---|---|
| | (1) | | (2) | | (3) | | | |
| | (4) | → → → | (5) | | (6) | | | |
| | (7) | | (8) | | | | | |

| 5 | | | | | | | | |
|---|---|---|---|---|---|---|---|---|
| | (1) | 市 | (2) | | (3) | | | |
| | (4) | | (5) | | (6) | | (7) | |
| | (8) | | | | | 15 | | |

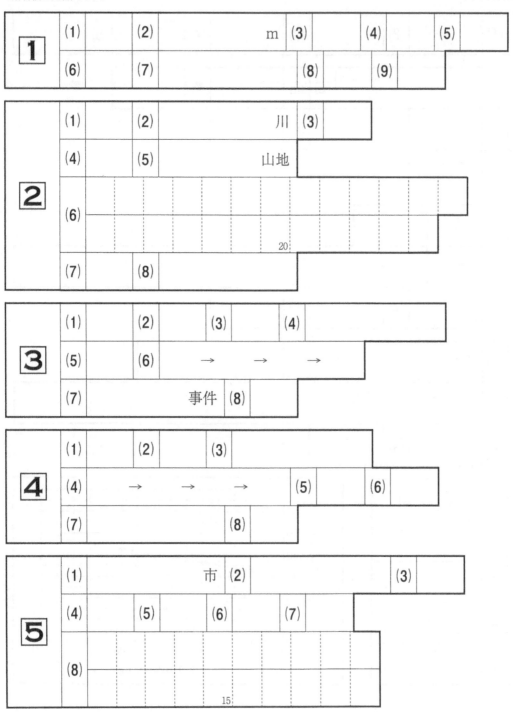

◇国語◇

専修大学松戸中学校(第１回)　２０２４年度

※　１３９％に拡大していただくと、解答欄は実物大になります。

## 一

- ①　う
- ②
- ③
- ④
- ⑤　う
- ⑥　しく
- ⑦
- ⑧
- ⑨
- ⑩

## 二

- 問一　1　2　3　4　5
- 問二
- 問三　B　C
- 問四　D　E
- 問五　I　II
- 問六
- 問七　45　55
- 問八
- 問九
- 問十　30　40
- 問十一
- 問十二

## 三

- 問一　1　2　3　4　5
- 問二　I　面　II　面目
- 問三
- 問四
- 問五
- 問六
- 問七　35　45
- 問八
- 問九
- 問十　～
- 問十一
- 問十二
- 問十三　30　40
- 問十四

専修大学松戸中学校（第2回）　2024年度　　◇算数◇

※解答欄は実物大です。

| | | | | | | | |
|---|---|---|---|---|---|---|---|
| 1 | (1) | | (2) | | (3) | | (4) |

| | | | | | | |
|---|---|---|---|---|---|---|
| 2 | (1) | | (2) | | (3) | |
| | (4) | | (5) | | | |

| | | | | |
|---|---|---|---|---|
| 3 | (1) | 個 | (2) | 面 |

| | | | | |
|---|---|---|---|---|
| 4 | (1) | 分後 | (2) | 分後 |

| | | | | |
|---|---|---|---|---|
| 5 | (1) | 通り | (2) | $cm^2$ |

| | | | | | | |
|---|---|---|---|---|---|---|
| 6 | (1) | 時　　分 | (2) | 人 | (3) | 時　　分 |

| | | | | |
|---|---|---|---|---|
| 7 | (1) | | (2) | |

専修大学松戸中学校（第2回）　2024年度

◇理科◇

※解答欄は実物大です。

| | | | | | | | | | | |
|---|---|---|---|---|---|---|---|---|---|---|
| 1 | (1) | | (2) | | (3) | | (4) | | (5) | |

| | | | | | | | | |
|---|---|---|---|---|---|---|---|---|
| 2 | (1) | | (2) | cm$^3$ | (3) | | (4) | 倍 |
| | (5) | | | | | | | |

| | | | | | | | | | | |
|---|---|---|---|---|---|---|---|---|---|---|
| 3 | (1) | | (2) | | (3) | | (4) | | (5) | |

| | | |
|---|---|---|
| 4 | (1) | 右の図 |
| | (2) | |
| | (3) | |
| | (4) | % |
| | (5) | g |

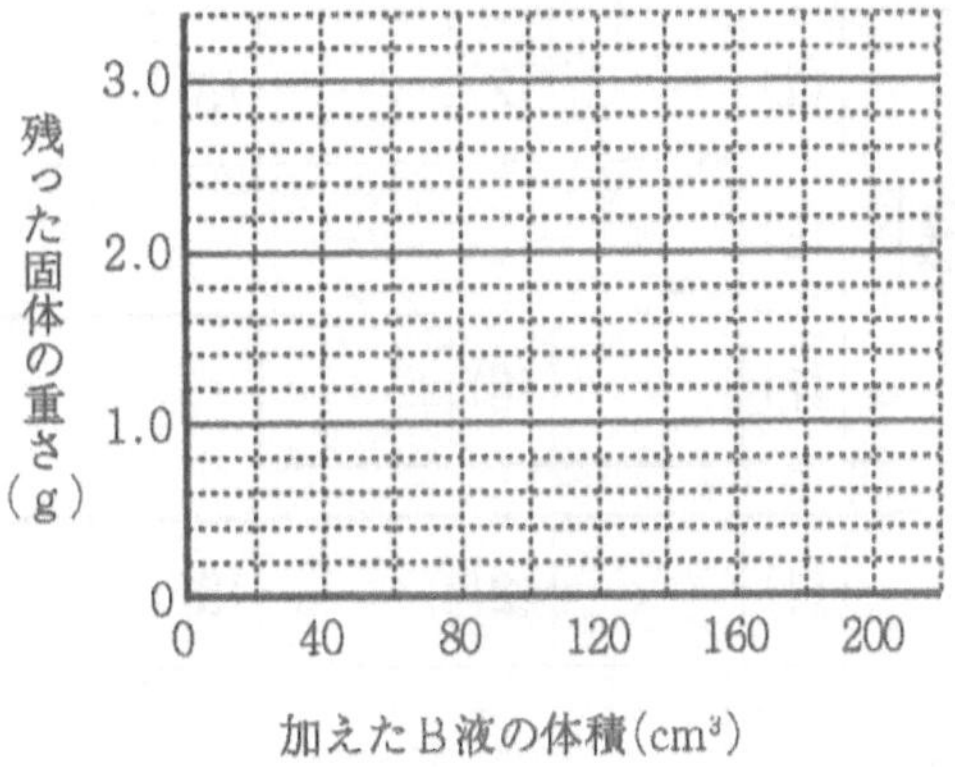


| | | | | | | | | | | |
|---|---|---|---|---|---|---|---|---|---|---|
| 5 | (1) | | (2) | | (3) | | (4) | | (5) | |

専修大学松戸中学校（第2回）　2024年度　◇社会◇

※解答欄は実物大です。

**1**

| | | | | | | | |
|---|---|---|---|---|---|---|---|
| ⑴ | | ⑵ | | ⑶ | | ⑷ | |
| ⑸ | | ⑹ | | ⑺ | ① | | |
| | 10 | ② | | | | | |

**2**

| | | | | | | | | | |
|---|---|---|---|---|---|---|---|---|---|
| ⑴ | | ⑵ | | ⑶ | | ⑷ | | ⑸ | |
| ⑹ | | ⑺ | | ⑻ | | | | | |

**3**

| | | | | | | | |
|---|---|---|---|---|---|---|---|
| ⑴ | | ⑵ | | ⑶ | | ⑷ | |
| ⑸ | → → → | ⑹ | | | | | |
| ⑺ | | ⑻ | | | | | |

**4**

| | | | | | |
|---|---|---|---|---|---|
| ⑴ | | ⑵ | | ⑶ | |
| | 15 | | | | |
| ⑷ | | ⑸ | | ⑹ | → → → |
| ⑺ | | ⑻ | | | |

**5**

| | | | | | | |
|---|---|---|---|---|---|---|
| ⑴ | 制度 | ⑵ | ① | | ② | |
| ⑵ | ③ | | ⑶ | | | |
| ⑷ | ① | | | | | |
| | | 20 | ② | | | |
| ⑸ | | | | | | |

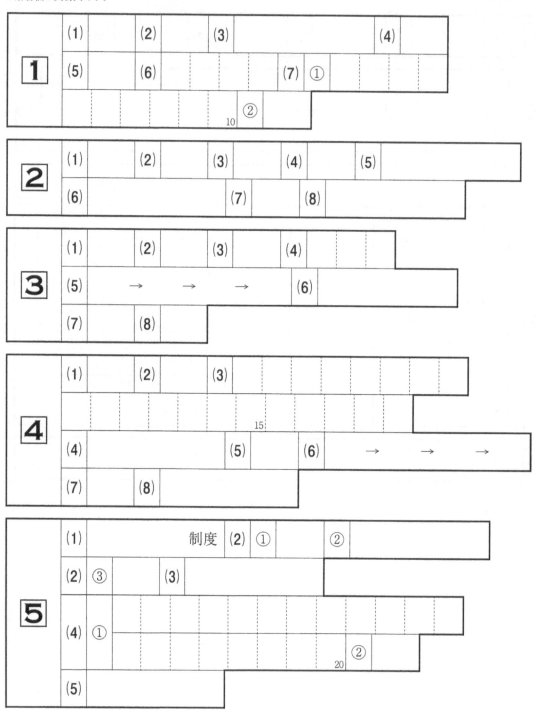

◇国語◇

専修大学松戸中学校(第２回)　２０２４年度

※１３７％に拡大していただくと、解答欄は実物大になります。

一

① ぐ　② 　③ 　④ 　⑤ って

⑥ た　⑦ 　⑧ 　⑨ 　⑩

二

問一　1　2　3　4　5

問二　A　B　問三　C　D

問四　問五

問六　Ⅰ　Ⅱ

問七

問八　45　55

問九

問十　30　40

問十一　問十二

三

問一　1　2　3　4　5

問二　問三

問四　Ⅰ　画　Ⅱ

問五　問六　問七　問八

問九　50　60

問十

問十一　Ⅰ　Ⅱ

問十二　50　60

問十三

専修大学松戸中学校(第1回)　2023年度　◇算数◇

※解答欄は実物大になります。

| | | | | | | | | |
|---|---|---|---|---|---|---|---|---|
| 1 | (1) | | (2) | | (3) | | (4) | |

| | | | | | | |
|---|---|---|---|---|---|---|
| 2 | (1) | | (2) | | (3) | |
| | (4) | | (5) | | | |

| | | | | |
|---|---|---|---|---|
| 3 | (1) | 日目 | (2) | 日目 |

| | | | | |
|---|---|---|---|---|
| 4 | (1) | 才 | (2) | 才 |

| | | | | |
|---|---|---|---|---|
| 5 | (1) | : | (2) | : |

| | | | | | | |
|---|---|---|---|---|---|---|
| 6 | (1) | 毎秒 cm | (2) | cm | (3) | 秒後 |

| | | | | |
|---|---|---|---|---|
| 7 | (1) | $cm^2$ | (2) | 分後 |

専修大学松戸中学校(第1回)　2023年度

◇理科◇

※解答欄は実物大になります。

| | | | | | | | | | | | |
|---|---|---|---|---|---|---|---|---|---|---|---|
| 1 | (1) | | (2) | | (3) | | (4) | | (5) | | |
| 2 | (1) | ① | | ② | | | | | | | |
| | (2) | ③ | | ④ | | (3) | | (4) | | | |
| 3 | (1) | | (2) | A | | C | | | | | |
| | (3) | | | | | | | | | | |
| | (4) | 右の図 | | | | | | | | | |
| | (5) | | | | | | | | | | |
| 4 | (1) | % | (2) | g | (3) | g | | | | | |
| | (4) | | (5) | g | | | | | | | |
| 5 | (1) | | | | | | | | | | |
| | (2) | ① | | ② | | | | | | | |
| | (3) | ① | cm | ② | cm | | | | | | |

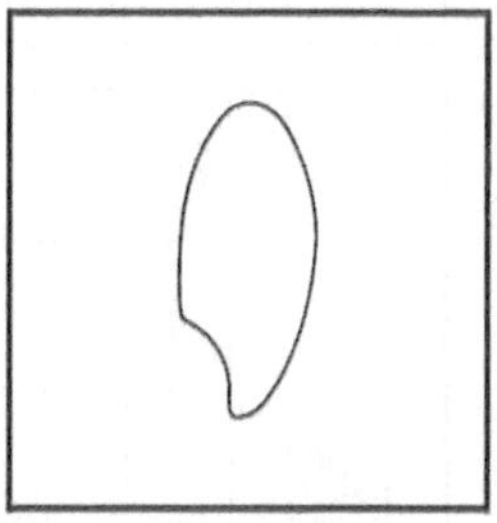

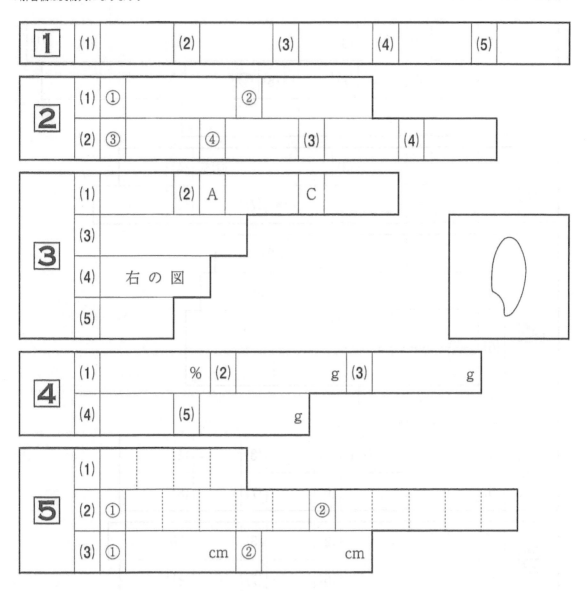

専修大学松戸中学校(第1回)　2023年度

◇社会◇

※解答欄は実物大になります。

| | | | | | | | | |
|---|---|---|---|---|---|---|---|---|
| 1 | (1) | | (2) | | (3) | | (4) | 県 |
| | (5) | | (6) | | (7) | | (8) ① | ② |
| | | 15 | | | | | | |

| | | | | | | | | |
|---|---|---|---|---|---|---|---|---|
| 2 | (1) | | (2) | | (3) | 遺跡 | (4) | |
| | (5) | | (6) | 県 | (7) | | (8) | ・ |

| | | | | | | |
|---|---|---|---|---|---|---|
| 3 | (1) | | (2) | | (3) | |
| | (4) | →　→　→ | (5) | | | |
| | (6) | 20 | | | | |
| | (7) | | (8) | | | |

| | | | | | | | | |
|---|---|---|---|---|---|---|---|---|
| 4 | (1) | の乱 | (2) | | (3) | | (4) | |
| | (5) | | (6) | | (7) | | (8) | |

| | | | | | | | | |
|---|---|---|---|---|---|---|---|---|
| 5 | (1) | | (2) | | (3) | | (4) | |
| | (5) | 分の | (6) | | (7) | | (8) | |

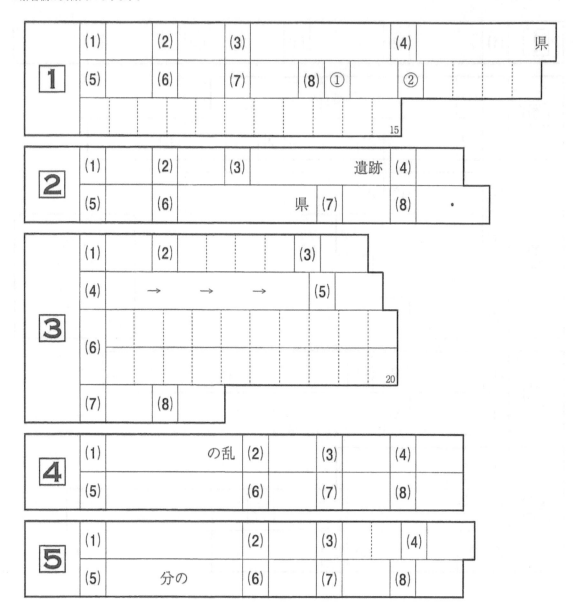

## 2023年度　専修大学松戸中学校(第1回)

※141%に拡大していただくと，解答欄は実物大になります。

# ◇国語◇

## 一

①　びた
②
③
④
⑤　れる
⑥　がって
⑦
⑧
⑨
⑩

## 二

問一　1　2　3　4
問二
問三　B　C
問四　D　E
問五
問六
問七
問八
問九　I　Ⅱ
問十
問十一　(70)　(80)
問十二　(25)　(35)
問十三

## 三

問一　1　2　3　4　5
問二　A　D
問三
問四　I　Ⅱ　画
問五
問六
問七
問八　(25)　(35)
問九　I　Ⅱ
問十　(30)　(40)
問十一
問十二

専修大学松戸中学校（第2回）　2023年度

◇算数◇

※解答欄は実物大になります。

| | | | | | | | | |
|---|---|---|---|---|---|---|---|---|
| 1 | (1) | | (2) | | (3) | | (4) | |

| | | | | | | |
|---|---|---|---|---|---|---|
| 2 | (1) | | (2) | | (3) | |
| | (4) | | (5) | | | |

| | | | | |
|---|---|---|---|---|
| 3 | (1) | 才 | (2) | 日間 |

| | | | | |
|---|---|---|---|---|
| 4 | (1) | 種類 | (2) | 種類 |

| | | | | |
|---|---|---|---|---|
| 5 | (1) | ： | (2) | 番 |

| | | | | | | |
|---|---|---|---|---|---|---|
| 6 | (1) | $cm^3$ | (2) | $cm^3$ | (3) | $cm^3$ |

| | | | | |
|---|---|---|---|---|
| 7 | (1) | 個 | (2) | |

専修大学松戸中学校（第2回）　2023年度

◇理科◇

※解答欄は実物大になります。

| | | | | | | | | | | |
|---|---|---|---|---|---|---|---|---|---|---|
| 1 | (1) | | (2) | | (3) | | (4) | | (5) | |

| | | | | | |
|---|---|---|---|---|---|
| 2 | (1) | | (2) | | |
| | (3) | 名前 | | はたらきではないもの | |
| | (4) | ① | | ② | |

| | | | | | | | |
|---|---|---|---|---|---|---|---|
| 3 | (1) | → → | | (2) | g | | |
| | (3) | ① | g | ② | % | (4) | g |

| | | | | | | | | | |
|---|---|---|---|---|---|---|---|---|---|
| 4 | (1) | | (2) | | (3) | P | hPa | Q | hPa |
| | (4) | 記号 | | | | | | | |
| | | 理由 | | | | | | | |
| | (5) | 右上の図 | | | | | | | |

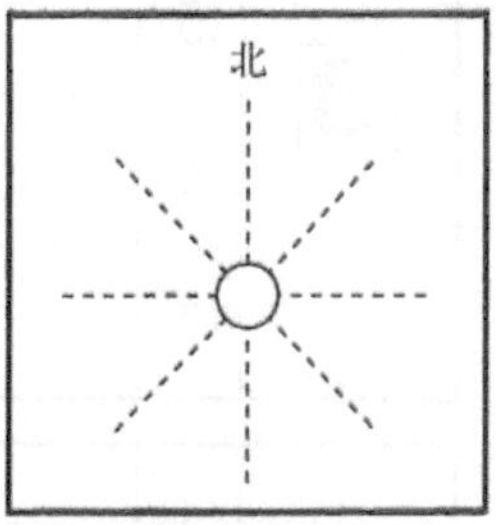


| | | |
|---|---|---|
| 5 | (1) | |
| | (2) | Ω |
| | (3) | 右の図 |
| | (4) | A |
| | (5) | A |

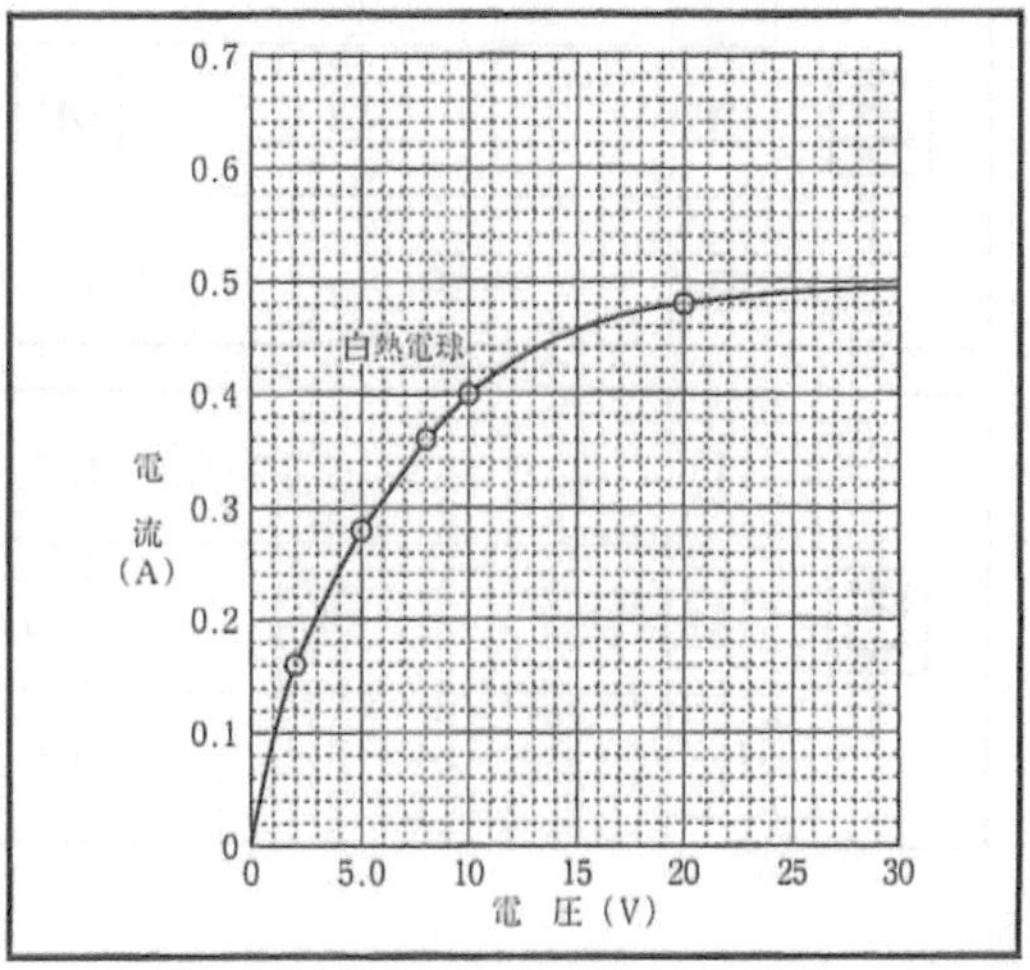

専修大学松戸中学校（第2回）　2023年度　◇社会◇

※解答欄は実物大になります。

**1**

| | | | | | | | |
|---|---|---|---|---|---|---|---|
| (1) | ① | | ② | cm | (2) | | (3) |
| (4) | | (5) | | (6) | | | |
| (7) | 10 | 15 | | | | | |

**2**

| | | | | | | | |
|---|---|---|---|---|---|---|---|
| (1) | 10 | 15 | | | | | |
| (2) | | (3) | | (4) | | | |
| (5) | | (6) | | (7) | | (8) | |

**3**

| | | | | | | | |
|---|---|---|---|---|---|---|---|
| (1) | | (2) | | (3) | | (4) | |
| (5) | → → → | | | | | | |
| (6) | 10 | | | | | | |
| (7) | | (8) | 年 | | | | |

**4**

| | | | | | | | |
|---|---|---|---|---|---|---|---|
| (1) | → → → | (2) | | | | | |
| (3) | | (4) | | | | | |
| (5) | | (6) | | (7) | | (8) | |

**5**

| | | | | | | | | | |
|---|---|---|---|---|---|---|---|---|---|
| (1) | 権 | (2) | | (3) | | | | | |
| (4) | ① | | ② | | (5) | | (6) | | |
| (7) | ① | | ② | | | | | | |

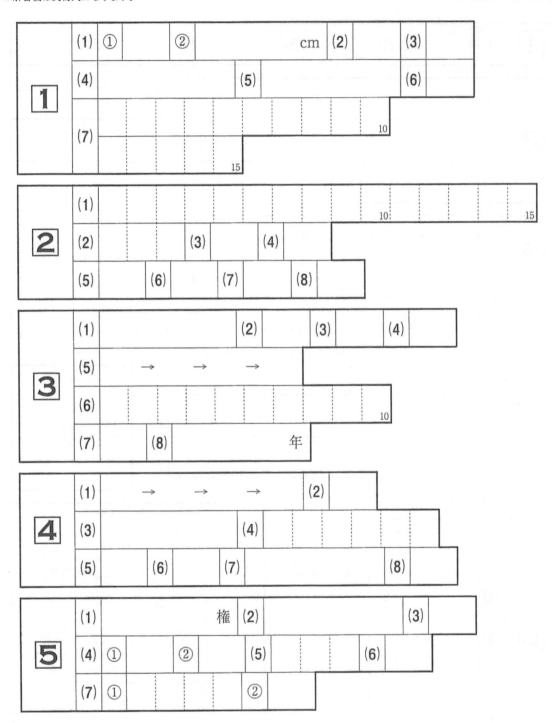

# ◇国語◇

専修大学松戸中学校（第2回）　２０２３年度

※１４１％に拡大していただくと、解答欄は実物大になります。

## 一

① る　② 　③ 　④ 　⑤ しい

⑥ れない　⑦ 　⑧ 　⑨ 　⑩

## 二

問一　1　2　3　4　5

問二　問三　B　C

問四　D　E　問五

問六　（50）（60）

問七

問八　（20）（30）

問九　問十　問十一　問十二　問十三

## 三

問一　1　2　3　4　5

問二　I　画目　II　問三　B　C

問四　問五

問六　I　II

問七　ということ。

問八　（50）（60）

問九　(1)　～　存在。　(2)　～

問十　（35）（45）

問十一

MEMO

大切なことはメモしておこうネ！

MEMO

大切なことはメモしておこうネ！

MEMO

大切なことはメモしておこうネ！

MEMO

大切なことはメモしておこうネ！

MEMO

大切なことはメモしておこうネ！

MEMO

大切なことはメモしておこうネ！

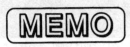

〈ダウンロードコンテンツについて〉

本問題集のダウンロードコンテンツ、弊社ホームページで配信しております。現在ご利用いただけるのは「2025年度受験用」に対応したもので、**2025年3月末日**までダウンロード可能です。弊社ホームページにアクセスの上、ご利用ください。
※配信期間が終了いたしますと、ご利用いただけませんのでご了承ください。

中学別入試過去問題シリーズ
**専修大学松戸中学校　2025年度**
ISBN978-4-8141-3220-1

[発行所] 東京学参株式会社
〒153-0043　東京都目黒区東山2-6-4

書籍の内容についてのお問い合わせは右のQRコードから　⇒

※書籍の内容についてのお電話でのお問い合わせ、本書の内容を超えたご質問には対応できませんのでご了承ください。



2024年6月28日　初版